城市的精神

何以城市認同
在全球化時代
如此重要

貝淡寧／艾維納・德夏里特——合著
吳萬偉——譯

Daniel A. Bell and Avner de-Shalit

The Spirit of Cities

WHY THE IDENTITY OF A CITY MATTERS IN A GLOBAL AGE

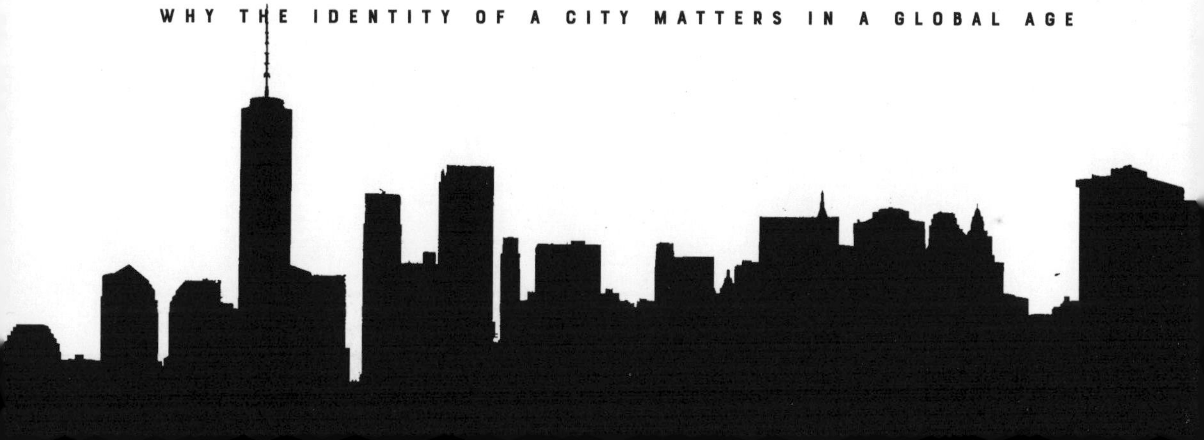

TO CITY-ZENS

目錄

推薦序——————————————邱秉瑜（台灣都市議題作家）

城市的文化特殊性和多樣性：台北應如何發展並維持？

欣見《城市的精神》一書於台灣重新出版，而且經作者同意於原本包括的九座城市外新增「台北」，由林夏如與趙哲儀兩位女士主筆。我於一九八六年出生於台北市內的婦幼醫院，成長於北郊，而在城南完成高中與大學學業。台北，既是對我身分認同塑造影響最大的城市，也是我從事台灣都市議題寫作以來關注最多的城市。

面對最親近的家鄉，卻有最複雜的情緒。台北，私人運具為何過多？步行環境為何欠佳？生活品質為何低落？市民認同為何薄弱？家鄉的生活經驗，帶給我這些疑問，促使我踏上海外留學之路，到英國與美國攻讀都市規劃。

我對台北這座城市的認知似乎偏於負面。然而，本書若如作者所言，主張全球化時代即使各國發展趨同但各城市卻能「維持世界的多樣性」，並關注那些「擁抱開放和全球團結而非排外、種族主義和仇恨」的城市，選擇的城市又係「與當代政治思想主要議題有關且特別強調某些價值觀和主題」者，那麼，此次台灣再版中作者同意新增台北，代表台北應該是被視為符合這些條件的城市，這麼說來，台北應該也有不少可正面看待的表現了。

一座城市既然是複雜的，當然可以令人既愛又恨。城市與其居民是會互相影響的。正如作者所言，城市用很多方式反映並塑造了其居民的價值觀和觀念，而城市建築的設計和構造也反映了不同的社會文化價值。而不管喜歡與否，城市的主流精神氣質往往影響了生活在這些城市的居民。

本書討論的主題正是城市的精神氣質。在研究了耶路撒冷、蒙特婁、新加坡、香港、北京、牛津、柏林、巴黎與紐約後，作者在前言中歸納出六種有助於促進城市精神發展的因素，分別為：經濟平等及族群融合、國內的城際競爭、外部力量對認同的威脅、自主的立法權、旨在實現公共精神的城市改造計劃，以及外部認證的城市特徵。作者說，這些因素存在得越多，成功的可能性就越大。

我們若循這套標準來檢視台北，即知台北於六種因素中具備四種，可說坐擁諸多條件，利於形成城市精神：

▪ **經濟平等及族群融合**：否——台北貧富差距冠於全台，關鍵評論網就曾報導[1]，根據二〇一三年全台各鄉鎮市區的綜合所得稅統計資料，家庭所得分佈最分散的前二十名鄉鎮市區中，台北都會區就囊括了一半以上（有七個位於台北市，另有四個位於新北市）；而戰後的台北也因眷村政策而長期處於一定程度的族群隔離狀態，以一九八四年為例，台北市就有多達一七五處眷村、是全台各縣市中數量最多的，一九九〇年代起眷村改建為國宅後的混住才使族群隔離狀態逐漸減少。

- **國內的城際競爭**：否——台北自清治時期之一八九四年起正式成為台灣政治中心（清國台灣省省會），在日治時期始終為台灣總督府所在，一九二〇年（距今正好是一百年前）初次設市（日本台灣台北州台北市）時，人口十六萬餘人已大幅超越清治台灣首府台南市之七萬餘人，及至一九四九年以來又一直是中華民國政府駐地，作為島都已逾百年，建設與發展程度遠超過台灣其他城市。
- **外部力量對認同的威脅**：是——台灣及周邊島嶼自一九四九年以來作為中華民國僅有的實際領土而以獨立政治實體之姿存在，持續與中華人民共和國處於軍事對峙狀態，台北作為中華民國在台灣的政治中心首當其衝，而隨著中國與世界在政治上擴大交往、在經濟上逐漸整合，中國對全球的文化影響力增加，也削弱了中華民國以台北為中心嘗試扮演中華文化代言者角色的正當性，而台灣認同卻仍在形成的路上。
- **自主的立法權**：是——中華民國接管台灣後，台北歷經省轄市、院轄市與直轄市地位，一直享有制定自治條例的權限。
- **旨在實現公共精神的城市改造計畫**：是——兩位市長及兩位專家締造了台北的重大公共建設，高玉樹市長時代（1954-1957、1964-1972）採納藝術家顏水龍建議，開闢仁愛路及敦化南北路的林蔭大道與圓環，接見建築師郭茂林，聽取其台北車站鐵路地下化，及鐵道沿線綠廊構想（此即日後台北車站特定專用區計畫的原型），並在轉任交通部長後推動台北鐵路地下化及辦理台北都會區大眾捷運系統初步規劃；李登輝市長時代（1978-1981）採用郭茂林提出遷移市政中心的信義副都心構想，並委託其規劃信義計畫區。

▪ 外部認證的城市特徵：是——郭茂林的信義計畫內規劃建造的高層辦公大樓，即是現今台北最廣為國際認可的城市特徵台北一〇一大樓。

如果我們都同意，在全球化的文化同質化趨勢下，台北應該要致力發展並維持文化特殊性與多樣性，那麼，參考上述六種因素，對於試圖開發或繁榮台北的精神氣質，或許是有用的。

至此，我們不難看出台北未來應該要努力的幾個方向：

▪ **平抑房價及房租**

▫ 應平抑房價及房租以降低非富族群的居住支出負擔，例如在供給面可透過推動都市更新及賦稅手段增加住房供給，在需求面則可透過興辦公共住宅及分散產業分佈降低住房需求。

▪ **鎖定國際城市競爭**

▫ 應於亞太區域內鎖定競爭對手城市，並為競爭設定具體目的、目標及時間表。

■ **提升人權**

□ 應持續提升行人、台灣原住民族、身障者、露宿者、國際移住勞工、穆斯林、非慣用華語者等群體在城市中的權利。

■ **促進國際化與本土意識：**

□ 應使全球語言英語更加流通，例如可將高中部分科目（數學、物理、化學、生物、世界地理、世界歷史等）改以英語及英文教材教學。

□ 應提升台灣本土語言（台灣各固有族群使用之自然語言）在公領域的活力與尊嚴以扭轉過往中華民國國語政策對台灣本土語言造成的傷害，例如可採公辦民營模式開設只使用本土語言的幼教機構，也可在小學擴大教授及使用本土語言的羅馬拼音及標準用字，亦可將本土語言檢定納入公務員任用或升遷的條件。

□ 應讓行政區里名、道路名與捷運車站名恢復或改正為符合地方歷史的名稱。

■ **加強地方自治：**

□ 應透過民政及教育改革加強社區自治，例如可推動里長制轉型為以小學為中心的社區自治協議會制。

□ 應推動台北市與鄰近縣市合併為一個大都會政府（metropolitan government），而各縣市原本轄有的各行政區則應適當整併為若干個人口規模各為數十萬人、有民選市長及市議會的自治市。

■ **打造新的開放空間：**

▫ 應創造更多能為市民大眾以行人身分所親近利用的開放空間，例如可推動高架道路、馬路、水岸堤牆等既有公共建設的轉型改造。

台北的城市精神，應該朝著上述這些方向來發展，以形成集體的身分認同，讓台北的居民對自己的生活方式感到驕傲，並努力推廣其獨特的身分認同。

1 林佳賢，2015年，『「貧者越貧，富者越富」六張圖表帶你看台灣哪些鄉鎮市區貧富差距最大』，關鍵評論網。https://www.thenewslens.com/article/26035

作者致謝

寫作本書的想法誕生於二〇〇一年的九月初，我們在舊金山的街頭散步之時（這趟旅程的主要目的是參加美國政治科學協會［American Political Science Association］的會議。）因為我們被這城市的魅力所震懾，並認為若寫本書記錄下我們在不同城市遊歷的經驗，應該會是個不錯的點子。但幾天後，恐怖份子襲擊紐約，這個計畫也就被擱置。因為我們似乎難以想像，如何在喜愛的城市中漫遊時，卻不擔心世界在我們的眼前崩毀。

幸好，是我們太悲觀了，而這計畫也在幾年後重啟。在這個階段，作為一種研究的方法，我們在漫遊時讀了很多書，也接收到許多人對這主題的熱情與鼓勵。所以，我們要感謝許多單位的大力協助，包含希伯來大學（Hebrew University）民主與人權的麥克斯・卡波曼（Max Kampelman）客座計畫、戴維斯女士基金會的學人計畫（讓丹尼爾能在耶路撒冷待上兩個月），也要感謝北京清華大學的哲學系與上海交通大學的人文藝術研究院。我們也要特別感謝新加坡的東亞研究所的協助，讓丹尼爾能在新加坡停留比實際需要更久的時間。我們也要向三位有活力且助益良多的研究助理致謝：Orly Peled、Alon Gold與Nimrod Kovner，也要感謝Emilie Frenkiel、Marie-Eve Reny與

Kevin Tan 協助尋找書中的照片。

我們多數的研究聚焦在訪問家庭成員、朋友以及在這九個城市街頭遇到的陌生人，而且有些訪問非常緊湊且漫長。我們要感謝所有的受訪者：他們都很有耐心、提供有用的資訊並非常配合，但他們的名字都被寫在書中，所以我們不在此逐一列名感謝。

本書的草稿曾在多個研討會跟工作坊中報告且討論過，要感謝各學校同儕們的指教：康考迪亞大學（Concordia University）、杜克大學（Duke University）、復旦大學、希伯來大學、黑龍江大學、華梵大學、香港大學、澳門大學、湖南城市學院、麥基爾大學（McGill University）、普林斯頓大學（Princeton University）、羅德島大學（Rhodes University）、牛津大學（Oxford University）以及北京清華大學。我們要坦誠，有些點子在當時報告時還很不成熟，也感謝同儕們耐心地將我們拉回正軌。

要非常感謝在個別章節中，與我們討論並發表評論的家人、朋友與同儕們：Judy Abrams, Tevia Abrams, Eitan Alimi, Daniel Attas, Shlomo Avineri, Bai Tongdong, Céline Bell, Julien Bell, Valérie Bell, Eyal Ben-Ari, Fran Bennett, Annie Billington, Sébastien Bil- lioud, Kateri Carmola, Joseph Chan, Maurice Charland, Chee Soon Juan, Anne Cheng, Chua Beng Huat, Ci Jiwei, G. A. Cohen, Sébastien Correc, Nevia Dol- cini, Jack Donnelly, Michael Dowdle, James Fallows, Fan Ruiping, Emilie Fren- kiel, Nicole Hochner, Noam Hofshtater, Ian Holliday, P. J. Ivanhoe, Jiang Haibo, Lily Kaplan, Gillian Koh, Lee Chun-Yi, Donna Levy, Li Ying, Liu Kang, Kim- berley Manning, Kai Marchal, David Miller, Glenn Mott, Lilach Nir, Anthony Ou, Paik Wooyeal, Randy Peerenboom, Daphna Perry, Kam Razavi, Marie-Eve Reny, Mike Sayig, Tatiana Sayig, Phillippe Schmitter, Joseph Schull, Daniel Schwartz, Shlomi Segall, Song Bing, Kristin Stapleton, Kevin Tan, Joel Thora- val, Wang Hao, Lynn White, Jonathan Wolff,

Gadi Wolfsfled, Benjamin Wong, David Yang, Peter Zabielskis, Bo Zhiyue 與 Zhu Er。其中也要特別感謝，為本書貢獻大篇幅評論的朋友們：Parag Khanna、Leanne Ogasawara 與 Jiang Qian——也要感謝普林斯頓大學出版社的兩位審書人 Nathan Glazer 與 Daniel Weinstock，提供思慮周延且很有建設性的報告，幫助我們改進書稿。

普林斯頓大學出版社一直非常出色，我們的編輯伊恩・麥卡姆（Ian Malcolm）和羅伯・坦皮歐（Rob Tempio），還有出版社的總監彼得・道格提（Peter Dougherty）——都對我們的寫作很幫忙且積極參與，並在出版的不同階段持續給予鼓勵。我們也要感謝細心的校對者瑪德蓮・亞當斯（Madeleine Adams），以及萊斯里・格倫非斯特（Leslie Grundfest）對本書品質的良好控制。

最後，我們要感謝各自的家人。若我們的身分確實是受到身處的城市塑造而成，也是他們一直以來的協助，讓整件事變得有意義。

前言——PREFACE

市民精神——CIVICISM

西方傳統中，政治思想的開展是透過對不同城市的比較，以及其所展現的價值觀對比出現的。古代雅典象徵著平民（除了奴隸和婦女之外）的民主和信仰，而斯巴達則代表更顯著的寡頭模式——由受到良好訓練的公民士兵（和相對強大的婦女）追求國家的榮譽。政治思想家選擇不同的立場，從這些競爭性模式中汲取靈感以便發展政治管理理論。柏拉圖或許更容易親近斯巴達，而亞里斯多德對「民主」的認識更加客觀，因為他看到了雅典模式的優點。聖城耶路撒冷則質疑這種對世俗政治成功的追求——它表達出人生的最終目的是崇拜上帝。世界三大一神教——猶太教、基督教和伊斯蘭教都聲稱耶路撒冷是其宗教價值觀的象徵。1

當希臘城邦處於全盛期時，遙遠的中國分裂成幾個敵對國家，競相爭奪政治霸權。七個主要大國的都城都築有城牆，這些城市讓更早期的中國城市相形見絀：每座城市的人口都在十萬以上。城市最初的發展契機是基於人口登記、稅收、徵募等目的，但並非所有城市都具備了軍事或政治特質，如作為周朝兩都之一的東都洛陽就是以商業大城繁榮起來的。政治思想家和戰略家懷抱著能讓國家富強和社會穩定的不同主張，從一國國都周遊到另一國國都——中國社會和政治思想的主要學派，就是從戰國思想的碰撞中產生的。理論家們確實都主張一個沒有領土邊界的大同世界（與主張小國優勢的早期希臘思想家們不同），但他們在如何實現這個理想以及最終的國家是什麼樣貌等問題上存在分歧。孔子和孟子等思想家試圖說服君主實行德治，而像法家等冷酷無情的現實主義者，則鼓吹通過嚴厲的懲罰手段進行統治。法家在秦王身上獲得了短暫的成功，在秦王的統治下，統一了國家，秦王也贏得了始皇帝的稱號。但隨後的漢朝逐漸傾向採納儒家理論，把往後兩千年的中國政治歷史，描述為儒家和法家的不斷抗衡，自然是稍嫌誇大了。

如果認為城市代表了現代世界的不同政治價值觀，是否有意義？和古希臘城邦國家或中國古代有城牆的城市相比，當今的城市顯得龐大、多樣和多元化。[2] 認為一座城市代表了單一價值似乎顯得怪異，但只要想想耶路撒冷和北京：還有哪兩座城市的差異比它們更大？兩座城市都被設計成由同心圓環繞的單一核心，但一個核心表達的是精神價值觀，另一個則代表了政治權力（更不要提北京的人口是耶路撒冷的十六倍之多）。顯然，有些城市的確表達和優先選擇了不同的社會和政治價值觀，我們稱為城市的「精神」或「氣質」。「氣質」（Ethos）被定義為一個民族或社會的代表性精神、普遍的心態（《牛津英語辭典》）。在本書中，我們一直使用這個定義，更具體地說，我們把城市的精神（氣質）定義為生活在某個城市的人普遍認可的價值觀和觀念。[3]

城市用很多方式反映並塑造了居民的價值觀和觀念。城市建築的設計和構造也反映了不同的社會文化價值。公共紀念碑往往代表著具有重要政治意義的場景，和悼念死者的不同方式；大都市的蔓延擴張和交通的繁忙程度，則反映了城市和鄉村生活在人口控制領域的不同預期，以及國家計畫與自由市場的博弈等；婦女能否上街，也表達和影響了性別關係的概念。正如大衛・哈維（David Harvey）所指出的，許多臨近社區的形勢惡化，與社會公平正義的議題密切相關，也影響著人們對社會公平正義的理解。[4]社區的組成和鄰居狀況，能推動或破壞民主的進程和公眾參與的程度。貧民窟反映了種族關係的嚴峻狀況。劇院、體育館、咖啡館、飯店則與生活方式、享樂主義、精英文化、大眾文化等問題有關。便利行人與自行車的城市，和便利汽車通行的城市，鼓勵和推動了相異的可持續發展的價值觀。[5]道路號誌上往往寫著不止一種語言，這反映了對於多元文化和少數群體權利的不同立場。是否設立醫院關係到人們對身體的關注程度。普通市民的交際以及與外地人來往的方式，同樣反映了不同的價值觀。甚至（尤其是）計程車駕駛談論的話題，往往反映出一個城市的主要氣質。儘管我們聽過有關「全球化」和「同質化」的說法，但在這些方面的表達，卻存在很大差異。

現在，可以說規劃、建造、建築設計在影響城市氣質以及反映居民生活方式方面存在局限性，但諸如「耶路撒冷綜合症」的影響力確實清晰存在——遊客為這座城市的街道和建築的宗教象徵所感動，以至於他們相信自己已經變身為耶穌。史達林式和法西斯式的建築常有讓個人顯得渺小的效果，這使民眾很容易相信應該服從國家和「偉大領袖」。從更積極的方面說，令人不由得產生敬畏之情的哥德式大教堂，如沙特爾主教座堂，或許能夠強化人們對上帝的信仰（拿破崙的名言是大教堂會「讓無神論者感到不自在」），而看到世界上最漂亮、象徵愛情力量的泰姬瑪哈陵，你很難無動於衷。法蘭克・蓋瑞（Frank Gehry）在畢爾巴設計的引人注目的博物館，幾乎隻手改變了這座西班牙城市，使它由衰落的工業中心變成旅遊勝地。使用特別的建築來影響價值觀並不總是有效的，可倫坡郊區由喬佛瑞・包瓦（Geoffrey Bawa）設計的議會大廈建築結合了僧伽羅人（斯里蘭卡最大的民族）、佛教和西方的特點，旨在傳達出理想的多元文化和寬容的斯里蘭卡形象。[6]不過，隨著時間的推移，在一個城市氣質更廣泛的背景下，人們可能受到都市環境的影響。正如傳通媒體（Comedia，旨在推動都市生活創造性思維的智庫公司）的創始人查爾斯・蘭德利（Charles Landry）所說，城市的物質基礎建設影響了當地人的往來。[7]

以城市為基礎的氣質，也影響人們評價城市的方式，正如我們常常對不同城市的生活方式做出的比較與判斷。人們說「我愛蒙特婁、北京、耶路撒冷」或者「我恨多倫多、上海、特拉維夫」，就好像城市是人，有獨特的個性。一般來說，對一個城市魅力的評價不僅僅是審美判斷力問題，也是對那座城市居民的生活方式的道德評價。這種評價往往被強烈地納入對有關國家的評價中，而這些對國家的評價往往比城市評價更抽象、更虛幻。比如，一個受過教育的人如果說「我愛加拿大、中國、丹麥」或「我恨法國、韓國、衣索比亞」，人們會覺得怪異，因為我們期待他在這些問題上有更細膩的評價。但有關城市的評價似乎不這麼涵蓋一切，也沒有道德上的評價，我們常常需要進一步探究這種評價的原因，反思一下，或許我們會贊同這種評價。而城市對外來者的喜歡和認同或許更開放一些。一個外國人更願意說「我愛阿姆斯特丹」，而不是說「我愛荷蘭」。這種認同更容易被本地人接受。

但是，很少有人將這種以城市為基礎的判斷理論化。政治理論討論的內容，往往是應不應該把整個世界或某些國家作為理論探討的對象。生活在城市的人，為什麼不能在政治過程中竭力繁榮和推廣他們獨特的生活方式呢？在政治實踐上，城市往往是集體自決的場所，但當代思想家沒有從理論上探討如何幫助人們評判自己的都市自豪感。[8]實際上，很難想出一個能描述都市自豪感的詞，即城市居民對自己的生活方式感到驕傲，並努力推廣其獨特身分認同的行為。今天的愛國主義指的是國家自豪感，但是就耶路撒冷、北京、蒙特婁等城市的市民而言，驕傲自豪的情感究竟是什麼呢？我們決定挪用一個詞「愛城主義」（civicism）來表達這種都市自豪感。[9]

都市社群主義

我們為什麼關心這個主題呢？對艾維納來說，這個想法源自他在環境理論方面的研究。那時，他開始質疑「環境總是和『荒野』有關」的思維定式，城市當然是環境的一部分，所以他是那些開始研究城市問題的環境學家中的一員。因為他曾經使用創造環境理論的方法，即把環境討論和與理論家對話結合起來，寫了一篇有關紐約的文章。文章中，他把城市當作一個和優雅的漫步者談話的環境，透過紀念碑、大樓、棋盤式街道及居民的隨意交談來呈現城市本身。他的基本的想法是，在解決之前確定研究的問題和理論，以盡可能地積累更多的資訊。對我來說，在有了關於城市的想法後，就跟艾維納交流過了。既然已經從文明對比（東亞和西方）到了國家對比（中國和美國），為什麼不再往下具體到城市對比呢？這樣的對比往往是有問題的，因為它們往往把多樣的分析單位「扼要表達」（essentialize），如果再進一步往下走，考慮到分析單位將越來越具體和真實，問題或許就更少了。[10]而且，我曾經在好幾個城市裡生活了相當長時間，對這些城市在表達和代表社會政治生活方式等方面的差異印象深刻。為什麼不採用艾維納的模式和理論，根據親身經歷和感受來思考這些問題呢？

作為政治理論學者，我們試圖描述、解釋社會和政治現象，但我們也試圖思考常規性問題的含意，如「什麼是道德上合理的政治生活形式」？所以，我們的議題是：本書旨在消除人們的擔憂，即在全球化時代，社會沒有反對全球化的政治和經濟意願。[11]或許國家會變得越來越千篇一律，但城市可能會前來救駕。國家往往不得不遵循國際協議和規定，以及像國際貨幣基金組織、世界銀行、歐盟或自由市場的指令，而這些往往會削弱特定的文化、價值觀和生活方式。從這個意義上來說，全球化具有將文化同質化的效果，把眾多文化轉變成單一的消費主義文化，其結果是，在文化觀念和其他選擇上，人們會感受到千篇一律，或是多元化的削弱。那些認定國家應該在幸福生活的概念問題上保持中立的自由派理論家，無意間加劇了文化的扁平化，因為這會導致國家放棄對遭遇全球化威脅的特別生活方式的支持，和培育的努力。

但是，許多人確實想保持特殊性，維持和豐富自身的文化、價值觀和風俗習慣，他們相信這些是其身分認同的組成部分，如果缺少了這些，其群體生活方式將會受到大幅削弱。因此，需要指出的是，城市日益成為人們反對全球化的機制、反對其將文化同質化趨勢的工具。許多城市花費時間、精力和金錢來保護其獨特氣質，通過城市規劃和建設政策，通過人們使用城市和與之互動的方式來保護這些氣質。或許並不是所有城市都這麼做，有些城市只是簡單地屈服於全球化的要求。但城市能夠並且應該推動其獨特生活方式的觀點，並沒有引起多大爭議：即使在國家層面上捍衛中立立場的自由派，也傾向於允許民眾在城市層面上表達其特殊性。因此，擁有某種氣質的城市往往擁有國際性聲譽，並且能吸引那些在很大程度上就是因為這種精神氣質而來的遊客和居民，這並非巧合。

簡而言之，一個城市的氣質能使得人們的社會生活更具價值和趣味性。一方面，這是審美上的愉悅，不同的城市創造更加美麗多彩的人類畫卷；另一方面，這是一種關於道德多樣性的案例，不同的城市給社會和政治生活形式增加可能性。有時候，相對於國家層面，在城市層面上政府反而更容易實現道德上試圖實行的目標。比如，雖然中國政府在施行節能減排，但在制訂碳排放量的最高限額方面落後於城市，中國若干城市競相追求「綠色環保」，為綠色技術提供稅收補貼等優惠措施（保定市是由太陽能提供電力的），且在諸如上海世博會等重大活動大力推廣電動車。印度也是如此，新德里已經要求所有公共汽車和計程車使用壓縮的天然氣。在美國，舊金山正在修訂其建築法規，要求新建築必須安裝電動車充電器，[12]而這樣的政策在國家層面是難以想像的。[13]城市還能實現其他目的。而且，擁有類似氣質的城市有時候可以在國家領導人之上（或之下）進行交流，以實現共同的目標，如在城市間分享致力於保護傳統建築的想法和專業知識。[14]極富創造性的思想家提出了以城市為基礎的解決問題的觀點（比如保羅．羅默［Paul Romer］的「特設城市」建議，即由中央政府直接管理某些城市規模的行政區，以幫助這些地區擺脫貧困的境況）。全球化時代保持競爭力的「命令」雖然無法在國家層面進行，但往往可以在城市層面實現。[15]

當然，全球化也有好的一面。它常常是資本、人員、商品自由流動以及對待外國人和「他者」保持開放態度的同義詞。誰能反對信息的自由流通，與遠方的人進行更多交流以及全球團結友好呢？誰能反對全球化為歷史上被邊緣化的人們提供更多經濟機會呢？因此，我們關注的焦點集中在不排斥開放和全球團結的城市，如果這種精神是建立在排外、種族主義和仇恨的基礎上的，我們就不感興趣了。柏林曾經在不寬容的時代接受了世界上最凶惡的政權，我們不願意尊重那種精神氣質。但是當一座城市（以及其他社會和政治實體）跨越了為居民提供最低限度的人權、基本的生活必需品等（食物、飲水、住房）門檻後就是安全的，沒有虐待、屠殺、奴役或制度性歧視，那麼，這座城市的主導性精神氣質自然就有了值得尊重的理由。

關於尊重一座城市精神氣質的觀點，在「到了羅馬，就按羅馬人那樣做」這句諺語上是最好的注解。一方面，從能源和經濟上考慮，改變一座城市的精神氣質是昂貴的，也會給居民的心理帶來動蕩。但我們想說的是，即使我們通常反對體現在某個城市精神氣質上的價值觀，但我們仍然尊重它的精神。[16] 如果這種精神氣質沒有嚴重侵犯人權，我們就相信它反映了城市居民的特別價值觀，幫助居民形成了集體的身分認同，維持了多樣性和多元化，而未過分排外，這也是這種精神氣質值得尊重的強大理由。比如，對於香港這個以資本主義生活方式為榮的城市，我們就沒有多少理由去批評香港的經濟不平等現象，比高度重視經濟平等的其他城市更嚴重。[17] 或許我們可以考慮這樣的問題：新加坡政府宣稱它有時候需要限制某種政治權利，乍聽到這種說法時，我們會覺得可疑，但是我們需要對可能性保持開放的態度，即這種權利限制對一個缺乏強烈的民族團結意識而又亟須擺脫貧困的國家來說，或許是必要的。與此類似的，蒙特婁市強制英語區的商店店主掛上法語招牌，或者耶路撒冷強制商店（和大學）在宗教節日關閉，並非沒有合理性。[18]

儘管如此，我們卻並非在暗示不管後果如何，主流精神氣質都應該得到尊重。如果這個精神氣質是自暴自棄的，假如新加坡旨在推進國家建設的政策產生了相反的效果，或耶路撒冷的宗教狂熱傾向對真正的宗教精神造成了損害，那麼對這種主流氣質進行批判就是有道理的。但這種批判必須建立在詳細瞭解本地情況的基礎上，也就是說，在全面瞭解資訊後，再論證對主流精神氣質的某些解釋為什麼弊大於利。

我們來談一下可能出現的誤解。我們並不是暗示人人都應該認同一個擁有精神氣質的城市。有些人更願意生活在同質化的社會裡，他們埋沒在人群中默默無聞（正如有些人更喜歡住在「國際級的」五星級飯店，或喜歡麥當勞，而不是帶有地方風味的迷人飯店或餐廳）。[19]其他人或許喜歡生活在展現特殊品位的街區，即使這個城市整體是雜亂無序的。或許也有人珍視「無個性的」城市，僅僅因為他們出生和生活在那裡。這是合理的。不過，本書的讀者是那些尊重文化特殊性和多樣性的人，也是擔心全球化不利於這種多樣性的人。我們相信，許多城市居民贊同我們的觀點，即使這樣的人是少數，我們仍然希望本書能夠讓這個話題延續下去。

我們也沒有打算為竭力論證某種城市或某種精神氣質的合理性的價值體系辯護。相反，我們相信全球化有眾多好處，在很多城市都有賓至如歸的感覺是可能的。應該承認，我們自己的親身經歷與我們的世界觀是吻合的：我們自己的根並不局限於一個城市。我在蒙特婁長大，曾在牛津求學，之後在新加坡和香港工作，如今住在北京。艾維納在耶路撒冷長大，現在仍然在家鄉工作，但他在牛津生活了很多年，因為研究和度假的緣故至今仍經常回牛津，所以感覺那裡就像家鄉一樣。我們兩個都認同至少兩種以上的城市精神，本書的某些讀者或許也對兩三座城市有認同感。當然，這種感情存在一些局限性：一個人不可能對數不清的群體有強烈的歸屬感。[20]但一個人能夠屬於若干群體的事實，表明我們的道德觀並非某種狹隘的社群主義，我們因此將其描述為「世界性社群主義」（cosmopolitan communitarianism），也就是說，我們允許將自己的忠誠和興趣延伸到其他城市。因此，本書也描寫了各自最初的「家鄉」以外的城市。[21]

漫步和講故事

這促使我們為自己挑選的城市辯護。我們關注的是能夠從個人親身經歷的角度來描寫的城市，我們使用親身經歷，是為了更自信地談論這些城市的社會和政治生活的主流方式，我們也想展示自己的生活和道德觀是如何被影響和改變的——在某些情況下，我們在這些城市中的生活經歷改變了我們的生活。人們或許能寫出有關新加坡體育或者耶路撒冷爵士樂的精采文章甚至書籍，但是這些城市大部分居民的生活可能根本不受這些東西的影響。相反，無論喜歡與否，城市的主流精神氣質往往影響了生活在這些城市的居民。蒙特婁人幾乎毫無例外地必須深入瞭解這個城市微妙的語言政策，新加坡人也一定受到這個城市國家所推動的共同國家身分認同的影響。正如人們很難想像一個耶路撒冷人會對宗教身分認同的問題一無所知。

我們選擇這些城市，也是由更加「客觀」的因素所決定的。我們選擇與當代政治思想主要議題有關的城市，也就是說，我們試圖表現和優先選擇特定主題，如追求經濟財富（香港）和追求個人抱負（紐約）的城市會帶給我們什麼。換句話說，我們選擇那些特別強調某些價值觀和主題的城市，這些價值觀和主題，會讓人們對社會和政治意義進行哲學思考。[22]從消極的方面來看，我們忽略了那些看起來並沒有表現出主要價值觀的城市，這意味著我們必須認真思考並討論這座城市的精神。就我們的目的而言，城市精神在對這座城市有所瞭解的人的身上表現得很明顯。[23]

如何認識這些精神呢？作為學者，我們閱讀過很多與城市相關的文本，包括小說、詩歌、旅遊指南等。我們需要研究每個城市的文化、社會、經濟、規劃設計，並試圖對這些城市的演變過程做出連貫的歷史敘述。從原則上來說，我們應該盡力用「硬」科學來描述價值觀和城市。一種方法是借鑑民調問卷或者價值觀調查數據，雖然這樣的調查往往是為了對比國家，或者更大的區域而非城市。[24]價值觀優先選擇的另外一個指標，是檢視城市預算中資源的分配：可以預測的是，在蒙特婁，用來保護語言的預算比例肯定更高；而在牛津，學術和文化所占的預算比例較高。谷歌的點擊次數也可能是某種優先選擇的指標，如「耶路撒冷和宗教」有九百萬點擊次數，而「耶路撒冷和浪漫」只有一百萬（當然，坦率地說，我們並沒有期待這種膚淺的指標會改變我們的發現）。或許，更重要的是利用檔案研究和城市規劃者的解釋，來瞭解是什麼價值觀促使他們做了什麼。我們在某種程度上確實依賴這種方法，我們相信這種研究方法是重要的，也是可取的。

但是，在本書中，我們主要採用質化的研究方法。我們採訪（回訪）了書中描寫的城市，事先安排了與這些城市居民的訪談（如牛津的一位學院院長、巴黎的作家、柏林的年輕政治活動家）。或許，更具爭議的是，我們假設通過漫步和心血來潮式的採訪，也能瞭解到這個城市及其價值觀的許多東西。在過去四年中，我們一直在這些城市的大街上閒逛，與人們交談，聽他們談論建築、紀念碑、街道和社區，就好像專門說給我們聽似的。艾維納在擔任希伯來大學社會科學系系主任後不久，再次認識到了這個方法的價值。當他問同事如何更好地瞭解老師們的需求時，有人建議他只要到走廊上走一走，與隨便遇到的人聊聊，而不是坐在辦公室等人敲門。在這個「主觀性」更強、缺乏哲學思辨設計的方法中，城市及其居民不僅是資料來源，而且是靈感來源。城市不僅激發觀點而且產生故事和情感，而這些反過來又會催生新的認識。這種「閒逛」方法，對研究巴黎和紐約——這種對我們的身分認同沒有建設性影響的城市非常有用（相反，我們在談到蒙特婁和耶路撒冷時，可能更多依賴的是個人經歷）。當然，在某些不斷向外擴張和汙染嚴重的城市，漫步的方法也存在一些局限性。

就漫步這種方式再多說幾句。我們不是第一批把漫步作為研究方法的社會學家或哲學家。最著名的是班雅明（Walter Benjamin，1898—1940）援引了都市漫遊者的意象，即長時間在街上漫無目的閒逛的人，作為考察十九世紀巴黎的資本主義、消費主義、都市主義興起的方法。班雅明研究了巴黎的街道，尤其是街邊商家——把被鋼鐵和玻璃覆蓋的街道作為現代社會的縮影。他常常以一種含蓄和聯想的方式，將漫步與歷史、文化和社會學相聯繫。與社會學中許多強調獨立研究者的方法不同，班雅明指出了由親密中產生的知識，即「此時此地」的現場經歷對理解社會現象同樣很重要。[25]

在我們的案例中，我們並沒有提出明確的假設，反而只是聽任城市居民訴說。我們在漫步的時候，試圖把期待和偏見拋到一邊，對發生的一切保持開放的態度，隨時準備對我們有關城市精神的最初觀點進行修改。[26]比如，我突然意識到蒙特婁的語言戰爭或許已經接近尾聲了，因為我注意到蒙特婁人現在揮舞的旗幟更多是蒙特婁加拿大人冰球隊的隊旗，而不是魁北克或者加拿大國旗。因此，我們的方法與資料驅動研究非常類似，在這種研究中，我們不斷增長的理解，是在收集到的資料驅動下完成的，雖然它們其實是隨機碰見的人、看到的建築、與街上人們的交談，或解釋發生在我們身上的事等。這種資料驅動研究方法如今常常遭遇挑戰，因為多數研究者更願意參與假說驅動的研究。但我們發現，參觀公墓、與店主聊天、參觀主要火車站，都能夠提供新的資料，從而引發新的研究問題和假設。我們是如何選擇要收集的內容呢？我們收集那些可以促使我們對城市精神做出連貫敘述的資料，其中每個故事都和其他故事協調一致，每則資料都有各自的位置。比如，暗示耶路撒冷是和諧之城的故事，與這裡有如此頻繁的種族和宗教衝突是不協調的，因此我們就拒絕這個故事。

現在，我們的觀點可能會受到這樣一種說法的質疑：擁有精神氣質的是國家而不是城市。如果我們只描述紐約、牛津、北京、耶路撒冷，這可能是合理的抗辯，但我們在不同的章節中分別描述了北京和香港的不同精神，雖然它們同屬一個國家。而且在有些章節，我們還寫到與之對比的城市，可能是同一個國家的另一個城市。我們還對比了牛津和劍橋、蒙特婁和多倫多、耶路撒冷和特拉維夫。由此我們宣稱這些精神，代表的是城市而不是國家。

我們的觀點還可能遭遇如下的挑戰，如城市有不止一種精神，因為在任何一個城市內部，因為社會地位、階級、地域、宗教的不同，呈現出迥然不同的精神氣質。我們通過採訪不同群體的成員，參考相關文獻和學術著作來找出不同種族群體、社會階級、性別等所共享的精神。

再談一下有關方法的最後一點評論：雖然我們受到班雅明方法的影響，但這並不能解釋我們為什麼以現在的方法而不是更規範的學術研究方法進行研究和寫作。雖然我們羨慕和尊重標準的學術著作，但我們同時認為太多的學術著作，已經變得過於專業化甚至遠離了人們日常關心的內容。在試圖描述所看到的真理時，我們更願意用通俗易懂的寫作方式來引起讀者的共鳴。

推廣一種精神

鑒於我們偏愛擁有主流精神的城市，有必要對能夠增加城市發展可能性的因素進行說明。贊同我們的世界觀的政策制定者，和關心此問題的市民因此可以就如何創造、復興或者培養城市精神做出明智的決策。不過，在這裡需要提醒的是，我們想強調指出，只有在城市克服了物質匱乏之後，公眾才有義務創造或者培養一種精神。區別城市和農村的特徵之一，是城市整體上要更富裕一些。但是，貧窮國家的有些城市仍然非常貧窮，這意味著許多居民難以獲得日常生活的必需品，如獲得足夠的食物和飲水，以及像樣的衛生設施。在這種情況下，城市很難發展團結市民的城市精神：在非常貧困的城市竭力創造一種精神似乎是不道德的——如果它是以犧牲最緊迫的生活必需品為代價的話，那就更不應該了。並不是宣稱貧窮城市的人民不關心或者不在乎城市精神問題，我們只是說，如果與應對更緊迫的極端貧困的任務發生衝突時，要求這個城市關注城市精神就不合適了。[27]下面讓我們來看看有助於推廣城市精神的因素。

第一、這個城市沒有貧富差距，也沒有民族和種族群體間的巨大鴻溝。如果不同族群各過各的生活，彼此厭棄，他們將很難分享一個共同的（主導性）精神。在美國某些城市，貧富和黑白之間的鴻溝如此普遍，以至於城市居民少有共同之處。耶路撒冷似乎是個例外，因為極端分化的群體都致力於城市理想，將其作為宗教身分認同的象徵。貝爾法斯特可以作為一個曾經被分裂，現在又團結起來尋找其共同精神的例子，但是這裡仍有規範性的一面。有些城市，貧富差距或不同民族群體的鴻溝有待彌合（比如巴黎，許多貧窮的移民生活在偏遠的郊區），我們主張富裕居民應該盡一切努力接納新來者。可能更容易引起爭議的是，我們也主張移民或許也要考量這種精神是否適合他們。的確，有些移民來到某座城市是因為他們孤注一擲，沒有其他選擇，而一旦進入這座城市，便竭力適應城市的精神，同時以新的方式為塑造城市精神做出貢獻。

第二，這座城市和另一個城市有長期的競爭關係，這往往發生在一國之內。像蒙特婁、北京、耶路撒冷等城市的身分，多是從它們與像多倫多、上海、特拉維夫等說英語的、「膚淺的」或者「享樂主義的」城市的對比中形成的。從道德角度來看，與國家間的競爭相比，問題較少，因為城市沒有自己的軍隊（新加坡是個例外），即使競爭失控也不會發生戰爭。而且，這種競爭常常是幽默的話題，能激發具有持久價值的文化創造（如蒙特婁加拿大人隊如果不能連續打敗瘦弱的多倫多楓葉隊，就無法成為職業冰球歷史上最偉大的隊伍）。[28]

第三、城市的身分認同（精神）受到外來力量的威脅，因此，居民擁有一種強大的動力去維持這種身分。蒙特婁人在「英語的海洋」中努力維持法語的地位；新加坡人竭力要在更大的和潛在敵對的鄰國包圍中維持其國家存在。只要在競爭中不侵犯他人的基本權利，就沒有理由批判這種為鬥爭所做的努力。

第四，城市有實質性權威來制定法律（如新加坡）、條例、地方法規，以及保護和繁榮其特別身分和精神的規定。作為城市國家，新加坡是極端的例子（受到其面積小、自然資源缺乏、必須服從全球化「指令」等限制，新加坡政府還不能自由地就其認為合適的方式立法）。中國城市有權力通過戶口（戶籍制度）的手段決定誰有資格成為城市的正式成員，這不僅影響城市的特性，並可能對人們產生生死的影響（如天津在「大躍進」期間發生的飢荒）。另一個極端的例子，是美國城市往往缺乏處理共同問題的權力，因為城市只能行使州政府賦予的權力，因而導致了郊區化，城市也分裂成基於階級或種族的不同社區。[29]更典型的或許是「中間」案例，像巴黎和北京的城市管理者必須面對若干重疊的行政管理機構，但（有時候）仍然能實施旨在推廣城市精神的管理規定。

第五、城市擁有或者曾擁有偉大的城市規劃者，他們用道德、政治或法律的權威來推行旨在利於實現共同的公共精神的城市改造計畫。極端的例子包括從零開始產生的城市，如坎培拉、昌迪加爾或（最近的）馬斯達爾城——由福斯特建築事務所設計，旨在建造「綠色」城市的阿拉伯聯合大公國的實驗工程——即使最小的細節都要從生態可持續性的角度來考量。[30]本書中討論的偉大城市規劃者，包括巴黎的奧斯曼男爵（Baron Haussmann）、紐約的羅伯．摩斯（Robert Moses）、新加坡的吳慶瑞、蒙特婁的讓．德拉波（Jean Drapeau）。這並不是說規劃總是成功的，除非它們扎根於居民所關心的某些潛在精神氣質。把巴西利亞建設成與過去完全不同的無階級的城市社會計畫，致使其比巴西任何其他古老的城市呈現出更加殘酷的貧富分化。[31]讓．德拉波把蒙特婁打造成世界級中心城市的計畫也失敗了，因為大部分蒙特婁人更關心的是語言權利。

第六、一個外部機構，如廣告宣傳活動或電影，為城市貼上擁有某個特徵的標籤。與都市規劃一樣，這種努力往往只有在這種標籤與人們心中，或都市景觀中已經存在的某些特徵相吻合時，才能成功。[32]巴黎成為「浪漫之都」，很大程度是因為好萊塢電影的影像以及像亨利．卡蒂爾．布列松（Henri Cartier-Bresson）等攝影家的作品，但這樣的標籤僅僅是因為城市本身很漂亮，有利於人們的浪漫想像（我們在訪談中發現，許多巴黎人反對這種形象概括）。

單獨來看，這六個因素中沒有一個必要或足以創造、繁榮一種精神氣質，但每個因素確實增加了成功的可能性。這些因素存在得越多，成功的可能性就越大。對於試圖開發或者繁榮一種精神氣質的城市來說，參考這些因素或許是有用的。或者從消極方面來看，如果這些因素不存在或不大可能在可預見的未來成為重要因素，關心城市發展的市民和城市領導者，就應該把注意力轉向其他具有道德和政治重要性的事務上，比如獲得基本生活必需品。

本書提綱

最後，我們談一下本書的結構。在討論的九個城市中，我們試圖呈現每個城市是如何發展和繁榮某種共同的公共精神的。在此過程中，我們將建立在個人經歷基礎上的故事和情感，進行了一些理論化處理。從對塑造自己身分認同影響最大的城市開始，即耶路撒冷（艾維納）和蒙特婁（貝淡寧），然後轉向在塑造我們身分認同的過程中發揮重要作用的其他城市：新加坡、香港、北京（貝淡寧）和牛津、柏林（艾維納）。這些章節是由受到這些城市精神影響最大的作者所寫。最後一部分討論了對塑造我們個人身分認同並不很重要的兩個城市，巴黎和紐約，但其精神中有我們認為非常重要、能教導我們如何維持某種氣質精神的因子。這兩章由貝淡寧所寫，但吸收了艾維納的眾多筆記（巴黎篇）和早期文章（紐約篇）。

第一章「耶路撒冷：宗教之城」討論了宗教信仰問題。毫無疑問，這個城市的精神氣質是宗教。正如耶路撒冷許多居民的生活方式所呈現的，宗教是精神上的、溫和的。但這座城市經常被民族群體、種族群體，或者不同宗教內部的不同教派撕扯得粉碎。而且，耶路撒冷被認為是一神教的中心。不過，宗教常常墮落為信奉多神，石頭和建築被神聖化，人們以上帝的名義獻祭或者被殺。艾維納最後，用樂觀的語調，暗示了一種回歸信仰的方式。

第二章「蒙特婁：語言之城」討論了語言在經濟意義上和歸屬感上的價值。這種議題，往往導致像蒙特婁這樣的多語環境下的社會衝突。貝淡寧討論了蒙特婁語言衝突的歷史，和該市如今採取的相對和平互利地解決語言衝突的辦法。無論說法語者還是說英語者，都對雙語的價值感到自豪，這種強調語言價值的模式，或許值得其他多語種城市學習。

第三章討論了新加坡。作為一個獨立國家的唯一大城市，新加坡在一九六五年被驅逐出馬來西亞聯邦之後不得不從事國家建設活動。政府推動了旨在構成國家認同的三項價值——物質福利（material well-being）、多元種族主義（multiracialism）和賢能政治（meritocracy），實際上這破壞了國家的團結，導致了極端的個人主義。本章的最後貝淡寧描述了他最近對新加坡的訪問，他意外地發現在過去十五年左右的時間裡，新加坡在國家建構方面取得了長足的發展。

第四章轉向香港，中國的「特別行政區」。雖然早期不幸成為殖民地，但香港憑借其自由市場的理念，經歷過一段時間的繁榮。在某些方面，自由市場主義的意識形態並不符合現實。香港的成功部分可以通過這個事實來解釋，即政府推行了一種帶有「儒家特色」的福利國家制度，以及被廣泛認同的儒家倫理，即優先考慮家庭成員和其他社區而不是個人的自我滿足。資本主義意識形態仍然是讓香港不同於中國其他城市的地方，但香港式資本主義並不是建立在利己主義或是享樂主義追求之上的。

第五章集中談論北京。與上海和香港形成鮮明對比的是，北京一直以政治城市而自豪。但這個城市的政治史並不總是按計畫進行的：「文化大革命」是以北京為中心的，這是錯誤地應用馬克思歷史論的一個重要教訓。這一章後半，貝淡寧討論了中國當今政府通過在北京使用政治象徵手段，使中國去政治化的努力。貝淡寧在結尾對儒家政治傳統如何影響北京以及整個中國的未來做了預測。

第六章討論了牛津與學術精神。牛津以擁有世界上最古老的大學和追求卓越的中心而聞名。艾維納認為牛津的觀點是學習而不是研究，是學術傳承而不是論文發表。而且，他批判性地考察了該市學習資源分配的不平等。

第七章集中論述了柏林的寬容（不寬容）觀。柏林一直在從事向歷史學習的項目，我們好奇的是該項目的可行性，以及人們從歷史中到底學到了什麼。現在這個城市似乎是關心寬容精神者的聖地，但當地居民似乎仍然心存疑慮，因為他們擔心這種情況隨時都可能急劇地轉變為不寬容。艾維納要問的是，如果新的政治文化就已足夠，是否有必要讓某些制度體系來防止柏林墮落進入種族主義和暴力的新時代。

第八章轉向浪漫之都巴黎。巴黎作為浪漫之都，很大程度上歸功於外國人的看法，巴黎人自己卻很排斥這種說法。但更加複雜的浪漫精神，「與資產階級生活方式形成鮮明對比的，我們稱之為『非巴氏殺菌』的浪漫」是對當地人所理解的巴黎精神的更準確描述。本章結尾對浪漫追求和道德追求之間的矛盾進行了一些反思。

第九章討論了「世界之都」紐約及其雄心壯志。紐約成為金融和文化之都，是它吸引不同類型雄心勃勃移民的結果。這些移民通過不斷質疑現有生活方式而不斷革新和創造。但野心勃勃的黑暗面是極端的個人主義，這幾乎是大城市獨有的現象。矛盾的是，紐約存在強烈的「市民政治」意識，這使得紐約能夠在體面社區生活遭遇到的多次挑戰中生存下來。

厚與薄

這本書太厚又太薄。從表面看，它確實太厚了，作為作者，我們希望讀者能夠讀完整本書，我們試圖用通俗易懂、引人入勝的方式寫作，讓讀者閱讀時不覺得過於勞累，但我們意識到或許需要做出某些選擇。實際上，本書不需要以任何特定的順序來閱讀。我們希望讀者在瞭解自己所在的城市時能夠有一些新見解，我們也更希望讀者從不同的城市中學到一些新東西。在學習不同城市的過程中，也可以提高自我認識：我們通過理解別人而認識自我。

本書太薄是因為我們對城市的討論或許並不是那麼深刻全面。我們的討論很大程度上取決於個人經驗。在嚴格的社會學家眼中，我們的方法或許顯得過於印象式了。我們能夠並應該用更加客觀的測試和研究來支持城市精神的論點。而且，有些學者或許會提出反對意見，指出本書沒有充分利用社會學、地理學、建築學、心理學和都市研究等學科的研究發現。儘管我們試圖進行跨學科研究，或許仍然受限於政治理論的專業經驗。也許涂爾幹（Emile Durkheim）、佛洛伊德（Sigmund Freud）、皮埃爾．布赫迪厄（Pierre Bourdieu）的理論和當代研究城市的學者如薩斯基雅．薩森（Saskia Sassen）、曼威．柯司特（Manuel Castells）、威托德．黎辛斯基（Witold Rybczynski）、愛德華．格雷瑟（Edward Glaeser）、馬里奧．波利斯（Mario Polese）、大衛．哈維、理查德．佛羅里達（Richard Florida）、查爾斯．蘭德利（Charles Landry）和傑布．布魯格曼（Jeb Brugmann）等人有影響力的理論，能幫助我們更深入地思考城市精神。

也許這是一種辯護，但我們覺得我們的方法產生了可信的結果。我們打算展開與所討論的城市有關的對話，而不是關閉這種對話。歡迎檢驗我們觀點——社會科學或許不支持其中的某些觀點。即使我們對城市進行了一系列的討論，但可以肯定的是，本書並不是要提供最終答案。或許其他作者會講述這些城市不同的主流精神或者更加吸引人的故事：香港和文化雜糅性？耶路撒冷和學問？巴黎和飲食？卡爾維諾已經寫了一本很吸引人的書，回顧了馬可波羅給中國皇帝忽必烈所講的不同城市的故事，卻發現馬可波羅只是提供了同一城市（威尼斯）不同精神的解釋。[33]這部作品是小說（幾乎是夢一樣的），但我們並不是否認「我們的」城市能夠講出和我們所講述的故事一樣吸引人，但卻迥然不同的可能性。

我們更肯定的是，本書中遺漏了某些城市的公共精神及有見地的故事。我們希望聽到有關非洲城市精神的描述（約翰尼斯堡與種族和解？），拉丁美洲（馬拿瓜和革命？）、印度（孟買和電影？）、[34]日本（京都和傳統？）以及美國不同城市（綠灣的體育、柏克萊的異議者、波特蘭的環保主義）等。本書僅僅是一個開端，我們希望其他作者從中得到鼓勵，去講述關於他們自己城市精神的個人和政治解讀。

全世界的都市人，聯合起來！[35]

1 美國哲學家列奧・施特勞斯認為雅典和耶路撒冷是西方文明的兩個傳統模式或象徵。雅典代表理性，而耶路撒冷代表《聖經》啟示。"Jerusalem and Athens: Some Preliminary Reflections, "in *Jerusalem and Athens*: Reason and Revelation in the Works of Leo Strauss, ed. Susan Orr(Lanham, MD: Rowman and Littlefield, 1995).

2 在二十一世紀，至少有十九座城市人口將超過兩千萬人，請參閱 www.192021.org 到了二〇二五年，單單中國將擁有十五座平均人口超過兩千五百萬的特大城市（www.mckinsey.com/mgi/publications/china_urban_summary_of_findings.asp）。今天，世界人口中超過一半生活在城市（在十九世紀初城市人口不足3%）。我們如何定義城市呢？就我們的目的而言，一個城市是一個社會群體，至少要有十萬人，這個定義被冰島和中國等眾多國家所認可。

3 更具體地說，我們的意思是這個精神在一定程度上是共享的，城市居民普遍相信城市表達了某種特別的價值觀，但不一定每個人都認同這種價值或者世界觀。更加引起爭議的是，我們認為那些不贊同這種價值和世界觀的人仍然有義務尊重它們（只要這種價值不違反基本權利）。

4 David Harvey, *Social Justice and the City* (Athens: University of Georgia Press, 2009).

5 按照大衛・歐文的說法，像紐約和香港這樣提倡步行的人口密集的城市比人口稀少的農村更加「綠色環保」，因為居民散步、騎車、使用公共交通工具比開車的比例更高，他們居住的空間更小，用於供暖的能量更少，不大可能積累很多龐大的高耗能電器。David Owen, *Green Metropolis: Why Living Smaller, Living Closer, and Driving Less Are the Keys to Sustainability* (New York: Riverhead, 2009).

6 See Alain de Botton, *The Architecture of Happiness* (New York: Vintage, 2006) , 229-230.

7 Charles Landry, *The Creative City* (London: Earthscan, 2008) . 此外，建築通過引起人們情緒的變化而對價值觀產生間接的影響。比如，一座醜陋的城市讓人情緒低落，因此讓人類對於其在生活中獲得美好事物的潛力感到悲觀。

8 或許可以另外寫一本關於鄰里自豪感的書（人們可能想到東京這樣的城市或者倫敦的行政區，它們在產生自豪感和塑造身分認同方面確實發揮了關鍵的作用）。但是，從我們的觀點來看，對社區的自豪感似乎不如對城市的感情那麼強烈，特別是在現在（在北京，人們常說人的口音暴露出他是哪裡人，但是隨著北京人在市裡的遷移，北京口音變得越來越趨向統一）。從規範的角度看，我們相信社區往往更封閉和同質化，因此從道德上說不如開放的城市那樣具有合理性。

9 在義大利語中，campanilismo 這個詞指次於愛國主義的形式（法語中的 esprit de clocher 與此類似）。但是，它不同於我們所說的市民精神，campanilismo 是貶義詞，包含著褊狹、自大和狹隘，而愛城主義則帶有褒義，只要它不為侵犯基本人權的行為辯護。

10 對「城市」的關注或許還是太抽象，無法抓住這個團體內社會生活的所有的或大部分的細節，但我們無法避免在準確性和社會相關性之間做出取捨。飛得過高意味著錯過太多的細節，但是挖掘太深入可能會錯過具有更多趣味和相關性的社會趨勢。

11 有人向我們建議，書中應該有另外一個議題：利用對城市的附屬物對抗民族主義。但是我們沒有反對任何形式的民族主義的意思：當民族主義有助於給國家帶來和平和安全，激勵有錢有勢的人關心其他人時，我們支持它。我們確實希望市民精神能夠抗衡反動的民族主義。如果人們對城市擁有強烈的感情，他們就不大可能形成排外主義和沙文主義情緒，除了一些例外，如城市國家新加坡，或者像耶路撒冷和北京這樣常常被作為國家象徵的城市。

12 Todd Woody and Clifford Krauss, "Cities Prepare for Life with the Electric Car," *New York Times*, 15 February 2010.

13 其他例子，請參閱 Stephen Moore, *Alternative Routes to the Sustainable City: Austin, Coritiba, and Frankfurt* (Lanham, MD: Lexington Books, 2007).

14 城市也能給國家造成令人頭疼的政治問題。比如巴黎的公眾支持達賴喇嘛，破壞了法國政府修補與中國關係的努力。

15 帕拉格．康納認為像中世紀晚期和文藝復興時期常常推動歐洲革新的自治城市一樣，全球化將越來越多地刺激未來世界秩序在經濟、政治、外交上的革新。請參閱 Parag Khanna, *How to Run the World: Charting a Course to the Next Renaissance* (New York: Random House, 2011).

16 因此，我們不打算根據「我們的」價值標準給城市排名（一旦城市跨過了最低限度的人權門檻後）。

17 我們並沒有打算批評香港的經濟不平等，許多社會批評家就是這麼做的。但是他們使用的標準並不像東京的標準那樣平等，或許因為本能使用的標準意味著對當地人在城市精神中表現的自豪感的某種尊重。

18 雅各布．列維舉了一個例子。在蒙特婁，一群正統派猶太人要求社區附近的健身房把窗戶遮擋起來，以免看到正在鍛鍊的穿著暴露的女性。列維提供了應該拒絕要求的若干理由，但是我們提出了另外一個重要理由：蒙特婁的精神不是宗教精神。在宗教佔主要地位的耶路撒冷，這樣的要求或許不會被認為是無理取鬧。

19 客觀地說，麥當勞的成功部分是因為它常常採用當地的「飲食風格」，比如在印度供應加入咖哩和蔬菜的漢堡，在魁北克供應鱈魚漢堡。而且，世界最好的五星級飯店多數是融合了當地的建築風格。

20 承諾得太過，或許也有違規則：（貝淡寧）擔心自己如搭便車般吸收了若干城市的精神，但沒有付出足夠的努力去維持它們。對貝淡寧來說，這本書是一種「償還」，是對那些支持他的城市社區的一種「報答」。

21 奎麥．安東尼．阿皮亞扎根於世界主義的理想與我們的理想類似。阿皮亞的目標是通過一段漫長的哲學和個人旅行，將普遍的義務和特別感情結合起來。而我們提供了另外一種方法：通過建造動態的開放的城市身分認同。

22 讀者或許在許多地方發現本書章節從對城市的描述，轉向了我們在這些城市中所遭遇的事情的反思。我們的目標是，展示城市如何像國家一樣激發我們去思考政治。如果你在蒙特婁，思考語言和政治是避免不了的；如果你在耶路撒冷，思考宗教和政治則是不可避免的。在我們看來，有關語言和多元文化主義的豐富辯論出現在蒙特婁絕非巧合，有關宗教的辯論出現在耶路撒冷，與對「資產階級」生活方式的理論挑戰出現在巴黎也絕非巧合。這些城市的精神實際上提供了豐富的資源來反思政治理論中的議題，這些議題對這些城市之外的政治思考和政治實踐都有意義。

23 換句話說，我們選擇城市是根據我們個人的親身經歷和具有明顯的精神這兩條標準。事實上，我們經歷的城市也往往有明顯的精神。部分因為幸運，我們出生和生活在兩座具有明顯精神的城市（艾維納在耶路撒冷，我在蒙特婁）；部分因為選擇，意味著以後我們會受到那些擁有明顯精神的城市的吸引，儘管在寫本書之前我們並沒有把我們的選擇理論化。

24 在定義長沙精神的研究時卻出現了例外。長沙是中國中部的一座城市，以香辣美食和火爆的性格而聞名。居民被要求從表達這個城市精神的幾個理想描述中選擇，多數選票都投給了「做事堅定，古道熱腸，有辣椒性格和騾子精神」。請參閱顧慶豐《長沙的傳說》（北京：中國工人出版社，2009 年，第 80-81 頁）。

25 Walter Benjamin, *The Arcades Project*, trans. Howard Eiland and Kevin McLaughlin (Cambridge, MA: Harvard University Press, 2002) .

26 同樣的，法國社會學家米歇爾．德．賽托認為沒有特定目標的人可以無視城市規劃者和機構強加的「戰略」，因此可能以更真實的方式感受這個城市。請參閱 Michel de Certeau，The Practice of Everyday Life (Berkeley: University of California Press，1984)。

27 從理想上說，消除貧困和促進精神的目標可以結合起來。比如曲阜市（孔子的故鄉）利用儒家文化的精神吸引文化旅遊，他們的資金輸入刺激了當地經濟的發展。與反對這種「商業化」努力的文化純粹主義者相反，我們相信把稀缺資源用於推廣城市精神在相對貧窮的城市更具有合理性——如果它和經濟發展的目標結合起來的話。

28 請注意基於城市的體育競爭，不一定要局限在同一個國家：比如，巴塞隆納隊和 AC 米蘭隊之間的競爭就有悠久的歷史。但是這樣的競爭發展成為戰爭的可能性不大，因為以城市為基礎的感情在各自的國家裡並不被其他城市的人分享（相反，以國家為基礎的體育競爭有時候可能會引發戰爭，比如在一九六九年薩爾瓦多和宏都拉斯之間發生的「足球戰爭」）。

29 請參閱 Gerald E. Frug, *City Making: Building Communities without Building Walls* (Princeton, NJ: Princeton University Press, 1999) , 4-5. 但是，美國城市確實有力量實施發展規範，在規範方面的差別會產生不同的經濟影響。擁有相對嚴格的建築規範的城市，如舊金山和波特蘭，已經試圖限制城市的擴張，因而在二〇〇八年房地產業低迷期比監管更少的城市（如拉斯維加斯和鳳凰城）受到較小的衝擊（請參閱 Timothy Egan, "Slumburbia," Opinionator Blog, *New York Times*, 10 February 2010）。

30 請參閱 Poul Erik Tojner, Ole Thyssen, Kasper Guldager, and Wilfried Wang, *Green Architecture for the Future*(Copenhagen: Louisiana Museum of Modern Art, 2009) , 46-55.

31 Peter Hall, *Cities of Tomorrow*, 3rd ed. (Oxford: Blackwell, 2002) , 230-234.

32 這並不是說品牌宣傳活動必須說明全部真相，尤其是如果有問題的聯想會破壞正在推廣的精神的話。比如，以色列城市艾拉特於二十世紀九〇年代在歐洲的行銷推廣中呈現的是「紅海上的艾拉特」。這個活動沒有提到這個城市位於以色列的事實。以色列被當時很多人認為是個對遊客不安全的國家。

33 Italo Calvino, *Invisible Cities*, trans. William Weaver(Orlando, FL: Harvest, 1974) .

34 想瞭解孟買不同階層的人的性格，請參閱 Suketu Mehta, *Maximum City: Bombay Lost and Found* (New York: Vintage, 2004)。該書的幾個主要人物只是在電影中被集中在了一起。

35 但是，請為了維護你自己城市的文化特色而努力。

耶路撒冷 — 宗教之城

THE CITY OF RELIGION

主筆：德夏里特

有心的人

二〇一〇年二月二日，我看了一場歐洲籃球聯賽季後賽，比賽雙方分別是耶路撒冷夏普爾隊和伊斯坦堡加拉塔薩雷隊。夏普爾（Hapoel）的意思是「工人」，說明了這支隊伍的許多情況。該俱樂部曾屬於以色列勞工團體的工會聯合會，不過現在是非營利機構，支持者往往身穿紅色上衣，多是政治上的左派。十多歲時，我就愛上了這支球隊，並成為死忠球迷。當時在我左邊站著一對現代正統派猶太人，[1]他們和我一樣買了季票，我們是朋友，在這裡看球很多年了，一起歡呼叫喊或咒罵裁判，右邊則是一位從沒見過的阿拉伯年輕人。我突然意識到我們這個小團體實際上概括了多數人眼中的耶路撒冷：將近五成的信教猶太人、二成五的世俗猶太人（我）和二成五的阿拉伯人。當我們的球隊表現很好時，我們三個會高興地喊叫和開玩笑。但那位年輕的阿拉伯人卻非常嚴肅，一動也不動。我問他為什麼不歡呼和喊叫，他只是嚴肅和悲傷地看著我，以致我不禁暗自猜測：難道他是恐怖份子？隨時都可能把自己炸飛上天？我無法擺脫這個愚蠢的想法，心情很糟。我沮喪地想，或許這就是耶路撒冷：仇視、懷疑以及隨時存在的以阿衝突。幸運的是，時間一分一秒地過去了，他沒有爆炸。我對曾經有那樣的想法感到羞愧，所以與這位阿拉伯年輕人攀談起來。幾分鐘後，另一位猶太教徒走過來，站在我和極端正統派朋友之間。因為想為他讓出空間，我就往阿拉伯人那邊挪了挪。其中一位正統派朋友就開玩笑說：「嘿，左翼份子，你以為我沒有注意到，最近你已經在遠離我們了嗎？」

耶路撒冷是千百萬人的聖城，也是七十八萬人在此生活和工作的城市。這裡有以色列最好的大學，有著大量的學生，另有幾座劇院、一個交響樂團和一個受人尊敬的波希米亞社區。這是阿拉伯人和以色列人共處的城市，於此共存的還有穆斯林、基督教猶太人，以及世俗猶太人、正統猶太人、極端正統猶太人、東方猶太人和歐洲猶太人等。[2]這座城市已經有幾千年的歷史，但很可能是在十九世紀才首次安定下來。它見證了數不清的戰爭和征服（按照歷史記載，耶路撒冷可以追溯到西元前一二五〇年著名古戰場的所在地）。但無論如何，它是一個你無法與之脫離關係的城市：要麼愛它，要麼恨它。我的朋友和大學同事說：「這是顯而易見的，宗教信徒愛它，世俗人士恨它。」我不同意，我雖然是世俗人士，但也喜歡這城市，至少現在我無法想像自己會去任何其他地方生活和工作。當然，我是有信仰的人，對宗教信仰充滿同情。[3]

那麼，耶路撒冷的祕密是什麼？為什麼人們喜歡它？為什麼有這麼多人願意為它犧牲，甚至願意為它去殺人呢？試圖弄清楚戰爭中死了多少人，或者有多少人「因為」耶路撒冷而死，是個不可能的任務，畢竟沒有歷史資料，不過在我看來，已經有太多的人丟掉了性命，我可以肯定地說：「適可而止。」但誰能保證在不久的將來，不再有人去殺人或者被殺呢？耶路撒冷詩人耶胡達・阿米亥（Yhuda Amichai）寫道：「耶路撒冷有自殺企圖……／她絕不可能成功，但她會嘗試，一次又一次地嘗試。」

實際上，仇恨存在於上帝之城內部。這種荒謬性展現在許多因這座城市而生的殺戮與戰鬥上。耶路撒冷作為上帝之城的形象是如此強大而變得如此扭曲。太多太多的人相信上帝在耶路撒冷的「存在」，這個事實本身就證明了暴力、不寬容和仇恨。所以，耶路撒冷這一章的主題就是：耶路撒冷如何成為優美、友好、仁慈、善良、優雅的象徵？何時它會如此？如何才能永遠如此？有多少時候它並非如此？本章試圖探究並非如此的理由。

丹・帕吉斯（Dan Pagis）是大屠殺倖存者，一九四六年移民到以色列，當時他只有十六歲，後來成為我所在的耶路撒冷希伯來大學的講師。作為著名詩人，帕吉斯寫過一首有關耶路撒冷的精采詩作，題目是〈永遠的城市〉。

在光榮的讚美詩中受傷，
用匕首
在她可憐的肩膀上刻字，
用聖火的光環裝飾，所有族群
都撲到她的懷裡，尋找他們的救主

在所有尋找奇蹟的人眼中
她成為世界之心，捆綁她
把她釘在十字架上，榮耀她的名
卻永不停止，從不詢問為什麼
她藏在一座又一座高牆的後面。

永遠的城市，就像棕色的拳頭
緊緊地握著一塊石頭，仍然在等待
精明冷靜地，柵欄圍起來劃定邊界
和平地生活，不擺弄她的手指
但是在她內心，所有那些依靠奇蹟生活的人
玩魔術的神漢術士祈禱神靈從上天降臨到她身上
把她的臉翻轉過來，把她的靈魂
埋在一堆泥土裡，在他們的腳下
把她神聖化，就像一座墳墓。

耶路撒冷公墓是從西區門戶進入這座城市時最先看到的景象。我從機場開車接貝淡寧時，車窗外右側就是密密麻麻滿布墳墓的山巒。我告訴貝淡寧，耶路撒冷的著名作家梅厄·

沙萊夫（Meir Shalev）開玩笑說，公墓放在耶路撒冷的入口，是因為耶路撒冷最強大的工會團體是死者工會。許多耶路撒冷人玩世不恭地說，耶路撒冷是世界上唯一賦予死者投票權的城市。貝淡寧覺得這個笑話很有意思，不過這或許不僅僅是笑話。

耶路撒冷沒有自然資源，也不處在天然的貿易通道上。因此在古代，其財富完全來自虔誠信徒的捐贈。如今，這座城市仍然是以色列主要城市中最貧困的，也是最貧困的以色列城市之一。耶路撒冷三分之一的人口生活在貧窮線以下（其中阿拉伯人的情況更糟，有將近三分之二生活在貧窮線以下）。許多耶路撒冷人根本不工作，他們只祈禱和研究。這裡幾乎沒有像樣的工業區，耶路撒冷市長在二十世紀八〇、九〇年代高科技產業招商的努力，只取得了部分成功。你可以在特拉維夫賺大錢，那是座富裕的城市，與耶路撒冷形成了鮮明的對比。耶路撒冷有幾千年的歷史，而特拉維夫最近才慶祝了建城一百周年。耶路撒冷人很少出門，尤其是在酷寒的冬天（一年下兩次雪）；而特拉維夫是座不夜城，時時刻刻充滿活力，若從文化和娛樂上說，它是以色列最富裕的城市，甚至被認為是中東最富裕的城市；耶路撒冷有耶路撒冷交響樂團，而特拉維夫有以色列愛樂樂團。去年十月，在新年第一天（譯注：猶太新年的開始是猶太曆的七月初一，一般在西曆九、十月間）祝賀學生時，作為希伯來大學社會學系主任，我半開玩笑地說：「歡迎來到耶路撒冷！這是個偉大的城市，我們有兩家酒吧。」

這些都影響著居民及其性格。那些來城市尋找樂趣的人會發現耶路撒冷一點都不好玩，而那些來這裡尋找精神寄託的人則發現它非常吸引人。我們的一名受訪者說：「在特拉維夫，人們知道如何生活，而在耶路撒冷，我們知道為何活著。」那些尋求高薪的人往往去了特拉維夫，而不是在耶路撒冷。首先，特拉維夫基本上是世俗城市，而耶路撒冷人，即使不是宗教信徒，也往往承認和接受了這個城市的宗教氣氛和風格。我問一個喜歡在耶路撒冷生活的朋友，在他看來耶路撒冷吸引人的地方是什麼。他回答說：「一個可以追溯到公元前十九世紀的城市，給人一種責任感，我們有責任為它的持續存在而努力。這裡沒有特拉維夫典型的『生命中不能承受之輕』。」我猜想，人們會籠統地說，耶路撒冷人以一種傲慢的方式表達謙恭。

但是在耶路撒冷生活是踏實的，沒有絲毫的自命不凡。你知道耶路撒冷代表什麼，並且願意接受它。在特拉維夫，總有關於「外表」和「偽裝」的問題。我問一個人如何定義特拉維夫和耶路撒冷的區別，他回答說：「特拉維夫人穿衣服是一種表態，他們是在說『嘿，看看我的衣服，看看我，我很酷，我的穿搭不錯吧』；而在耶路撒冷，人們穿衣服是因為天冷，需要保暖而已。」一天，以色列最自由派的報紙《國土報》記者本尼・茲波爾在特拉維夫閒逛，他被眼前的事物吸引住了：四周環繞帶刺鐵絲網的龐大軍事區正好位於歌劇院對面，特拉維夫藝術博物館對街則是一座監獄。在寫到偽善以及旁觀他人痛苦的主題時，他以此作結：「從這個角度看，在耶路撒冷生活簡單多了。在那裡，猶太人和阿拉伯人、宗教信徒和世俗人士處於緊張關係之中，普遍存在的緊張對立，以及生活中充斥著殘酷和暴力，已是大眾描述耶路撒冷的一部分；而在特拉維夫，當人們路過軍事區時，會說服自己相信那是一處市集。特拉維夫已經教會人們對不愉快的事情視而不見。」

實際上，因為耶路撒冷普遍貧困，這裡的地方性慈善機構和非政府組織，比以色列任何一個城市都多，它們熱心幫助那些需要幫助的人。但是慈善組織眾多並不僅僅是因為這個城市貧窮，而是因為耶路撒冷是眾多的民族和宗教團體的大雜燴，每個族群都有組織去關照他們的成員。因此，多元主義是城市生活，甚至是其民俗的一部分。實際上，馬克．吐溫一八六七年訪問這個城市時，就描述過這種多樣性：「耶路撒冷的人口由穆斯林、猶太人、希臘人、拉丁人、亞美尼亞人、敘利亞人、科普特人、阿比西尼亞人、希臘天主教徒和少數新教徒組成。民族性的陰影就存在於上述清單中，他們使用的語言多得說不清。在我看來，地球上所有的種族、膚色和語言都肯定被生活在耶路撒冷的一萬四千人展現了出來。」

馬克．吐溫的評論「衣衫襤褸、可憐悲慘、貧困、骯髒，是用來說明穆斯林存在的跡象符號」，可以說這並非是表現寬容的最好例子。即使到了今天，仍然有許多人相信，耶路撒冷人對他們周圍的許多宗教基本上是寬容為懷的，這裡有基督教堂、清真寺、猶太教堂和自命的先知。他們真是如此嗎？或許故事會告訴我們他們本該這樣，但並非如此。

二十世紀九〇年代初期，我是希伯來大學的年輕講師，專攻環境政治學和環境倫理學。一天，我收到一位曾經閱讀過拙作的美國環境政策教授的來信。O.P.（他的綽號）是印度教信徒，渴望訪問聖城耶路撒冷，問我能否接待他。儘管素昧平生，我覺得這會是一段迷人的經歷。確實如此，他來到這裡後便急不可耐地乘車到舊城遊玩，我們從一個聖地轉到另外一個聖地。在每個地方，他都祈禱。我問他向哪位上帝祈禱，在不同地方祈禱的神祇是否相同？他一臉燦笑說：「當然，那是我們心中的上帝。」我並不甘休，接著說：「但是你參觀的這些聖地都屬於詆毀其他宗教信仰的教派的，他們宣稱上帝不屬於人類。」在我們攀登上橄欖山前往耶穌升天的教堂時（按照基督教的傳統說法，耶穌在此升天了），他說：「啊，他們並不真的那樣認為。」我好奇地看著他，他繼續說：「上帝無所不在，在你身外也在你體內，祂有許多形式。」我仍然記得他強調「許多」這個詞的方式，把手伸得盡可能遠。就在我們到達這個小教堂時，他繼續說：「有心的人，心中住著一個上帝。」

擁有上帝形象的城市

耶路撒冷很容易被描述為一神教的中心。對穆斯林來說，它被稱為「聖地」（阿拉伯語 Al-Quds）。按照穆斯林的傳統，在一次著名的、迷人的晚間旅行中，穆罕默德訪問了耶路撒冷，就是在這裡他登上了天國，顯示了神蹟。[4] 六三八年，歐瑪爾從基督徒手中搶走了這座城市，命人在聖殿山上建造一座樸素的清真寺。美侖美奐的圓頂清真寺，是伊斯蘭世界現存最古老的清真寺，可以追溯到六九一年，其創建者是哈里發阿卜杜・馬利克（Caliph Abd al-Malik）。許多歷史學家宣稱，馬利克建造這座清真寺不是因為宗教信仰，而是出於政治和經濟因素的考量。統治麥加的哈里發競爭者挑戰了阿卜杜・馬利克的合法性。作為穆罕默德的出生地，麥加吸引了眾多朝聖者，因此修建清真寺從經濟上來說也有利。為了吸引民眾到耶路撒冷來，阿卜杜・馬利克建造了巨大而漂亮的清真寺，他宣稱位於圓頂中心的石頭，就是穆罕默德夜行登霄與上帝見面的地點。其他歷史學家則認為，建造清真寺是為了與當時雄偉的基督教建築競爭。他們指出，實際上，新建築複製了聖墓教堂的尺度。圓頂清真寺的直徑是二十・二公尺，高度為二十・四八公尺，而聖墓教堂穹頂的直徑是二十．九公尺，高度為二十一．〇五公尺。

二十世紀九〇年代初期，我們學校接待了一位來自加拿大的教授，安排我為他預訂旅館房間。我為素昧平生的他在本市的五星級飯店訂房，這家飯店和地球上任何一家五星級飯店沒有什麼不同。我看到了他到飯店後非常失望的表情，就問：「您不喜歡這家飯店嗎？」他非常禮貌地回答說：「啊，你知道，這是耶路撒冷。我沒有想到依然會住在五星級飯店。」我立刻就明白了，於是開車送他到了基督教青年會，並說：「這實際上是個旅館，雖然非常簡樸。」看到這棟建築，他的臉色閃閃發亮。

位於大衛王街上的耶路撒冷基督教青年會，被認為是世界上最別致的基督教青年會館，多虧了一百萬美元的捐款，得以在一九二六年修建。現在它的對街是以色列頂級豪華飯店——大衛王飯店；但當年建造這座旅館時，面對它的是舊城的城牆。基督教青年會聘請亞瑟．路易．哈蒙（Arthur Louis Harmon）設計了這座位於耶路撒冷的建築，旨在創造一個猶太人、基督徒和穆斯林的文化和社會互助中心（五年後，他還設計了紐約帝國大廈）。猶太人社群最初對此疑慮重重，但漸漸地這座建築確實成了交流活動的中心。如果說耶路撒冷有一建築捕捉了宗教思想，那就是這座旅館了。它有三座翼樓，代表了聖父、聖子、聖靈的基督教三位一體，但三座翼樓也代表了思想、精神和身體的統一，自然也代表三個一神教信仰。在北側翼樓的頂端銘刻著猶太人的信仰宣言：「以色列啊，你要聽，主我們的神是獨一的主。」南面翼樓的頂端銘刻著穆斯林對上帝唯一的宣言：「萬物非主，唯有真主。」（上帝）花園中有十二棵柏樹，代表十二個部落（猶太教），十二位門徒（基督教）和穆罕默德的十二名繼承人（伊斯蘭教）。象徵性的數字十二再次出現於音樂廳的十二扇窗戶上，拜傑出的音響效果所賜，我經常能於此享受美妙的音樂。迴廊有四十根柱子，代表了以色列人出埃及前，在沙漠流浪的四十年，以及撒旦試圖誘惑耶穌的四十天。一名婦女頭頂水罐的雕像，描繪的是在井邊和耶穌交談的撒馬利亞婦女。大門入口處立著聖壇的雕像，是用不規則造型的石頭建造的，這代表了雅各在耶路撒冷以北的伯特利築起的聖壇，這些石頭實際上就是建築師從伯特利運來的。耶路撒冷基督教青年會還有其他具有高度象徵性的作品點綴其間，使之成為佈道的場所而不僅是建築作品。當你參觀這座建築時，你不可能忽略這座城市所傳遞的訊息：這是上帝之城。這座城市的故事是信仰，更準確地說，它是關於三個一神教信奉唯一上帝的信仰。

經由研讀耶路撒冷地圖，我們能學習到許多關於宗教在耶路撒冷概念中所扮演的角色。地理歷史學者雷弗．魯賓（Rehav Rubin）相信在近代之前，耶路撒冷地圖確實類似於一個觀點，展現的是一種態度，而非對現實生活中的城市描述。實際上，許多耶路撒冷地圖都是由從未親眼看過這個城市的人繪製出來的。[5]雖然地圖的通常目的是用圖案的形式描繪真實世界，但這並不是繪製耶路撒冷地圖的人真正想做的，對他們而言，耶路撒冷的概念比真實的城市更重要。反思這個問題時，我不由自主地認為，耶路撒冷對許多人來說就是一個夢、一種觀點，或一個理想化的想法。多數耶路撒冷地圖是被用來指導人們思考自己對這座城市的信仰和觀念的經驗，而不是幫助他們在城市遊走。因此，有些耶路撒冷地圖顯示它是歐、亞、非三大洲的中心。另一方面，在十字軍東征時期（1099-1187）繪製的地圖十分重視細節，但常把城市畫成一個圓圈，像在呈現它的圓滿、完整和不可分割。十四世紀的地圖中，有些細節被誇大，如幾乎總是乾涸的汲淪谷被標示成一條大河，依舊還畫出城牆，實際上早在一二一九年城牆就已遭毀壞。[6]

前文提到馬克・吐溫在一八六七年到此拜訪時，描述了他作為朝聖者，在接近耶路撒冷的路上（從北方）遠遠看到這座城市時的激動心情：

> 最後，在中午時，古代城牆的殘垣斷壁和搖搖欲墜的拱門出現在天際線上，我們艱難地爬上另一座山，每個朝聖者和罪人都在高處拚命揮舞帽子：啊，耶路撒冷！棲息在其永遠的高山上，白色、圓頂、堅固，高高的灰色圍牆將它聚攏，古老的城市，在太陽下閃閃發光，這麼小，啊，簡直就像一個美國村莊那麼大，裡面只有四千名居民……我們一邊往山下走，一邊默默地抬頭越過寬廣的山谷向遠處張望，就這樣走了一個多小時……我覺得這個群體每個人的頭腦中，都充滿著被眼前古老城市的宏大歷史所激發出的思考、形象和記憶。沒有眼淚的召喚，這裡沒有眼淚，耶路撒冷引發的思索充滿了詩意、崇高，還有尊嚴，但這種想法無法通過原始化的感情表達。中午過後，我們從著名的古代大馬士革大門進入狹隘的、彎彎曲曲的街道。在數小時的時間裡，我一直在試圖理解我確實已經站在所羅門曾經居住過的輝煌古城，亞伯拉罕曾經在這裡和諸神對話，見證了耶穌被釘上十字架場景的城牆依舊巍然挺立。

不過，進入城市之後的馬克・吐溫對它的渺小並沒有留下深刻印象，他只是從有點幻滅的角度描述這城市，注意到了它那狹窄和不方便的街道。在他眼中，耶路撒冷不是神聖和莊嚴的，而是貧困和骯髒的。「隨處可見漢生病患者、瘸子、瞎子、白痴，他們隨時可能來到你面前，他們顯然只知道一種語言的一個詞語，那就是永遠的『賞錢』。」[7]他有些玩世不恭地寫道：「看到這麼多殘疾的、畸形的、患病的人擠在這個聖地，堵塞城門，人們可能認為時光倒流，重新回到了古代，人們期待上帝的使者隨時下凡來攪動畢士大的池水（譯注：Bethesda，《約翰福音》中所載耶路撒冷一池塘的名字，池水能治病。）。耶路撒冷顯得悲涼、乏味、了無生機。我可不願意生活在這裡。」

其實，不僅馬克．吐溫不喜歡生活在耶路撒冷，我敢肯定許多耶路撒冷人也不喜歡。不過，依然有人移居到聖城來，而且並不感到後悔。

貝淡寧和我與我的博士生——耶路撒冷專家奧利見面。她在耶路撒冷有許多熟人，帶我們拜訪了奧斯卡神父——一位七年前從義大利大學畢業後決定遷徙到耶路撒冷的方濟各會修士。我們從雅法門進入舊城，向左走來到基督教區，前往聖救主修道院和奧斯卡神父見面。兩百年前，一群托缽修會修士在錫安山建造了修道院，據說最後的晚餐就在此發生。二十世紀初期，修道院搬遷到如今的位置。奧斯卡神父只在這裡生活了七年，不過當他解釋此地的歷史時總說「我們」，「我們是從喬治亞修士手中買下這裡」。奧斯卡神父是個會讓你一見傾心的人，他溫柔、有禮、富有個人魅力，幽默風趣的他偶爾自嘲一番。在描述修道院的用餐情景時，他說：「你知道，吃飯時不應該出聲。但對我這個義大利人來說，這是違背天性的，我們吃飯時不可能保持安靜。」奧斯卡神父解釋說，耶路撒冷的基督徒是少數派，這裡有兩層意思：首先，像阿拉伯人一樣，與猶太人相比他們是少數；其次，在多數是穆斯林的非猶太人社區中，他們依然是少數。那麼，他在這裡有家的感覺嗎？奧斯卡神父在那不勒斯獲得政治學學位時還不信教，但在皈依基督後，他認定自己必須到耶路撒冷來，現在他覺得這裡就像家一樣。他說：「在這座城市，即使你是無神論者也會有宗教情懷的。」溫暖的笑容再次在他臉上綻放。

奧斯卡神父帶我們參觀了修道院的附屬教堂。路上，我們問他為什麼會覺得自己應該到這裡來。他的回答令我們措手不及，他嚴肅地說：「人人都生在耶路撒冷。」這句話令我印象深刻，雖然我出生在離特拉維夫不遠的小鎮利河伯，並在十五歲之前一直在那裡生活，後來全家才搬到耶路撒冷，不過我一直覺得我就是在耶路撒冷出生的。我告訴他這些，期待他會笑出來。但奧斯卡神父把我的話當真了，他從字面上理解我的話，而我只是比喻。

與馬克．吐溫夾雜著喜悅和驚訝的描述不同，英國人往往透過浪漫的光環來看待耶路撒冷，把這個城市及其宗教光環理想化。多年來，在英國「蔥蘢宜人的土地上」重建耶路撒冷的夢想，是英國文化的一部分，許多人擁有耶路撒冷的宗教身分認同。實際上，這個理想影響了維多利亞時代對現實的耶路撒冷的反應，雖然當時這裡是中東乾旱而骯髒的城市。歷史學家艾坦．巴爾．約塞夫（Eitan Bar Yosef）認為在英國文化的想像中，「聖地」和「耶路撒冷」等比喻性修辭，比起城市本身發揮了更大的效用。[8]

貝淡寧到耶路撒冷後，我們自然而然地去看了籃球比賽。終場前一點七秒時耶路撒冷暫時落後，球員在距離籃框八公尺之外連看都不看就出手，居然神奇地中籃得分。耶路撒冷贏了。我們旁邊的人高喊：「看到了吧！真的有上帝。」

信仰和宗教

許多不信教的人在耶路撒冷生活了一年多後，開始喜歡「擁有信仰的生活」，但他們拒絕將信仰制度化，即拒絕宗教。所以，我和來自三大一神教——猶太教、穆斯林和基督教的信徒或非信徒們探討這個問題。我的結論是，如果宗教是出於自願的、擁有共同信仰的人的聚會，對許多人來說是好事，但它必須是自發的、不受管制的、兼容並蓄的，允許個人揀選構成自己信仰的元素。當然，核心思想必須很明確，即相信上帝的統一性。要實現這一點，宗教就必須多元、開放、寬容、包容，必須與作為秩序和階級形式的政治脫離關係。它關心的是精神而不是物質，如此宗教領袖就可以避免腐敗。如果你問我，我會說耶路撒冷就擁有這種精神氣質，因為它是這麼多信仰和宗教的家，因為它並非富裕的城市，因為它有太多的殺戮與戰爭，因為它的建築和規劃塑造了適當的氛圍。在會議上和對話中表達了這樣的觀點之後，我聽到了太多的反對聲音。宗教已經墮落為仇恨，而靈性墮落為巫術和異教。

跨年，耶路撒冷的基督徒稱為聖思維日，因為教皇聖思維於三三五年十二月三十一日去世。許多猶太人認為聖思維是邪惡的敵人和猶太人迫害者，但這不妨礙數百名孩子到城市的酒吧和餐廳慶祝跨年。這是個天氣陰沉的日子，我和一位朋友開車來到城市邊緣一個風景如畫的「村莊」隱卡林（Ein Kerem，希伯來語意為「葡萄園之春」）。一群奈及利亞朝聖者，穿著顏色鮮豔的衣服，佩戴著各色裝飾，激動地湧進了隱卡林的一座教堂。現在還是早上，村裡的人才起床活動。看到一家咖啡館開了門，我就提議進去喝杯義式濃縮咖啡暖暖身子，並與年輕的店主聊聊。老闆來自耶路撒冷，剛剛在這個村裡租下一個房間。我問他為什麼喜歡隱卡林，他說，是這裡的氛圍，有許多遊客，有藝術家、嬉皮、虔誠的信徒和各色餐廳。我向朋友提到，巴勒斯坦人在一九四八年被迫離開前就一直生活在這裡。他說，當今愉快和諧氛圍背後，是許多埋葬於此的死者流下的眼淚。我回答道，這就是耶路撒冷的故事。對奈及利亞朝聖者來說，這不重要。主要是因為奈及利亞朝聖者感興趣的是隱卡林，是撒迦利亞和伊莉莎白的家，更重要的是，在基督教傳統看來，這裡是他們的兒子施洗約翰的出生地。我們從咖啡館出來，馬上感受到早上清冷的空氣，太陽穿過雲層給這裡的大教堂抹上一縷陽光。這是個罕見的美麗、甜蜜而悲傷的時刻，許多人可能覺得有些矯揉造作，但我確實感到了一種精神上的昇華。看看周圍眾多的基督徒，我覺得我們擁有共同的上帝，正如 O.P. 教我的「上帝在我們心中」。我想起上個星期我和貝淡寧在耶路撒冷郊外散步的情景，那時他已經來耶路撒冷兩個月了。陽光突然穿過厚厚的雲層，為耶路撒冷周圍的山丘抹上一縷金色，貝淡寧高喊：「看啊，這裡真有上帝。」或許，這是在耶路撒冷待了太久的人才會遇到的事。

我跟著一群遊客聽導遊解說。導遊說，精神性和多元主義是概括隱卡林特徵的兩個術語。對

天主教來說，參觀聖地代表強化對經文的理解。對東正教徒來說，參觀聖地保證他們在來世得到獎賞（他們必須小心翼翼地審視教堂中的偶像，以便真正得到獎賞）。對新教徒來說，這個地方本身就是聖地，《新約聖經》中的故事是否真實並不重要，他們更關心的是在參觀聖地時，參觀者和上帝的直接聯繫。

貝淡寧在耶路撒冷待了兩個月，與我一起從事研究。他採訪了特別喜歡耶路撒冷的移工，一名來自班加羅爾附近小鎮的基督徒，他每週六都要到教堂做禮拜（因為他在為猶太人工作）。他做禮拜的舊城教堂裡有三百名印度人在做彌撒。他說，耶路撒冷為這個移工群體提供了其他城市可能無法提供的精神生活。

一八九一年，一群相當富有的布哈拉猶太人決定在耶路撒冷城牆外建造一個新社區，作為他們在參訪耶路撒冷時令人愉快的度假勝地。一九〇五年，當社區開始擴大時，耶德弗和赫非特茲兩位先生決定再增添一座豪華的宮殿，以歡迎先知彌賽亞的到來。宮殿的建築師是義大利人，他採用歐洲式的設計，在入口處設有兩段大理石樓梯。他們在牆外雕刻了這樣一句話：「耶路撒冷啊，我若忘記你，情願我的右手忘記技巧。我若不紀念你，情願我的舌頭貼於上膛。」該引語來自《詩篇137：5》，據說這句話在人們等待彌賽亞到來，渴望看到他進城情景時被唸誦過多次。彌賽亞沒有到來，這棟建築就成為招待客人、舉行慶祝活動的場所，這顯示出人們把天真的精神和現實的考慮結合起來的態度。一九一八年五月，猶太人社區在宮殿裡舉行宴會，歡迎打敗奧斯曼人占領耶路撒冷的英軍指揮官艾倫比將軍（Edmund Allenby）。[9]

耶路撒冷人墜入了愛情，而愛情往往是盲目的。他們總是認為耶路撒冷是地球上最美的城市。二〇〇八年逾越節，雖然是早晨，但氣溫已經高達四十度，特別乾燥和熾熱。我沿著埃米爾·博塔大街散步，路過一個招牌，上面寫著「前往蔻修葡萄酒博覽會」。任何一個稍微瞭解葡萄酒的人都知道，蔻修葡萄酒是糟得難以形容的葡萄酒的同義詞，有人甚至說這種酒簡直就是故意糟蹋葡萄，因為製作蔻修葡萄酒需要煮葡萄。如今，蔻修葡萄酒的唯一含義是「猶太人製作」。葡萄酒必須是潔淨的，這個觀點在耶路撒冷之外的人聽起來非常怪異，不過，你在本地餐館點葡萄酒時，端上來的很可能就是這種東西（貝淡寧和我一起喝過許多以色列葡萄酒，他認為這種酒實際上味道不錯）。現在我到了舊城牆邊，通過雅法門進入舊城，沿著維亞·多勒羅莎（受難的道路）進入猶太人教區和哭牆。一路上我看到基督教資訊中心、瑞典基督教中心、基督堂旅館。耶路撒冷的宗教並不意圖以高聳的建築物超越彼此，相反，他們建造堅固的大樓，似乎在說「我們要在這裡久留」。穿戴著猶太人祈禱用披肩的男人們從我身邊走過，匆忙前往哭牆，因為今天是祭司祈福（Birkat Kohanim）的日子。這是一個三重意義的祝福，乞求上帝保護個人：「願上帝保佑你、賜福你；願上帝把祂的鼓勵落在你身上，給你恩惠；願上帝提升祂給你的支持，為你帶來和平。」對許多人來說，祭司祈福是一種咒語，由三言、五言和七言的詩歌組成，據說這種祝福能夠戰勝凶兆和噩夢。

我從卡爾多老街路過，最近的考古挖掘將西元前八世紀城牆「第一聖殿」的部分重現天日。我在一家商店前停下來觀看猶太教區陷落的照片，那是發生於一九四八年的以色列獨立戰爭。我想很少人知道在一九四八年的戰爭中，猶太人敗給約旦軍隊，土地遭到阿拉伯人掠奪。那也是我的母親一家喪失家園的原因。

揚聲器中傳來祭司的祈福聲，我趕緊走下很多臺階，進入哭牆前寬廣明亮的西牆廣場，廣場聚集了數千人。我看到聖殿山以及位在其上的兩座著名的穆斯林清真寺。我已說過，這裡的宗教並不通過建造更高的塔來競爭，他們只是在各自的廢墟上重建。西牆前的大廣場能容納好幾千人，這與我小時候的地景不同。許多建築物依照當時的說法都被「剃頭」了，從而建造了巨大的廣場。

十七歲那年，耶路撒冷夏普爾足球隊少見的踢進決賽。我和朋友決定蹺課到特拉維夫看這場比賽。但是在路上，我們先到西牆給上帝寫了一封信，塞進大石頭裡，乞求祂讓耶路撒冷夏普爾足球隊獲勝。在遙遠的年代，上帝聆聽單純的子民，夏普爾隊贏得了勝利。當然，現在你可以傳真到西牆的專線，有人會把你的傳真列印出來夾進石頭縫隙。我想，這並不真實，如果你想讓上帝聆聽，那就直接到哭牆來觸摸冰涼的石頭祈禱。發傳真做什麼呢？即時的祈禱嗎？

我看到有人拿著沉重的《摩西五經》，手拿揚聲器請求人群：「請讓《摩西五經》通過。」我看到有人親吻經書，這個舉動看起來像戀物癖，這讓我想哭，「猶太教沒有卷軸崇拜！」人群中有勸募者試圖為耶路撒冷神學院募款，告訴大家說：「你捐出的每一分錢都有助於以色列統治耶路撒冷。」我的思緒開始逐漸飄遠。我開始回想宗教和政治、宗教和民族性之間的關係。

伴隨著祭司祈福，從不遠處清真寺的揚聲器裡傳來宣禮員的聲音。有那麼片刻，我覺得好像和平已經到來，祈禱融合成真誠的聲音，從我們頭頂的天空升起，試圖穿越藍天進入天堂。但再一想，我意識到，兩個祈禱之間並不和諧，顯然，它們是在互相挑釁，這真是太可惜了。所以，在耶路撒冷，宗教並不通過建造高塔，或者在對方的遺址上修建建築來相互競爭，他們用揚聲器競爭。但口中在說「願耶和華向你仰臉，賜你平安。」平安、平安、平安……最後的祈禱詞在大廣場上迴蕩。

如果宗教旨在提升和創造一種和平、安寧，帶來手足情誼，它就必須承認多元主義，必須尊重其他宗教，尤其是在擁有共同的信仰——都相信上帝只有一個之時。

奧斯卡神父在他的社區進行精神關懷活動。我們問：「你幫助非聖方濟會的人嗎？」他回答說，十六世紀以來，人們從基督教的一個流派轉移到另一個流派，所以希臘東正教社群的人也會得到服務。他靦腆地笑著說：「我們不為石頭服務，我們為人服務。」

貝淡寧和我評論說，這聽起來像是和平與安寧的祕訣。奧斯卡嘆氣說：「根本不是這麼回事。這裡的一切都很不容易。聖地的基督徒似乎不得不學會適應。一九四八年至六七年間，與穆斯林相比他們是少數派；以色列軍隊占領舊城後，與猶太人相比他們是少數派。」奧斯卡神父解釋說：「『我們』一直是聖地中的少數派，所以學會了適應。」他看到了其中的優勢。因為基督徒是少數派，他們試圖與其他宗教共處。如果喬治和穆罕默德一起踢足球，他們最終會學會適應對方。這就是許多教會學校對所有宗教的孩子開放的理由。

十九世紀，殖民國家在耶路撒冷投資建造醫院、教堂、朝聖者旅店，為老城帶來了新的建築風格，使其從東方和鄂圖曼風格轉向兼容並蓄。如今的市政府大樓附近仍然能看到一八六三年建造的俄羅斯醫院，舊城外的第一座醫院。這座建築的屋頂上寫著先知以賽亞的話：「我因錫安，[10]必不靜默，為耶路撒冷必不息聲，直到他的公義如光輝發出，他的救恩如明燈發亮。」我個人不願意選擇這句話，但它確實表明，對許多耶路撒冷人而言，這是一個率真的真理，並且真理會贏。

向下滑行：信仰、政治和黨派

但是，信仰可能墮落為別的東西。我覺得有四個原因：第一，當宗教把信仰放在政治制度的約束中時，它就改變了信仰的特徵，並在信仰與多樣性、和諧、寬容之間樹立起壁壘。這就是政黨支持信仰後出現的情況。第二，制度化的信仰，導致人們形成對別人該當做和該當相信東西的偏好。一旦發生這樣的事情，如果他人不符合你的偏愛，就會成為你實現或施行信仰的障礙，也就成為激起你仇恨的敵人。在耶路撒冷，最引人注目的例子是信仰、宗教和民族之間的親密關係。第三，當信仰之間的競爭是通過宗教競爭表現出來時，宗教就與權力結為了親密的同盟，但權力可能誘發腐敗。第四，信仰是有關精神的，而精神或許會退化成異教元素，如賦予事物神祕的力量，比如治病。下面我將從信仰墮落的第一個原因說起。

當宗教是有關信仰的時候，它應該是關於人、永恆及全能之間的關係。顯而易見，如果這種關係與政黨發生了關聯肯定是奇怪的。但不幸的是，在耶路撒冷確實如此。如果讀者認為這種關聯不可避免，那值得一提的是，耶路撒冷的宗教群體顯然並不希望捲入政治鬥爭。二十世紀二〇年代耶路撒冷的英國總督羅納德・斯托爾斯（Ronald Storrs）爵士在日記中這樣寫道：「遠離政治和政府管理的正統派拉比，在自己的世界裡行動。他們既不來找我，也不給員警帶來任何麻煩。從管理者的角度看，他們是理想的管理對象，他們所渴望的不要受到打擾，讓他們自由地從事宗教活動。」[11]

但是，人們不必成為極端正統派或反政治派，因為信仰和宗教並不總是一回事。信仰常常是個人的，而宗教不是；信仰不受功利最大化目標的驅使，而宗教常常旨在提升其成員（即信徒）的功利效用。

我詢問了許多耶路撒冷人（包括教徒和非教徒），「宗教」和「虔誠」應該代表什麼。得到的答案顯示出，「宗教應當如何」與「宗教實際如何」之間的差異。從這些富有洞察力的談話中，我可以概括出理想的宗教有三個因素：首先，它關注的是超越我們感官之外的事物，超越可見的。但是，與哲學及形而上學不同，它並非建立在理性之上，而是建立在信仰的基礎上。我問人們：「你是如何知道上帝的存在的？」他們都告訴我是自己的本能感受，但沒有提供任何理論解釋。理想宗教的第二個因素，是上帝或者超驗的實體擁有超能力。該實體創造了世界，在某些宗教裡還要干預現實生活。第三個因素，是我們人類能夠試圖影響這種權力干預的方式，我們可以而且應該通過祈禱，或遵循風俗、法律來實施這種影響。這是宗教生活在當今耶路撒冷體現的形式嗎？

二〇一〇年二月二日，一隊員警前往查格烏拉的極端正統派猶太人社區調查一宗二十五歲婦女死亡事件，但幾十名極端正統派抗議者從負責看管的員警手中奪走了婦女的屍體，他們認為員警將對被懷疑以非自然原因（藥物過量）死亡的屍體進行檢驗，違背了上帝的律法。員警避免與數百名抗議者發生衝突而匆匆逃離，現場迴盪著抗議者的咒罵：「你們這幫納粹份子，滾回德國去。」兩小時後，在獲得不進行解剖，當晚立即埋葬的保證後，屍體最終被交還給警方。

更早之前，二〇〇九年十一月的一個週六，大約一千五百名極端正統派抗議者聚集在電腦晶片製造商英特爾的耶路撒冷工廠前，抗議該公司在安息日開工。在英特爾公司保證日後只安排非猶太人在安息日上班後，幾十名抗議者仍然對耶路撒冷副市長伊扎克·平德魯斯（Yitzhak Pindrus）進行暴力攻擊（他本身也是極端正統派猶太人，與抗議者來自不同的黨派），指責他並未採取充分的行動防止英特爾設置工廠，並在安息日安排工人上班。

不幸的是，當緊張關係不僅存在於不同政黨之間，而且在不同族群和民族之間時，衝突就變得更加暴力。

惡化：信仰和民族性

我在斯科普斯山校區的辦公室，正對著西可加拉村的東耶路撒冷社區，這裡阿拉伯人占多數，有幾家非常好的餐廳、漂亮的旅館以及分散各處的巴勒斯坦上流人士別墅，警察總部也設在那裡，還有若干政府機關。我打開窗户享受外面吹來的微風，突然聽到有人在大聲講話。阿拉伯人正在示威遊行，抗議政府允許猶太人在該地區購買房屋和定居。我感到很難受，我生活在幾乎是百分之百猶太人的社區，如果猶太人抗議阿拉伯人在我們社區置產居住，我會認為這些人是種族主義者。但這裡的情況不同，因為這是主權問題。一九六七年以前，該街區屬於約旦人，也就是阿拉伯人。在本地居民看來，猶太人過來定居是代表要在耶路撒冷建立以色列主權國家的體制。在我看來，這可能阻礙達成和平協定，但我的思緒飄到了這一章的主題。歌手史汀唱道：「不管意識形態如何，我們畢竟擁有共同的生理學。」它與這件事有多大相關性呢？宗教能說些什麼？一方面，對他者的恐懼在宗教裡根深蒂固：「住在你中間的寄居者必漸漸高升，比你高而又高；你必漸漸下降，低而又低。他要借給你，你卻不能借給他；他必作頭，你必作尾。」（《申命記28：43—44》）另一方面，以色列人被命令必須愛護和尊重陌生人：「所以你們要愛寄居的人，因為你們在埃及地也作過寄居的人。」（《申命記10：19》）「如果有外人在你們的地方，與你們一起寄居，你們不可欺負他。與你們一起寄居的外人，要看他像你們中間的本地人一樣；你要愛他好像愛自己，因為你們在埃及地也曾作過寄居的人；我是耶和華你們的 神。」（《利未記19：33—34》）。所以一個人應該從當陌生人的經歷中吸取教訓（猶太人幾百年來在歐洲、亞洲、非洲和美洲都是陌生人），尊重和同情陌生人。我知道也珍視埃里茲．梅勒姆（Eliezer Melamed）拉比的美好教導，他說他者和猶太人的唯一不同，在於猶太人必須尊重生活在他們中間的他人，甚至勝過猶太人之間的相互尊重，因為成為「陌生人」或「他者」，非猶太人會遭遇更大的困難。我的思緒被救護車的警笛打斷，傷亡的人數更多了。

當信仰制度化後，我們發現不僅信徒自己的喜好受到了影響，連他對他人應該做的事，或應該相信的話的相關看法也受到了影響。其中的理由是，如果要實踐我的信仰，我需要一定的條件（如禁止在安息日工作），那麼我實際上是在要求其他人應該怎麼做。當他人拒絕我的意願時，事實上，當他們也有一套認為我該怎麼做而我並不以為然的看法時，我們兩個都威脅到了各自的信仰實踐。這種威脅或障礙不是小事，而是與我和永恆及上帝的所有最重要關係密切相關，甚至與人性的救贖有關。我不可避免地把他人的干涉，甚至他人的存在本身，視為自己實踐的威脅。他人因此成為敵人，一個引起仇恨的敵人。這就是為什麼當信仰與宗教及民族性連結時，常常導致暴力的原因。

貝淡寧和我沿著西牆隧道參觀，看到二十世紀七〇年代開始的考古挖掘，哭牆的地基和聖殿山的部分，以及不同歷史階段的多層建築顯露出來。我們和一群北美觀光客以及幾組參觀耶路撒冷的家庭，加入由說著流利英語男子所率領的夜間導覽。導遊是一位無意掩飾政治立場的正統派猶太人，他說：「幾個世紀以來，猶太人來到這裡撫摸石頭並祈禱。」我不由得懷疑這句話的準確性。或許有很多人願意到訪，但十六世紀或十八世紀很少有猶太人能來到耶路撒冷。他繼續說：「穆斯林在盡可能接近清真寺的地方、寺廟的廢墟上建造房屋。」進入隧道之前，他帶領我們來到第二聖殿的模型前，以色列國旗就像哨兵一樣插在旁邊。他告訴我們西牆是最接近聖地「至聖所」的地方。至聖所的希伯來語就是Kodesh Hakodashim，是寺廟中最神聖的地方。除了最高牧師在一年一次的贖罪日對上帝進行祭祀之外，沒有人能進入這裡。就在導遊講故事時，我不可避免地想到一個詞：拒絕接納。在《聖經》所述的時期，沒有通過儀式獲得純潔性的猶太人是沒有資格登上聖殿山的。在穆斯林統治時期，猶太人和基督徒被禁止登上聖殿山祈禱。即使今天，猶太人也不被允許進入聖殿山，因為控制聖殿山和清真寺的穆斯林委員會瓦克夫與以色列政府達成政治協議。實際上，猶太教徒自我限制，按照猶太人傳統，他們是不允許踏上這座山的。猶太人並不十分清楚這座聖殿到底在什麼地方，因為這座聖殿包含了從儀式上說不純潔的人不得進入的空間和區域，人們可能會因為種種原因變得缺乏純潔性，總之有一個籠統的包括一切的宗教規定，禁止所有猶太人進入這座山。不過，有些右翼猶太人鼓吹要把非猶太人驅逐出聖殿山，他們認為當前的安排破壞了以色列在耶路撒冷的主權。

幾週前，一位倫敦的同事打電話告訴我，他的一名博士生要到以色列，問我能否代為照料行程。這位學生抵達耶路撒冷後，我打電話給他，他告訴我說他是出生於巴基斯坦的英國公民，是個穆斯林。他迫切希望拜訪聖殿山的兩座清真寺：圓頂清真寺和阿克薩清真寺。他是和一個旨在協助巴勒斯坦人的英國非政府組織的部分成員一起來旅行的。我祝福他，並留下我的電話號碼以便聯繫。兩天後他打電話告訴我，他試圖進入清真寺，卻被瓦克夫的代表攔住了。他們問他是不是穆斯林（因為只有穆斯林才被允許進入），他說是。但他們請他說出祈禱語，因為他來自世俗家庭，無法說出原話，所以被拒於門外。他用柔和的聲音補充說：「在英國，我太穆斯林了，英國味不足；而在耶路撒冷，我英國味太濃了，不夠穆斯林。」

一九九六年九月二十四日，以色列軍隊和巴勒斯坦人在耶路撒冷發生衝突。當時的以色列總理班傑明・納坦雅胡（Binyamin Netanyahu）決定開放西牆隧道給遊客。耶路撒冷的巴勒斯坦人傳言說以色列在神聖的清真寺下挖掘隧道，形勢陡然緊張。值得一提的是，兩個世俗領袖發表了包含宗教主題的演說。巴勒斯坦解放組織領導人亞西爾・阿拉法特（Yasser Arafat）發表了引用《可蘭經》的演說，「真主確已用樂園換取信士們的生命和財產。他們為真主而戰鬥，他們或殺敵致果，或殺身成仁。」。納坦雅胡說，在隧道中行走的人將觸摸奠基石（sela kiyumenu），這個詞在猶太人的《塔木德》中用來指代世界被創造出來的地方，並演變成現在的形式。有傳統認為這是至聖所的石頭。應該說，至少在某些穆斯林看來，這不僅是政治不正確而且是宗教不正確。穆斯林有自己的奠基石（阿拉伯語是 Sakhrah），坐落在聖殿山上神聖的圓頂清真寺（阿拉伯語是 Masjid Qubbat As-Sakhrah）圓頂上。按照穆斯林傳統，先知穆罕默德就是踩著這塊石頭升到天上接受阿拉的啟示和引導的。

一九九六年的一連串事件當然給人們留下一個印象：在耶路撒冷，石頭是如此神聖，以至於人類及其生命只能排在第二位。最初的示威遊行很快變成了暴力衝突，以色列軍隊向巴勒斯坦暴徒開槍。九月二十六日，六十九名巴勒斯坦人和十一名以色列人被殺。兩位領袖立即下令停火，終止了殺戮。總共有一百多名巴勒斯坦人和十七名以色列人罹難。這讓我想起生活在耶路撒冷的耶胡達・阿米亥一首偉大的詩。講述的是在老城散步時看到一群遊客，導遊指著剛剛從市場返回準備停下來休息一會兒的男人說：「你看到坐在那邊的剛剛從市場返回的人嗎？在他的右邊可以看到一個重要的建築。」阿米亥寫道，當導遊說「你看到這座建築物了嗎？它的旁邊是那個剛剛從市場返回的人」，彌賽亞將降臨。

耶路撒冷一座帶有猶太元素設計風格的聖公會基督教堂，來自澳洲布里斯本的亞倫與貝淡寧、我和我的博士生奥利碰面。亞倫闡述了信仰和宗教的區別，他是一位基督徒，相信猶太人是上帝選民。為了顯示上帝、猶太人和耶路撒冷之間的親密關係，他說：「上帝選擇耶路撒冷作為他的聖殿所在地；捆綁以撒也在這裡發生。」繼續解釋為什麼將基督教視為猶太教的延續時，他補充說：「在上帝和耶穌的例子中，上帝也是個犧牲兒子的父親。」在對比三大一神教時，亞倫似乎更喜歡如此區別其中兩個宗教：「穆斯林前往麥加是因為他們的宗教命令他們去那裡，而基督徒前往耶路撒冷是因為信仰，他們沒有被告知要這麼做。」貝淡寧和我互相看了一眼。這是兩個宗教聯合起來對付另外一個嗎？我們不敢肯定。亞倫是個開朗、富有個人魅力的人，他的宗教信仰是天真的（naive，我用的是這個詞的積極意義）。但亞倫是外來者，因為無論他在耶路撒冷待了多久，從民族上說，他既不是以色列人，也不是巴勒斯坦人。所以他或許覺得受到了排斥，因為他的教會不是主流的，但從民族性上説，他肯定感覺到了種族歧視。

問題在於緊張關係不僅存在於不同的宗教中，而且存在於同一宗教內的不同種族和不同宗派，如新教徒、天主教徒等。如果看看基督教的不同派別及其成員人數，我們會發現耶路撒冷大約有三分之一的基督徒是羅馬天主教徒，略少於三分之一的基督徒是希臘正統派，剩下的是亞美尼亞人、希臘天主教徒、各種新教徒、敘利亞人、科普特人、馬龍派教徒、衣索比亞人等。有這麼多小團體和習俗，怎麼實現和平？但是有什麼不同嗎？過去這些年情況改變了嗎？馬克·吐溫在描述訪問聖墓教堂的印象時說：「穿過一群乞丐進入建築後，人們看到左邊幾個分屬不同教派的土耳其衛兵基督徒在這個聖地爭吵，如果允許的話，甚至可能打起來。基督教所有派別（除了新教）都在聖墓教堂的屋簷下擁有各自的附屬教堂，專供本教派使用，他們也不願意涉足他人的領地。顯然，他們根本無法和平地在救世主的墳墓前一起祭拜。」12

我參觀了規劃中的寬容博物館。在我看來，這個有趣的倡議代表了信仰之城的魅力。我想像它是以精神而不是物質的方式共同生活在一起，與接受多元主義的人聯合起來。這是耶路撒冷皇冠上的珍珠，如果這個城市擁有能夠表達這個理想的博物館的話。西蒙・維森塔爾中心原本計劃建造成類似洛杉磯寬容博物館的風格。最初應邀設計博物館的建築師是法蘭克・蓋瑞，他曾經設計過畢爾包古根漢美術館、多倫多安大略美術館、布拉格跳舞的房子和許多其他知名建築。該計畫是把博物館建在擁有地下八層和路面的停車場現址上，但因為一座上溯到十一世紀的古老穆斯林公墓就在基地旁，穆斯林一直阻止計畫實施。他們聲稱在此地建造博物館，是企圖故意抹去他們的歷史。我站在那裡看著曾經開始建設和遭到阻止的痕跡，當局害怕繼續建造博物館可能引起相互仇視，最終演變為動亂和暴力衝突，所以他們讓所有工程停工。我同路過的行人談起建築遭到阻撓的事，他說：「這個城市要陷入萎縮了。」二〇〇九年七月，《國土報》報導由極端正統派、猶太人和穆斯林組成的有趣聯盟企圖阻止博物館的建造。「倡議者希望當局聲明，在猶太人的法律下，這個位址是不純潔的，因為建造過程將牽涉把數百具穆斯林遺體挖掘出來的問題。該宣言將會阻止猶太教徒前來參觀博物館。」巴勒斯坦人公開宣稱，他們期待以色列承認和尊重這座公墓的神聖性，不再遷移埋葬的遺體。二〇一〇年五月，《國土報》發表了八個版面的調查報告，描述這裡發生的事情。報導指出，人們不能責怪當局對宗教感情和情緒表達過於敏感，但很明顯，該地區的大部分建築都是修建在過往的公墓之上，只不過覆蓋了幾層土壤而已。法庭上，開發商出示了二十世紀二〇年代的公文，顯示耶路撒冷穆斯林社區領袖穆夫提阿明·胡賽尼提議建造的豪華飯店「宮殿」的所在地曾為公墓。承包商向穆夫提阿明彙報建築工人發現了墳墓和遺骨，但穆夫提阿明請求他保守祕密，把所有遺骨移到其他地方。開發商指出，這說明反對該計畫完全是出於民族主義因素，而不是宗教因素。

現在，我明白宗教和民族性、宗教和政治在耶路撒冷是如此徹底地糾纏在一起，以至於它們窒息了城市的發展潛力。耶路撒冷本來應該成為所有宗教的聖地，及展示信仰和精神力量的家園。當我請一位教徒朋友描述耶路撒冷的信仰和政治的關係時，他回答說：「想像一大群人堵在人行道上等待有人路過，其中大部分是身材高大的成人，中間有一個小孩，這孩子什麼也看不見，他禮貌地請人們讓他擠到前面看看，但這些人根本無視他的請求。這孩子就是信仰，而那些成人就是政治。這就是耶路撒冷信仰與政治的關係。」他嘆了一口氣。

耶路撒冷的精神氣質，就是建立在宗教或民族渴望之上嗎？

二〇〇八年十月二十八日，耶路撒冷一個獨立的研究教學機構雅德本茲研究院舉辦了一場研討會，談到了耶路撒冷導遊的職業道德問題。第二次研討會的題目是「如何在講述耶路撒冷的故事時，保持道德底線？」討論者除了尊重別人的故事外似乎沒有其他選擇。他們談話的標題是「猶太復國主義敘事」、「基督徒敘事」、「巴勒斯坦人敘事」。他們能做的不過是承認有不同的敘事而已——「自己活也得讓別人活。」

我問一個在耶路撒冷旅遊部門工作的導遊和朋友，她會對到耶路撒冷觀光的基督徒說些什麼。她說，很少有人會用深刻或沒有偏見的方式向遊客解說以巴衝突，相反，當美國基督徒在朝聖之旅中訪問耶路撒冷時，常常被告知猶太復國主義者的基督徒故事：猶太人返回以色列是耶穌再臨的前提。基督教猶太復國主義者、福音派和原教旨主義者認為，基督徒有義務支持猶太人返回以色列以履行上帝的計畫。實際上，基督教猶太復國主義者相信，以色列現代國家是《聖經》預言的實現，猶太人是上帝的真人（至少在中東），這意味著絕不可能與巴勒斯坦人（其中大部分是穆斯林）達成妥協——無論是出於戰略還是神學原因。上帝答應把土地賜予猶太人，如果不想惹惱上帝，你最好尊重以色列對這塊土地的主權。如果以上這些成為一個人的宗教觀，那麼耶路撒冷的兩個特徵——宗教和民族衝突——似乎就緊密聯繫在一起了。

三月十四日是我太太的生日，但這天耶路撒冷處於非常緊張的狀態，導致我們無心慶祝。舊城猶太社區重建的胡瓦會堂那天上午正式開放，該猶太教堂有悠久的歷史，可以追溯到十八世紀初。可惜，在以色列一九四八年獨立戰爭期間，約旦軍隊占領了猶太人社區，該教堂被約旦軍隊摧毀了。自此，胡瓦會堂成為廢墟，只剩下部分殘垣斷壁。如今它得到了修復，所有專家似乎都認為這次重建非常出色。碰巧的是，當今以色列議會議長魯文・李佛林（Reuvin Rivlin）的曾祖父是主持十九世紀修復這座猶太教堂的拉比。李佛林本人在這次活動中發表演說，顯然他特別激動，但《國土報》記者約西・佛特報導說，總理向議長明確交代演講中不應包括任何激怒阿拉伯人或美國人的話語，他們正不無焦慮地關注著此事件。顯然他是擔心此事將演變成阿拉伯人和猶太人之間的衝突。佛特寫道，李佛林不得不刪去演說內容的幾句話。在我看來，這個事件捕捉了耶路撒冷的悲劇和信仰、宗教及民族性的衝突。即使涉及信仰和朝拜的辛酸慘痛事件（即與演講者有緊密關聯，且具有歷史意義的猶太教堂重建後開放），也不幸遭到了綁架，不得不在持續的民族暴力衝突中發揮某種作用。一個主要精神氣質為信仰的城市，被迫屈服於民族性。

信仰和權力，權力如何導致腐敗

信仰和宗教可能陷入緊張關係中。信仰基於本能時，宗教則是圍繞著以故事述說的理論而建構起來的。故事並沒有留下空間給不和諧的直覺。而且，信仰可以是私人的和個人的，而宗教不是。宗教是建立在所有成員共用的經典傳統基礎上，通常展現在被公開實踐的風俗習慣中。這正是權力滲入之處，因為這些詮釋上帝意志的經典，實際上是歷經多代人合寫而成的。他們確立了以等級和秩序組織起來的群體基礎，以促進宗教信仰並保護信徒的利益。但這些利益，像所有的利益一樣，都是由社群領導人定義的，所以存在領導人的特別利益淩駕於群體利益之上的危險。

奧斯卡神父非常謙遜。他告訴我們，當他大膽地從修道院進入城市後，並沒有穿方濟各會神父服。驚訝之餘，我們追問他原因，因為他似乎對自己的服裝很驕傲，其三節打結的繩帶表示貧困、禁欲和服從三種誓言。他回答說：「啊，制服給我權力，人們把我當作聖人。我感到不自在，我不喜歡擁有權力。」

宗教在兩個領域定義其行動法則：私領域及公領域，前者是在自己家中所做的事，後者是在公共領域應該做什麼。如前所述，後者必須包括對他人應該做、應該相信的東西的偏好，比如在路過耶路撒冷的極端正統派猶太人社區百倍之地時，你可能對沿途的帕許開博（pashkvil）印象深刻。這個名稱來自歐洲猶太人使用了幾個世紀的意第緒語，現在仍然在極端正統派社區使用。帕許開博是貼在城牆上的告示牌，清楚標示什麼行為可以被接受，什麼行為不被接受。

我走在百倍之地的街道上。一個告示牌要求女士在社區不要穿著不得體；另一個告示牌呼籲人們起來反對驗屍，因為這被認為是褻瀆神靈的行為；還有一個告示牌抗議某個拉比對猶太法律的錯誤解釋。

這些告示牌的共同特點，是它們把別人應該做或相信的事的偏好，變成了法則。他們認為宗教當局有權告訴人們應該如何穿著，為什麼女性不應該在公共場合唱歌，或是否參加遊行等。當這樣的權威以宗教名義來行使時，就出現了權力問題。為什麼信仰要被以自上而下的方式來定義和組織呢？

我站在隱卡林村的施洗者聖約翰教堂前。該教堂是按照基督教傳統建於聖約翰出生地。進入教堂，我們看到方濟各會的象徵——耶穌和聖方濟各的手臂交錯於十字之上。十字軍東征時建造的教堂後來被毀掉了，一六七四年在其廢墟上又新建了一座教堂。現在的結構大部分可以追溯到十九世紀晚期。教堂的南牆上有巴洛克時期西班牙畫家法蘭西斯科・里瓦爾塔（Francisco Ribalta）的一幅畫，描繪了施洗者聖約翰之死。

聖約翰之死的故事是詮釋權力腐敗的理想範例。聖約翰是個非常謙遜的人，除了蜂蜜很少進食。他獨自生活，可說是個苦行者，但他是個道德家，敢於譴責希律・安提帕斯和希羅底的婚姻。據《新約聖經》說，加利利和比利亞的統治者安提帕斯娶了納巴泰人國王亞里達的女兒。但在前往羅馬保護他去世的兄弟腓力的領地時，他遇見了腓力的遺孀希羅底，並愛上了她。為了娶她，安提帕斯和妻子離婚。此時，聖約翰已經獲得傳道的聲譽，他在約旦河施行的洗禮可能也很出名，距離耶路撒冷步行幾個小時遠的約旦河位於希律所管轄的比利亞邊緣。因此，聖約翰被認為是統治者的政治威脅，更準確地說，是以宗教名義挑戰政治權力的道德家。[13]聖約翰敢於譴責希律的婚姻，因此被希律關進監獄。《馬太福音》敘述，在希律生日時，希羅底的女兒莎樂美（希伯來語是 Shlomit）為他跳舞，希律答應給她任何她想要的東西作為獎賞。莎樂美聽從母親的建議，提出要聖約翰的頭顱，於是就有人用戰馬將聖約翰的頭送來。權力的殘酷和殺人的不能承受之輕，讓海因里希・海涅（Heinrich Heine）[14]等許多藝術家感到震驚，他曾構想了這個故事的不同結局，即莎樂美愛上了聖約翰的頭顱。

貝淡寧和我與我的博士生奧利相約在雅法門附近。奧利從前是導遊，曾為認真看待旅行的遊客在耶路撒冷旅遊指南裡寫過文章。我們在舊城城牆附近見面。這道城牆很長，總長四〇一八公尺，平均高度十二公尺，平均寬度二．五公尺。城牆共有三十四座塔樓和七道門，每道門都有不同的名字。

距我們所在不遠處，兩名士兵走近兩位巴勒斯坦人，要求檢查他們的證件。我感到很不自在，行人卻已習以為常。兩位巴勒斯坦人出示了證件後繼續往前走，但就在士兵進行搜身之前，我暗自思索，當我進入購物中心、機場、火車站甚至我工作的大學時不也是讓安檢人員搜身嗎？在這裡為什麼會感到不自在呢？感覺不對勁，或許是因為耶路撒冷舊城應該不同，或許我們愛它，所以希望到這裡來的人應該感覺賓至如歸。奧利問我，為什麼耶路撒冷有城牆。我本來想說這是因為安檢人員可以檢查，可以搜身，但我把玩世不恭和遺憾放到一邊，試圖成為好學生：「當然是保護城市居民啦。」奧利說：「不不，這些牆永遠無法保護一座城市。」她是對的，我從來沒有這樣想過。耶路撒冷的城牆，徐緩柔和非常漂亮，並不是紀念碑式的堅固無比。奧利解釋在鄂圖曼帝國蘇丹蘇萊曼大帝（十六世紀中葉）時期，除了宗教原因，耶路撒冷還沒有被看作是重要的城市。但穆斯林從鄂圖曼帝國的各個角落前來拜訪這座城市，實際上，它不過是只有七千九百人的村落（大概有八成的人口是穆斯林，其餘則是猶太人）。拜訪者抱怨從遠處看不到這座城市，它的外表沒有吸引力而且骯髒不堪。城牆在一二一九年遭到摧毀，再也沒有被重建。所以蘇萊曼大帝下令修建城牆（一五三五年），以便給遊客留下深刻印象，讓他們覺得這是一座神聖而重要的城市，讓他們覺得這次旅行是值得的。我回憶起一九七四年站在雅法門城牆的情景。如果沒記錯，我當時只有十多歲，喜歡沿著舊城散步。一天，在城牆邊（如果能爬上去在城牆上散步的話，我強烈建議你這麼做），我突然聽見了一陣喧嘩。一群人（大概二十個人左右）開始在進入舊城的雅法門入口處示威遊行。我就站在他們頭頂三公尺不到的城牆上，看見剛從美國移民到以色列，觀點激進的梅厄．卡納（Meir Kahana）。他後來組建了種族主義政黨，但該黨最終被取締了。那次遊行中，卡納抗議政府允許巴勒斯坦難民返回伊克里特和波拉姆村——他們在一九四八年戰爭時被迫離開那裡。現在，我仍然能想起站在現場的感受——深刻厭惡卡納的種族主義意識形態。我想像自己是個十六世紀建造城牆的戰士，保護耶路撒冷免受這個瘋子的攻擊。似乎在過渡期沒有發生任何改變。耶路撒冷需要對付更多形形色色的瘋子。

「馬可樓」比耶路撒冷的其他地方更加能象徵著宗教之間的深刻仇恨。如果安排導覽，你會被帶到錫安山的一棟兩層樓的房子裡。按照《新約聖經》的說法，耶穌就是在二樓的餐廳裡吃了逾越節晚餐，成為「最後的晚餐」。其實，這座建築當然不是耶穌吃逾越節晚餐的地點，因為它建於十二世紀。然而，確實有些考古學家宣稱錫安山的上帝小教堂在二世紀時就已存在，各種文獻都提到它就是建造於耶穌和門徒們見面的地方。

在這個遺址建造教堂的歷史，包括了以眾多形式表現出來的各種宗教仇恨悲劇。首先，最後的晚餐往往和加略人猶大背叛耶穌有關。按照基督教的傳統，猶大走過去親吻了耶穌，這是事先安排的暗號，向羅馬士兵表明此人就是耶穌，因此耶穌被捕了。其次，後來在此建造的教堂因為仇恨而一再遭到破壞。西元二世紀建造的第一座教堂，在西元四世紀迫害基督徒的時代結束之後重建。但是，六一四年波斯人襲擊了耶路撒冷，他們焚毀了重建的教堂。十字軍在十二世紀來到耶路撒冷後，該教堂已成廢墟，但他們建造了今天所見的那間餐廳（馬可樓）。十字軍被擊敗後，教堂再次被毀，但此地倖免於難，直到一五二四年，一直是方濟各會修道院。也就在這一年，在鄂圖曼帝國統治下，這裡成為穆斯林的清真寺。二十世紀初，德國組織「德國聖地協會」在周圍建造了一座新教堂——錫安聖馬利亞修道院（也被稱為聖母升天修道院）。

二〇〇八年復活節的早上，我跟隨幾百人的隊伍來到聖墓教堂。穿著深色服裝的俄國人舉著龐大的木頭十字架；巴西人興高采烈地遊行，他們祈禱的方式令人想起森巴舞；非洲人非常激動，他們像是騰在半空中走路。大主教在遊行隊伍前面引路，敲開教堂的大門。

大門的鑰匙在一位穆斯林手中。據說基督教內部的不同派別無法達成共識，究竟誰應該掌管鑰匙，最終決定將鑰匙交給一位穆斯林。教堂內是苦路第十一站（受難路，耶穌帶著十字架在這條路步行，按照傳統的說法，他是被釘在十字架上的），它屬於天主教；第十二站（獻給耶穌的母親聖母馬利亞，是耶穌受難被釘死在十字架上的地方）屬於希臘正統派，裝飾有燈光。耶穌死後所躺的石頭就在這兩站之間。聖墓教堂的不同部分各屬於基督教的不同教派：亞美尼亞使徒、天主教、希臘正教等。

幾分鐘過去了，這隻遊行隊伍一直靜靜地站著。最後，一扇小窗戶打開了，鑰匙被遞出來。有人爬上梯子，打開了教堂的大門。在進入教堂的混亂中，所有人都混在一起。突然之間，我們都成了凡人。

長著人心的石頭

在奧利和奧斯卡神父的陪伴下，貝淡寧和我登上了方濟各會修道院的屋頂朝聖。耳畔傳來清真寺塔頂上宣禮員指引信徒做禮拜的的呼喚、教堂的鐘聲、強風的呼嘯，這一天，陽光燦爛而清冷。從這裡可以清楚看到橄欖山上的猶太人陵墓，幾個世紀以來猶太人去世後都埋葬於此，彌賽亞到來時，他們就成為第一批進入耶路撒冷的人。[15]這一信仰是建立在猶太人對《聖經》的理解。《米德拉什》（古代猶太人對《聖經》進行注釋和評述的佈道書）上說，其他人需要從某地「旅行」很遠才能來到耶路撒冷，而埋葬在這裡的人就可以免於辛苦的旅行。人們相信橄欖山將分裂為二，亡者將從地下深處升上來步行進入耶路撒冷。[16]還有其他傳說，被埋葬在橄欖山的人將成為蟲子的獵物，他們的肉將被蟲子吃掉或被天使吃掉，天使似乎總是痛打死者。[17]我眺望橄欖山，那裡有超過七萬座墳墓，都沐浴在陽光下。我突然有了想法：我本不相信死後復生，但如果這些死者在同一天復活並進入耶路撒冷，將會出現什麼樣的場面？不，我並不擔心我們該怎麼對付他們，舊城的商家肯定會很高興看到他們。我擔心的是他們會怎麼想。他們願意再看一眼城市的變化，發現它與想像的樣子差距太大，而失望地趕緊返回墳墓裡嗎？他們能給我熱愛的城市帶來和平與安寧嗎？

英國管理巴勒斯坦時，穆斯林和猶太人間常因為要到哭牆祈禱而發生衝突。耶路撒冷的軍事總督羅納德．斯托爾斯爵士詢問耶路撒冷著名的拉比亞伯拉罕．以撒．庫克（Abraham Isaac Kook），為什麼猶太人堅持要到這堵舊石牆前祈禱？他提出在其他地方建造一堵類似的牆，並說，那畢竟只是一些石頭而已。庫克驚訝地看著他，說：「有些人的心是石頭做的，但這堵牆是由長著人心的石頭做的。」[18]

許多耶路撒冷人以生活在精神價值重於物質生活的城市而自豪。耶路撒冷的學生比特拉維夫的學生寒酸多了。在耶路撒冷，精英是由教授、大學老師、拉比和政府官員組成的；而在特拉維夫，精英則是商人和律師。所以，耶路撒冷人說他們的城市是精神之城。但人們如何區分精神與信奉多神教或拜物教的界限呢？什麼時候物體代替了上帝？葉胡達．阿茲巴（Yehuda Atzba）提到拉比帕拉（Rabbi Parla）所講的一個故事：「一次我看到一名猶太老人站在那裡一次又一次親吻哭牆，好奇之下上前去詢問，『朋友，你為什麼親吻哭牆這麼多次？』這個老人看看我回答說：『我能做什麼呢？是哭牆在親吻我啊。』」[19]

精神崇拜經常與迷信聯繫在一起。尤娜．巴加德（Yona Ba-Gad）也講了個故事：「我年輕時得了白喉病，那時患上白喉病的孩子都不治身亡，姐姐已經死了，我肯定也逃不了。但醫生決心拯救我。人們認定拯救我的方法就是：干擾死亡天使，讓他無法再次進入我們家，這樣天使就不知道該死的人是我。所以他們把我的衣服燒掉了，請一對沒有孩子的年輕夫婦為我買了新衣服，把衣服帶到醫院讓我穿上，我就跟著這對夫婦回家，假扮為他們的孩子。我康復了，沒再生病。」[20]

當然，尤娜．巴加德夫人不相信死亡天使會感到困惑，但如果我給許多耶路撒冷人說這個故事，他們可能會當真。欺騙死亡天使能力的信念，賦予了這孩子和他的家人抗拒和戰勝病魔的力量，所以在精神和迷信之間畫一條清晰的線是不容易的。或許精神中的某種神祕性是有道理的，但精神有可能墮落成一種對異教徒身分或對古代石頭的崇拜，而不是對它所表達觀點的崇拜。過分強調非理性的和神祕，強調躲避凶眼，強調超越人類自身之外的東西，會貶低人的重要性，及人與信仰和宗教間的關係，從而使超自然的力量取而代之。在耶路撒冷，許多人認為那些地方和石頭是超自然力量的所在。每個宗教都有自己的奠基石，但我沒有看到人類的基本觀念。而且，當石頭和建築對宗教變得如此重要和關鍵時，一神教和異教之間的區別就變得模糊不清。

我在希伯來大學講授一門現代政治理論課。班上有兩百五十名學生，有一位學生總是坐在第一排，她非常聰明，充滿熱情，常常在課後問我問題。從她的經濟和社會觀點來看，我猜她是社會主義者。有一天，班上討論懲罰的現代概念，我們進行了非常有趣的關於痛苦，以及罪犯是否應該比受害者承受更多痛苦的討論。突然，這名學生參與了辯論：「但這個世界的痛苦是由前世的罪惡造成的。」我問她是什麼意思，她說：「我們是猶太人，這是我們的信仰：這個世界的痛苦是由前世的罪惡所造成的。」我非常柔和地指出猶太教並不相信輪迴轉世。她驚訝地看著我說：「我們當然相信，這是我在家中學到的。」她特別強調「我」，但學生們已經有點不耐煩了，他們問：「妳是誰，佛教徒嗎？」

有個希伯來大學的故事：二十世紀六〇年代，名叫大衛．弗拉瑟（David Flusser）的大學者開設了一門基督教歷史的相關課程。學生們都非常敬佩他——他知識淵博，富有人格魅力，但也非常霸道。學生們從來不敢與他爭論，為了避免被提問，他們很清楚上課時最好不要坐在最前面，但有一名學生一直坐在第一排。一天，弗拉瑟教授講解耶穌時，這個學生突然站起來對著全班學生說：「這是胡說八道，完全錯誤的。教授根本就不知道自己在說什麼。」班上頓時出現了尷尬的沉默，一個個目瞪口呆。一個學生問道：「妳怎麼敢說這些話？妳知道自己在說什麼嗎？」這名女生回答：「當然，我和救世主有聯繫。」[21]

十五年前，我去和從海外歸來的同事見面，他住在耶路撒冷的一家旅館。到了旅館後，我看到一群人圍著一位躺在地上的婦女祈禱、低語和哭泣。幾分鐘後，一輛救護車把她帶走了。門房服務生說：「又是一例耶路撒冷綜合症」。後來我得知這是著名的精神錯亂症。

實際上，精神性可能墮落為很多種迷信，耶路撒冷綜合症就是一個例子。服務於公立精神病院卡夫肖爾的亞爾．巴伊爾（Yair Bar-El）醫師是耶路撒冷綜合症的著名專家，他認為，有人（常常是邊緣基督徒，在來耶路撒冷之前可能稍微有些不平衡）逐漸相信他們負有特殊使命，這和世界末日或耶穌基督復活有關。而且，還有一個基礎更牢固的群體，他們在來耶路撒冷之前是完全清醒的，但到了這裡後發生了某些事——與這座城市及其氛圍的接觸造成了耶路撒冷綜合症。巴伊爾醫生說：「他們總是出現同樣的臨床症狀，剛開始是模糊的焦慮和緊張，接著遊客感到一種參拜聖地的迫切需要。首先，他要進行一系列的淨化儀式……如一次次地洗澡，然後穿上白色衣物……接著大聲唱聖歌或宗教歌曲。接下來就是實際參訪聖地，通常是耶穌生活過的地方。患者開始佈道，要求人們更安靜、更純潔、更少物質享受。」有趣的是，擁有極端正統派猶太人背景的新教徒最有可能出現這種症狀。最常見的崇拜物件就是施洗者約翰。這個情景常常出現在遊客拜訪約旦河之後，在那裡他們經歷了淨化儀式。這種症狀不會令人很舒服，但也沒有危險，通常幾天後就會消失。但擁有耶路撒冷綜合症的人常陷入嚴重的焦慮，必須住院治療。至少有個案例曾具有重要的政治和宗教意義：年輕的澳洲人丹尼斯．羅漢（Dennis Rohan）在一九六九年放火燒了阿克薩清真寺。最初，許多伊斯蘭世界人士認為以色列應該為此負責，直到員警逮捕羅漢。

沒有市民的城市

我問一名畢業的學生為什麼要搬到特拉維夫，她回答：「我對神聖的石頭不感興趣，只想生活在世俗的自由城市。」她補充說：「我需要工作、夜店、酒吧、想吃什麼就吃什麼的餐廳，而不是《聖經》要我吃的食物。」她指的是耶路撒冷相對稀少的「非潔食」餐廳。我感興趣的是學生畢業後在哪裡生活。我發現，畢業三年後，多數學生離開了耶路撒冷，他們的理由是，在這裡找不到有趣的工作。

二〇〇八年耶路撒冷的平均失業救濟金是每日一〇七謝克爾（大約三十美元），遠遠低於特拉維夫的水準（一四〇謝克爾）。失業救濟金的差別說明富裕程度的差異，因為它對比的不是最富裕的人口，而是社會中最貧困的人口。從二〇一〇年開始，百分之一一．三八的耶路撒冷企業宣布面臨破產或倒閉，而特拉維夫的比例是百分之七．〇二。耶路撒冷的許多巴勒斯坦人很難找到工作，而許多極端正統派教徒不願意工作，他們更願意花時間研究《聖經》和《塔木德》。兒童占耶路撒冷人口的四成，高於以色列全國平均，因為正統派猶太人和許多阿拉伯人都有很多孩子。實際上耶路撒冷三成一的家庭都有四個或更多孩子。耶路撒冷的阿拉伯人家庭平均有五．三個孩子，而特拉維夫五成五的家庭沒有孩子，耶路撒冷是一成九。

我的一名學生問道：「全世界的正統派猶太人都工作，為什麼耶路撒冷就這麼特別？」以色列的多數學生都靠打工付學費。他們很晚才上大學，多半是因為服兵役的緣故，女生兩年，男生三年，到了上大學的年齡，不得不一邊工作一邊讀書。所以，在看到極端正統派猶太人因為和以色列政府簽訂的歷史政治協定而免服兵役，往往憤憤不平。我任教大學的世俗學生最典型的抱怨是：「這些人不服兵役也不工作，我必須服兵役，還要工作，還要納稅以便讓他們專職在猶太神學院學習，而我只能在大學裡邊打工邊讀書。」這種抱怨往往以下面的話終結：「所以，我要在拿到學位後到特拉維夫去租間公寓。」我的一個博士生諾姆（Noam）在耶路撒冷非常活躍，但最終還是屈服了。他前往特拉維夫，加入了當地基層政黨「人人城市黨」，並在地方選舉中成為候選人，目前在市政府非常活躍。另一個博士生阿娜特（Anat）幾年前還在攻讀碩士學位時就搬到特拉維夫。在提到特拉維夫時，她說：「那是非常有趣的城市，很自由。」

當年輕人大量離開耶路撒冷時，人們不禁擔憂這裡的納稅人群體太小，無法滿足城市需要。我的一個學生說：「崇拜上帝很好，但我們也需要市民。」實際上，這裡提出的問題是：在沒有市民的情況下，市民精神可能存在嗎？

談論耶路撒冷人移居他處的問題時，有幾個人說，這是耶路撒冷作為一個謙虛的城市而必須付出的代價。另一個受訪者（世俗的好戰份子）插嘴說：「謙虛？耶路撒冷已經成為德黑蘭的友好城市了。」

他指的是二〇〇八年十月把重要景點——耶路撒冷西部入口的琴弦橋獻給上帝的行為。這座橋是世界著名建築師聖地牙哥・卡拉特拉瓦（Snatiago Calatrava）設計的，他用《聖經》作為設計靈感，尤其是《詩篇150：3》，上面寫著「要用角聲讚美他，鼓瑟彈琴讚美他！」。這座大橋就像朝天的琴，象徵了耶路撒冷是人與上帝的會面之地。但這座大橋不僅耗費了將近七千萬美元（在非常貧窮的城市裡，容易成為爭議工程），而且當地舞蹈團體在敬獻儀式上的表演，也讓許多世俗人士相當不滿。《華盛頓郵報》對此事件如此描述：

一群年齡在十三至十六歲的舞者，在開幕式前彩排了幾個星期。但似乎在儀式開始前幾個小時，舞者被告知他們需要更換表演服裝。舞者的短袖襯衫和及踝的白色長褲太暴露了。據副市長說，他們舞蹈用的小手鼓和氣球「亂七八糟」。所以，舞者們穿著鬆散的棕色斗篷上臺，儘管在炎熱的夏天，還必須戴上黑色羊毛帽。因為被迫刪除最具象徵性的動作，她們幾乎沒有跳舞。該活動的藝術總監雅尼夫・霍夫曼後來對記者說：「她們就像雕像般站在那。」該市占人口大多數的極端正統派猶太人衷心贊許這種做法，世俗的以色列人反應就沒有這麼熱情了。以色列發行量最大的《以色列日報》第二天的刊頭標題是「塔利班來了」。報紙寫道：「最後，我們從昨晚舉行的儀式中記住的是悲哀和尷尬，一點都不可敬。」雅爾·埃汀格在《國土報》上寫道，對於耶路撒冷不那麼虔誠的人來說，昨晚不過是「城市落入極端正統派極端主義者手中的另一個階段而已」。

第十一戒：從宗教到仁慈

以色列籃球聯盟的管理者計畫讓啦啦隊在中場休息時表演。這讓耶路撒冷夏普爾隊的球迷十分惱火，他們在女郎們跳舞時吹口哨表示不滿。我總是想，可能是啦啦隊半裸的服裝讓他們感到不自在，後來發現還有更深層的原因。當我問人們為什麼不高興時，一位球迷解釋說：「因為許多球迷是虔誠的教徒，聯盟管理階層應該尊重這一點。你知道，不僅如此，耶路撒冷是一個衣著保守的城市，啦啦隊卻像是一種炫耀，我們不是那種城市。」貝淡寧和我去觀看了一次比賽，他想起曾閱讀過的有關耶路撒冷的故事：猶太人的羅馬「代理人」希律王希望為這個城市引進娛樂活動，但「禁欲的」當地人拒絕了，因為純淨的身體是精神純潔的隱喻。

正如前面討論過的，耶路撒冷是精神之城、文化之城。二〇〇八年，有二十五座公共圖書館為耶路撒冷的大眾服務，單在正統派猶太人社區就有八座公共圖書館。在這些正統派社區圖書館中，大部分讀者是孩童。平均借閱率是每年三十一本，遠遠超過非正統派猶太人的十六本。使用圖書館的人往往很窮。二〇〇八年一月通過的新法案，認定圖書館收取會費是違法行為。這使得圖書館的會員數目迅速增長，很快就達到了二〇〇六年的兩倍之多。

耶路撒冷的一個重要問題在於，那些享受完全世俗生活的人能夠生活在耶路撒冷，並接受宗教信仰或像虔誠信徒那樣享受這裡的生活嗎？我的朋友丹尼認為這個城市是分裂的，所以「每個群體只享受城市的一部分」，但這並不重要。他說：「我們相互不交流，不交往，他們生活在他們的社區，我們生活在我們的社區。」為了找到反駁他觀點的例子，我提到了我們都教過的一個極端正統派學生。他回答說：「是的，他是我們教的幾千名學生中的一位。」我提到在觀看籃球賽時加入的正統派猶太人團體，他回答說：「是的，一萬人中可能有十個。」但接著我開始思考：這和其他地方有什麼不同嗎？如白人和黑人不怎麼往來的底特律，或者上層階級和藍領階級很少往來的倫敦。牛津北部的人多久會去拜訪一次牛津南部呢？

假如一個完全的世俗人移居到耶路撒冷，假如這個人選擇這裡不是因為喜歡它的城市精神，而是因為配偶在這裡工作，或因為年邁的父母需要照料，這意味著她必須接受這種精神嗎？必須尊重極端正統派猶太人，盡量不在週六開車上街嗎？我的答案是肯定的。我們常常要在生活中做出妥協。某種程度上，人們必須尊重耶路撒冷的信仰和宗教精神，因為生活在這個城市，也意味著要緘默地接受其精神。在英國出現薩爾曼．魯西迪事件時，有人提出類似的觀點，移民到英國的穆斯林要認識到，移民就代表著他們願意接受英國的習俗和文化，代表他們必須學習接受英國沒有書報檢查制度的現實——即使受到書中內容的侮辱（我記得是魯西迪的《魔鬼詩篇》）。同樣的條件對移居耶路撒冷的世俗民眾也適用：他們應該接受和尊重那裡的精神。如果我到沙烏地阿拉伯的城市去，我等於宣稱我同意不在公共場合飲酒。定居耶路撒冷等於宣稱他接受和尊重這個城市的信仰和宗教精神。但那些在這個城市出生，決定過一種完全世俗生活的人，怎麼辦呢？啊，人生總是不完美的，我相信如果他的基本權利也得到尊重的話，他必須尊重這個城市的精神

（請參閱本書的前言，在那裡我們詳細說明了這一觀點）。

但是，這個畫面變得更複雜了，耶路撒冷和宗教人士也應該吸取教訓。簡單地說，宗教精神必須尊重人們的基本權利。最近，耶路撒冷展開一種運動，反對男女共乘的公車在某些線路上行駛。極端正統派社區要求他們社區的公車應該為男女設定分開的座位，有些人甚至要求禁止女性搭乘某些路線。客運公司同意了這個要求，但最高法院裁定違法。正統派社區也要求公車司機不得在車上收聽娛樂廣播。二〇〇九年七月二十一日，世俗民眾和極端正統派群體發生了衝突，因為四月時，極端正統派群體對到他們社區旅行的非性別隔離公車扔石頭。顯然，因為這樣的歧視性做法傷害了人權，它不應該成為耶路撒冷精神的一部分，世俗民眾不應該尊重它。週六盡量不在極端正統派社區的某些街道上開車，並不危害任何基本權利，也沒有羞辱那些被要求尊重它的人。

我期待猶太人極端正統派、穆斯林、基督教社區也尊重世俗社區。我不止一次看到極端派教徒朝他人身上吐口水以表達對他人衣著的不滿，而不是屈服於他人對其宗教敏感性的不屑，我認為這貶低了信仰。如果信仰使人們仇恨他人或不尊重他人到吐口水的地步，這個信仰肯定出了問題。相反，如果人們在每個人身上看到了上帝的形象，那麼這種信仰肯定值得尊重。如果耶路撒冷從上帝之城墮落為心中沒有上帝的城市，那真是個悲劇。

結束了在以色列北部的一場會議，貝淡寧和我開車返回耶路撒冷，哲學家、耶路撒冷人阿維賽・瑪格里特（Avishai Margalit）和我們同車。我們告訴他本書的研究，當話題轉向耶路撒冷時，他笑笑說：「我愛耶路撒冷，但我不喜歡它。」後來，我在《紐約書評》上看到阿維賽的故事，文章中也有上文提到的怪異婦女克舍爾．拉查德，但我將故事的重點放在另外一部分。

我小時候，耶路撒冷更像一個大村莊而不是一個城市。村子裡有一些白痴，後面總跟著一群嘻嘻哈哈的孩子。有個白痴自稱大衛王，他戴著一頂黑色貝雷帽，長著一張圓圓的娃娃臉，一雙清澈的藍眼睛。作為以色列王，他將耶路撒冷的不同區域分給我們（他的追隨者）作為封地。有一天他決定任命我為錫安山的總督，他把手放在我頭上，正要用他那奇怪的授權儀式祝福我，站在我旁邊一個名叫法拉的阿拉伯男孩開口了，他在為我們街區的希臘正統派神父工作。

「那，我呢？」法拉問道。

「他是阿拉伯人。」一個孩子說。

大衛王想了一會兒，又想了想，最後把手放在我們兩個頭上，任命我倆（他的猶太人和阿拉伯人僕從）為錫安山的共同總督。[22]

從這個故事中我們瞭解到，對於生活在一起、真正尊重耶路撒冷的不同群體來說，肯定會想要這個城市完整。他們應該認為每個人都享受耶路撒冷，和讓耶路撒冷保持完整比較重要，而不是設想把耶路撒冷一分為二。在《聖經》中，我們在所羅門王斷案裡找到了同樣的理由。這裡我指的是故事中的政治智慧。《列王紀》記錄了以下事件：

有一天，有兩個作妓女的婦人來見王，站在他面前。其中一個婦人說：「我主啊，我和這婦人同住；她與我在房子裡的時候，我生了一個孩子。我生了孩子以後的第三天，這婦人也生了一個孩子。我們都住在一起。夜間，這婦人睡覺的時候，壓死了她的孩子。她卻在半夜，趁著婢女睡著的時候，起來，從我身旁把兒子抱去，放在她的懷裡；又把她死了的兒子放在我的懷裡。第二天早上我起來，要給我的兒子吃奶的時候，發覺他死了。那天早晨我再仔細察看，發覺他並不是我所生的兒子！」那一個婦人說：「不！活的兒子是我的，死的兒子才是你的。」她們在王面前彼此爭辯。王說：「給我拿一把刀來！」人就把刀帶到王面前。王說：「把活的孩子劈成兩半，一半給這個婦人，一半給那個婦人。」那活孩子的母親因為愛子心切，就對王說：「我主啊，把那活的孩子給她吧，千萬不可殺死他！」另一個婦人卻說：「這孩子也不歸我，也不歸你，把他劈開吧！」王回答說：「把活孩子給這個婦人，千萬不可殺死他，這個婦人實在是他的母親。」

那些渴望耶路撒冷成為他們自己而且只屬於他們的人，那些渴望擁有它並把宗教解釋作為對他人信仰或行為進行限制合法化的人，不是真正的耶路撒冷人。那些真正愛耶路撒冷的人應該願意讓他人也喜歡它，並想像他人喜歡它——即使他人的喜歡意味著他們會減少，或不那麼喜歡自己的城市了。他們就像故事中真的母親，她愛孩子勝過愛自己。所有這些有關耶路撒冷的宗教和政治戰爭的影響，非常類似於所羅門王的刀的效果：一旦孩子被劈為兩半，它就死了，再也不能成為一個整體了。防止這種局面出現的方法，就是允許不同宗教在此繁榮，這樣耶路撒冷仍能保持完整，仍然是上帝之城和信仰之城。[23]
但是，若要實現這種願望，耶路撒冷的居民就得更謙虛、更仁慈和更仁愛。

二○○九年十二月下旬非常寒冷的一天，我陪一群學生到隱卡林村旅行。拜訪了最漂亮的女修道院之一的錫安聖母院。我們遇見一位修女，她帶領我們參觀。該修道院建於十九世紀，創建人是出身法國富裕猶太家庭的阿爾封斯．拉德斯本（Alphonse Ratisbonne）。年輕時，弟弟皈依了基督教，這深深地傷害了阿爾封斯，但在一八五二年一月二十日，他做了一個夢，夢中聖母馬利亞出現了，他覺得自己的人生使命就是說服猶太人皈依基督教，於是在一八五五年前往了巴勒斯坦。當時德魯茲人正在與黎巴嫩的基督徒作戰，阿爾封斯來到黎巴嫩，帶了一群孤兒返回巴勒斯坦。他決定為這些孩子建一個家。一八六一年的一月二十日（還是同一天），在隱卡林村散步的時候，他看到一道彩虹從瑪麗噴泉延伸到如今這座修道院所在的山坡上。他解釋說這是一個跡象，聖母馬利亞告訴他應該在山上為孤兒建造孤兒院。我們的導遊凱薩琳修女在耶路撒冷生活了三十年，她的使命就是在基督徒和猶太教徒之間建立積極關係，向基督徒解釋，成為一個好的基督徒同時愛猶太人是可能的。她在巴勒斯坦人的伯利恆大學講授猶太教。我們在花園中漫步：九十畝的美麗園地裡，修女們種植了樹木、蔬菜、水果，裡面還有些長椅，人們可以坐下來休息和思考。

我對這裡的記憶非常甜蜜，雖然不容易回顧。恰恰就是四十年前，我的父親在長期患病後去世。母親，一名有兩個小孩的年輕寡婦因長期照顧病中的父親已經筋疲力盡，在喪禮一週後，渴望到一處安靜的地方休息，她帶哥哥和我來到這座修道院。那時修道院非常簡陋，是一家簡樸的旅館。我記得，對我而言那是非常放鬆的一週，雖然也有些尷尬——被牆壁（只有一個方向是例外，面對溫和、翠綠的猶太山丘）和修女包圍著的感覺很不自在。我，一名猶太小孩床鋪上方的牆上是十字架和耶穌像。到了晚上，我總是向上帝祈禱不要生我的氣。待在修道院的那段時間，我們受到熱情的款待，母親也平靜了許多。這個地方的寧靜進入了她的心中，普遍接受的氛圍讓她平靜下來。許多年後，母親告訴我，作為年輕寡婦，最可怕的恐懼之一，是看到朋友們都出雙入對，而自己是個單身母親。這種恐懼給她帶來了深刻的影響。四年後，一九七三年以色列和埃及、敘利亞爆發戰爭後，作為心理醫生的母親把全部精力都投入治療陣亡士兵的遺孀上。幾年後以色列和埃及簽訂和平協議，她與埃及心理醫生一起研究如何協助雙方的戰爭寡婦。幾年前她去世時，我們還收到和她一起工作的巴勒斯坦心理醫生的弔唁信。

×××

一個週日深夜，我完成工作後匆匆到學校外攔計程車。上車後，司機看著我說：「嗨，你不認得我了嗎？」我睜大疲憊的眼睛仔細端詳，在黑暗中我看到了B，過去在大學餐廳工作的耶路撒冷阿拉伯人，我常到他那裡吃飯。閒聊了幾句大學往事和老師之後，他指著擋風玻璃說：「全新的，今天剛剛換的。」我問：「發生了什麼事？」他說，週六他載一位遊客開車穿過極端正統派社區前往大街。這條街在安息日應該是開放的（在極端正統派猶太人社區，有些街道在安息日會封閉，但這條不封）。讓他驚訝的是，一個極端正統派路人朝他的車丟石頭，把擋風玻璃砸碎了。他嘆了口氣：「我差點被打死，真的太愚蠢了。這麼野蠻，向人丟石頭。」我深表同情。我提到了《聖經》中談到用石頭砸死罪人的故事。他回答說：「是的，這就是耶路撒冷：阿拉伯人用石頭砸猶太人，猶太人用石頭砸阿拉伯人，極端正統派用石頭砸所有人。」

1 世界上的猶太人主要被分為世俗的和宗教的兩類。宗教的又被分為若干教派。極端正統派是非常保守的——在耶路撒冷，這個龐大的群體生活在自己的社區中，男人通常不工作，反倒把時間花在宗教學習和研究上，婦女外出工作。現代正統派也是虔誠的教徒，但他們適應現代社會，更加積極地參與經濟和日常生活，更容易與世俗人士交流。另外兩個大群體是保守派，在宗教信仰和規範上不那麼嚴格，而改革派在對宗教的解釋和對現代世俗社會的適應上走得更遠。

2 在本章中，我有時候提到阿拉伯人，有時候提到巴勒斯坦人。阿拉伯人是個更加籠統的術語，當然，包括了約旦人、埃及人、敘利亞人等。不是所有阿拉伯人都是巴勒斯坦人。真實情況更加複雜，因為有些巴勒斯坦人是以色列公民，而生活在東耶路撒冷的多數巴勒斯坦人並不認為自己是以色列公民。

3 或許我應該解釋一下。有些讀者或許把世俗理解為缺乏任何信仰，而我所用這個詞語包括了那些相信上帝，但不接受組織化的宗教或者不希望屬於如此組織的人。

4 耶路撒冷到底是不是《可蘭經》提到的地方，仍有爭議。《可蘭經》裡寫的是真主將穆罕默德從一座清真寺移動到了阿克薩清真寺，意思是「最遠的」。我想起我讀過的一篇薩利・努賽貝赫撰寫的論文，努賽貝赫為聖城大學（一間位於以色列的巴勒斯坦大學）校長，積極的行動領導者和政治家，同時獲得巴勒斯坦人和以色列人的尊敬。努賽貝赫堅信教育的功效，能彌合兩國之間的差距，消解深刻的互不信賴。在這篇論文中，他不僅試圖說服耶路撒冷人，而且還說服穆斯林自己，耶路撒冷對穆斯林來說並不比沙烏地阿拉伯的兩座聖城麥加或麥地納更為神聖。Sari Nusseibeh, "On Jerusalem, "in,Jerusalem: Religious Aspects, ed. Mahdi Abdul Hadi(*Jerusalem: Palestinian Academic Society for the Study of International Affairs*, 1995) , 13-23.

5 Rehav Rubin, *Image and Reality: Jerusalem in Maps and Views*(Jerusalem: Magnes Press, 1999) , 13-14.

6 同上書，34。

7 在阿拉伯語中，意思是請求一份禮物，一份特殊的捐贈。

8 Eitan Bar Yosef, *The Holy Land in English Culture, 1799-1917: Palestine and the Question of Orientalism* (Oxford: Oxford University Press, 2005) .

9 Ze'ev Aner, *Stories of Buildings* (Jerusalem: Ministry of Defense Publications, 1988) , 37 (in Hebrew) .

10 錫安山（Zion），是耶路撒冷的別名。

11 *The Memoirs of Sir Ronald Storrs* (New York: G. P. Putnam, 1937) , 438.

12 Twain, *Innocents Abroad*, chapter 53.

13 按照當時一個重要的歷史學家佛拉維奧・約瑟夫的說法，希律王擔心約翰的道德和宗教影響或許會激發反叛。

14 感謝奧利・皮麗德對我提到這個內容。

15 基督徒也相信當先知彌賽亞到來時，復活的人將進入城市。這是建立在他們對《撒迦利亞書・14》的解釋基礎上。

16 Pesikta Rabbati, 31 (in Hebrew) .

17 Zeev Vilnai, *Jerusalem: The Old City and Its Surroundings*(Jerusalem: Achiezer, 1970) , 320 (in Hebrew) .

18 Yehuda Atzba, ed. , *Two Hundred Jerusalem Stories* (Jerusalem: Mevasseret Tzion, Tzivonim, 2007) , 153 (in Hebrew). 我在《羅納德・斯托爾斯爵士回憶錄》（見421–422頁）中沒有發現這個故事的證據，雖然他的確詳細地提到「麻煩」，但指的是一九二九年耶路撒冷和巴勒斯坦其他地方爆發的穆斯林

和猶太人的衝突。

19 Atzba, *Two Hundred Jerusalem Stories*, 153.

20 同上書，79。

21 Atzba, *Two Hundred Jerusalem Stories*, 114. 在希伯來語中，Kesher La'echad 有雙重含義，「二者合一的關聯」和「統一的紐帶」。後者是天主教概念，是指世界的統一性，常常指上帝、人和天使，因此，它有深刻的精神含義。

22 Avishai Margalit, "The Myth of Jerusalem," *New York Review of Books*, 19 December 1991. 耶路撒冷當時的傳奇市長特迪．科勒克在一九九二年三月五日的《紐約書評》上做了回答。

23 從政治上說，我覺得耶路撒冷的理想解決辦法不是把城市一分為二（一部分給以色列人，一部分給巴勒斯坦人），也不是讓任何一個國家管理。相反，我認為理想的解決辦法是耶路撒冷仍然保持完整，在以色列國和如果建立起來的巴勒斯坦國這兩個國家中享有特別的地位。這是一個涉及複雜官僚體系的微妙解決辦法。

蒙特婁──語言之城

THE CITY OF LANGUAGE(S)

主筆　貝淡寧

語言是人類群體之間的區別特徵，並不適用於區別特定的城市。但是，哪種語言在何時何地較為重要，卻成為多語環境中社會衝突的起因？我們在什麼時候會感覺母語面臨滅絕的威脅？什麼時候其他語言給人提供了更多的經濟機會？只有當這些議題成為公共辯論的話題後，我們才會真正意識到語言的價值，無論是金錢意義上還是心靈家園的心理意義上。如果蒙特婁有什麼可以談論的事情的話，那就是人們對語言的關注了。自從法國探險家雅各．卡蒂亞（Jacques Cartier）在一五三五年誤登這座杏仁狀的島嶼後，這座城市就一直是語言衝突的核心（當時他在尋找中國，後來阻止他到達富饒東方的急流被命名為拉欣河〔LaChin〕，以紀念他的探險）。這是一個持續不斷的衝突，但我認為這個故事可以用對法語社群和英語社群來說都是圓滿結局的方式來講述。一九六四到一九八六年，我在那裡幾乎度過了人生一半的時間。這個時期可以說最激動人心，也可以說動盪不定，看法因人而異。

本章開篇是有關加拿大原住民與歐洲定居者和商人之間語言衝突的討論，第二節集中在英語社群對法語社群的「征服」，第三節是關於法語社區的「重新征服」，本章最後的論證是在語言戰爭的廢墟中出現了更廣泛和更包容的市民精神，同時提醒讀者，人們對蒙特婁加拿大人冰球隊的熱愛早已超越了語言的界限。

被忘卻的語言

在成長過程中，我一直認為蒙特婁是由早已確立的兩個語言社群組成：法語區和英語區。在學校，我被告知歐洲哪種人「發現」了北美哪個地區，就好像當地人根本無關緊要。事實上，我從來沒有真正質疑我的偏見，直到我遇見初戀女友凱西。她出生在加拿大最北方，母親是因紐特人（愛斯基摩人），父親是白人，在她很小的時候，父親就拋棄了她們母女。

歷史學家馬歇爾．特魯德爾（Marcel Trudel）講述了法國探險家卡蒂亞遭遇，我們現在稱為加拿大原住民的故事。[1] 當時，法語是歐洲上層人的語言，卡蒂亞和探險家同行只說法語，並沒有察覺學習其他語言的必要性。因此，當他第一次遭遇密克馬克族人後，「對話」只能採取手勢和手指運動的方式。當喜歡與其他客戶做生意的鱈魚漁民密克馬克族人接近卡蒂亞的船隻時，這位法國探險家驚恐不已，只好求助於不那麼模糊的交流方式：朝他們頭頂開槍警告。幾天後，他遭遇了易洛魁族人，再次求助於效果不好的手勢語言。沮喪之餘，卡蒂亞決定開始魁北克歷史上的首次雙語實驗。他俘虜了兩個易洛魁族人，把他們帶回了法國。在那裡易洛魁族人學會了一些法語，在卡蒂亞第二次旅行時他們擔任口譯。令卡蒂亞驚愕的是，兩名翻譯也學會了做生意，在進行易貨貿易時，他們告訴自己的易洛魁族同胞應該提高要價。

歐洲人從聖羅倫斯河谷撤出半個世紀左右，第二個法國探險家薩繆爾・尚普蘭（Samuel Champlain）驚訝地發現了蒙特婁（當時被稱為赫奇利加）的易洛魁族已經遷往他方，而他辛苦學會的易洛魁族語的一些詞彙，在與蒙登雅人和阿爾岡琴人交流時根本不起任何作用。語言上的誤解造成了悲劇性的後果，尚普蘭的手下二十六人中，有十八人死於壞血病，因為他們沒有必備的詞彙購買易洛魁族人的草藥，正是這些草藥挽救了卡蒂亞及其下屬的性命。

法國人開始更加嚴肅地對待語言學習。他們決定浸入原住民語言社群中，同時教當地人學習法語。一六一〇年，一個名叫艾蒂・布魯勒（Etienne Brule）的法國年輕人花了一個冬天與阿爾岡琴人一起生活，這或許是人類學家所說的「土著化」的第一個案例。他穿著阿爾岡琴人的服裝返回法國。一六二〇年，一個名叫派特侯安（Patetchouan）的蒙登雅族年輕人被送到法國學習法語和拉丁語，但在五年後返回加拿大時，法國人發現此人已經忘記了本族的語言，不能勝任他們所希望的翻譯角色了。

法國傳教士更認真、更嚴肅地學習和翻譯了原住民語言。一六三二年，他們出版了一百三十二頁的休倫族人辭典，這是北美的第一本語言辭典。雖然休倫族人居住區不大，但他們的語言是大湖區的商用語言，歐洲人樂意學習。十五年後休倫族人被易洛魁族人打敗，休倫族語言不再具有「國際」地位。

十七世紀和十八世紀的大部分時間裡，雙語經驗意味著法國人不得不學習原住民的語言，而非相反。為什麼呢？主要還是因為商業貿易的原因。原住民控制著商業，而法國人在數量上處於劣勢。更令人吃驚的是，法國人和英國人也使用土著語言進行交流。他們沒有學習對方在歐洲的語言，在北美使用的土著語言是他們唯一的通用語言。當法國人在一七五九年的戰爭中被英國人打敗後，一切都改變了。法屬魁北克人提到這場戰爭時使用的詞語是「征服」，英國殖民者確立了主導地位，英語成為貿易的主要語言。原住民在後來的魁北克歷史中基本上被邊緣化了，蒙特婁成為歐洲兩大語言——法語和英語——激烈交鋒的場所。蒙特婁最繁忙的兩座橋被以法國探險家卡蒂亞和尚普蘭的名字命名。若繼續追問，多數蒙特婁人往往很難想到，有什麼是根據原住民的名字命名的。

兩種孤獨

小時候，我在幾乎完全講法語的歐特蒙上一年級和二年級。後來，我們搬家到了聖母天恩（NDG的英語區），所以就在英語學校上學。我有不同的交友圈，他們從來不互相來往。或許，朋友們唯一的共同點，是放學後在公共財政補助的社區溜冰場上玩冰球，這些場地往往也是根據語言劃分的。我們都看蒙特婁加拿大人隊的職業冰上曲棍球賽電視轉播，但說法語的人看法語節目，說英語的人看英語節目。

休．麥克倫南（Hugh MacLennan）在一九四五年的文章中提出一個知名的觀點，即蒙特婁的說法語者和說英語者是「兩種孤獨」，「和諧共處的最好辦法是忽略對方的存在」。[2] 這座城市從歷史上就被一分為二，英語區占西邊，法語區占東邊，這種狀況持續了兩百多年：一九七二年協議以聖勞倫斯大街為分界線，該城市被一分為二。直到今日，東西分界線基本上是沿著語言線劃分的。城市生活的一個特徵是，居民常常將自身與其他城市相對立，這也存在歷史性的歧異，魁北克市歷來是蒙特婁說法語者的競爭對象，[3]多倫多則是說英語者的競爭對象。

最初，語言分界線沒有這麼大的政治爆炸性。蒙特婁在一七六〇年被英國征服時，不過是幾千個法國殖民者的毛皮交易地點。英國軍隊之後跟著英國商人，到一八二〇年時英國人已經控制了三分之二的毛皮交易。那些商人的名字，如麥基爾、莫森、萊德巴斯和麥克塔維什，仍然寫在路牌上或蒙特婁西部主要機構的招牌上。[4]

在經濟的推動下，十九世紀初期，蒙特婁成為來自不列顛群島的英語移民的熱土，到了一八五五年，城市的居民一半以上是英國血統。但十九世紀六〇年代，該城的語言結構發生永久的改變，蒙特婁在人口學意義上成為法語城市。蒙特婁的工業經濟吸引了來自窮鄉的成千上萬法國人，它的人口在一九三一年時已經達到一百萬人，超過六成的人說法語。

但說英語者繼續主宰經濟命脈。一九〇〇年，據估計，富裕社區西山區的說英語者控制了加拿大七成的財富，用幽默作家斯蒂芬·李科克（Stephen Leacock）的話說，他們「享受了那個時代連最富裕的人都不配得到的優越地位」。[5]一九六一年，說英語者在這個城市最好的工作職位上高度集中，促成了蒙特婁說英語者和說法語者，高達百分之五十一的薪資差距。據調查，在二十世紀七〇年代，蒙特婁島說英語者幾乎占人口八成（全住在該島的西部），這些家庭的年收入都高於城市平均值。任何人想在經濟上取得成功，在民營公司爬上中階管理職位以上就必須說英語，這使得說法語者處於不利處境。

當然，不是所有說英語者都富有。十九世紀四〇年代，逃離馬鈴薯饑荒的愛爾蘭移民集中在貧窮社區，處境比貧窮的說法語者還糟，因為說法語者畢竟還能得到天主教會的庇護。在一九六〇年語言戰爭前，說英語者內部也不總是團結一致：如英國新教徒在教育政策上公開歧視猶太人。但英語被視為有助於往上爬的語言，新移民必須學習。雖然蒙特婁說法語者在人口數量上占優勢，但正如馬克．萊文（Marc Levine）所說，它的語言特徵「無疑是英語。蒙特婁是英屬加拿大的都心，公司董事會運作以英語進行，最好的街區由說英語者居住，市中心懸掛的看板和商業招牌都是英語，城市少數族群的語言（英語）發揮出比多數族群的語言（法語）更大的同化作用」。[6] 二十世紀六〇年代以前，雙語很大程度上是單向的，野心勃勃的說法語者學習英語，到英語環境中工作，即使這意味著文化異化。對他們來說，說英語的蒙特婁人能夠在加拿大任何其他城市或美國生活和工作。一九六一年，一項有力的統計資料顯示，只說一種語言的說英語者的平均收入，比雙語或單語的說法語者的收入高，與雙語的說英語者的平均收入基本持平。

值得一問的是，為什麼說法語者在「寂靜革命」爆發前大都容忍了這種狀況。一個原因是英國統治者很快瞭解到不干預主義的好處。當英國人在一七六〇年征服蒙特婁時，他們推行了激進的同化政策，包括宣布加拿大人信仰天主教為非法，禁止天主教徒擔任殖民地官員等。但是，因為擔心法屬加拿大成為第十四個反叛的殖民地，英國的殖民政策很快轉為溫和，文化上更加寬容。一七七〇年，英國人和法國領主及宗教精英達成協議，法語成為公共管理語言。兩個世紀後，魁北克民族主義者擔心生活在美國周遭的同化壓力，會把魁北克變成另一個路易斯安那州，使得法語和法國文化，只不過作為一種民俗和吸引遊客的賣點存在。不過從歷史上看，具有極大諷刺意味的是，美國獨立革命恰恰挽救了魁北克的法國文化和語言。

征服蒙特婁之後，英國人便很少干涉法語、法國宗教及學校教育。一八三七年，路易·約瑟夫·帕皮諾（Louis-Joseph Papineau 蒙特婁東部的一條大街就以他命名）領導了一次蒙特婁的抗爭活動，他們要求非經選舉的英國統治者政府更加負責。叛亂遭到鎮壓，一位知名的改革者達勒姆動爵（Lord Durham）被任命為總督，負責處理殖民地的民怨。雖然暴亂與不公平更相關，而不是與語言或文化，但達勒姆動爵將加拿大的問題描述為，「單一國家中的兩個民族鬥爭」。他的報告以譴責說法語的加拿大人是，「沒有文學和歷史知識的人」，敦促同化他們，使其養成「英國人的習慣」而臭名昭著。[7]幾乎是對達勒姆動爵嚴厲評價的回應，接著幾年反而是法語文學和歷史書寫迅速發展的時期。[8]同化工程在一八六七年被永久放棄了，因為加拿大聯邦（被認為是加拿大的創立）正式給予了法語政治和法律地位。

但是，魁北克「法語議會」的愉悅非常短暫，人們很快發現在現實中法語並沒有平等地位。商業和工作用語仍是英語，雙語代表著同化成英語或英國文化，九十萬加拿大人離開魁北克到美國發展。[9]為什麼魁北克說法語者不使用投票的民主權利，為自己的語言爭取平等的經濟機會呢？自十九世紀四〇年代以來，說法語者聯盟運行省級政治制度之後，加拿大人的政治領袖對影響社群利益的政策議題有否決權，但是他們在二十世紀六〇年代前，並沒有使用國家權力為其語言社群爭取平等的經濟機會。一個重要的原因是說法語者的宗教領袖堅持：上帝保佑的一種同質性的孤立社群，具有高貴的非物質主義價值觀。頗具影響力的神學家、歷史學家萊諾·格魯（Lionel Groulx）在著作《地理大發現以來的法屬加拿大歷史》（*History of French Canada Since the Discovery*）中寫道，法國在征服時期為美洲留下的「是一群白人、法語，而不像美洲其他地方，是雜居的人口和半土著……當時只有一種類型的殖民地：白種人殖民地。作為少數族群法裔加拿大人的罕見快樂，是從教會獲得人類天才能夠獲得的認識，涉及上帝、人、起源、命運、權利、正義、自由和最高程度的形而上學，是靠真正的信仰而得以提升的」。[10]馬歇爾．特魯德爾注意到，法裔加拿大人「被反覆灌輸要淩駕於其他民族之上的崇高論調，他們被反覆告之：你們是上帝挑選出來，傳播基督文明的優秀選民，你們與鄰居不同，你們因為精神而充滿活力，不熱中物質財富，你們形成一個純潔的群體，你們是白種人，你們的家人是世界上最美好的人，你們有一個高度道德的社會，你們尊重別人的權利，取得了與眾不同的成就」。[11]有了這種教育，難怪法屬蒙特婁人，並不努力爭取旨在獲得平等經濟機會的語言權利。但是，一九六〇年在格魯出版了他的書之後不久，上帝在魁北克就死掉了，一切都變了。[12]在很多法裔加拿大人看來，祂（上帝）被國家理想所取代，魁北克人可以做自己的主人，他們要成為擁有平等經濟地位、對自己的語言和文化感到安全的人，但他們不得不依靠蒙特婁說英語的經濟精英來實現這個夢想。

蒙特婁再征服

我的母親是法裔天主教徒，父親是說英語的猶太人，他們在一九六二年結婚，那時是激烈反對傳統的年代。父母在我小時候常常因為宗教原因而爭吵，我被施行了割禮也受了洗禮。不過，最終他們決定不灌輸我任何一種宗教價值觀，以避免衝突，在家庭內部達成一種羅爾斯式的「重疊共識」，我後來是成長在宗教自由的氛圍中（除了偶爾和善良、虔誠的天主教徒外婆一起祈禱外，她以一百零一歲高齡去世）。妹妹和我在有意識地學習語言前已經學了兩種語言：跟著母親學法語，跟著父親學英語。母親後來熱中於政治活動，強烈認同並支持獨立。二十世紀六〇年代後期，蒙特婁因為語言而發生衝突的高潮時期，父親在加拿大著名的雜誌上寫了一篇文章，題目是〈我娶了一個分裂份子〉。不久之後，父母分居，妹妹和我與母親一起生活，雖然我們每個星期天都去探望父親。

二十世紀六〇年代，蒙特婁的語言氛圍迅速發生改變，語言變得空前政治化。反抗隨著後來被稱為魁北克寂靜革命而出現：以蒙特婁為中心的法語者「新中產階級」發起挑戰，對抗傳統精英保守的、農村式的、以宗教為中心的民族主義。他們對傳統法語精英的挑戰是相對「安靜的」。最初，說法語的加拿大人離開魁北克農村或小鎮來到蒙特婁，他們不再上教堂禮拜，也不再生很多孩子。但對說英語精英的挑戰就不那麼「安靜」了。正如萊文所說：「法屬魁北克的這種『蒙特婁化』，成為傳統的法語加拿大意識形態，其文化生存被認為是建立在法國天主教的農村孤立之上，而蒙特婁的英語特徵還未受到挑戰，處於無政府狀態。蒙特婁，而不是魁北克農村，現在成為加拿大文化的中心，是決定北美法語未來走向的地方。在此都市背景下，英語的影響比魁北克郊區的法語教區的影響大了無數倍，法語和法國文化的持續存在和繁榮，似乎要求它必須與蒙特婁的英語地位抗衡。」[13]

母親告訴我她到市中心伊頓百貨購物，卻被人用英語答覆。母親說她說法語時，感到自己低人一等，雖然她是雙語者，而售貨員是說英語的單語者。直到今天，她寧願在附近販售相似產品的哈德遜灣百貨購物（或許並不意外的是，伊頓百貨後來就倒閉了）。

因為在英語裔加拿大人主導的民營部門中機會稀少，世俗的、渴望往上爬的法語裔加拿大人，大幅度擴大了魁北克省政府的作用。二十世紀六〇年代，魁北克省的功能被擴充，取代天主教會成為該省生活中最顯眼的存在。省政府從教會手中接過了對社會保障和衛生保健服務的控制權，而官僚機構的擴大則為法語裔加拿大人提供了工作機會，公共教育得到大幅擴張，成立了擁有九個校區的魁北克大學。魁北克省也採取措施，通過設立投資基金，創辦國營鋼鐵廠和控股公司等增強對魁北克經濟的控制。寂靜革命時期省政府最具爭議性和最具語言色彩的措施，就是在一九六二年和一九六三年將魁北克水電「國有化」。這次活動由當時的自然資源部長瑞內・勒韋克（Rene Levesque）負責，他坦率提出，魁北克水電計畫就是要終結魁北克經濟中法語裔加拿大人的從屬地位，這自然遭到英語裔經濟精英的激烈反對。

但是，把二十世紀六〇年代認同法語的行動，僅僅看作是新興法語裔加拿大中產階級的物質優勢的反映是錯誤的。蒙特婁在二十世紀六〇年代迅速現代化，與二十世紀九〇年代北京如此的中國城市現代化沒有多大差異。對英語裔社群來說，蒙特婁似乎處於真正的世界級城市邊緣。一九六五年，魁北克教育部前副部長帕西瓦（W. P. Percival）在介紹自己有關蒙特婁著作的時候寫道：「蒙特婁處於活力最強和進步最快的時期。在這方面，加拿大任何其他城市都無法與其相比，這絕無誇大。」[14]但具有諷刺意味的是，這些話就是在多倫多取代蒙特婁成為加拿大的商業中心城市時寫下。不過，這種趨勢對當時的英語裔並不明顯。蒙特婁人口迅速增加（城市規劃者預測到二〇〇〇年，將有七百萬人，[15]但它的人口從未超過四百萬），該城在建造世界上最先進的地下鐵，[16]並成為世界前衛建築藝術的中心[17]（類似二十一世紀初的北京），一九六七年獲選舉辦世界博覽會，也是一九七六年奧運會（奧運史上最昂貴的失敗）主辦城市。[18]

但是對法語裔加拿大人來說，正如對中國當今許多都市人一樣，現代化也有負面影響：他們的傳統價值體系似乎陷入崩潰，現代化導致一種個人主義和心理焦慮。不同社會地位的競爭更激烈，人們似乎變得更功利化和物質化。因此，可以說語言自豪感成為一種心理救贖。語言被法語裔加拿大人看作延續性的標誌，是正在被快速的社會變革破壞的歷史寶庫。正如費爾南德・杜蒙特（Fernand Dumont）在反思寂靜革命影響魁北克人身分認同變化時所回顧的，「在二十世紀六〇年代，過去以一種與民族主義的抽象討論沒有多大關係的方式復興起來，語言難道不是我們遺產中最具體的部分嗎？」[19]正如近來儒學的復興，中國人在社會劇變中尋找他們的（文化）根源，語言成了為二十世紀六〇年代魁北克法語裔加拿大人提供延續性意識的心理穩定力量。

魁北克省的發展伴隨著以語言為基礎、追求脫離加拿大獨立的民族主義運動，其領袖勒韋克退出自由黨後，帶領魁北克人黨贏得一九七六年的省選舉。若不是獨立國家，法語裔加拿大人會覺得無法克服經濟上被邊緣化的歷史，在「英語大海」中無法保護自己的語言不被同化。二十世紀六〇年代，親獨立力量的暴力派在公眾眼中變得更強大。魁北克解放陣線（FLQ）的恐怖份子在蒙特婁郵筒中放置炸彈，向魁北克省的民眾發表聲明：不獨立毋寧死。一九六三到七〇年，恐怖份子平均每十天在魁北克省設置一顆炸彈。[20]暴力活動在一九七〇年的危機中達到巔峰。魁北克解放陣線綁架並謀殺了魁北克勞工部長皮埃爾·拉波特（Pierre Laporte），並扣留了英國貿易代表詹姆斯·克洛斯（James Cross）。加拿大總理皮埃爾·伊里亞德·特魯多（Pierre Elliot Trudeau）引用《戰爭措施法》，派遣軍隊進駐蒙特婁作為報復。這是蒙特婁人自一八三七年叛亂失敗以來從沒見過的情景。公民權利被收回，數以百計的疑似魁北克解放陣線「同情者」被捕。人們普遍認為特魯多反應過度，但危機得到和平解決，魁北克人黨的興起，為日益增長的以語言為基礎的民族主義情緒提供了非暴力的民主出口。

我記得十歲時和英語裔的祖父同車，看到一面旗幟上寫著「打倒《二十二號法案》！」，我問他：「《二十二號法案》是什麼？」他漲紅了臉，告訴我那是壞東西，但沒有告訴我為什麼。

這一次語言大衝突出現在一九七四年，魁北克總理羅伯特·布拉薩（Robert Bourassa）起草了一份語言法案，即《二十二號法案》。從二十世紀六〇年代中期開始，省、市和聯邦政府的專案開始向東輸送到傳統的法語區。最引人關注的，是一九七六年的奧運會即將在蒙特婁遙遠的東部邊陲舉行。法語裔加拿大人爭取多數「正常」人權利的集體自我表現的渴望還沒有得到滿足。所以布拉薩提出了《二十二號法案》，旨在通過宣稱法語是該省的唯一官方語言，實現以語言為基礎的民族主義「寂靜革命」。但令法語裔加拿大人感到沮喪的是，法案沒有包含任何實際操作的具體規定，英語裔的加拿大人更加惱火，因為自由選擇英語學校的機會以及英語在蒙特婁和魁北克社會中的歷史地位被剝奪了。英語選民在一九七六年的省選舉中，憤而投票支持小黨來懲罰布拉薩，但他們的快感沒有持續多長時間，在一九七六年選舉中一個傾向獨立的魁北克人黨意外勝選了。雖然獨立夢想沒有實現，但魁北克人黨將繼續推行「實際上讓某些英語裔加拿大人懷舊地想起《二十二號法案》」的語言政策。[21]

我母親對魁北克人黨的勝利感到歡欣鼓舞，我也是。在學校，教我們歷史課的是一位年長的英語裔老師，在課間他提到英國軍隊一次次地戰勝法國人。[22]我為法國人感到遺憾，悄悄地為他們加油。

魁北克人黨馬上開始採取措施解決經濟不平等狀況。一九七七年頒布的《一〇一法案》，是旨在幫助改善法語裔蒙特婁人經濟前景的語言法案。從此，不僅政府機關使用法語，而且在重要的民營企業也使用法語。所有超過五十人的大公司都必須有「普及法語」計畫，這增加了民營企業任用法語裔加拿大人擔任中高階主管的需求。在單一世代內，國家管理戰略成功縮小了法語裔和英語裔加拿大人的經濟差距。[23]

但它不僅僅是經濟力量。即使語言政策會傷害到魁北克的經濟，多數法語裔仍然願意付出經濟上的代價，這或許與傳統的法語裔加拿大人更看重「精神」而不是物質利益的價值觀吻合。曾經當過心理分析師，後來成為魁北克人黨文化發展部長的卡米耶·洛蘭（Camille Laurin）奉命制定語言政策，他清楚地運用心理分析術語來為語言政策辯護，認為它是在寂靜革命期間法語裔加拿大人發起的重新確認集體自尊的「社會工程」[24]。魁北克人黨一九七七年公布的語言政策白皮書認為：「『法語要求』和雙語政策保證的『英語翻譯』沒有任何關係。這是充分保護和發展原始文化的問題，是存在、思考、寫作、創造、社交，以及群體間與個人間確立關係甚至企業經營的方式。」[25]

作為法語語言法律的一部分，所有停止標誌都改為法語 Arrêt。二十世紀七〇年代末，街道上所有的 Arrêt 都被畫掉，並噴上了英語的 Stop，這可能是英語裔民族主義者的傑作。幾年後，我瞭解到法國也開始使用 Stop。

最有名的是，《一〇一法案》規定公共和商業招牌必須使用法語，以便給蒙特婁保留一種與法語城市相配的法語面貌。魁北克省總理勒韋克明確提出了一種邏輯，城市的公共面貌影響居民的價值觀：每個雙語牌子都以自己的方式告訴移民，這裡有兩種語言，英語和法語。你可以選擇你喜歡的。它告訴說英語者，「沒有必要學法語，一切都被翻譯過來了」，這不是我們想傳達的意思。所有人都注意到我們城市的法語特徵，這是非常重要的。[26]雙語路牌讓從南方國界到訪的美國遊客感到困惑，這或許會給旅遊業帶來消極影響，但語言政策不是純粹的經濟學。

《一〇一法案》也降低了教學語言的選擇自由。英語學校的招生來源僅限於擁有英語裔魁北克人血統的孩子。法語社區也是如此，新移民必須把孩子送到法語學校。為什麼法語裔的父母支持這種強迫他們把孩子送到法語學校的政策呢？這實際上剝奪了英語教育給孩子提供的經濟機會。

在物質主義的香港（請參閱本書香港章節），英語學校往往開闢了通往好工作的道路，很少有父母會拒絕把孩子送到那裡讀書。而在魁北克，其語言政策也是基於語言的公共身分認同，在這裡這種認同受到了威脅（在香港，粵語受到的威脅較小，因為香港九成七的人說粵語，附近的廣東省大部分人也說粵語）。經濟利益也起了作用，尤其是在英語社區中不公平的經濟待遇，但是在發生衝突時，利益問題可能會被「精神」問題打敗。法語裔加拿大人的觀點也有一定的邏輯，如果所有法語裔加拿大人都選擇把孩子送到英語學校，所有人都會認為這是擔心孩子的就業機會受到限制。想像蒙特婁一對野心勃勃的法語裔中產階級父母：他們或許更願意把孩子送往法語學校，如果鄰居把孩子送往英語學校，他們的孩子將處於劣勢，因此他們改將孩子也送到英語學校，即便這代表著語言上的集體自殺。但如果封鎖了法語社群選擇英語學校就讀的權利，那麼他們就可放心地把孩子送到法語學校，不用擔心傷害孩子的工作前景（在魁北克）。

我的英語裔姑姑和家人舉家搬遷到多倫多。我和他們保持著密切聯繫，每次到多倫多總是會去探望他們，但除了偶爾渴望蒙特婁風味貝果和燻肉之外，他們似乎不再留戀蒙特婁。他們的孫子孫女都在多倫多出生長大，在冰球比賽中為多倫多楓葉隊喝彩，不再為蒙特婁加拿大人隊加油。

新政府及其語言政策引發了說英語的加拿大人強烈反應，這不足為奇。就在魁北克人黨贏得勝利後不久，說英語的大資本家查爾斯・布朗夫曼（Charles Bronfman）說：「不要搞錯啊，這些渾蛋是要幹掉我們。」[27]一九七六到一九八六年，蒙特婁市區的英語社群人口減少了九．九萬人（是英語裔人口的六分之一）。一些著名的公司，如永明，把總部遷往多倫多，進一步確定了該市作為加拿大商業和金融中心的地位。

是的，英語裔的逃離在很早就開始了，[28]或許法語裔的新機會幫助平衡了英語裔領域的崗位流失，但是很少有人否認魁北克人黨的勝利付出了經濟代價。但是，這不僅僅是經濟問題。在法語裔看來，這主要是利用國家力量使他們獲得了表達語言和文化的環境，而無須害怕像路易斯安那州那樣淹沒在英語的海洋中。

對英語裔加拿大人來說，這也不僅僅是經濟問題，他們所認識的世界似乎要走到盡頭了。作家摩迪凱．里希勒（Mordecai Richler）在當時表達了英語裔的擔憂：「年輕人在多倫多或西部定居，只是在參加喪禮時才返回家鄉。說英語的魁北克人將繼續離開。新移民中的野心勃勃者自然希望孩子接受北美主流教育（即英語教育），以便能夠在加拿大之外的地方生活。蒙特婁曾經是這個國家最繁華、最令人愉快的城市，一個非常迷人的地方。但是它正在死亡，牢騷滿腹。它的未來與其說是國際性大都市，倒不如說是向城鄉化發展。」[29]里希勒也許過於悲觀。從語言戰爭的廢墟中將誕生一個更加寬容的和多元文化的城市。它或許不是世界大都市，但肯定是一個道德上更完善的甚至迷人的後殖民城市。

走向文化多元主義？

吃完豐盛的大餐後，英語裔的奶奶洗碗時會教我唱意第緒語歌曲。直到今天，我仍然會唱，雖然我並不知道這些詞到底是什麼意思。我只知道意第緒語的一個詞彙「笨蛋」（schmuck），這是我兩歲時父親教我說的，為的是給奶奶一個驚喜。

像北美其他城市一樣，蒙特婁在歷史上吸引了形形色色的移民。大量猶太人逃離了危險狀態下的歐洲和俄國，來到蒙特婁定居，意第緒語成為該市第三種主要語言。[30]一九三一年，蒙特婁有大約六萬人說意第緒語，該社群具有相當程度的獨立性，脫離於主流的法語和英語社群。有一段時間，意第緒語成為繁榮的文學和社區生活的基礎，蒙特婁成為「北方的耶路撒冷」，[31]但多數說意第緒語者沒有把語言傳給子女，今天，這種語言在蒙特婁已幾近滅亡了。

為什麼蒙特婁意第緒語的「滅亡」沒有成為社會衝突的焦點呢？主要原因是猶太人普遍把自己當作試圖融入主流社會的移民，意第緒語的喪失沒有被視為社會抗議的起因。正如威爾·金里卡（Will Kymlicka）認為的，一般來說移民往往希望融入更大的社會，渴望被接受為正式成員，他們的目標不是建立獨立的或自治的國家。他們至多尋求修改主流社會的制度和法律，以便使他們更好地適應文化差異，就像錫克教徒摩托車手要求佩戴頭巾的權利一樣。這種群體與加拿大法語裔者那種長期以來確立的自治、有確定領土的「少數民族」完全不同。少數民族往往希望維持自己獨特的社會特性，要求各種形式的政治自治，如果不是徹底獨立，至少要確保他們作為獨特社會的生存。[32]

二十世紀七〇年代，還是孩子的我住在多民族混居的聖母天恩，我的很多朋友都是新移民的孩子。我經常與安奇洛、佛蘭齊打街頭曲棍球，他們在家說義大利語（記得有一次在比賽最激烈的時候，一位朋友被媽媽叫回家吃飯。關上門後，他開始用義大利語對他媽媽吼叫，我們都哄堂大笑。直到今天，我仍然記得義大利語的髒話）。但我們在街上都說英語，朋友們上的是英語學校。

用什麼語言為蒙特婁移民的孩子授課是引發社會衝突的原因。二十世紀七〇年代中期，幾乎所有移民都把孩子送到英語學校，這樣做可以增加就業機會，這是可以理解的。[33]但同樣可以理解的是，這種做法引起法語裔蒙特婁人不滿，他們正在為自己語言社群的成員爭取平等的經濟前景。

在我家的法語區，外公是家中十一個孩子中的一個，外婆家有九個孩子。外婆生了七個孩子，母親生了兩個孩子，而我只有一個孩子。

而且，法語裔的生育率在二十世紀六〇、七〇年代迅速下降，這引起人們的悲觀預測——法語裔最終將成為蒙特婁的少數民族，北美的法語社群甚至可能最終消失。[34]所以，當魁北克人黨在一九七六年選舉中獲勝後，其核心政策是強迫新移民上法語學校。《一〇一法案》有效地遏制了移民進入英語學校的風潮，終結了蒙特婁公立學校中說法語者的少數派處境。一九七六到一九八七年，蒙特婁接受英語教育的學生數量下降了五成三。超過三分之一的學生進入了法語浸入式教學計畫。正如萊文指出的，「《一〇一法案》完成了法語裔加拿大人的民族主義目標，把蒙特婁的英語教育轉變成說英語者狹隘定義的群體『特權』，而不是同化移民並可能造成蒙特婁英語化進程的體制」。[35]《一〇一法案》對英語裔及那些母語不是英語或法語的人或許不公平——現在這些社群的人仍然這樣認為。萊文接著指出，魁北克學校是在複製北美其他地方的學校功能，「《一〇一法案》對蒙特婁法語學校的最大影響是引進了一種功能：把新來者納入到城市多數人的語言和文化中，這是美國和說英語的加拿大自十九世紀中期以來一直在扮演的角色」。[36]

起初，這個想法是把移民同化進魁北克說法語者的文化中，就好像移民的語言和文化簡單地消失在美國「大熔爐」裡一樣。魁北克人黨一九七八年的文化概念扎根於說法語者的魁北克人遺產，但消除了通過更多新移民的貢獻豐富遺產的可能性。這種國民性觀點即便不是以種族為基礎，至少也是以民族性為基礎。直到一九九五年，魁北克第二次有關獨立的全民公投失敗了，魁北克人黨領導人雅克・帕里佐（Jacques Parizeau）將其歸咎於「金錢和民族性驅動下的投票」。[37]

離婚幾年後，我母親遇見了安東尼・米奇，一個自二十世紀五〇年代以來就一直生活在蒙特婁，但沒有變更國籍的英國人。作為驕傲的英國人，安東尼在觀看女王的新年致詞時，明顯深受感動。三十年後，母親和安東尼仍然相愛，他們生活在西山的退休之家，這裡曾經是英國統治時期的堡壘。母親現在投票支持綠黨，安東尼對我和妹妹就像他自己的孩子，他是動盪時期的骨幹。而父親曾經和具有奧地利血統的女子桑雅共同生活了幾年。桑雅有兩個孩子朗斯和桑迪，我和妹妹與他們的關係像親兄弟姐妹一樣。父親和桑雅分手後，與一個法國女子奧迪爾・儒勒・佩瑞特結成伴侶，並最終移居巴黎。我去探望過他們幾次，特別是在英國讀研究所的時候。他們結婚十年後，父親得了肺病。後來我到巴黎探望過奧迪爾和她的兒子烏戈（我的同父異母弟弟，請參閱本書巴黎一章）。與此同時，妹妹瓦萊里嫁給了信奉拉斯特法里教的牙買加人阿爾方索，他最近因心臟病在蒙特婁去世了。父親的最後三年是由妹妹瓦萊里照顧的，現在她是電工，是法語區環境中從事此類工作的極少數女性之一。妹妹的兒子奧利佛已經二十二歲了，比我還高，我已經不再敢和他一起打籃球了。我在英國讀書時遇見了中國研究生宋冰，不久以後我們就結了婚。妻子學法語，我學漢語。我們有一個孩子朱利安·宋·貝爾。我仍然愛蒙特婁，但我現在住在北京，每年回「家」一次。

但是「既成事實」最終改變了法語區的認識和理想。二十世紀七〇年代中期，法語學校的學生幾乎完全是法語裔魁北克人，但是到了一九八七年，兩成五以上的學生是非法裔加拿大人，超過三成五的學生不是出身於說法語的魁北克民族。一九八一年，魁北克省移民局更名，以便在使命中包括「文化社區」，政府提出了在把移民納入魁北克社會的同時保護少數族裔文化的策略。[38]這種新的多元文化世界觀也豐富了法屬魁北克對其過去和現在的認識，更多的其他文化的文學作品被翻譯成法語。正如謝里·西蒙（Sherry Simon）指出的：「現在可以翻譯了，因為法語不需要在自己的領土上與其他歷史競爭，它能夠吸收它們。蒙特婁的法語已經變成了一種『翻譯語言』，不再只是必須被翻譯的語言，而且具有足夠的空間去包容別的歷史。」[39]這是更開放的文化立場，最好的代表或許是魁北克最受愛戴的法語劇作家米歇爾·特蘭布萊（Michel Tremblay）允許他的劇本《姑嫂們》（*Les Belles-Soeurs*）被翻譯成意第緒語，並在一九九二年公演（此前，他曾禁止其作品在蒙特婁被翻譯成法語之外的語言）。[40]禁止公共標誌使用法語之外語言的法律在一九九七年也被修改，以便容納第二語言的存在（只要法語占優越地位）。這種開放性沒有再引起大量的公共辯論，這說明法語社群的自信心越來越強。

在魁北克人黨勝利後，雖然許多說英語者離開了，但大多數人還是留下了。「剩下的人」認真努力學習法語，因為法語對經濟流動性更重要了。蒙特婁的「法語」面貌也代表著說英語者需要學習法語，以便在新環境中生存。這種強制性的改變或許最初不受歡迎，但現在說英語者普遍接受了學習法語的必要性，許多人認為這是好事。

今天，法語社群和英語社群仍然存在一些緊張關係，但是已經非常自然和放鬆了。說英語者說法語或說法語者用英語回答，已經不再是稀罕的事，雙方都努力為對方提供方便。社會關係改善的主要原因是英語社群異常迅速雙語化，尤其是在年輕人之間。[41]今天，六成二的說英語者是雙語者，而在一九五六年，只有百分之三的人是雙語者。[42]從整個城市來看，五成三的人的法語和英語非常流利（對比起來，多倫多人口中法語-英語雙語者只有百分之八·五）。[43]「曾經分裂的前殖民地城市」[44]的空間也開放了。二十世紀七〇年代之前，市中心的皇山公園是說法語者和說英語者唯一共用的地方，這個公園是菲得利克·歐姆斯德（Frederick Olmsted 他也設計了紐約中央公園）在十九世紀八〇年代設計的。

二〇〇九年，我回過蒙特婁兩次。在第一次旅行中，我應邀到加拿大前駐華大使位於高原區的家中赴宴。晚宴上的客人輕鬆自如地在英語和法語中切換。在第二次旅程中，我與朋友安妮・比林頓在高原區一家名叫第五罪的餐廳吃飯。安妮精通雙語，我問她在兩種語言之間切換的動機是什麼，她看看我，好像我問了一個非常愚蠢的問題，說她不知道。我們的大部分對話是用法語，但是我注意到她改用英語表達中產階級對日常生活的憂慮。

今天，歷史上的英語社區如聖母天恩，已經成為受過良好教育的說法語者的熱土，政治上進步的說英語者以生活在城市東部的高原區而自豪。[45]歷史上的東西分界線聖勞倫斯大道，是蒙特婁文化最多元的地區。具有諷刺意味的是，另外一個語言和民族混居的街區是聖亨利區（Saint-Henri），這裡的地鐵站是以種族主義神學家萊諾・格魯命名的。作為時間的標誌，英語裔仍然把蒙特婁市中心商業區稱為多徹斯特大街，而不是瑞內・勒韋克大街（該街道在一九八九年被重新命名，以紀念推動獨立的魁北克前總理），這個名稱常常被年輕的英語裔加拿大人看作政治上過時的反動。

簡而言之，語言戰爭轉為自然放鬆的態度。[46]說英語者和母語不是英語或法語的人學習法語，通常是因為他們想學，而說法語者則因為充分的安全感而變得更加開放。從分裂主義者的角度看，很顯然，「征服蒙特婁」大為成功。「具有諷刺意味的是，勒韋克等人猜測《一〇一法案》提供的文化安全感，可能釋放了說法語者對加拿大聯邦的不滿情緒，這反而破壞了魁北克人黨為支持魁北克獨立而爭取議會多數的努力。」[47]

我的外甥奧利佛從外表看像黑人，幾年前因為在地鐵站附近「遊蕩」，被白人員警罰了款。妹妹（白人）到法院起訴，理由是她的兒子受到了種族歧視。

當然，緊張關係依然存在。二十世紀八〇年代，「蒙特婁海地人社區的社會經濟狀況，看來令人擔憂，那裡類似於美國城市中被貼上『下層人』標籤的社區」。[48]二〇〇八年八月，蒙特婁北部發生騷亂，據說員警射殺了一名黑人青少年，起因是「年輕人指責警局官員持有種族偏見，他們正試圖打擊街頭幫派活動」。《蒙特婁報》的社論時不時地對英語社區的做法提出批評，[49]雖然英語社區已經放棄努力爭取自由選擇學校和自由選擇公共標誌語言的「權利」。也許有人反對，魁北克仍然存在一種「孤獨」，即不與不學英語的法語裔來往（在法語裔的蒙特婁大學，有些大一新生不能讀英文，而在北京，我的學生都能讀英文，在新加坡和香港也是如此）。[50]這座城市或許「看起來」比多倫多或者渥太華的多元文化特徵少一些（雖然蒙特婁多元文化的人口比例更高），[51]或許僅僅因為加拿大其他城市接受了大量中國或南亞國家的移民——這些地方的人更願意移民到說英語的城市（而魁北克的移民政策更傾向於說法語的移民）。

但總體上，很難論證美國作家諾曼·梅勒（Norman Mailer）的判斷：「蒙特婁是一座偉大的城市，一個活生生的例子，說明我們可以戰勝全球資本主義的統一性，即把世界變成龐大的飯店系統麥當勞卻位於一樓。如果你在雙語區長大，就會用不同的方法看待事物，從而抗拒統一性。」[52]今天，蒙特婁是世界上最隨和、最寬容的城市之一，以其波希米亞居民[53]和好玩的外觀[54]而聞名，但沒有困擾其他城市的社會混亂和高犯罪率。差異意識是城市認同感的組成之一。由他人的意識建立富有魅力的多元文化體，比城市認同感的幾個部分簡單累加要重要得多（相比之下，多倫多似乎是個離散社區的集合，沒有共同的紐帶式公民生活）。公民意識在蒙特婁變得更強大和更包容，這部分是因為蒙特婁人對文化差異更為敏感。更廣泛的政治議題變得更加清晰，正如阿蘭·帕頓（Alan Patten）所說：「有時候推動共同身分認同的最好方法是鼓勵差異性。這是由於一個人的群體特殊性在公共領域得到承認和被確認的事實，即一個人對整個社會的依附得到加強和擴大。」[55]或許還有更廣泛的道德教訓。建立在語言群體平等基礎上的雙語主義，能夠促進道德進步嗎？語言間非強制性的轉換可能更容易讓人走出自我，與他人感同身受嗎？或許我們不該高興得太早。從道德角度看這個城市取得的進步時，深深的心理創傷也襲擊了兩個語言群體的蒙特婁人。

關鍵是冰球，笨蛋[56]

小時候，我認為蒙特婁加拿大人隊是戰無不勝的。曾幾何時，我為其他球隊感到難過，暗自希望加拿大人隊「為了聯盟的利益」偶爾輸一次。也許正是這種情緒促使我關心全球正義問題，但現在我後悔曾經有過這樣的想法：我可能詛咒了這隻球隊。

加拿大人隊是冰球歷史上最偉大的球隊。一九七五到七九年，在偉大的法語裔選手蓋伊·拉佛羅（Guy Lafleur）、雅各·勒邁爾（Jacques Lemaire）、伊萬·康耶爾（Yvan Cournoyer）的率領下，他們連續四年贏得史坦利杯。在北京，我很高興地注意到在室內冰球場的看板上有加拿大人這支不朽冰球隊的身影。我每週一和週四的晚上都玩冰球，驕傲地穿上蒙特婁加拿大人隊的球衣（哦，真抱歉，這一段應該是理論性內容）。

一九九三年五月，我看了加拿大人隊與紐約島人隊在季後賽的半決賽中對壘，那是系列賽的最後一場。加拿大人隊在前兩節中以四比一領先。我非常興奮地來到廁所，站在我旁邊的年輕蒙特婁球迷情緒似乎有些低落。我問他為什麼，他說「加拿大人隊、史坦利杯，該死的之後我們能做什麼呢？」。加拿大人隊那年已經贏得了破紀錄的二十四座史坦利杯，有些觀察家感到困惑，比賽勝利後還能引起憤怒的騷亂，汽車被推翻，商店櫥窗被扔石頭。但我並不感到驚訝，我在廁所遇到的那位朋友肯定參與了破壞活動，表達了在目標完全實現後生活只能走下坡的最深刻的憂患意識。從那以後，加拿大人隊再沒有贏得史坦利杯。

二十世紀七〇年代之前蒙特婁的唯一團結力量，或許是人們對蒙特婁加拿大人隊的共同喜愛。或者更準確地說，是這支球隊把大部分說英語者和說法語者的男性成員團結起來的。新移民基本上對加拿大人隊漠不關心，大多數女性也是如此。人們常常是在禁止女性進入的小酒館裡觀看比賽。但是今天，對這隻球隊的支持已經擴展到了各種人。正如邁克·布尼（Mike Boone）說的：「冰球是這裡世俗的宗教，一種超越語言、民族、人口、社會經濟界限，把所有蒙特婁人團結起來的激情。」[57]該球隊本身也已變得更加國際化，這也解釋了它為什麼得到移民群體的支援（小時候，我的義大利裔加拿大朋友安奇洛支持波士頓棕熊隊，因為他們有義大利裔的偉大運動員菲爾·艾斯波西多（Phil Esposito），我非常懷疑蒙特婁當今年輕的安奇洛們會是加拿大人隊球迷），隨著這座城市在性別關係上更加平等，許多女性也開始支持冰球隊（最近我很驚訝地聽妹妹說到「我們的」球隊，她以前從未這麼說）。女性支持者越來越多的另一個原因是許多女性現在也開始玩冰球了。二〇〇八到〇九賽季是加拿大人隊建隊一百週年，加拿大人隊的旗幟被驕傲地展示在汽車上、家中或商店裡。幾十年前，人們展出的旗幟是魁北克旗（支持講法語者的民族主義者）或加拿大國旗（代表講英語的加拿大人支持加拿大聯邦）。但這種政治象徵現在已經很少見了。

二〇〇三年二月二十七日，父親極度疼痛，幾乎不能呼吸，這是過去二十多年不斷惡化的嚴重肺病的最後階段。他要求用嗎啡止痛。我告訴他應該堅持下去；還有許多活下去的理由，仍然有機會康復。他説那是痴心妄想。他問到蒙特婁加拿大人隊的近況。我告訴他，他們仍然有一絲機會進入季後賽，但他説那也是痴心妄想。

二〇〇三年三月一日，《蒙特婁報》發表了不尋常的社論，將蒙特婁加拿大人隊球迷的命運與患上絕症的病人命運做了比較（甚至求助於伊莉莎白・庫伯勒・羅斯的著作），指出現在是聽天由命的時候了，加拿大人隊不可能進入決賽了。我和父親一起看了那天晚上的比賽，它的對手是強大的溫哥華加人隊。加拿大人隊在延長賽時勝利差點到手，最後在人數占優勢的情況卻錯失了絕殺的機會。比賽最終是平手，我一直希望加拿大人隊進入決賽，希望父親能夠康復。

二〇〇三年三月六日，父親去世了。那天近午，我看了一眼報紙，加拿大人隊以一比三的比數輸給了安納翰鴨隊，徹底粉碎了他們晉級決賽的希望。那天晚上，我夢見和父親在觀看加拿大人隊與底特律紅翼隊的精采比賽。比賽進入平局階段，就在最後的幾秒加拿大人隊錯過了空門。紅翼隊快速反擊並且射門，不止一次，連續兩次都打中了門柱。更奇妙的是，連裁判都張開手臂擋在加拿大球門前，阻止紅翼隊的射門。我非常忙，本來是打算離開的，可是告訴父親我要留下來看完延長賽。就在這時候我突然醒了。我試圖強迫自己再回到夢中觀看延長賽，卻沒有成功。

二〇〇八到〇九賽季加拿大人隊表現不錯。在耶誕假期，我回到蒙特婁，非常高興地得知朋友邁克．薩季買了加拿大人隊對佛羅里達美洲豹隊的比賽門票（邁克大部分時間都在英語學校受教育，現在也觀看法語電視臺的加拿大人隊比賽）。比賽緊張刺激，最後加拿大人隊贏了。他們現在的運氣很好，這是當時蒙特婁人最熱門的話題，我們球隊是最有希望贏得史坦利杯的隊伍之一。我們都希望這是完美的百年紀念的生日禮物。

加拿大人隊在季後賽第一輪連輸了四場。原來氣勢如虹的加拿大人隊怎麼了？為什麼現在如此平庸？我必須承認，主要是因為他們再也沒有從前對其他球隊的不公平優勢了。一九六九年前，加拿大人隊曾經有魁北克區前兩輪選秀權，但這種做法在以平等發展球隊的名義下被迫放棄。58所以，在二十世紀七〇年代，我崇拜的球隊是經由體制延攬而來效力於蒙特婁選手組成，這就是為什麼魁北克這麼多偉大球員過去都集中在蒙特婁加拿大人隊，但現在打散到其他隊伍。結果出現了一種對蒙特婁說法語者和說英語者都有利的好處，也是唯一對雙方都有利的好處——我們失去了優勢，其他球隊贏得了平等機會。

二〇一〇年五月，加拿大人隊創造了一個奇蹟。在季後賽第一輪擊敗了聯盟第一種子華盛頓首都隊，在季後賽第二輪戰勝了第二種子的匹茲堡企鵝隊。在《蒙特婁日報》上，嫻熟的加拿大人隊守門員雅羅斯拉夫・哈拉克（Jaroslav Halak）被描繪成穿著加拿大人隊球衣、戴著守門員頭盔的耶穌基督，周圍是崇拜他的門徒。59 不幸的是，我在北京看不到球賽轉播。兒子告訴我他在課堂上的電腦觀看了系列賽最後一場，我訓誡了他，告訴他以後決不能再這麼做了，接著我向他要來網址。但這是不一樣的，我感受到家鄉的召喚。我夢想著和父親一起坐在巴黎的咖啡館，驚訝地發現巴黎人也在討論蒙特婁加拿大人隊。我查了能趕上決賽時間的機票。但加拿大人隊必須在半決賽中擊敗第七種子的費城飛人隊。加拿大人隊在第五場輸掉了系列賽，主因是他們未能抵擋住飛人隊中三個速度飛快、技術高超、說法語的年輕選手進攻，這樣的選手過去應該是為加拿大人隊效力。

或許，平等不是所有價值觀的母體。如果我有能力重寫蒙特婁的歷史，我將不會變更一九六九年之前的冰球選秀制度。雖然北美職業冰球聯盟或許不那麼平等，但加拿大人隊將繼續贏得史坦利杯，父親或許仍然在世。

1 本節參考了Marcel Trudel, *Mythes et réalités dans l'histoire du Québec: La suite*(Montreal: Bibliothéque Québécoise, 2008) , chap. 1.

2 引自Sherry Simon, *Translating Montreal: Episodes in the Life of a Divided City* (Montreal: McGill-Queen's University Press, 2006) , 4.

3 Trudel, *Mythes et réalités dans l'histoire du Québec,* chap. 13.

4 Marc V. Levine, *The Reconquest of Montreal: Language Policy and Social Change in a Bilingual City* (Philadelphia: Temple University Press, 1990) , 8. 接下來四段引自馬克・萊文的書。

5 同上書，14。

6 同上書，7。

7 當時的英國自由派更多的是蔑視「落後」的民族，而不是出於對法國文化的厭惡。請參閱J. S. Mill, *Representative Government*(orig. pub. 1861) , in Three Essays (Oxford: Oxford University Press, 1975) , 385.

8 Trudel, Mythes et réalités dans l'histoire du Québec, chap. 8.

9 Michel Plourde and Pierre Georgeault, eds, *Le français au Québec: 400 ans d'histoire et de vie* (Quebec: FIDES, 2008) , 189.

10 引自Trudel, *Mythes et réalités dans l'histoire du Québec,* 226, 232（所有譯文除特別指出的外，都是本書作者之一的貝淡寧所譯）。

11 同上書，232-233. 當時的宗教教育也灌輸清教徒嚴格的性道德，馬歇爾・特魯德爾回顧他的一個表妹在二十世紀四〇年代做彌撒時被主人拒絕，因為她的衣服沒有遮住她的手肘，請參閱Trudel, *Mythes et réalités dans l'histoire du Québec,* 136–137.

12 有人可能有不同意見，蒙特婁的「老魁北克」唯一可見的象徵，是位於蒙特婁市中心、由貝聿銘設計的十字架形狀的瑪麗城廣場（一九六二）。

13 Levine, *The Reconquest of Montreal,* 43. 本節選自萊文的書。

14 W. P. Percival, *The Lure of Montreal(Toronto: Ryerson Press,* 1964) , n.p. （緒論）。

15 Simon, Translating Montreal, 34.

16 一九六七年，蒙特婁城市規劃者設想了一九八二年地下鐵規模將擴大兩倍，但是他們的計畫幾乎都沒實現。請參閱Eric Trudel, *Montréal, ville d'avant-garde?* (Montreal: Lanctôt éditeur, 2006) , 8-9.

17 Francois Remillard and Brian Merrett, *Montreal Architecture: A Guide to Styles and Buildings*(Sainte-Adèle: éditions Café Crème, 2007) , 200.

18 推動蒙特婁成為世界級大城市的努力是該市野心勃勃的（在批評家看來是妄自尊大的）說法語的市長讓・卓博領導的。請參閱Paul-Andé Linteau, *Histoire de Montréal depuis la Confédération* (Montreal: Boréal, 2000) , 539.

19 引自Joseph Yvon Theriault，「La langue，symbole de lìdentité québécoise，「in Le français au Québec，323。

20 Mordecai Richler, *Home Sweet Home: My Canadian Album*(Toronto: McClelland and Stewart, 1984) , 143.

21 Levine, *The Reconquest of Montreal,* 109.

22 法語和英語課本中對魁北克歷史的截然不同的描述，請參閱Trudel, *Mythes et réalités dans l'histoire du Québec,* chap. 6. 只是到了二十世紀六〇年代才有了比較客觀的描述，詳見雙語的多卷本《加拿大傳記辭典》，該書是由法語作家和英語作家組成的團隊合作完成的（同上書，110-111）。本書最近已經上網：www.biographi.ca/。

23 密爾頓・埃斯曼使用魁北克案例（和其他兩個案例）論證在不

通過徵用或大規模破壞經濟發展的情況下，消除不利的或者不公平的民族分工：①人口占多數；②經濟依附性；③政治機會使多數派掌控國家政權成為可能；④民族主義意識形態；⑤空置的財政空間。請參閱 Milton J. Esman，「Ethnic Politics and Economic Power，「Journal of Comparative Politics 19, no. 4 (July 1987) : 416.

24 引自 Levine, *The Reconquest of Montreal,* 113.

25 同上書，114。

26 同上書，175。

27 同上書，111。

28 請參閱 Linteau, *Histoire de Montréal depuis la Confédération,* 430–433.

29 Richler, *Home Sweet Home,* 264.

30 Simon, *Translating Montreal,* 14.

31 同上書，91。

32 Will Kymlicka, *Multicultural Citizenship* (Oxford: Oxford University Press, 1995) , esp. chap. 2. 語言戰爭的意料之外的思想好處之一，是它們產生了有關多元文化主義和語言權利的豐富辯論，辯論者都是加拿大具影響力的哲學家，如威爾．金利卡、查爾斯．泰勒、丹尼爾．威恩斯托克、阿蘭．帕頓。金利卡和帕頓提出，為什麼歷經這麼長的時間，人們才認識到語言衝突在政治理論的規範性辯論的核心地位，部分在於語言衝突對在確定戰後思想議程上影響力最大的四個西方國家的日常生活沒有影響。美國、英國、法國和德國擁有單一語言的公共機構已經一個多世紀，因此這些國家的學者在寫作時，似乎理所當然地認定政治群體中的人應使用同一種語言。請參閱 Will Kymlicka and Alan Patten, "Introduction, "in *Language Rights and Political Theory,* ed. Will Kymlicka and Alan Patten(New York: Oxford University Press, 2003) , 6-7. 相反，加拿大學者常常假設語言衝突是國家事務的常見現象，他們的理論在很大程度上是受到蒙特婁、魁北克、加拿大的語言和多元文化主義的話語的啟發。

33 但是，在有些情況下，它不是選擇問題。有時候，非天主教法裔加拿大人無法把孩子送到公立法語學校。

34 Levine, *The Reconquest of Montreal,* 62; Alain-G. Gagnon, "La diversité québécoise, " in *Le français au Québec,* 418.

35 Levine, *The Reconquest of Montreal,* 141.

36 同上書，142。

37 帕里佐的說法據說是在喝了幾杯酒之後說出的。從社會科學的角度看或許不無道理，但是它似乎暗示他仍然堅持語言上統一的、種族上同質的、以民族為基礎的國家概念。第二天帕里佐辭去了魁北克人黨領袖和魁北克總理職務，取而代之的是總理呂西安．布沙爾，後者特別強調蒙特婁的多元文化主義的重要性。在一九九六年，他曾這樣表示：「毫無疑問，多樣性是積極的特徵。它是蒙特婁的靈魂的一部分。蒙特婁的特別之處就在於說法語者和說英語者和像世界其他地方一樣，友好地共用街道。如果我們失掉了這種混合性，我們就不再是同一個城市了。」引自 Gretta Chambers, "Les relations entre anglophones et francophones, " in *Le français au Québec,* 392.

38 Levine, *The Reconquest of Montreal,* 218.

39 Simon, *Translating Montreal,* 111.

40 同上書，106–108。

41 Chambers, "Les relations entre francophones et Anglophones, " 395.

42 Gagnon, "La diversité québécoise," 420; Richler, *Home Sweet Home,* 37.

43 Jim Hynes, *Montreal Book of Everything* (Lunenberg: MacIntyre Purcell Publishing, 2007), 30.

44 Simon, *Translating Montreal*, 11. 受到羅哈·巴伊爾著作的啟發，西蒙將蒙特婁的道德進步（沒有用這樣的術語），與如布拉格和的里雅斯特等受到歷史上占有特權地位的語言社區（德語）「殖民」的中歐單語城市做了對比：「這個地區的多語主義受到戰爭和大屠殺的壓制，如今被孤獨的單語主義所取代。」(27)

45 在本書的初稿中，我曾經寫了高原區位於這個城市的偏遠東部地區。牛津大學社會學和政治理論教授柯恩糾正了我的錯誤：「似乎在這個城市偏遠東部的半異教徒英語居民區。它大部分是在聖勞倫斯大道西邊，沒有一處在東邊。」特別感謝柯恩對本書初稿的詳細評論。我第一次認識柯恩（或者他更喜歡的名字傑瑞），是一九八六年讀研究所時。他生病了，但沒有取消個別輔導，而是邀請我（和另外一位學生）到他倫敦家中討論。傑瑞在輔導之初講了他對蒙特婁的記憶，我驚訝地發現他與我父親住在同一幢公寓許多年。我對柯恩的智慧和幽默感到痴迷，我非常榮幸地陪同他遊覽蒙特婁（包括一場博覽會隊的棒球賽，他是少數幾個嘲笑吉祥物 Youpi 滑稽的成年人）。我們已經多年沒有聯繫，但是我還是送給他本章的初稿。他在電子郵件回覆中說他非常忙，會在隨後的幾週內閱讀。結果，他第二天就寫出了詳細的評論。讓我感到震驚和悲傷的是，幾天後他就因心臟病而離開了我們。

46 蒙特婁語言衝突的相對幸福的「結局」，或許在耶路撒冷這樣的衝突主要由宗教差異引起的城市更難實現（請參閱本書耶路撒冷一章）。就語言來說，多學一種語言是可能的而且被廣泛認為是可取的，但是對宗教來說，信奉其他宗教往往既是不可能的（因為信仰體系的衝突），也不是可取的（從多數信徒的角度看）。

47 Levine, *The Reconquest of Montreal*, 146. 萊文式的擔憂或許有點為時過早，魁北克獨立的第二次全民公投在一九九五年差點通過，但是今天，它變為了現實。

48 同上書，219。

49 請參閱 "Changes Are Needed to Improve Life for Anglos," *Montreal Gazette*, 5 October 2008, A16.

50 比如，非常說明問題的是民族主義作家伊夫·博凱明寫的非常有趣的小說《勇士查理：躍向虛無》(*Charles le téméraire: Un saut dans le vide*, Montreal: Fides, 2005) 描述了一名人物到外面去尋求自己的社會定位。小說的背景就發生在蒙特婁東部，魁北克的法語區。伊夫·博凱明向來是鼓吹單一法語公共標語的主要人物。請參閱 Lise Gauvin, "La mobilisation des écrivains," in *Le français au Québec*, 371-372.

51 Simon Langlois, "L'avenir de la langue française," in *Le français au Québec*, 528.

52 引自 Jim Hynes, *Montreal Book of Everything*, 24. 說到這一點，蒙特婁維持法語的努力通常不會被看作「對抗全球化的戰爭」，這在巴黎可能更為典型。蒙特婁的語言衝突的起因和補救辦法更具地方性，實際上，英語作為全球化語言的事實在辯論中並不那麼重要。

53 我父親的書《週末夜的貝果工廠》(*Saturday Night at the Bagel Factory*, Toronto: McLelland and Stewart, 1972) 曾獲得史蒂芬·李柯克幽默文學獎，該書第一次引起人們對蒙特婁迷人的怪異性格的關注，如果我可以這樣說的話。蒙特婁的廉價出租空間（連同舊金山，它是北美洲唯一租住戶比房主更多的城市）和良好的都市交通網（大約四成的家庭沒有轎車），為高比例的相對貧窮的波希米亞人和偏執者提供了「物質基礎」。

54 「太陽馬戲團」和「嬉笑節」是其中兩個最具影響力的產品。

值得注意的是公共政策也推動了非功利主義的世界觀。蒙特婁所有新公共建築的預算中至少有 1% 是用在公共藝術上的（請參閱 Adam Sachs、“Montreal in Play, ”in *National Geographic Traveler,* March 2009, 63）。有關蒙特婁的生活樂趣（joie de vivre）、請參閱 Bill Brownstein, *Montreal 24: Twenty-Four Hours in the Life of a City*(Montreal: Véhicule Press, 2008）, 82, 102, 118.

55 Alan Patten, “Political Theory and Language Policy, ”in *Political Theory* 29, no. 5 (October 2001) : 705.

56 Hostie 的字面意思是「主」，耶穌的身體。多數魁北克說法語者的髒話，如 tabarnac（用來存放聖餐中麵包和葡萄酒的容器）、calice（chalice、盛聖酒的杯子）、ciboire（ciborium、chalice 樣子的聖杯）和 calvaire（耶路撒冷老城之外耶穌被釘上十字架的地方）都源於指代天主教彌撒所用聖器的相關詞彙，這是革命前的法國的語言和文化繼續影響魁北克法語的方法之一。更多例子，請參閱 Marcel, *Mythes et réalités dans l'histoire du Québec,* chap. 14。現在，許多說英語者和異教徒也在使用這些髒話了。

57 引自 Sachs,「Montreal in Play」, 63。

58 Richler, *Home Sweet Home,* 192. 對外人來說，表現最差的球隊經常在選秀會中擁有第一順位選秀權，這有助於提升球隊的競爭力。

59 蒙特婁大學有關加拿大「宗教」的討論課，目前由神學家奧利維爾．鮑爾開設。他建議將魁北克的羅馬天主教傳統和蒙特婁自認為是冰球發源地的信念結合起來，創造出特別有力的儀式。請參閱 Peggy Curren, “Habs 101: It's a Religious Experience, ”in *Montreal Gazette,* 9 January 2009, A8.

新加坡——建國之城

THE CITY OF NATION BUILDING

主筆：貝淡寧

一九九一年，我得到了第一份工作，在新加坡國立大學擔任政治理論講師。那時，我剛剛完成有關社群主義理論的博士論文，來到新加坡倍感激動，因為新加坡政府正提出「把社會置於個人之上」的社群主義觀點，並將這一觀點作為該國在學校、工作單位和家庭來講授的四個核心價值觀之一。我知道新加坡基本上是一黨專制，以侵犯隱私權和限制言論自由而飽受非議，但是如果它的政府管理形式意味著社群主義豐富而高效的實現，而不是政治過程中放縱的個人主義、無所適從、冷漠異化，以及西方民主社會社群生活被侵蝕後產生的其他現象，那也是有價值的。或許新加坡模式不能被廣泛推廣，但可能適合我這個剛剛娶了中國女子的「加拿大社群主義者」。但三年後，我收拾行李準備離開，因為系主任認為我不「適合」在這裡工作。

新加坡是一個熱帶小島，其大小和紐約的布魯克林區差不多，現有人口將近五百萬，包括一百萬移工。該島最初是蘇門答臘三佛齊（Srivijaya）古國的前哨基地，被爪哇人稱為淡馬錫或「海城」[1]。在十六世紀至十九世紀，該島是柔佛蘇丹統治的領土，雖然葡萄牙和荷蘭殖民者在不同時期曾統治過此處。一八一九年英帝國的知名政治家湯瑪斯·史丹福·萊佛士（Thomas Stamford Raffles）成為該島的殖民者。萊佛士爵士被稱為「新加坡的締造者」，他的塑像仍然屹立在他第一次登上新加坡之處。這座城市最古老和最豪華的旅館就是以他命名的。萊佛士爵士是理想主義者，反對奴隸貿易，決心把這座島塑造成充滿美德、經濟繁榮的地方，雖然後來的歷史並不總是如此展開。新加坡成為重要的貿易中心，成千上萬的移民從中國、印度和附近的馬來群島湧入。到了二十世紀初期，該島主要由中國男子組成，他們沒有把新加坡當成自己的家。「他們來這裡賺錢，然後盡快地回家。」[2]中國移民組織成立了三合會（犯罪集團），賣淫（合法的）猖獗，很多工人都常抽鴉片。正如在香港，英國殖民者從鴉片貿易中賺取了豐厚利潤，在一八二四到一九一〇年間，鴉片稅是政府唯一的鉅額收入來源。[3]

第二次世界大戰時，大日本帝國陸軍入侵馬來亞，戰爭的高潮就是新加坡之戰。六天後英國人戰敗，並於一九四二年二月十五日交出自以為固若金湯的要塞。這次投降被英國首相溫斯頓·邱吉爾（Winston Churchill）描述為「英國歷史上最糟的災難和最大的投降」。如同香港，殘酷的日本占領期通常被描述為新加坡歷史上最糟的階段，[4]這也代表著英國失去了戰無不勝的光環。

戰後英國重新掌權，但是最終同意了民眾的自治要求。一九五九年，除了外交政策和國防之外給予新加坡控制所有政府事務的條件下舉行了選舉[5]（類似於一九九七年以後在香港推行的「一國兩制」）。李光耀領導的人民行動黨贏得選舉，四年後新加坡宣布徹底獨立。但人民行動黨領導人懷疑這個沒有任何自然資源的獨立小島能否在經濟上生存下去，所以竭力加入周邊的聯邦組織，以便新加坡能夠享受共同市場的利益。李光耀還利用機會將島內主張獨立的中國左派邊緣化，雖然他們在二次世界大戰中因英勇抵抗日本而獲得了道德合法性。一九六三年，新加坡、馬來亞、砂拉越、沙巴（即之前的北婆羅洲）組成了新聯邦——馬來西亞。但兩年後，新加坡被馬來西亞逐出聯邦，被迫獨立（雖然李光耀的得力助手吳慶瑞已經制訂了獨立的祕密計畫）。[6]之所以被逐出聯邦，部分是因為以華人為主體的新加坡人，和主要是穆斯林的馬來人之間的民族差異和互不信任，新加坡和馬來亞經濟政策的衝突，以及領導人的性格差異也是原因之一。

李光耀在宣布獨立時當眾潸然淚下。新加坡輕易地贏得了國際社會的承認，但眼前的經濟和安全挑戰似乎難以克服，只有穩定和團結的社會才能克服這些障礙。人民行動黨發動了大規模的建國運動，旨在塑造共同的身分認同，激發愛國公民為國家做出犧牲。但是建國可能成為新加坡最大的挑戰，正如李光耀所說，「我們是從零開始建國的」。[7]幸運的是，李光耀和他的得力助手們信心十足。像其他國家的建造者一樣，他們需要灌輸某些價值觀念（批評家的說法）以便把人民團結起來（本書其他城市的政治領袖不需要面對這些）。前副總理吳慶瑞如此描述初期的新加坡：「沒有廣泛接受的道德價值規範，新加坡仍然是老樣子——一個基本上以自我為中心的自私群體。我們為什麼想用創造性的想像力、堅定的性格、良好的道德價值觀對公民進行改造呢？我相信，如果沒有這樣的公民，就不足以保證維持生存和繁榮所需的持久基礎。」[8]

那麼，為了讓新加坡人成為關心他人、關心國家命運的公民，新加坡領導人試圖灌輸什麼價值觀呢？人民行動黨喜歡用縮寫，人們可以用三個M來敘述新加坡的核心價值觀：物質福利

（material well-being）、多元種族主義（multiracialism）和賢能政治（meritocracy）。自一九六五年獨立以來就統治新加坡的人民行動黨不遺餘力地推廣這些價值觀。問題是這些價值觀（人民行動黨解釋和推廣的）也產生了一種極端形式的個人主義——比我在任何西方國家遇到的更加個人主義的生活形式，這破壞了國家創造願為公共利益犧牲的愛國公民目標。正是在認識到社群主義言論和個人主義現實之間的巨大差異之後，我開始真正反對新加坡的社會和政治體制。從這個意義上說，系主任最終認定我不適合在那裡工作是正確的。但我不想過於消極，自一九九四年離開新加坡十五年後再訪，我從與老朋友吃飯、喝酒和聊天中看到了更多希望。下面就從三M破壞國家建設說起，最後我會提出一種比較樂觀的預測。

物質福利的價值

過去我曾有些打工的經驗。為滑雪的山坡割草，開卡車送貨，在自助餐廳當服務生，在圖書館整理圖書等。我一直清楚這些工作都是臨時性的，這些工作賺來的小錢主要是用作年少時的物質享受。我在新加坡國立大學的第一份全職教學工作，對一個學術界新人來說好得驚人。薪水的四成被放入「中央公積金」的強制性儲蓄計畫，所以我不需要擔心長期問題；政府將管理我的金融未來，我認為這很好，因為我對資金管理既沒有興趣也沒有能力。大學住宿是有補貼的，我能省下很多錢來上餐廳或者到馬來西亞、越南等異國風情之地旅遊。有生以來第一次不需要為錢發愁，工作也令人愉快。實際上是有人出錢讓我讀書，讓我與朋友們或比我小幾歲的學生討論政治理論問題。我是否來到了物質充足、理想的共產主義社會呢？在那裡人們活著就是要工作，而不是為了生存才工作，不同類型的人都可以在和諧社會中實現自己的價值？

兩千多年前，孟子認為政府必須為人民提供基本的生活保障，這樣他們才不會誤入道德歧途。「若民，則無恆產，因無恆心。苟無恆心，放辟邪侈，無不為己。」[9]在人們為下一頓飯發愁時，提倡道德行為是沒有意義的。因此，政府的首要選擇就是要確保人們擁有基本生活資料。這種觀點在中國歷史上影響很大。卡爾・馬克思（Karl Marx）在十九世紀得出了類似結論：「沒有絕對必需的物質前提，物質匱乏成為普遍現象，而匱乏一旦存在，爭奪必需品的鬥爭就會重新開始，從前的醜惡現象就會恢復。」[10]如沒有發達的生產力和豐富的物質基礎，共產主義的實施是不能長久的。

李光耀和他的主要助手擁護社會主義，至少在初期如此。不過，他們也是現實主義者，對社會變革和道德改造的烏托邦計畫保持高度警惕。因此，在新加坡不幸的開端之後，他們覺得最緊迫的任務是推動經濟發展，以為所有人提供物質福祉。這不足為奇，因為這是培養強烈的愛國熱情和關愛他人行為的必要條件。一旦滿足了基本需求，新加坡就可以成為一個「要求更高層次感情的國家。這種感情是對國家和人民的愛，是一種歸屬感和身分認同，是向國家表示忠誠，甚至犧牲生命來回報國家的決心」。[11]

二十世紀六〇年代初期，很少人會預測新加坡的經濟能成功。當時的新加坡以暴力和社會動盪聞名，其教科書一再強調「英國軍事基地撤出後的經濟災難、華人和馬來人的種族暴亂、印尼總統蘇卡諾推翻新成立的馬來西亞聯邦的『馬印對抗』（Konfrontasi）、華人學生遊行示威抗議徵兵等議題，當然還有新加坡被趕出聯邦的傷心、痛苦和失望等」。[12]但新加坡成功了，正如李光耀回憶錄標題所揭示的「從第三世界晉升第一世界」。在二十年的時間裡，新加坡從骯髒落後的亞洲港口，變成了流光溢彩的現代化大都市，和重要的製造業中心，為國民提供了就業、高品質的住房、醫療保險和教育機會。[13]

我們到新加坡後不久，我的妻子宋冰就找到了一份工作，為新加坡內閣撰寫中國司法改革的報告。她為一家智庫工作，當時的名字是「東亞政治經濟研究院」，院長是吳慶瑞博士。吳博士幾次邀請我們共進晚餐，讓我們深感榮幸。他是一個令人尊敬的人，頭腦聰明，談吐優雅，富有個人魅力。他有很多增強新加坡人創造性的想法，有時候近乎偏執，要是能瞭解用餐的客人會如何看待這些觀點就好了。吳博士在二十世紀八〇年代後期和九〇年代初曾數次訪問中國，富有遠見地看到中國的巨大發展潛力。他是一位善於聆聽的人——然而一旦下定決心後往往堅持己見。他曾經提議改造辦公室，一名室內設計師提出了反對意見，但吳博士不耐煩地說：「就這麼定了。」辦公室最終按照吳博士的要求進行裝修改造的。

吳博士被大多數人看作是新加坡經濟奇蹟的締造者。[14]在一九五九年選舉前，他就已經制定了新加坡經濟戰略的綱領。在被任命為財政部長後，吳博士建立了經濟發展局（EDB），旨在為在新加坡設廠的本地和外國投資者的計畫提供財政支持。

到新加坡後不久，我們就在裕廊西得到了政府補助的公寓。大學房管科的官員告訴我們那裡是一個多元文化的接合區域，但對都市年輕人來說並不是理想的地方。公寓周圍是組屋區和工廠，往返學校需要一個小時。一年後，因為我的眼睛一再受到感染，醫生把疾病歸咎於環境污染，因而我們被允許住得離學校更近一些。

經濟發展局早期最著名的工程，是把大片空地和荒地打造成裕廊工業區計畫，這個部門在招商之前先花費了大筆金錢建設基礎設施。[15]當時，批評家們把這些工程稱為「吳氏的蠢事」，但最終它們為長遠的經濟發展奠定了基礎，而贏得人們的稱讚。

吳博士還推動依靠以出口為導向的製造業，而非進口替代的經濟政策。其思路是依靠經濟發展局在新加坡之外，尋求願意移民到新加坡的製造業企業家，從而使新加坡可以對外出口產品。與此同時，國家實施開放外國投資的戰略是有創新意義的。正如李光耀典型而坦率的話語：「當然，流行的理論說跨國公司是廉價勞動力，和廉價原物料的剝削者，會榨乾我們的血。我們沒有原物料供他們剝削，我們只有勞動力。別人都不願意被剝削，但如果他們願意剝削我們的勞動力，為什麼不呢？歡迎他們來。不管他們是否剝削我們，都要學會如何從他們那裡得到一份工作，這是我們從前從沒學過的。」[16]

二〇〇九年九月，我與老朋友蔡明發見面，他現在是新加坡國立大學社會學系主任。他開了一輛豪華的跑車來接我，不過我們還是去工人階級的街區品嘗當地小吃。天氣炎熱潮溼，但在陰涼處很舒服，我們悠閒地邊喝冰鎮啤酒邊聊天，痛快地玩了幾個小時。我認識到在新加坡可能不適合「漫步」這種研究方法。在這種熱帶氣候，沒有人會把漫步當成享受。街市就是社交生活的核心：這是朋友聚會的地方，人們可以談天說地或議論政治掌故。[17]蔡明發解釋說，二十世紀六〇年代的幾個偶然因素，解釋了為什麼新加坡沒有發展成為自由國家。冷戰、越戰、印尼的華人大屠殺、新加坡的種族暴亂等，都成為政治精英使用暴力手段鎮壓其他權力的源頭。但是我納悶的是，這真的是必要的嗎？香港在二十世紀六〇年代也遭遇巨大的挑戰，如暴力極端份子引爆炸彈，但政府並沒有上街鎮壓，還是成功發展了經濟。不同政治後果的一個關鍵解釋，或許在於不同的經濟模式。

要在一個偏遠的小城市國家投資，跨國公司只有在得到穩定、安全的投資環境的承諾後，才願意使用這個城市國家的勞工。但是在二十世紀六〇年代初期，左翼政治運動和新加坡的獨立工會組織非常強大，他們並不一定歡迎被剝削的機會。而且，人民行動黨想更多控制勞工以便實施長期的發展規劃，比如它要求雇員把三成五的薪資存入中央公積金（雇主被要求投入的中央公積金相當於勞工薪資的百分之五），這將給予政府相當多的現金儲備去進行都市開發、公共房屋建造和基礎設施的升級改造。[18]

一九九一年，我的同事和朋友，教授神經心理學的年輕講師徐順全決定加入反對黨。李光耀作為總理已經下臺（雖然作為內閣的高級部長仍然發揮著影響力），年輕的部長楊榮文回顧說，曾經有民主和公民社會的討論，玩世不恭者稱這個階段是新加坡的「布拉格之春」。徐順全博士無論走到哪裡都有大量人潮簇擁，毫無疑問，這令政府感到擔憂。他在我授課的大學進行演講，房間裡擠滿了人，在氣勢上明顯戰勝了人民行動黨的議員文達星（會繼續在法庭上與徐順全交鋒）。不久，徐順全博士就被系主任兼人民行動黨議員解聘，理由是濫用研究基金。許多同事對此十分憤怒，但我們非常害怕，也沒有採取任何行動，這是令人感到壓抑的時刻。幾個月後，我偶然發現鄧尼斯．約瑟夫．恩萊特（D.J. Enright）寫的一本文筆優美的書，題目是「乞丐教授」。作者描述了二十世紀六〇年代初期，他因為發表作為英語教授的就職演講，而遭到人民行動黨部長公開批判的經歷。許多人加入聲援這名大學教授的活動中，數百名老師聚會支持他保護言論自由的事業。但在徐順全博士的案例中，沒有一個學校老師公開為他辯護。我的大學怎麼了？我感到納悶。

新加坡這個故事的黑暗面在於李光耀領導的人民行動黨開始鎮壓其他派別，尤其是像反對黨和工會組織等可能威脅到他們的經濟發展計畫的政治力量。

就在我和蔡明發會面的當天，《海峽時報》刊登了有關一本新書《穿白衣的人》的報導，該書討論了人民行動黨在二十世紀六〇年代的政治鬥爭。第一次有人引述李光耀的話，他承認把「共產黨」標籤貼在眾多政治對手身上，這些人雖然推動左翼政治活動，但不一定是真正的共產黨。

一九六一年，人民行動黨的左翼從黨內分裂出去成立了社會主義陣線。兩個反對派團體開始主宰政治舞臺：人民行動黨和親政府的新加坡全國職工總會（NTUC）為一派，社會主義陣線及其附屬機構新加坡工會聯合會（SATU）為另一派。一九六一年的兩次補選後，人民行動黨只是以些微優勢保住了政權。在這種時候，正如卡爾·A·特勞基（Carl A. Trocki）說的，可能該黨「開始謀劃被稱為『冷藏行動』的政變」。[19] 一九六三年二月三日，安全部隊悍然出動，拘捕了將近一百五十名記者、學生領袖、勞工積極份子、反對派政客。在沒有提出指控，也沒有審判的情況下，政府把他們關押在條件惡劣的歐南路監獄三個多月。政府引用於殖民地時代遺留下來的內部安全法案，人民行動黨曾承諾要廢除該法案，但至今仍然在實施。社會主義陣線附屬的新加坡工會聯合會，因為註冊申請遭到拒絕而依法被禁止，親政府的新加坡全國職工總會成為主要受益者。李光耀解釋說，激進的工會組織的目標不是「解決經濟和發展問題，而是製造更多問題」，這將造成更多的失業，國家會陷入崩潰。如果經濟正常運行，該制度占上風，共產主義就不會得逞。無休止的罷工、怠工、靜坐和各種示威遊行將阻撓經濟，延緩其發展速度……新加坡開始步馬來西亞後塵，在國內實施大清洗。如果你呼籲政治罷工不去投票，你將被撤銷註冊，失去合法地位。[20] 實際上，激進的工會組織受到極大限制，基本上被禁止參與政治活動，[21] 若在民主背景下，這些措施即便不是徹底避免，至少也是很難實施的。在人民行動黨近乎壟斷的政治權力控制之下，該經濟模式持續了幾十年。

在一九八五年經濟陷入衰退之後，新加坡政府決定從依賴廉價勞動力的製造業中退出，增加對中小企業的倚重以刺激投資和就業，但是新興企業往往是與政府主導下的公司合作的中小企業，結果政府對中小企業的控制和參與，實際上增加了許多。[22]對獨立勞工組織的限制仍然存在，這並不令人意外，其目的在於確保本地和外國經營者的穩定。政治壓制更加零散，但在遏制異議方面還是非常有效。李光耀的話非常說明問題。他解釋說，政府需要「大棒」以便管理，但不需要「使用太多，對大人物用一兩次大棒，其他人就會警醒」。[23]

政府用它的社會福利方法，為其控制民主政治的行為辯護。它提供了大規模的自籌資金的公共房屋項目、自籌資金的養老金、基本免費的教育，但是正式勞動力之外的人沒有失業保險、公費醫療或國家資助的養老金。[24]他們主要考慮是國家資助的福利方案將延緩經濟發展速度，無法長期持續。李光耀非常明確地指出，反對派運動企圖「破壞金融」，這也就意味著，用「大棒」對付他們是合法的。「你得與這些人鬥爭。他們不僅決心不再繼續投資，而且把已經儲蓄的錢拿來養貓。如果一個選民天真地相信可以做這些事情，他就是在破壞金融。」[25]這裡，民主政治將破壞人民行動黨發展經濟的機會。

人民行動黨為了經濟目的干預「私人」生活也是備受批評的。從對受教育的母親的經濟獎勵到禁止銷售口香糖，人民行動黨在追求繁榮過程中，對國民日常生活細節的干預也顯示出它的不安。李光耀再次對政府的做法直言不諱：「如果不干涉個人事務的話，我們將不能取得經濟進步。與誰做鄰居、如何生活、說什麼語言、聲音多大、怎麼吐痰等全由我們說了算，不要考慮人民的想法。」[26]新加坡記者契連・喬治（Cherian George）用令人印象深刻的比喻點明了新加坡發展模式的結果：「新加坡是個中央空調國家，是一個安逸舒適與中央控制結合的獨特社會。人們已經掌握了他們的環境，但付出的代價是犧牲了個人自主性。」[27]

為什麼這很重要呢？或許新加坡人不像美國人那樣看重個人自主權。正如李光耀所說的，新加坡人「毫不懷疑，崇尚社會利益優先於個人利益的社群主義價值觀的社會，比美國個人主義的社會更適合他們」。[28]但問題在於，政治壓迫會破壞社群主義的目標，這意味著這些政策實際上推動了以自我為中心的個人主義，而不是對國家整體的承諾。即使是偶爾被用「大棒」對付的反對黨政客，如徐順全，也是在向社會發出不愛國的信號，「在新加坡，最好專心做自己的事，悶聲發大財，把政治留給政客們去搞吧」。[29]難怪，根據最新的一次民意調查，新加坡人都是最冷漠的。在政治活動時，無論是請願聯署、參與抵制或合法的示威遊行，新加坡人都是最冷漠的。在政治參與的這三方面，新加坡人都在五個東亞鄰居中排名墊底」。[30]

大部分人對政治壓迫的反應變得冷漠，不過也有些人會變得沮喪，只好到其他地方尋求機會，結果新加坡一直在喪失一些最優秀的人才。二〇〇七年對新加坡年輕人的調查顯示，一半以上希望移民到其他國家。許多人尤其是向上流動的階層已經開始行動了。新加坡的平均人才外流率是千分之二十六，是世界第二高，至少可以部分歸咎於限制性的政治環境以及法規過於嚴厲。[31]政府其實也意識到了這個問題，前總理吳作棟說：「我們給予新加坡人的教育越多，為他們創造的機會越多，他們就擁有越多的國際流動性，他們從建屋發展局（HDB）得到的廉租房越多，就越有錢在澳洲買更便宜的房子。新加坡人會扎根新加坡嗎？會有足夠多的新加坡人留在這裡確保國家的長期發展嗎……我把這些問題留給那些只能同富貴，不能共患難的新加坡人，他們享受了新加坡的一切好處，卻要在國家遇到小風浪的時候收拾行李乘飛機離開。」[32]政府做出的回應是吸引外國人才，但多數新加坡人相信外來人才「在危機時刻是不會效忠國家的」。[33]

根據教學要求，我向系主任提交了「政治理論入門」課程的閱讀清單。他把我叫到辦公室，告訴我多講一些社群主義而不是自由主義和女權主義，強調我不應該為一年級學生講約翰．史都華．彌爾（John Stuart Mill），因為他們還沒有達到理解這些所需要的成熟度。很自然的，這使我偏偏要唱反調。我講解了彌爾的《論自由》，給全班同學讀了最後一段話：

從長遠來看，國家的價值，歸根究底還是組成這個國家的個人價值；一個國家為了在各項具體事務中使管理更加得心應手，或為了從這種具體實踐中獲得更多類似技能，而把國民心智拓展和精神提升的利益放在一旁；一個國家為了要使它的人民成為它手中更為馴服的工具，哪怕是為了有益的目的，而使人民渺小，終將會發現，弱小的國民畢竟不能成就任何偉業；它為了達到機器的完善而不惜犧牲一切，到頭來卻將一無所獲，因為它缺少活力，那活力已然為了機器更加順利地運轉而被扼殺了。

當政治壓迫和徹底的家長制結合起來，即使出於為了公民現有和未來福利考慮的美好心願，人民也可能變得更加追求物質享受，缺乏公共精神。新加坡社會學家郭建文引用托克維爾（Alexis de Tocqueville）的話哀歎在新加坡發生的狀況：

在「民主專制主義」下，公民被強大的監護力量所控制。政府竭力去滿足他們的願望，控制他們的命運。政府很樂意為他們謀幸福，但希望成為幸福的唯一代理人和仲裁者。政府保障他們的安全，預見並滿足他們的生活所需，促進他們的享樂，領導他們的實業，管理他們的繼承，分配他們的遺產……讓人民免於思考的麻煩和生活的苦惱，人生還剩下什麼呢？[34]

援引托克維爾的話，郭建文進一步指出這種政權下的民眾將缺乏對同胞的信任，缺乏對公共事務的興趣，當然也沒有為了公共利益而犧牲的意圖。相反，公民將把注意力集中在私人生活的物質方面，這一次對政府有利。「人人都熱中發財，已經有錢的人考慮如何保住財富。專制主義的本質正是鼓勵這種欲望，傳播這種破壞性。雖然這令國民道德水準下降，但這是專制主義的保障，因為它能把人們的注意力從公共事務上轉移開來。」[35]

新加坡人熱中物質享受已不是祕密。前外交部部長拉惹勒南（S. Rajaratnam）曾描述新加坡的民眾意識形態是「拜金主義」，[36]按照前總理吳作棟的說法，對新加坡人來說，「不消費的人生是不完整的」。[37]新加坡人的夢想通常被描述為「五C」：職業（career）、個人住宅（condominium）、房車（car）、俱樂部（club）和信用卡（credit card）。在最近的一次調查中，五成的新加坡人暗示他們對國民身分不感興趣，只要能發財就行。[38]

在裕廊西，妻子和我與社區一名說華語的商店店主成了好朋友。這位店主討厭人民行動黨，尤其討厭李光耀，投票支持反對派——工人黨。問題不在於賣力工作賺取微薄薪水，而在於她常因為政府督察員和官方對所謂的「落後」的中國方言的宣傳而自卑不已。我們覺得她善良聰明，我們和她的朋友一起過中國節日，她也成了我岳父母的好朋友。我曾經計劃在上次旅行時探望她，但她母親那時剛剛去世，她不會外出赴約的，這是傳統儒家服喪要求。

新加坡確實創造了經濟奇蹟。今天，它的人均GDP居世界第五。其經濟模式被許多發展中國家所借鑑，讓千百萬人擺脫了貧困。即使「共產主義」國家，如中國，也曾借鑑新加坡模式，依靠跨國公司輸入資本，提供就業機會，提高管理水準。新加坡擁有二千五百億新加坡元儲備，「未雨綢繆」（二〇〇九年全球金融危機後，新加坡政府做出前所未有的決定——動用國家儲備）。

但是像多數奇蹟一樣，新加坡的經濟奇蹟也是海市蜃樓。在馬克思主義者看來，人們仍然被當作經濟生產力的工具，他們長時間工作，把工作當作生存手段而不是生活需要（許多年長者也需要工作，以便使新加坡在物競天擇的國家經濟競爭力競爭中保持領先：新加坡六十五歲以上的老人勞動人口比例在一九九三到二〇〇三年間增加了五成七，雖然只有百分之五的新加坡人希望在六十五歲退休年齡之後工作）。[39]對自由主義者來說，政府的高壓手段限制了個人自主權和創造性。對社會民主派來說，國家補助的福利缺乏，導致了弱勢群體的貧困和巨大的貧富差距（二〇〇六年，新加坡在貧富差距排名是全球第一〇五，與蒲隆地和肯亞並列；將近三成的家庭收入低於最低生活水準）。[40]在社群主義者看來，最深刻的問題是威權政治和家長式領導支援的經濟模式，鼓勵以自我為中心的個人主義，而不是具有愛國精神的公民義務。契連．喬治說得好：「新加坡的悲劇不是缺乏理想主義，而是它系統地獎勵熱中個人主義的多數派，打擊具有社會公共意識的少數派。」[41]難怪李光耀逐漸認識到新加坡人需要「另外三十、四十、五十年」才能培養出國民對國家的熱情。[42]他沒有提到的是，正是其政治體制應該為社會進步緩慢負責。

多元種族主義的價值

去年在整理幾個舊箱子的時候，偶然發現了一九九〇年申請新加坡國立大學教職時所寫的「教學宗旨」影本。我寫的是「我對新加坡的多元文化主義的經驗印象深刻。在魁北克，法語區的分離主義運動仍然非常活躍，法語裔加拿大人和英語裔加拿大人的緊張關係仍然時常暴發。但新加坡成功地完全消弭了民族衝突。在二十世紀六〇年代種族暴亂後不到三十年的時間裡，不同文化族群和諧平等地共處。我計劃學習和研究新加坡人的經驗」。看到這裡我忍不住笑出聲來，心想我是真的相信我寫的東西，還是只是渴望一份工作？我知道第一次來新加坡的時候我非常天真。每次我發言，有位同事都會說：「他是新來的。」但是我真的那麼天真嗎？

新加坡是多民族社會，英國殖民政權把社會分成固定的種族聚居區和分類管理的模式，並一直持續到今天。[43]眾多群體並不總能很好地相處。一八五四年，不同方言的華人之間發生暴亂持續了十二天，造成五百人喪生。[44]一個多世紀後的一九六四年，華人和馬來人之間的暴亂造成三十六人身亡。

一名外交官朋友向我談到他和一位新加坡部長的會談。他稱讚新加坡為維持種族和平共處所做的努力，但這位部長笑了笑，說：「沒有那麼神祕。你需要做的只是把槍放在這裡（指著桌子下面）。」

從那以後，人民行動黨開始嚴厲鎮壓有可能引發暴亂的「民族沙文主義」的任何遊行。區分維護和平的「大棒」和用來獲得人民行動黨權力的「大棒」並不總是很容易。在二十世紀九〇年代中期臭名昭著的案例中，大眾喜愛的反對黨政治人物鄧亮洪被迫離開新加坡，因為人民行動黨指控他是「中國沙文主義者」。[45]但是自上臺以來，人民行動黨通過一系列旨在防止種族矛盾的法律，成功地阻止了民族衝突暴發。政府限制宗教活動，對所有的宗教事務保持高度警戒，尤其是伊斯蘭教。前總理吳作棟說：「一旦捲入了宗教，大火就無法撲滅了。我們非常擔心這種事。」[46]其基本想法就是依靠宗教分隔相異信仰群眾的權宜之計，而不是促進宗教間的對話，和相互理解最終建立更強烈的國家共同體意識。

但是，在宗教領域之外，人民行動黨確實推行了融合政策，主要目標是遏制狹隘民族主義思想，促進民眾對建立在安全和繁榮基礎上的新加坡國民身分認同。因此，它採取了「多種族主義」的建國原則，即允許不同族群在社會環境中混合，但同時維持各自獨特的文化習俗，相互平等和睦共存。其中的一個融合政策是建屋發展局的全國公屋項目。在建屋發展局組屋建造之前，人們居住在相對分散的同源的民族飛地。為了形成「種族和諧」的局面，政府強制推行房地產的種族融合。政府「通過寮屋清除，建成高密度的高層建築群，作為公共組屋供居民居住，從而打破從前的種族聚居區。不同的種族按一定比例，被分配進入每幢組屋和每個組屋區。結果，每個組屋區大致反映了新加坡總人口的種族構成比例：大概是七成五的華人，百分之十七的馬來人和百分之八的印度人」。[47]融合性住宅政策有明顯的劣勢，如把人們從社區連根拔起，凍結種族類別，向「混合」家庭收費，讓少數族群更難進行自己的宗教活動（如建屋發展局組屋中的廚房緊挨著廁所的設計，是沿襲殖民地時期華人排屋傳統，這讓印度教徒難以遵從傳統的清潔禮儀），[48]不過這也幫助解釋了自人民行動黨上臺以來不同種族群體之間沒有暴力衝突的原因。生活在公共補貼住宅中的居民獲得了一種所有權的意識（今天八成五的人住在建屋發展局組屋中，其中八成對組屋有九十九年的租期），這意味著現代大部分新加坡人與國家繁榮有密切的利害關係，這是國家建設的重要支柱之一。

我花費了一段時間才贏得學生的信任。到最後，學生們不再緊張了，特別是在我的辦公室內進行小組討論時。在離開新加坡之前不久，我問幾個學生，萬一發生戰爭，有多少人願意為國犧牲？沒有一個學生給出肯定的回答（一名學生說他願意做出犧牲，但這是為了家人而不是國家）。

另外一個融合措施是國民義務。李光耀對新加坡能否獨立地保障自己的安全沒有信心，吳博士說服他要建造國家軍隊，並實施強制性的義務役制度。新加坡在面對安全挑戰時確實有一個榜樣——以色列。作為一個可能被充滿敵意、以穆斯林為主體的大國包圍下的小國，新加坡需要尋求以色列的指導。李光耀說：「我們在此處為自己的命運而奮鬥，任何人若認為我們好欺負，我將浴血奮戰，保衛國家。我們選擇以色列的模式，具體地說，把每個男孩和女孩都訓練成紀律嚴明、驍勇善戰、保家衛國的軍人或許是必要的。」[49]李光耀政府邀請一群以色列軍事顧問（偽裝成墨西哥人以免激怒穆斯林鄰國）為新加坡國防軍提供祕密訓練。一九六七年，新加坡實行了以色列風格的強制性義務役制度。但是，義務役制度作為融合工具的有效性非常有限，只有男性被徵召入伍（和以色列不同），況且馬來人入伍的人數很少，因為不相信在與鄰國發生戰爭時他們會為新加坡而戰[50]（雖然現在武裝部隊對馬來人更開放了）。而且，新加坡（和以色列不同）自獨立以來沒有打過仗，尤其是私底下，人們常常懷疑武裝部隊的價值。正如《海峽時報》專欄作家郭伯松所說的：「非常清楚，人們對保家衛國抱著一種玩世不恭的態度。無論是領袖還是沒有利益關係的旁觀者，我看到他們都不僅對武裝部隊的犧牲不屑一顧，而且顯然沒有任何的愛國情操。」[51]

至於語言，人民行動黨覺得它必須做出更加不得人心的決策。在二十世紀六〇年代初期，它決定確立四種官方語言（馬來語、華語、泰米爾語和英語），以馬來語為國語。新加坡的未來是在與馬來亞組成聯邦的背景下提出的，非馬來人被鼓勵去學習馬來語。馬來人作為本土人，主要是從象徵意義上在憲法中得到特別承認。[52]但是在一九六五年獲得獨立後，人民行動黨偏離了「以馬來人為中心的」民族和語言政策，但它不能創造一個新的身分認同，若以華語和中國文化為中心可能引起嚴重的種族問題，並招致鄰國的批評甚至入侵。因此，政府決定推動以英語為主要教育語言，以「母語」作為第二語言。英語具有國際商業和貿易的語言優勢，因此英語的推廣和應用為新加坡帶來了競爭優勢。英語的推廣，也是包括多數族群華人在內的所有族群的共同願望。李光耀明確指出，新加坡的語言政策是與多數原則衝突的：

如果我們選擇華語，支持華語，我們如何謀生呢？如何適應這個區域、適應這個世界呢？我們沒有辦法生活。但華人都想要華語。如果我們投票，就得遵循那個政策。所以，當人們說「啊，問人民吧！」，這是孩子氣的廢話。我們是領袖，我們知道後果如何。他們說，人們自己會思考。你真的相信一個小學沒有畢業的傢伙知道他對語言、文化和宗教等問題上的本能回答的後果嗎？但我們知道後果，我們可能挨餓，可能面臨種族暴亂，可能陷入分崩離析的境地。[53]

當然，推廣英語的語言政策也符合人民行動黨領袖的利益。一方面，他們是相對享有特權的接受英語教育的新加坡少數精英，在英語環境中他們的權力將更加鞏固。楚明偉認為人民行動黨可以利用接受英語教育的人挫敗接受華語教育的人，摧毀說華語的藍領階級政治反對派。[54]

雖然打破民族聚居區、強制性義務役、推廣英語教育等這些專制措施剛開始很不受歡迎，但是逐漸被大多數人接受。到了二十世紀八〇年代中期，大部分新加坡人已經自然地將英語作為教育和政府管理的媒介，少數人主張重新畫分民族飛地。或許，國家建設真的接近了成功的邊緣。

二〇〇九年九月，我與蔡明發在小吃街邊吃邊聊幾個小時後，另一位朋友，政治理論家班雅明．王加入了我們。班雅明和蔡明發熱情地互相打招呼，然後用新加坡人口音很重的英語交談，這種口音讓我倍感親切，因為它讓我想起魁北克法語裔加拿大人說英語。在喝了更多的冰鎮啤酒後，我問班雅明新加坡政府在什麼事情上還可以做得更好。他說政府應該放鬆對文化和語言的管理。他指出多倫多比新加坡的文化更加多元，他在那裡讀博士，不同族群的人一般來說相處得很好。不像我們這裡必須說新加坡英語這種「雜糅語言」或被迫適用不同的種族劃分，這等於時刻提醒我們語言和文化差異，並讓我們覺得低人一等。

在這一點上，政府可以放鬆管制和文化重塑，允許更自然的表達和演化。另外，政府如果不想消除強制性的義務役，或許可以逐漸減少，逐漸採用哥斯大黎加的去軍事化模式，而不是繼續採用以色列模式。它還可以推行包容性更強的融合政策，如新加坡年輕人（無論男女）需參加一年強制性的公共服務專案。整個過程將伴隨著政治自由化和更多言論自由，因為政府不再需要高壓手段來維持國內和平。

但歷史選擇了另外一個方向。人民行動黨決定優先選擇民族身分，尤其是華人語言和文化。它開展了「講華語運動」，鼓勵新加坡華人在公開場合使用普通話而不是方言。在教育上，政府更加強調母語教學，每個「種族」的孩子必須在學習英語之外學習「母語」（雖然政府後來認識到雙語政策有點要求過高，所以在大學入學考試中降低了語言要求）。二十世紀八〇年代後期，政府在中小學中也推動宗教教育，基本上是不同族群對應不同宗教。引起最大爭議的是，政府廢棄了全國性組織負責各民族弱勢者的理念，改而採取以民族為基礎的福利體制，各自照顧「自家」窮人。

必須追問的是，為什麼政府的官方語言和政策，在二十世紀八〇年代後期，及九〇年代初期發生了民族轉向？最寬厚的解釋是新加坡領導人受到經濟因素驅使。他們在二十世紀八〇年代後期有足夠的遠見，預測到中國經濟和政治的崛起，所以新加坡決定應該強調其「中國性」，以便在國際市場上維持相對優勢。結果，中國成為新加坡第三大貿易夥伴和最大投資地區，兩國在二〇〇八年年底簽訂了自由貿易協定。

重新強調民族性的另外一個可能原因是李光耀的個人性格，其他「開國元勳」（失去政治影響力的）不再像從前能約束李光耀的個人好惡。[55]李光耀從來不隱瞞其世界觀：「要知道，有些偏見是天生的。我並不假裝自己沒有偏見，我也有偏見。如果我兒子回家後說『我與一名美國女子交往，她是我在美國認識的』，我的第一個問題是『她是什麼膚色？』」[56]他也非常清楚地說，他自己的種族身分認同多年來不斷增強。「人人都知道我們離真正的、正宗的新加坡華人還有很長一段路要走。我現在比三十年或四十年前更中國化的原因之一，是隨著學習、閱讀等，伴隨著年齡增長，我認識到人性沒有改變。」[57]或許他逐漸「認識」到其他人也有那些根深蒂固的偏見。這也就意味著最好與他們合作，而不是提出建立在人們可以超越自身局限性的烏托邦假設基礎上的政策。

以種族為基礎的福利一直遭受批評，因為它增加了異族通婚子女的成本，他們被迫進入政府劃定的類別中去。[58]而且，民族群體名義上的平等往往掩蓋了「法律平等總是有利於眾多富裕華人」的事實。[59]因為人口少和經濟狀況惡劣，馬來人沒有同樣的能力幫助相對貧窮的馬來人，所以族群間的不平等即便沒有擴大也仍然持續存在。[60]

一九九二年，學校安排我上一門超過三百名學生的課程「政治理論導論」。我是接替一位只依靠西方文本教授的外籍人士，所以我決定在課程中教授更多認可亞洲文明的內容。課程開始討論的主題包括「政治無道德」，但我沒有選擇馬基維利，我覺得選用中國古代思想家韓非子（前二八〇—前二三三）更好。他是一個深刻的憤世嫉俗的現實主義者，被認為是中國政治思想中的法家奠基人。我在課堂上使用多數學生都理解的韓非子原文中的漢字。課程的第二部分「政治無道德」中，我討論了無政府主義思想家的觀點，同時特別提到了道家思想家的觀點。在最後一部分「道德與政治」中，我引用了亞里斯多德和彌爾的觀點，但同時也討論了孔子的觀點。我希望學生會讚賞我在課程中納入更多亞洲觀點的嘗試。

在我最後一次上課前不久，一個學生從辦公室門下塞進來一張字條，措辭很不友善。這名學生指控我有種族主義傾向，具體地說就是讚美中國思想家，詆毀少數民族的文化貢獻。我試圖在課堂上反駁這種指控，但一位新加坡同事和朋友指出這件事我也有部分責任，因為我只討論了中國思想家的貢獻。問題不在於我實際上是否支持他們的觀點，但在課堂上介紹這些內容就足已顯示我是認真對待它們。從課程大綱中排除穆斯林或印度思想家的貢獻，我暗示他們的觀點不重要或讓人不感興趣，至少馬來和印度學生如此看待。我使用漢字的做法進一步讓少數民族學生感到疏遠，因為他們無法辨識何況是吸收內容。後來，我通過納入伊斯蘭和印度傳統經典中的相關讀物，並堅持在課堂上使用英語，試圖糾正這種偏見。

結合新加坡各地張貼的「講華語」的標語，和李光耀公開為「強大的中國價值」能夠和應該影響非華裔新加坡人的觀點辯護，對相對富裕的華人族群事實上的偏袒，加劇了新加坡少數族群的政治異化。[61]作為回應，人民行動黨採取措施提高少數族群政治代表的數量，如實施集選區制，確保選民投票選舉的多席位選區中至少有一位少數民族代表。但是這些措施也旨在鞏固人民行動黨對權力的把持。在一九七七年選舉前不久，政治動機被表達得非常清楚，人民行動黨增加了集選區制的規模，從四席增加到六席，但並沒有增加少數民族的代表。

顯然，這種以民族為基礎的政策從國家建設角度看，似乎問題重重，因為政府非常有效地批准了對一個族群而不是對國家的依附。正如反對黨政治人物徐順全指出的：「這些以種族為基礎的社群將變得越來越內向，他們關心的問題將更加狹隘和區域性。在此情況下，怎麼能培養強大的國民精神呢？」62從新加坡敏感的地緣政治背景看，值得進一步探討其政治動機，這或許有助於解釋它對民族性尤其是中國性的強調。不管在國家建設上會付出什麼代價，新加坡呼籲對亞洲文化的自豪感，與不那麼民主的鄰國領導人的利益相吻合，所以在這方面無需過度擔心。

簽約幾年後，我參加了新加坡國立大學一場主要由新加坡著名外交官和公共知識份子參加的座談會。討論的題目是「東南亞為什麼比東南歐做得好？」當時印尼在蘇哈托總統領導下政治穩定，南斯拉夫則分裂成衝突不斷的民族部落，發言者的答案基本上是專制政權有助於獲得和平並為經濟發展打下基礎（蘇哈托政權幾年後垮臺，印尼成為新興民主國家）。雖然我對西方政治說教也強烈反感，但我非常討厭發言者自鳴得意的語調，所以忍不住走到麥克風前說：「我對比較政治也很感興趣，也在思考為什麼新加坡成為除了少數盛產石油的波灣國家之外，唯一沒有採取民主政治的已開發國家。」一開口我就後悔了，知道自己已經落入了大辯論家的陷阱。發言者回應說：「你是擁有帝國心態的典型西方人，總認為民主對任何人都是最好的制度，你應該更多反省自己的偏見。」很多聽眾聽了都熱烈鼓掌。

對亞洲自豪感及其遺產的重新強調，發生在蘇聯解體和自由民主似乎橫掃全球的時刻決非巧合。新加坡領導人開始擔心西方文化和價值觀，尤其是政治民主思想的入侵。他們創建了「亞洲價值觀」，以應對入侵，該術語就是為了挑戰西方的公民和政治自由。以亞洲價值觀名義提出的最常見的主張是：為了滿足更基本的物質財富需求，需要犧牲這樣的自由。[63]但是亞洲價值觀的說法很快遭遇批判性的審視。即使在發展的早期階段，自由需要做出犧牲，那為什麼在新加坡人均GDP已經是最富裕的國家之一時，新加坡人還要繼續做出犧牲呢？這種論證是價值觀之爭，還是競爭物之間權衡的實證研究呢？像亞洲這麼多樣化的地區共同擁有的價值觀到底是什麼？民主的印度能分享這些價值嗎？作為對這些批評的回應，李光耀很快改變立場，宣稱他實際上指的是，支持經濟發展擁有儒家傳統的東亞價值觀。但它們真的是「儒家」價值觀嗎？

在離開新加坡後不久，我和一個著名的儒家支持者共進午餐。他在美國一所主要大學教書，曾經在二十世紀八〇年代後期應邀幫助設計新加坡學校的儒家倫理學課程（作為宗教倫理學課程的一部分，因為有重新引起宗教衝突之嫌而最終被拋棄），並和李光耀有私人交往。我問起李光耀對儒家的興趣，這個學者連連歎氣：「他不懂，他根本就不懂。」

儒家思想是一種豐富而多樣的傳統文化，擁有一些普遍認同的共識。在政治上，它強調依靠禮儀和道德典範而不是懲罰進行管理，追求和而不同、一個和平的沒國界的大同世界的理想。而且，占主導地位的孟子一派認定，人性可以通過適當的道德教育而改善。早期儒家的觀點受到法家的強烈批判，如韓非子，理由是鬆散的管理在充滿利己政治行動者的危險世界裡將引發災難。因此，需要通過法律和嚴酷的懲罰等手段，來增強國家的力量。韓非子的目標幾乎就是徹底的國家控制，他一再強調道德考慮不應該成為干擾。難怪各國君主非常樂於接受這種觀點，西元前二四六年登上王位的秦始皇聽取韓非的建議，征服和控制了整個中國，成為秦朝第一位皇帝。秦始皇建造了長城（部分）和擁有大量兵馬俑的陵墓，活埋了數百位儒家學者，儒家經籍跟著他們下葬。這個王朝非常短命，但韓非的影響卻一直持續存在。

所以，李光耀或許確實受到中國政治文化的影響，不過法家的影響或許更明顯。客觀地說，李光耀還沒有殺掉一個政敵，也沒有公開為殺害無辜的人辯護，但他的「要麼主宰別人，要麼被別人主宰」的憤世嫉俗的論調、[64]他依靠嚴酷懲罰控制民眾生活的做法、反對多元化、缺乏謙遜以及對待批判他的記者和反對派的嚴酷，還有他的「艱困的社會」和富國強兵的呼籲，等等，都說明李光耀是現代法家。或許這就是為什麼李光耀偏離了二十世紀八〇年代中期的建國目標，和民族融合政策，那時候國家建設本來可以通過政治自由化而得到鞏固。但李光耀需要強調種族分裂，因為沒有比這更好的辦法，來對付政治自由化的訴求了。他的目標是建造強大的國家而不是強大的民族。

賢能政治的價值

在蒙特婁母親家時，我收到通知，讓我去參加新加坡國立大學政治系教師面試。我認真地準備這次面試，閱讀了政治理論中的經典內容和最近的一些熱門議題辯論。我期待的面試是由一群專家進行，通過考察應試者對該領域知識的掌握情況，從中挑選出一名最佳人選。他們提供了一張飛往華盛頓特區的機票。下飛機後，我搭計程車前往信封上的地址。讓我驚訝的是，那裡不是大學而是新加坡大使館。我被帶上樓，更令我震驚的是，接待我的人竟然是新加坡駐美大使。大使和我打招呼，並請我坐下。第一個問題：一九八五年你為什麼前往古巴？我好奇他是怎麼知道的，到現在為止，我也沒有找到答案。我告訴他，那是麥基爾大學籌辦的認識熱帶農業之旅的部分行程。第二個問題：你是共產黨員嗎？我回答說，不是，我是社群主義者。這是政治理論中的一種運動，它質疑自由主義的個人主義傾向。他似乎對這個回答感到滿意，說：「希望你在新加坡過得愉快。」面試就這樣結束了。我對這個結果感到高興，但對面試過程感到不解，一直在想，我是否真的夠格得到這份工作。我被錄用是因為我是最優秀的人選，還是僅僅因為我擁護社群主義？

新加坡政府是由人民選舉產生的，但即使按民主的最低定義——國家的最重要政治決策者是通過自由和公平的競爭選舉出來的——這個選舉過程也並不民主。正如山繆．杭廷頓（Samuel Huntington）注意到的，公正的選舉只有在保障言論自由、集會自由、新聞自由以及在反對派候選人和政黨能夠批評現任領導人，而無須擔心遭到報復等情況下，才可能發生。[65]但在新加坡，個人投票是編號的（政府在理論上能夠查出誰投票支持了哪個政黨，對那些有意投票支持反對黨的人來說，這可能是一種限制性的影響力）；有勝選希望的反對黨候選人遭到公開羞辱，以令人懷疑的理由令其破產或失去工作；政府還明確威脅要取消某些服務如組屋改建，如果該選區投票支持反對黨的話。親政府的媒體很少為反對黨提供時間或空間來表達觀點。不過，如果考慮到李光耀公開反對民主的觀點，這些反民主做法不讓人意外。他的兒子李顯龍是新加坡現任總理，也提出了類似觀點：「假如在國會中有十名、十五名或者二十名反對黨議員，我將不再花費時間思考新加坡的正確政策是什麼，而需要花時間思考，用什麼辦法搞定他們或收買支持者的選票。」66

在很多外國觀察家眼中，新加坡應該被貼上專制國家的標籤。但新加坡領導人並不接受國家只有民主或專制的這個前提。相反，他們認為賢能政治的概念理想地描述了新加坡的政治制度。考慮到新加坡人口少，資源有限，國家應該根據功績選擇最優秀和最有品德的人來領導，讓我們再次借用李光耀自己的話：

> 新加坡社會根植於勤勞和美德，而不是仰仗財富繼承和特權。精英根據人民的利益把握國家前進的方向、制定規劃、控制國家權力……我們就是在資源貧乏和有限的情況下，依靠這個群體創建社會組織，激發起全民的熱情和蓬勃發展的力量，創造出為國民提供亞洲第二高生活水準的奇蹟。這種頑強奮鬥的精神是新加坡應該保持的……現有計畫和實施的主要重擔落在大概三百個重要人物身上……他們來自貧窮或中產階級家庭，來自不同的語言學校。新加坡實行賢能政治，這些人就是通過自己的品德、才幹和辛苦工作脫穎而出。67

賢能政治的基本觀點是，人人都有平等的機會受教育並為社會和政治做貢獻，但不是每個人都擁有同樣的能力做出明智的道德和政治判斷，成為出類拔萃的人才。因此，政治的任務就是辨認出具有中等水準和中等能力以上的人，讓他們為公眾服務。如果領導人表現良好，人們就會追隨。

我和妻子參加了新加坡的牛津劍橋同學會，新加坡的一個政府部長是聚會的貴賓與談人。有人問與談人，政府為什麼需要限制《遠東經濟評論》之類的期刊發行量？人們大可以越過邊界進入馬來西亞，輕易就能買到這些東西。他笑著回答說：「我們當然知道。我們不是擔心你們。聰明人會找到辦法瞭解資訊的，這沒關係。我們擔心的是建屋發展局的組屋居民，生活在組屋裡的中下層階級。他們是需要照顧的人，我們要確保他們得到很好的照顧，不要過多接觸那些引起負面情緒的資訊。」

這種觀點在新加坡華人社區引起了強烈共鳴。正如李顯龍所解釋的：「許多儒家思想對我們仍然有重要意義。比如，賢能管理政府的概念，他們有義務為人民做正確的事，因而得到民眾的信任和尊敬。這比西方概念更符合我們的實際，西方認為應該盡可能限制政府的權力，總是用懷疑的目光看待政府，除非它能證明無須如此。」[68]

這樣的言論很容易被看作是領導人為限制民主措施而辯護的幌子，而被不屑一顧，但是新加坡政府或許比世界上其他任何政府，都更多地嘗試將政治精英的理想制度化。新加坡的教育體制是無情的競爭，成績最好的學生「成為未來領袖」。[69]內閣部長都有出色的教育和活動記錄，越來越多的政治領袖是因為學業優秀曾經獲得政府獎學金，從而進入政府服務。[70]二十世紀六〇年代後期，人民行動黨派出若干擁有博士學位的候選人參選，但是李光耀發現僅有學術成就還不夠，他最終把目光轉向政績突出的技術官僚。到了二十世紀八〇年代中期，該黨從新加坡武裝部隊中招募了越來越多的「學者軍官」。吳博士受到殼牌公司選擇擁有「直升機特質」（意思是擁有關注關鍵細節的能力同時能掌握全局）的經理人選拔體制啟發，制定了嚴格的標準化選拔程序。這個過程涉及政府和公司領導人的推薦，與部長進行「茶會」，對候選人的人品、動機和成為「團隊成員」的能耐詳細調查，然後由政府高層進行面試。接著候選人被安排在不同部門進行基本培訓，並從事基層政治工作。針對具有勝任部長潛力的人進行為期一天半的心理測驗，涉及一千多道問題。這些測驗旨在評估候選人的分析能力、想像能力和現實感。[71]

雖然如此，人民行動黨採用這種嚴格的篩選程序是否屬於賢能政治，這一點仍值得質疑。一方面，該體制的偏見在於，它更喜歡那些和政府領導人一樣在學生時代成績良好的人。當選者往往擁有「法律、工程、科學、企業管理和其他基本上形式主義的或定量研究的學科背景」。[72]能為政府管理帶來更多人文關懷的人文學科的優秀人才有機會當選嗎？如果政府受到儒家思想的影響，或許應該考慮：政治領袖應該接受包括音樂在內的「六藝」訓練，以改善其道德判斷力和同理心，而不僅僅是以最有效率的方式管理國家的能力。

這個選拔過程似乎也強化了傳統偏見，它代表著教育和政治上的流動性機會並不像宣傳的那樣開放。性別偏見最明顯，在新加坡政治歷史上還沒有一名女性部長，政府越來越多地依靠「學者士兵」（他們從來沒有真正打過仗），這並不是改革的好現象。這個過程似乎也在獎勵政治一致性，排斥或許不善於團隊合作的具有創造精神和批判能力的人。雖然有一些獎學金旨在為少數優秀貧困學生支付學費，但新加坡式的賢能政治受到階級和特權等操作方式的嚴格限制，「精英學校之所以是『精英』，不僅是因為它們的學生成績優異、教學水準高，更加是因為學生幾乎完全來自社會和經濟上的特權家庭」。[73]新加坡最貧窮的社區是馬來人社區，這種階級和種族的重疊，代表著這個體制同樣存在先天的民族偏見。[74]更糟糕的是自從二十世紀八〇年代以來，教育資源中的非華人占比已進一步惡化。[75]政治精英中具有軍方背景學者的優越地位，更是伴隨著軍隊中對馬來人的制度化歧視，加劇了政治精英選拔過程中對少數民族的歧視。

一位朋友曾談到和前任政府部長會面的故事。當時這名前部長顯然非常惱火，問道：「在新加坡，誰最討厭？」我朋友回答說：「你指的是李光耀？」這位前部長說：「是的，他除了家人，誰都不信任。」

李光耀的生活遵循馬基維利原則：對政治領袖來說，令人畏懼比受人愛戴更好。他公開支持怪異的優生學理論[76]，把獎勵受教育母親多生育，或讓受教育少的人絕育等優生政策制度化，引起激烈的爭議，因為它們與位於賢能政治理想核心的機會平等價值觀格格不入，這也是他被迫從自己的政治目標上退卻的少數例子之一。但新加坡政治生活中最容易引起爭議的焦點和對賢能政治理想的最明顯挑戰，是李光耀家族控制了新加坡的大部分政治和經濟權力。李光耀本人是新加坡政府投資公司（GIC）董事長，這是不透明的主權財富基金，擁有大約三千三百億美元資產。[77]他兒子是總理，也是財富基金副主席。他的媳婦何晶把持著一個與政府關係密切的新加坡淡馬錫控股公司（之前，她是新加坡最大的，與政府有密切關係的『新科集團』的執行長）。何晶本來會在淡馬錫控股公司最近的經濟逆轉後辭職，但是因為一名美國商人拒絕該公司的邀請，她仍將繼續留任。李光耀最小的兒子李顯揚是該國電信巨頭——新加坡電信公司（最大的上市公司，政府是最大股東）執行長，[78]他現在是星獅集團（大型房地產開發商和飲料製造商）的非執行主席和新加坡民用航空局局長。毫無疑問，李氏家族是聰明的，其成員已經證明他們在激烈競爭的學界、商界和政界中勝出的能力。但是這似乎很難讓李氏家族之外的人相信，他們的成就完全取決於能力，家族關係只是偶然因素，或其他人沒有資格從事他們現在的工作。

新加坡式賢能政治另外一個引起爭議的特徵，是李顯龍所說的「在賢能政治社會，薪資水準與能力高低成正比」的思想。[79]因為政府官員應是國家最聰明的人，他們的出色工作理應得到高額回報。表現良好的三十多歲的政府官員拿到「數十萬新加坡元的薪資」。[80]薪資頂端是政府各部門首長，總理的年薪為三百一十萬新加坡元，是美國總統薪水的五倍。[81]人們無法忽視顯而易見的問題：在實行嚴厲專制、缺乏有效媒體監督的政治環境下，政府投票支持這樣的高薪資，難道不是合法的腐敗？[82]為什麼薪資水準應該和能力相對應？馬克思說，共產主義的低級階段應該是以賢能政治理想為特徵的「各盡所能，按勞分配」，但他接著說「它緘默地承認個人天賦能力的不平等，因而生產力是天生的特權」。[83]為什麼人們根據天賦能力進行分配呢？約翰・羅爾斯的名言是：「從道德角度看，天賦能力是隨意性的。」新加坡政府解釋說這些高薪資是必要的，可以防止腐敗，吸引民間企業的人才進入政府部門工作（高薪養廉）。[84]若用羅爾斯的說法，還可以補充一點，這些享受高薪的政治領袖，推行了最終有利於新加坡最貧困者的政策。但是，很難相信真的需要這樣驚人的高薪來吸引政治人才。

從國家建設的角度看，存在一個主要的反對意見：這種薪資水準給廣大民眾傳達了不愛國的資訊。如果國家的締造者和締造者的子女們都需要金錢刺激來為國民服務的話，其他人何須還要費心勞神地為社會服務呢？[85]人民行動黨常常求助於儒家思想，政治領袖應該成為社會其他成員的政治典範，但他們樹立的榜樣是，除非給予高報酬，否則沒有人願意為國家利益犧牲。在一九九八年和九九年的亞洲金融危機期間，新加坡政府凍結了部長和公務員的薪資，但雇主給中央公積金的提撥比例上升了，大部分員工降薪。正如《海峽時報》一位讀者來信評論的，「如果我們的領袖能夠與我們一起，我們就能忍受」。[86]但是一年後，在普通民眾的養老金還沒有恢復之前，政府已經宣布大幅提高政府部長（兩成）和公務員的工資（一成三）了。

但是「自上而下的模式」或許只是新加坡式賢能政治原子化效應的表像。更深刻的問題在於，在很小的時候，孩子們就被灌輸超級競爭的教育理念。一九七九年，吳博士主持的一個教育研究團隊發現，許多孩子不能應付同時學習兩種語言，建議在小學三年級末實行「分班制」。但早分班學習的意外後果是，父母盡一切可能防止孩子被貼上「失敗者」的標籤，從而導致了家庭教師的迅速增加，也增加了孩子在求學過程中，時時取得最佳成績的壓力。[87]製造壓力的學校體制加劇了「怕輸」現象，即使用各種狹隘和自私的行為以便戰勝別人。國家試圖通過旨在提高優雅和文明行為的公共宣傳活動，來抗衡怕輸的心理，但是競爭精神和利己主義似乎對人的行為有更大的影響。[88]

愛國主義和政治壓制

二〇〇九年九月，在離開很長時間後，我又返回新加坡進行研究。從機場到市區的計程車上，我問司機他喜歡新加坡的什麼。他說他對自己的國家感到自豪，並提到了新加坡的乾淨整潔、美食和綠化。我問自一九九四年之後到現在發生了什麼變化，他提到了新加坡摩天觀景輪。我問在政治上有無變化，他說還是老樣子，「我們這裡不談政治」。我告訴他我現在住在中國，並說了幾句華語，但他說他是在英語學校受教育，不太會說華語。他說他每天工作十二到十四小時，每週七天，每年三百六十五天。他的妻子待在家裡，還有一名十六歲的女兒，必須賺錢供她上學。他問我在西方國家教育真的是免費的嗎？我告訴他中等教育一般都是免費的，但我們的住房沒有補助。我們的談話變得更加投機了，我試圖回到政治話題，他仍然說我們不談政治，我問為什麼不。他提到了法規第二十三條，即允許不審判就拘留的國內安全法。我告訴他肯定不會有人因為在計程車裡談論政治而被關進監獄，他回答說：「為什麼要談論政治？我們有得吃啊。」他接著說如果我想給妻子買什麼珠寶的話，他可以帶我去。我告訴他不用了，謝謝。接著他提出帶我到新加坡鬧區的豪傑大廈，通常被稱為「四層樓的妓院」，我說「不了，謝謝。」

截至目前，我的觀點是，新加坡政府一直提倡的三個價值——物質福利、多元種族主義和賢能政治——系統性地破壞了其建國目標。它不是在打造一個由富有公共服務精神、願意為共同的國家利益而做出犧牲的公民組成的新加坡。政府實際上推行了一種極端的個人主義，為激烈的競爭和自私行為辯解。與此同時，廢墟中確實誕生出一個國家。按照政策研究院對一四五一名新加坡人的調查，新加坡人對自己的國家感到非常自豪，在二十四個國家中排名第三，超過加拿大，與美國並列。幾乎所有公民（九成五）都同意或者強烈同意他們身為新加坡人而感到自豪，他們喜愛新加坡。在眾多民族中，持這種看法的印度人和馬來人的比例超過華人，高等教育者評分最低。四分之三的新加坡人說如果發生戰爭，他們不會離開新加坡。三分之二的人說他們會為新加坡而戰，即使這代表失去性命。最初我對這些發現表示懷疑，或許因為它們和反對黨引用的調查資料比起來過於積極了。新加坡人真的這麼愛國，竟然到了願意為國獻身嗎？那些作為體制受害者的少數民族和窮人比其他人更愛國嗎？或許他們的答案並不真誠，或許受訪者在自我欺騙。到了緊要關頭，他們真的願意為國而戰嗎？

在二〇〇九年訪問新加坡時，我受到東亞研究院的熱情款待（東亞研究院就是從前的東亞政治經濟研究所）。我非常遺憾地得知吳博士的健康不佳。[89]在最初的見面中，妻子從前的上司開玩笑說我在新加坡不總是一個「和諧的」存在。我笑著說，是的，或許以前我過於急躁和對抗了。

但是，我突然想到一個問題。如果我的理論錯了怎麼辦？萬一新加坡人是真的愛國者呢？或許我的動機應該受到質疑，因為自己在新加坡的不愉快經歷，我可能一直在尋找某種結論。我到新加坡的時候，正好是新加坡開始走上政治開放道路之際（或許只有像我這樣的初來乍到者才會上當受騙），或許我期待社群主義作為自由派個人主義的替代品，本身就是浪漫幻想，或許我在新加坡國立大學的經歷只是罕見的倒楣而已。今天，它的政治系主任是個可敬的美國政治理論家，他使用的選拔標準與其他地方的大學相同。或許我與外國人及批判性的知識份子交流太多了。多數一般新加坡人把國家看作機會之鄉和向上流動的地方，尤其是如果與祖輩或周邊國家人民的命運相比。有沒有這種可能呢？

不過，我的論證不可能完全錯誤。它來自政治領袖的言論和我三年的生活經歷、社會科學研究以及與深入思考的新加坡人深度討論。發生的情況或許是這樣的：新加坡人自從我離開後變得更加愛國了，這個發現得到了我早先引用的調查支援，該調查對比了一九九三年的結果。如何解釋呢？一方面，時間或許發揮了作用。不管政府做什麼，多數人需要的是一種歸屬感，人們對自己出生和成長的地方會逐漸產生感情。就新加坡來說，人們期待新一代人的愛國熱情更高，因為他們沒有經歷過二十世紀六〇年代更自由的環境，或許不認為他們的國家是「偶然」產生的。食物或許是部分答案，正如林語堂所說，「愛國不就是對小時候吃過的好東西的一種眷戀？」當然不難想像，人們對新加坡豐富多采的美食的喜愛與日俱增。

後來發現，我的旅館距豪傑大廈只有兩個街區。在外出閒逛時，我走進大廈，馬上就有一名高䠷「女士」迎上來提出猥褻要求，其性別特徵很模糊。我說謝謝，走進去如廁。擴音器裡傳出女性的聲音說這裡禁止吸煙，「除此之外，祝你玩得愉快」。我繼續閒逛，但裡面太熱了。我來到市中心君悅酒店地下室的一座酒吧，有精采的雷鬼音樂演奏，很快地一位優雅的應召女郎迎上前來，我拒絕後，她轉向隔壁桌的商人。我知道賣淫在十五年前的新加坡就是合法的，我妻子曾陪同一些外國官員參觀公娼館，學習新加坡政府如何管理性工作者。不過，這個地方似乎已經成為合法和非法性交易的熱土。我回到旅館房間，繼續重新評價早先對新加坡的認識。

在過去的十五年中，國家的強制手腕稍微鬆動了一些。強制義務役的時間從兩年半縮減為兩年。讓新加坡成為笑柄的法律，如禁止販售口香糖已經放鬆或取消（技術解決了部分問題，如發明了自動沖洗的小便斗，不再需要找人沖洗廁所）。公平地說，舊的有關新加坡的雙關語「它是個好（罰款）城市」已經過時了。政府不再連續派出宣傳家去宣揚其工作做得有多好，相反是通過行動（如讓新加坡走出一九九七年亞洲金融危機，和二〇〇八年下半年全球性金融危機的有效措施）來證明。其藝術領域更加充滿活力，有關新加坡社會政治的諷刺電影，和文學作品即便不被鼓勵至少被容忍了。[90]甚至移民政策也在某種程度上放鬆了，美商[91]和其他不完全適合政新加坡府的種族分類政策者，也被給予公民身分。

我的老朋友，曾經是新加坡國立大學憲法學教授的譚凱文，邀請我和他家人一起到餐廳吃飯。他已經讓兩個女兒退學，由他在家裡進行教育。譚凱文在和李光耀進行的議會辯論中遭到間接批評，所以教授考覈沒有通過，即使他的研究成果和教學成績都非常出色。今天，他不得不從事兼職教學以補貼家用。他寫書論述新加坡政治史中的領導人，並帶領一個非政府組織——新加坡遺產協會，此協會組織過有關歷史的討論，動員保護新加坡的歷史遺蹟和建築。他解釋說，愛國主義不僅僅是物質利益，必須有對一個地方的感情依賴，而對歷史和建築的熟悉程度是這個工作的一部分。他的非政府組織不僅僅有新加坡人，許多外國長期居民也是其成員。譚凱文提到澳洲戰俘的案例（第二次世界大戰時期，被日軍囚禁於樟宜），這些戰俘共同阻止了拆除樟宜監獄的計畫：澳洲政府介入此事，最終達成了一項協議——保留監獄中可以追溯到第二次世界大戰期間的部分。晚餐後，我們參觀了前亞洲保險大廈，一棟建於一九五四年美麗的裝飾藝術風格建築，曾是東南亞最高建築。譚凱文的非政府組織採取積極行動阻止它被破壞。如今此地變成了豪華的雅詩閣公寓式飯店，雅緻地將現代化設施融入既有的典雅裝飾風格。

最重要的是，新加坡政府放鬆了對公民社會的控制。或許政府最終承認充滿活力的結社生活是愛國主義的真正祕密。在家庭和國家之間充當仲介的協會對愛國主義是必不可少的，因為它們打破了社會孤立，允許人們合作，發現了本來可能被忽略的共同利益和價值觀。正如托克維爾指出的，各種協會組織是「大的自由學校」，公民「可以看到自我之外的東西」，[92]在這裡可以激發政治興趣和鍛煉組織能力。這種協會可以對抗把個人利益淩駕於公共利益之上的傾向，能夠培養人們的公共服務精神和意識。當然，公民社會也會呈現惡劣的形式，如三K黨，但新加坡政府已經介入以保護公民社會的自由主義特徵。其中一個案例是，在一群福音派基督教徒用可疑的手段，奪取了女權團體、非政府組織婦女行動及研究協會（AWARE）的領導權，而政府則暗中支持AWARE恢復其地位。在另一個案例中，獲得提名的國會議員張黎衍在議會發表煽動性演說，反對針對同性戀合法化的法案，理由是同性戀是「性別認同錯亂」，肛交類似於「往鼻子裡塞麥稈吸管來喝水」。該法案未通過，但政府也很少強行實施針對反對同性戀場所的法律。如今，新加坡的同性戀場所是亞洲最具活力的地方。政府一方面通過法律手段安撫非常保守的選民，同時對不傷害他人的行為睜一隻眼閉一隻眼。

我在小吃街和蔡明發進行了深入的交談，他是新加坡最著名的自由派知識份子之一。他說孩子們在保守環境中長大更好，長大後如果願意的話，他們可以選擇生活在自由社會中。如果他們在自由派環境中長大，很容易受到諸如毒品和影響學習的活動等誘惑，他們的一生就毀了。即使可以從傷害中走出，他們也不大可能欣賞生活在保守社會中的美德了。換句話說，他們作為成人的選擇將受到限制。作為一個十六歲男孩的父親（仍然對自己曾經有點墮落的青春歲月記憶猶新，我總算走過來了），我同意蔡明發的觀點。我很高興兒子在北京相對保守的環境中長大。我突然想到兒子就是在新加坡有的，作為歐亞混血兒（借用新加坡的說法），他說英語和華語，特別喜歡精緻美食，他以後或許非常「適合」在新加坡生活。

我並沒有暗示新加坡已經成為自由社會的意思。政府仍然採取嚴厲措施反對破壞社會秩序的人，如美國少年麥可．費（Michael Fay）的著名案例，他因為竊盜和破壞財物而被判處鞭刑。政府派員警管理新加坡居民的盆栽植物，以確保它們不會滋生病媒蚊傳播登革熱。對擁有少量毒品者必須執行死刑，員警有權力讓吸毒嫌疑犯驗尿。在新加坡這些措施不像在西方國家會引起爭議（七成九的新加坡人強烈贊同對犯有嚴重罪行的人實施鞭刑），[93]這或許反映了在社會秩序和個人自由的兩種競爭性的良善之間劃清界線的不同道德辯護方式。

二〇〇九年九月，我的朋友和前同事徐順全到烏節路的旅館來看我，我們相互擁抱。他的臺灣妻子和三個可愛的孩子一同前來，他們似乎對新加坡市中心的熙熙攘攘很興奮（徐順全告訴我，他們一家很少到烏節路來）。徐順全是新加坡反對黨，民主黨的領袖，因為各種政治罪行入監服刑七次，這些罪行若在西方開發國家，可能根本不算什麼。第二天早上他將再次接受審判，很快將第八次坐牢（他拒絕收下我最近寫的一本書，理由是太薄了：他在監獄中每兩週只允許帶四本書，書必須很厚，否則他在裡面就沒有東西讀了）。他曾經是新加坡最有前途的反對黨候選人，但是政府反對他的宣傳活動，對他造成了重大傷害。李光耀家族和人民行動黨其他官員針對他的訴訟讓他破產了，因此他既不能離開這個島國（他已經三年沒有出國了），也不能參加下次選舉，但他仍然很樂觀。我問他，從個人角度是否對新加坡感到依戀，我覺得若自己被限制離開這個小島，我就會認為這是一種懲罰。他說當然，這是他的家啊。他擔心的是國家意識對外來移民的影響日益嚴重，他引用了新加坡學生在羽球比賽中為對手加油的例子，因為他們自己的球隊裡有中國選手。他說他的抗爭促進了一些進步，如今在演講角組織示威遊行是被允許的。他說網路沒有政治審查（我認為這比中國更加自由），熱心的積極份子幫助他維護網頁，成為新加坡最受歡迎的政黨網站，每月有超過兩百萬次的瀏覽。他的書在新加坡兩家書店銷售（也較中國更自由）。雖然如此，我仍然不由地感到悲哀。如果在一九九二年我與他初次見面時，政府不干涉他，或許我是在與當今的總理交談呢。

新加坡沒有改變的是精英政治。它仍然由人民行動黨壟斷統治，國內電視臺和印刷媒體仍然是政府的喉舌。是的，新加坡周圍的環境處於危險之中，恐怖份子二〇〇一年襲擊新加坡大使館的陰謀就是警鐘，但政府毋須如此敏感，即使出於安全考量，也不能為政府動用一切手段打壓國內外批評者的行為辯護。政府不能對沒有社會力量的人採取如此不人道的做法，如外籍移工在新加坡的待遇遠低於香港。[94]

返回北京後，我和妻子交談，她注意到我仍然對新加坡的政治耿耿於懷。我們在香港這個相對開放的政治環境裡生活了八年，我似乎很少關注香港的政治民主化（實際上，我常常站在反對政治快速民主化的陣營一邊）或關心籠統的香港政治。那麼，關心新加坡是為什麼呢？妻子提出了一個令人不安的觀點：或許偶爾的「大棒」可以提高人們對這個社會的感情。它給予人們一種需要反對的東西，尤其是如果這個大棒，是由一個相對小的社會著名領袖揮舞的話。在像斯德哥爾摩如此和諧的城市，一切運行良好，人們沒有理由對社會的命運感到激動。如果蒙特婁由李光耀統治，或許我仍然要在那裡爭取改善蒙特婁的狀況。如果新加坡被香港式的不干涉統治者管理，我的那些具有公共精神的新加坡學界朋友，可能會遷居到像墨爾本這樣壓力小的城市，他們可以生活在郊外的花園豪宅中。這就像嚴厲的父親管教孩子，他通常都很仁慈，偶爾有些殘忍和不理性。孩子們可能更依賴這樣的父親，而不願被一個冷漠、只是放任孩子自生自滅（並允許其他人替代自己地位）的父親管制。所以我的結論是：我仍然認為一個社會越民主，國民的愛國意識就越強。在本書的背景中，一個城市越民主，其公民意識就越強。但我不敢肯定政治現實是否與我的理想吻合。或許斯巴達人像雅典人一樣愛國？

1 最近，一本有關新加坡前殖民時期歷史的書的作者認為，這個現代城市國家不應該被看作歷史反常。相反，自一九六五年獨立以來，新加坡已經恢復了其作為開放的港口城市的傳統角色，這個角色在第一個千年就在該地區發揮作用了。請參閱 Derek Heng, Kwa Chong Guan, and Tan Tai Yong, *Singapore: A 700-Year History From Emporium to World City*（Singapore: National Archives of Singapore, 2009）。

2 Carl A. Trocki, *Singapore: Wealth, Power, and the Culture of Control*（London: Routledge, 2006）, 47.

3 同上書，64、20。

4 根據一項統計，「在這次占領中，五萬新加坡華人被屠殺」。請參閱 John Keay,"Singapore：The Lion City,"in *The Great Cities in History*, ed. John Julius Norwich（London: Thames & Hudson, 2009）, 269.

5 利用國內安全理事會，英國也控制了新加坡和馬來西亞的國內安全。

6 請參閱 Tan Siok Sun, Goh Keng Swee: *A Portrait*（Singapore: EDN, 2007）, 116-123.

7 Lee Kuan Yew, *The Singapore Story*（Singapore: Prentice Hall, 1994）, 9.

8 Goh Keng Swee, The Economics of Modernization（Singapore: Asia Pacific Press, 1972）, 146-148.

9 D. C. Lau, trans, Mencius（Hong Kong: Chinese University Press, 1984）, IA.7（筆者對譯文做了修改）。

10 Karl Marx and Friedrich Engels, *The German Ideology*, in Collected Works（London: Lawrence and Wishart, 1975-1998）, 5: 49.

11 Edwin Lee, *Singapore: The Unexpected Nation*（Singapore: Institute of Southeast Asian Studies, 2008）, 648.

12 Souchou Yao, *Singapore: The State and the Culture of Excess*（London: Routledge, 2007）, 38.

13 Trocki, *Singapore*, 107.

14 請參閱 Tilak Doshi and Peter Coclanis, "The Economic Architect: Goh Keng Swee," in *Lee's Lieutenants: Singapore's Old Guard*, ed. Lam Peng Er and Kevin Y. L. Tan（St. Leonards, Australia: Allen & Unwin, 1999）. 在若干關鍵議題上，吳博士和李光耀發生了衝突，最終吳博士占了上風。請參閱 Melanie Chew, Leaders of Singapore（Singapore: Resource Press, 1996）, 142. 在許多觀察家（尤其是羨慕新加坡模式的外國人）的眼中，李光耀是思想家。比如，楊賢在深具影響的中文期刊《財經》上撰文指出李光耀是二十世紀七〇年代對世界產生最大影響的亞洲人，沒有留意到新加坡的經濟政策主要是他的得力助手如吳博士等人提出來的。請參閱 Bernard Yeung, "Lingxiu Shijie[Claiming a Century]," in *Cai jing*, annual special, 2009, 46-51. 在二〇〇八年美國大選前夕採訪李光耀的時候，湯姆·普萊特表現出了赤裸裸的英雄崇拜：問：在即將到來的美國大選中，你有一個更喜歡的候選人嗎？你願意支持誰？我有自己屬意的候選人，但是你還必須獲得美國公民身分。李：你屬意的候選人是誰？問：你！你管理了這個美好的國家這麼長時間。

15 Diane K. Mauzy and R. S. Milne, *Singapore's Politics under the People's Action Party*（London: Routledge, 2002）, 67, 69.

16 引自 Han Fook Kwang, Warren Fernandez, and Sumiko Tan, *Lee Kuan Yew: The Man and His Ideas*（Singapore: Times Editions, 1998）, 109.

17 請參閱 Yao, Singapore, 124–125.

18 Trocki, Singapore, 179.

19 同上書，124。

20 引自 Han, Fernandez, and Tan, *Lee Kuan Yew*, 109.

21 請參閱 Garry Rodan, *The Political Economy of Singapore's Industrialization: National State and International Capital* (Houndsmills: Macmillan, 1989) , chap. 3.

22 Trocki, *Singapore*, 160, 176.

23 引自 *Straits Times*, 12 December 1992.

24 Trocki, *Singapore*, 129.

25 引自 Han, Fernandez, and Tan, *Lee Kuan Yew*, 136, 135.

26 引自 Chee Soon Juan, *A Nation Cheated* (Singapore: 2008) , 90.

27 Cherian George, *Singapore: The Air-Conditioned Nation* (Singapore: Landmark Books, 2000) , 15.

28 引自 the International Herald Tribune, 9–10 November 1991.

29 Cherian George, *Straits Times*, 11 July 1993.

30 Tambyah Siok Kuan, Tan Soo Juan, and Kau Ah Keng, *The Wellbeing of Singaporeans*：*Values, Lifestyles, Satisfaction and Quality of Life* (Singapore: World Scientific, 2010), 111. See also 97–98.

31 Chee, *A Nation Cheated*, 81；Mauzy and Milne, *Singapore*, 189–190.

32 請參閱 Singapore, 651; Michael D. Barr and Zlatko Skrbis, *Constructing Singapore: Elitism, Ethnicity and the Nation-Building Project*(Copenhagen: Nordic Institute of Asian Studies Press, 2008) , 267.

33 請參閱 Lee, *Singapore*, 587。

34 引自 Kwok Kian Woon, "The Moral Condition of Democratic Society." *Commentary: The Journal of the National University of Singapore Society* 11, no. 1(1993) , 23.

35 同上書，25。

36 引自 Mauzy and Milne, *Singapore*, 52.

37 引自 Trocki, *Singapore*, 171.

38 Chee, *A Nation Cheated*, 82.

39 同上書，87。

40 同上書，77，98–99。

41 George, *Singapore*, 207.

42 引自 Lee, Singapore, 650.

43 Barr and Skrbis, *Constructing Singapore*, 88.

44 Trocki, *Singapore*, 91.

45 Mauzy and Milne, *Singapore*, 134.

46 同上書，100。

47 Chua Beng Huat, "Communitarianism without Competitive Politics in Singapore，" in *Communitarian Politics in Asia*, ed. Chua Beng Huat (London: Routledge Curzon, 2004) , 90.

48 Barr and Skrbis, *Constructing Singapore*, 98.

49 引自 Christopher Tremewan, *The Political Economy of Social Control in Singapore* (Houndsmills: Macmillan / St. Antony's College, 1994) , 107–108.

50 Barr and Skrbis, *Constructing Singapore*, 219.

51 Koh Buck Song, *Straits Times*, 11 July 1994.

52 Mauzy and Milne, *Straits Times*, 102, 103; Trocki, *Singapore*, 130.

53 引自 Han, Fernandez, and Tan, *Lee Kuan Yew*, 134.

54 Tremewan, *The Political Economy of Social Control in*

Singapore, 149; see also Trocki, Singapore, 117, 123, 151.

55 Barr and Skrbis, *Constructing Singapore*, 91.

56 引　自 Tremewan, *The Political Economy of Social* Control in Singapore, 131.

57 引自 Lee, *Singapore*, 621.

58 Chua,"Communitarianism without Competitive Politics in *Singapore*, " 89.

59 Lily Zubaidah Rahim Ishak, "The Paradox of Ethnic-Based Self-Help Groups, " in *Debating Singapore*, ed. Derek da Cunha (Singapore: Institute for Southeast Asian Studies, 1994) .

60 Mauzy and Milne, *Singapore*, 113; Barr and Skrbis, *Constructing Singapore*, 51.

61 Barr and Skrbis, *Constructing Singapore*, 87; Trocki, *Singapore*, 153.

62 Chee Soon Juan, *Dare to Change: An Alternative Vision for Singapore*(Singapore: Singapore Democratic Party, 1994) , 25.

63 請參閱 Nathan Gardels, "Interview with Lee Kuan Yew, " *New Perspectives Quarterly* 27, no. 1(winter 2010) .

64 引自 Mauzy and Milne, *Singapore*, 51.

65 Samuel Huntington, "American Democracy in Relation to Asia, " in *Democracy and Capitalism: Asian and American Perspectives*, ed. Robert Bartley et al. (Singapore: Institute of Southeast Asian Studies, 1993) , 28.

66 引自 Yao, *Singapore*, 186.

67 引自 Han, Fernandez, and Tan, *Lee Kuan Yew*, 315.

68 引自 Lee, *Singapore*, 547.

69 引自 Han, Fernandez, and Tan, *Lee Kuan Yew*, 315.

70 Barr and Skrbis, *Constructing Singapore*, 209.

71 Mauzy and Milne, *Singapore*, 46–49; Barr and Skrbis, *Constructing Singapore*, 64.

72 Trocki, Singapore, 130. 並不令人奇怪的是，這種偏向主要歸功於李光耀的觀點：「雖然學者在經濟進步中仍然是最偉大的角色，但他是這樣的人：他不僅研究偉大的作品、經典著作和詩歌，而且能抓住和發現新的知識，並應用在研發、管理和行銷、銀行和金融等眾多需要掌握的新領域中。」引自 Benjamin Wong and Xunming Huang, "Political Legitimacy in Singapore, " *Politics and Policy* 38, no. 3(2010) : 529.

73 Barr and Skrbis, *Constructing Singapore*, 192-193.

74 但是，區分政府政策和文化的影響並非總是很容易的。新加坡學校並不允許穆斯林女孩戴頭巾，所以許多家長把女兒送到穆斯林學校，那裡世俗課程可能稍微弱一些（但是政府迫使穆斯林學校的課程偏離純粹的宗教學校，並取得了一定的成功，請參閱 Norimitsu Onishi, "In Singapore, a More Progressive Islamic Education, " *New York Times*, 23 April 2009) . 同樣的，馬來人家長常常把兒子送到普通的學校，因為普遍的願望是培養守在家裡的保守派的女兒和在資本主義世界闖天下的兒子。

75 Barr and Skrbis, *Constructing Singapore*, 216.

76 Mauzy and Milne, *Singapore*, 55.

77 http://wapedia.mobi/en/Government_of_Singapore_Investment_Corporation. 有關新加坡政府投資公司缺乏透明度的問題，請參閱 Chee, A Nation Cheated, 123-124.

78 Yeo, *Singapore*, 128.

79 引自 Barr and Skrbis, *Constructing Singapore*, 208.

80 同上書，206。

81 Yeo, *Singapore*, 131; Chee, *A Nation Cheated*, 90.

82 值得提問的還有為什麼政府官員的高薪制度不如香港。一個原因是新加坡的工資比較高，另一個原因是香港政府的政策（包括給官員高薪的政策）要受到公眾的嚴格監督（官員通常都遭到媒體的嘲弄辱罵），因此，辯論中出現的任何東西在公眾眼中就有了更多的合法性。

83 Karl Marx, "Critique of the Gotha Program," in *Karl Marx: Selected Writings*, ed. David McLellan(Oxford: Oxford University Press, 1977) , 568-569.

84 政府高級官員的薪資與他們在民營公司的薪資掛鉤，雖然公共領域的福利如退休金和社會威望沒有被計算進去。

85 至少從公共認知的角度來看，總理李顯龍似乎認識到了這個問題。二〇〇七年，他決定保持現有工資水準五年不動，增加的部分捐給慈善機構。這點「金融犧牲」旨在提高他在新加坡人心中的地位（引自 Wong and Huang, "Political Legitimacy in Singapore, "539）。

86 引自 Mauzy and Milne, *Singapore*, 61.

87 Barr and Skrbis, *Constructing Singapore*, 117.

88 Yeo, *Singapore*, 148.

89 二〇一〇年五月，聽說吳博士去世，我很傷心。

90 一些網站公開嘲諷新加坡政府及其行為。已經出現了一種新的文體嘲笑新加坡教育和其他社會生活領域中的怕輸行為，比如精彩的新加坡電影《我不是笨蛋》（I No Stupid）。

91 新加坡不允許雙重國籍，因此那些擁有其他國家護照的人如果要成為新加坡公民，必須放棄外國國籍，但是新加坡的低稅率讓人很容易做出「放手一搏」的決定。

92 Alexis de Tocqueville, Democracy in America(New York: Doubleday, 1992) , 519.

93 Mauzy and Milne, Singapore, 197.

94 但是，加里·羅丹指出，東盟發起的亞洲政府間人權委員會或許允許新加坡積極分子納入區域人權網路，給新加坡的移民工人帶來潛在的好處。請參閱 Rodan, "Human Rights, Singaporean Style," *Far Eastern Economic Review*, December 2009.

香港——物質之城

THE CITY OF MATERIALISM

主筆：貝淡寧

第一次把中國文化介紹給我的人是我的朋友易偉倫，他當時是香港理工大學的政治理論教授。易偉倫在二十世紀最偉大的自由主義哲學家約翰·羅爾斯（John Rawls）指導下寫博士論文，並獲得哈佛哲學博士學位。但易偉倫對自由主義感到不滿，他說你可以擁有適當的政治機構，但人們可能仍然過得很糟。因此，他轉向社群主義，一種激發諸如共同的美好生活，和社會責任等價值觀的另一種政治哲學。我有類似觀點，我們都在一九八八到八九學年在麥基爾大學跟隨社群主義「創立者」查爾斯·泰勒（Charles Taylor）學習。易偉倫似乎鍾情於故鄉香港。一方面，他是激烈的批評者，嚴厲譴責香港年輕人「膚淺的消費主義」，他們關注時髦的髮型或流行服裝，即使生活在破舊公寓裡，很少能買得起「奢侈品」。但是在另一方面，在談到香港風味的粵菜時，易偉倫就成了真正的伊壁鳩魯式的享樂主義者，他不厭其煩地向我介紹蒙特婁最好的粵菜。和易偉倫在一起的時間越長，我就對香港越發好奇，所以當我回到牛津攻讀博士學位時，就到粵菜館外帶，以便瞭解相關的烹調差異。

不久以後，我遇見了名叫宋冰的中國研究生，我們相愛了。兩個月後，我打電話給易偉倫詢問他是否能幫忙在香港安排婚禮。他似乎很震驚，但是友好地表示願意幫忙。不過，這個計畫已經沒有實行的必要了，我們倆第二年就在牛津結婚。我們當然邀請了易偉倫，但他沒有參加，送來一套粵菜食譜作為結婚禮物。隔年，他不幸死於癌症，從此天人永別。

物質主義（materialism）這個詞在英語中是貶義詞。用在社會生活中，則是指人們更多關心物質財富積累而不是「更高的」追求，如宗教、文化、政治和哲學。不用說，這種聯繫源於受過教育的階級，他們創造並精煉了我們的語言，像約翰．史都華．彌爾等理論家譴責「低級的」幸福，說他寧願做一個悲傷的蘇格拉底，而不願意做一頭快樂的豬。或許對於有錢人來說，譴責那些致力於維持生計的人的「物質主義」很容易。如果「物質主義者」為了給孩子或孫子，創造更穩定的未來而努力工作，又會如何呢？如果這一切只是為了工作而不是享樂，那麼他們是否會比毛主義常說的「反動知識份子」更能領導其他人的生活呢？

本章首先描述了現代香港的發展歷史。香港在一八四二到一九九七年期間是英國殖民地，奇怪的是即使採取極其惡劣的制度化的種族主義等做法，英國統治也常常被認為是相對仁慈的殖民地治理。

殖民地香港成為全球自由企業精神的代名詞，但現實和意識形態有明顯的偏差。本章的第二部分，將解釋香港經濟使得政府能夠維持低稅率政策的一些獨特之處。其關鍵的原委不是福利開支很低，而是政府從土地銷售中獲得大筆收益的事實。英國政府也推行了一種福利主義，人們部分接受它，是因為它與廣泛共用的儒家價值觀產生了共鳴。儘管擔心向中國移交香港後因「共產黨接管」而產生的變化，政府還是維持和強化了香港式資本主義的主要特徵。

本章的第三部分，將顯示香港的物質主義鑲嵌在儒家價值觀中並受其限制，即優先考慮家人和社會而不是個人滿足。資本主義意識形態，仍然是區分著香港和中國內地其他城市的自豪來源，但香港式資本主義並不是建立在利己主義或享樂主義基礎上的。

殖民主義和發財

就在香港回歸前不久的一九九六年，我非常高興地獲得了在香港大學教授政治理論的工作。學校的薪資是全世界最高的，而且還提供能在香港島上俯瞰大海的漂亮公寓。不過，對此我有些尷尬，因為在牛津結識的兩位香港朋友當時是我的同事，卻沒有資格享受這種福利，這種房子只提供給我如此低層級的外國人居住。朋友們不得不為狹小的公寓支付高昂租金，所以在參觀完我的公寓後他們很難掩飾不滿。香港大學認識到這種殖民地特權是不公平的，也計劃取消這些優惠。其具體辦法就是建造更多房屋，讓每個人都享受到有補助的大學住房。但在第二年香港經濟就陷入衰退，大學決定降低外國人的住屋標準，以便人人平等。

每個中國人都清楚現代香港的起源啟人疑竇。一八三九年，清朝當局拒絕進口鴉片導致中英第一次鴉片戰爭，中國戰敗，在一八四二年將香港島割讓給英國。殖民者對這個新禮物並不十分熱情，占領香港時的英國外交大臣帕默斯頓爵（Lord Palmerston）把香港描述為「幾乎沒有房子的荒涼小島」[1]，但香港統治者很快把這個小島變成了自由貿易的天堂，鴉片成為主要交易商品。貿易的豐厚利潤讓英國貿易公司發了大財，如怡和洋行、和記黃埔和太古集團。這些公司往後幾十年逐漸控制了香港經濟，都擁有了主宰香港天際線的大樓。

一九八八年，我的未婚妻宋冰是第一批享受太古集團獎學金的中國學生。因為再過十年香港即將歸還給中國，太古集團開始與中國政府建立良好關係，這和在回歸前把總部遷出香港的怡和洋行不同。如今，太古集團得到豐厚的回報，在內地有利潤可觀的房地產生意，包括位於北京核心區的豪華購物中心。

一八五六到六〇年間的第二次鴉片戰爭，中國再次戰敗了。一八六〇年的《北京條約》將鴉片貿易合法化，並且將九龍半島割讓給英國。彌爾在其經典著作《論自由》中支持將鴉片貿易合法化，理由是中國人應該有購買毒品的自由。[2]按照同樣的邏輯，商人威廉．渣甸（William Jardine）說毒品「不是罪惡，而是中國人的安慰劑」。[3]同樣，沒有討論毒品給染上毒癮者的家人帶來的傷害。到了一八八三年，據說香港的十六萬中國男性人口，中超過四分之一的人吸食鴉片上癮，在中國人口中也有類似的比例。[4]因為中國革命者反對鴉片的運動，使得香港的鴉片利潤大增，在一九一八年幾乎占據了政府收入的一半，因此確立了相對開放的香港經濟得益於中國限制的模式。

但是英國精英擔心讓民眾上癮的毒品，會對美國和歐洲城市造成危害，所以慢慢地將毒品從香港經濟中撤出了。

到達香港後不久，一位同事開車帶我到香港島的太平山頂。這是沿著蜿蜒曲折山路逐漸上到山頂的驚人體驗。越往上開，房地產就越高級、越豪華，位於山頂的舊殖民地建築是世界上最貴的住宅。

二十世紀初，英國小說家拉迪亞德·吉卜林（Rudyard Kipling）訪問了香港的一位大班（譯注：原來是香港開埠時的洋行負責人，現在泛指大公司或銀行的老闆），後來寫了讚頌殖民地財富的詩歌：「如果我死了，我希望來世成為香港的大班。」但這是一個種族隔離的社會，外國人享有制度化的特權（他們的人口占比不足百分之五）。在一八七〇年以前，中國體力勞動者如果不拿著燈籠和身分證的話，在晚上是不能到處活動的；而可以參觀位於山頂住宅的中國人，只限於總督授權的僕人。甚至連吉卜林都意識到未來的問題，他問道：「當中國真的覺醒了，建造從上海到拉薩的鐵路，開闢另一條帝國移民輪船航線，而且真正生產和控制自己的軍工廠，會發生什麼事呢？」

我在香港大學的辦公室在主樓上，這是少數保存至今的香港殖民時期建築之一。週末時，時裝模特兒和新婚伴侶常前往取景拍照。

一本有關香港第一代中國建築師的中文書，提到一些苦澀的內容。二十世紀三〇年代，雖然外國建築師很少，但有政治影響力，可以很容易得到香港的所有委託業務。[5]不過，香港許多人似乎對殖民地的過去並不感到痛苦。在北京，落入外國列強手中的「世紀恥辱」歷歷在目，從第一次鴉片戰爭，到中國共產黨一九四九年的勝利，似乎在人們的心中依然清晰，這有助於解釋常常困擾外國人的充滿憤怒的民族主義。但是，在香港，人們對殖民主義的憤怒似乎比較溫和。如何解釋這種「例外」呢？西方支持反對清朝的民族主義革命，一九一一年中國誕生了新的共和政府，這或許減緩了人們的憤怒情緒。殖民地課本用比較正面的態度描述歷史對此或許也有幫助，也可能是因為香港土地很難讓征服者建造充當殖民統治日常警示標誌的大戰斧。[6]但我要指出，其他因素更加重要，首先就是某些中國人與英國合作，從殖民統治中獲得了巨額利益。

中國是個大國，區域差異相當大，這多與地理有關。法國漢學家白吉爾夫人（Marie-Claire Bergere）區分了「南中國和北中國。前者面向大海，主要由變革的力量來主導；後者面向大草原，是霸權和中央集權的皇權意識形態的象徵和庇護所」。[7]修正主義歷史學家現在認為，即使在英國占領香港前，開拓進取的南方人就願意與外國列強合作：「東南亞商業和鴉片貿易之間關係的研究已經說明了這一點，挑戰了傳統單向帝國主義入侵的常規慣例。按照這些研究，歐洲商人與中國人的商業往來和合作可以追溯到十八世紀，遠遠早於英國占領香港。」這種合作或許可以解釋英國人最初為什麼關心「荒涼的礁石」：當清朝水師敗陣後，英國貿易代表義律（Captain Charles Elliot）說服英國皇室當局把割讓香港島作為大規模賠償的一部分。他認為英國王室有義務保留香港，「作為伸張正義和保護當地人的行動，長時間以來，我們一直指望他們的幫助和供應。」[8]英國占領香港後，這種合作進一步加強。航海的蜑家為殖民者提供嚮導，有些人從與英國人合作及鴉片戰爭中發了財，比如，買辦成功利用生意和文化中間人的角色，贏得新的地位和權力。到了一八五八年，六十五家中國商行足與英國的精英貿易公司競爭。[9]中國人在鴉片貿易中也開始參與競爭，香港充當了進出口集散地，進口到中國的鴉片和出口到加州或澳洲等海外華人社區的貨物在此集散。香港當局把當地鴉片壟斷權租給地方貿易商，他們的傭金成為幾十年來政府收入的主要來源。

但是在英國統治下的香港，大部分中國人是貧窮的體力勞動者，中國精英的合作不足以緩和民眾對殖民者的怨恨。默許英國統治的一個主要理由是其他統治者似乎更糟糕。香港被看作是逃避迫害的自由綠洲和發財之地。第一批湧進來的難民是逃避太平天國南京屠城的中國移民，後來的則是慈禧太后反對的改革派知識份子，和逃避軍閥血腥混戰的人。[10]

香港歷史上最糟的階段是一九四一到四五年的日本占領期間。日本人在二十世紀三〇年代後期占領了中國南方城市，迫使大批難民湧入香港，使得其轄區人口倍數增長達到一百六十萬人，其中五十萬人流落街頭。因為英國被困在歐洲和其他地區的戰事無法抽身，根本沒有提供收留中國人和捍衛殖民地的計畫。當日本入侵時，英國及其盟友迅速潰敗。英國人被拘押在赤柱集中營（香港島南部，現為旅遊勝地），他們在本地人眼中失去了戰無不勝的光環。日本人將街道和紀念碑等重新命名，以抹去英國色彩，並接管了太平山頂的殖民住宅。當地人的生活（尤其是在獲得食物方面）在日本戰敗後變得更加艱難，香港歷史上第一次有大量人口向外移民，在日本入侵至一九四五年投降期間，香港的人口減少了一半以上。日本投降後，英國重新占領香港，日本商品和公司在後來的幾十年裡難以贏得大眾的喜愛。[11]

為了做研究，我返回香港，尋找一家名叫三聯的中文學術書店，有人告訴我在域多利皇后街。維多利亞女王在中國拍攝的電影《鴉片戰爭》中說道：「我們必須教訓他們一下，讓他們知道什麼是自由貿易。」我注意到香港的幾條主要街道被命名為前英國總督的名字，甚至在香港中環的人民解放軍基地，仍然被當地人稱為威爾斯親王大廈。

二次世界大戰後，英國放棄了大部分種族隔離措施，中國人有了更多的發財機會，因此香港吸引了內地數十萬人前來。他們乘坐搖晃的小船逃離中國，甚至泳渡鯊魚出沒的水域抵達「黃金鋪滿街道的城市」，香港。一九四五到五〇年，香港人口達到一百八十萬，到了一九八一年遽增到五百多萬。從經濟上說，大部分有影響力的移民是上海資本家，其中包括香港在一九九七年回歸祖國後的首任特區行政長官董建華的父親。他們的資本和專業技術，幫助推動了香港的經濟起飛。

香港大規模抗議英國殖民主義的示威活動，出現在一九六七年。抗議者引爆炸彈，組織罷工，進行反抗英國帝國主義的示威遊行。但是這些運動的壽命都很短：大部分香港人對造成五十一人被殺的有組織的混亂感到厭惡。更加出人意表的是，中國共產黨領導人也對抗議者不表支持：中國總理周恩來約束抗議者，因為香港作為受限制的門戶是有用的，能夠讓中國逃避國際經濟制裁。[12]中國還沒有做好收回香港主權的準備。

簡而言之，英國殖民者不受愛戴，但似乎並不像日本侵略者那麼糟。這種引起反感的對比解釋了近代香港歷史上少有殖民地憤怒，即使廣東人對外國人的貶義稱呼「鬼佬」，也逐漸被香港的外國人所接受，成為一種自嘲。[13]一九八二年，香港人熱切地支持福克蘭戰爭，有些人希望英國人未來可能把香港「從共產主義者手中拯救出來」，[14]但這是不可能的。柴契爾夫人（Margaret Hilda Thatcher）要在一九九七年之後繼續控制香港的企圖，遭到鄧小平斷然拒絕（新界租給英國的條約期限是九十九年，一九九七年到期）。英國和中國達成協議，英國在一九九七年把香港歸還給中國，按照著名的「一國兩制」模式確保「保持原有的資本主義制度和生活方式五十年不變」（《香港基本法》第五條）。在此條件下，中國控制了香港國防和外交政策，但香港可以繼續管理自己的內部事務，就好像它是一個單獨的經濟體。該條文曾經令人擔憂，人們害怕共產黨的統治會帶來政治迫害，一九八九年六月四日的天安門血腥鎮壓更加深了這種恐懼，直接導致香港在一九八四到九四年間出現了移民潮，六十萬香港人移民到加拿大和澳洲等國。[15]

香港人在即將到來的政權交接前，因為中國和英國關係緊張而再次驚慌失措。在英國駐華大使柯利達爵士（Percy Cradock）的努力下，英國確立了與中國合作的政策，理由是香港回歸中國是不可避免的，對抗只能讓中國為所欲為。柯利達參與了一九八四年中英聯合聲明的談判，和一九九〇年有關為香港提供部分民主化的立法局議席直選協議。[16]當彭定康（Chris Patten）在一九九二年被任命為香港總督後，英國放棄了合作政策，轉而推動香港加快民主化——無論中國同意與否。彭定康提出了實際上讓幾乎所有工作人口獲得選舉權的改革，意料之中的是，中國對這最後一刻的民主轉變產生了懷疑。[17]中國強烈反對彭定康的計畫，把它視為違反了之前達成的基本法和政治協定。令中國政府官員惱怒的是彭定康公開了提案，且拒絕了他們在公開提案之前私下協商的請求。他們明確指出，如果彭定康單方面推行政改的話，政改方案隨後將被廢除，但是彭定康仍然在立法局推動改革。政權交接後，中國果然對彭定康的提案做出反應，解散香港立法局，委任親中國商人主導的臨時立法會。但香港人的情緒基本上是正向的，這歸功於欣欣向榮的經濟，股票市場創下新高。

一九九七年七月一日，全世界的目光都集中在香港，這是香港回歸中國的歷史性交接。我們住在薄扶林道一間寬敞的公寓裡，前來看熱鬧的還有幾個來自新加坡的學生和一位加拿大朋友，我們一起見證了這個歷史時刻。在我看來，這是最近歷史上最有規模的儀式。我喝多了，在午夜的煙火秀之前就睡著了。

十年後，香港擁有了由前公務員曾蔭權擔任行政長官領導的政府，弱勢的立法會是混合體，有直選議席，也有根據功能界別分配的席次。跟彭定康上任前的英領政府體制很相似。但持續有香港民眾呼籲開放特首與立法會，能透過直接普選選出，但中國已將此體制改革推遲，並宣布最快會在二〇一七年實行。

我兒子從一九九九到二〇〇三年在加拿大國際學校上學。該校九成以上的學生是由香港移民加拿大，取得護照後又返港的移民孩子。據統計，每一百名離開香港的人中有六十人後來又返回香港，而且往往是在獲得雙重居留權之後。[18]

令人欣慰的是，事實證明人們對政治壓迫和大範圍人權侵犯的擔憂是沒有根據的，香港仍然是很自由的地區。香港的法治是內地人羨慕的，媒體充滿活力和批判性，和平示威遊行像往常一樣進行，大學教授們仍然撰寫嚴厲批評現狀的文章。每年仍在維多利亞公園舉辦六四紀念活動。

也許一國兩制的相對成功並不令人意外。因為中國政府有必要減少政治壓迫，以降低台灣人們對於（如果）與中國正式統一的恐懼感（雖然「一國兩制」在台灣很不受歡迎）。強世功認為一國兩制的概念深植在遵從道德與孝道的儒家價值中（也暗示著正人君子不該離家過久），並把對偏遠領土採取「不干預」的手段視為正常。這個模式在清朝與毛澤東執政的早年，也在西藏實施，而強世功也建議這套模式也適合在未來治理西藏（跟達賴喇嘛向中國提議的統治方式相似）。所以這問題並非中國在移交之後，為何儘可能避免干涉香港的公民自由，而是為什麼「一國兩制」的模式尚未實行在香港（與澳門）以外的地區。

回歸之後最讓人驚訝的是，香港在共產黨接手統治後，變得更資本主義化。

共產國家的資本主義城市

對像我這樣的都市人來說，世界上最好的風景是香港的天際線。從九龍眺望香港島，港口對面的摩天大樓競相展現自身的高度優勢，連同背景中的太平山頂也令人驚歎不止。最著名的建築，建築師諾曼．福斯特（Norman Foster）設計的香港匯豐銀行總部、上海銀行和貝聿銘設計的中國銀行（都出現在香港貨幣上）把附近渺小的政治建築（立法會大樓和前總督府）擠掉了，這似乎象徵著資本凌駕於政治之上。大樓都裝飾著公司的商標招牌，在西方和中國新年慶典時就更加壯觀了，因為大樓都開始亮燈工程（經濟越好，燈光展示就越豪華）。一片繁榮的景色。即使是「失敗者」也沒有什麼可丟人的。[19] 二〇〇九年四月，我注意到美國國際集團（AIG）的商標仍然顯眼地展現在公司大樓上，而不像紐約的公司總部，美國國際集團即將破產的恥辱，和以稅款支持的數十億美元的緊急援助，再加上公眾因對稅款資助的補貼而對管理者的憤怒，促使美國國際集團拆下了公司商標。

殖民地香港成為全球自由企業精神的代名詞，甚至超過雷根的美國和柴契爾夫人的英國——被吹捧為新古典經濟學家喜歡的自由放任經濟的典範。正如米爾頓．傅利曼（Milton Friedman）指出的，「要看自由市場到底是如何運作的，香港就是必需前往之處。」這個說法有一定道理。殖民地政府堅決反對把納稅人的錢用來補貼無利可圖的企業和夕陽產業（或者紓困銀行）。香港沒有一般消費稅或資本稅，香港或許是世界上最容易註冊公司的地方（即使到今天政黨也是作為公司來註冊的）。沒有免稅期、關稅優惠、反托拉斯或競爭法，或旨在吸引外國投資者的運輸設施使用特權。沒有老人年金、兒童津貼，也沒有最高工時法或失業保險。這些情況在一九九七年回歸中國後依然沒有變化。美國一家保守派智庫遺產基金會，仍然把香港經濟視為世界上最自由的經濟。

對於香港經濟中最受廣泛讚譽的特徵——令人驚訝的低稅率，在這裡需要做出某些背景解釋。國外的自由意志論者羨慕香港的稅率，但如果更加仔細地審查「香港制度」就會打擊他們的熱情。在一九九六年，就在香港回歸前，香港的利得稅是百分之十六．五，薪資所得稅最高限額是一成五。而且，在香港稅法下還有眾多慷慨的個人補貼。事實上，香港勞動力中五成三的人不需要繳納所得稅。低稅率（回歸後進一步降低）的主要原因不是福利開支的降低，而是香港不需要支付國防費用（這是成為主權大國的殖民地和「特別行政區」的好處之一），但是，最關鍵的原因是政府不需要完全依靠直接稅收作為其收入來源。

我在香港的第一年是值得紀念的。每個週末，我都和妻子與孩子到不同的地方如公園、海島或海灘遊玩。香港不是嚴格意義上的城市，四成的土地被隔離起來作為國家公園、娛樂設施或環境保護用地，只有一成七的土地上建有房屋。[20]香港的人口密度只有臨近的澳門的三分之一。[21]香港市區是由政府留下來作為開發的土地。

香港政府實際上從土地銷售中獲得收入的三成。[22]領土內的土地在法律上屬於政府所有，即李寧衍所說的「社會主義土地所有制」。政府通過出售從七十五到九九九年的長期租賃權給開發商以補貼國庫。[23]土地價格越高，政府的獲利就越高。換句話說，維持香港在全世界最高的房產價格，對政府是有利的，如果它要維持低稅率政策的話。它通過認真控制待售土地的數量來實現這個目標：如果土地出售過快，房產價值將會降低，政府的收入就要受到影響。當然，是那些買新房的人和向私人租房的人為這個政策買單。許多香港人居住在非常狹小的空間裡，卻需付出天價買房——很多人認為這是間接納稅。

政府的很多土地是以三家房地產開發商競拍的形式出售的：恒基地產、新鴻基地產集團和長江實業集團。這些開發商坐擁大量土地，像靜脈注射一樣把公寓一點一滴投放到市場上，以便維持高房價。在一九九二到九六年的「滴定進食」中，三大開發商每年出售的房屋數量下降，價格卻上漲四倍，利潤倍增。與此同時，潛在的新進入市場者受限於作為政府收入基石的巨額土地變更費用。自香港回歸後十年，地產大亨在顧問和立法機構中控制的席位已經增加了三倍。[24]

香港回歸並沒有切斷政府和開發商的聯繫。實際上，中國政府在二十世紀八〇年代，開始準備接收香港時就與開發商結盟。當時，中國政府不敢肯定當地人是否支持主權回歸，時為北京政權香港最高代表的許家屯在回憶錄中解釋，每個人都擔心末日的到來，打算帶著所有的財產出逃（許家屯在一九九〇年逃亡美國）。為此，中國便採取了與當地資本家合作、給予注資的策略，這被認為是維持香港經濟穩定所需要的措施。為了贏得大企業老闆的支持，中國政府代表香港公司實施了及時的干預措施，其中有個臭名在外的案例，中國銀行幫助董氏航運公司及其旗下的東方海外公司免於破產。董氏航運總裁董建華被任命為香港回歸後政府首任行政長官。在組建顧問委員會確定後英國時代的香港政策時，中國也向許多曾經的敵人伸出援手。比如，權力巨大的籌備委員會成員就幾乎囊括了香港最富有的二十人。

一九九九年，失去大學供應的公寓後，我們在香港島碧瑤灣較低處租了公寓。那裡可以看到大海的風景，但是我無法忍受白天在那裡度過的分分秒秒。我的沉思常被吵人的鑽井聲所打斷（當地人風趣地把電鑽的噪音視為香港國歌），因為從零開始的數碼港工程基地就在我們公寓的下方。最初它打算成為香港的「矽谷」，在真正的矽谷網際網路網公司股票暴跌之後，政府就放棄了這個高科技園區計畫。整個工程最後成為電信和資訊技術巨頭電訊盈科的主席、億萬富翁李嘉誠的兒子李澤楷的特殊優惠。李澤楷被政府給予特別的機會獲得昂貴的土地以供開發，而無須經過通常的招標程序。

自香港回歸以來，政府和地產商之間的紐帶沒有被切斷。相反，每當開發商的核心利益受到波及的時候，政府就干預經濟。一九九八年對股票市場的干預，就是眾所周知的例子，當時納稅人的千百萬美元資產，被用來購買幾家重要公司的績優股票，其中大部分與房地產利益有密切關係（香港政府當時受到廣泛的批評，但干預政策成功地穩定了股票市場，為十年後美國政府的干預政策確立了一個可供學習的模式）。另一個更加明確，意圖刺激房地產價格的干預措施，是在二〇〇三年終止了「居者有其屋計畫」，這是以介於中產收入與低收入之間的邊際群體為目標的公共房屋計畫之一。這個穩定私有房屋市場價格的嘗試，保護了大地產商的利益。[25]

但是誰真的相信資本主義是開放的競爭性市場，單靠才幹和勤勞就能成為經濟上的成功者？至於受到馬克思主義激勵的中國共產黨人，[26]他們認為資本主義社會中的國家是服務資本家階級利益的工具。「現代的國家政權不過是管理整個資產階級的共同事務的委員會罷了」（馬克思《共產黨宣言》）。在這個意義上，正如曾經許諾的那樣，共產黨人忠誠地在香港實行資本主義模式。而且，人們可能預料大企業和政府攀交情、巴結的做法在小地方更加氾濫。正如美國著名的社會學家丹尼爾．貝爾（Daniel Bell）所說的：「我總是假設這是我內心潛伏的馬克思主義：當一個小的城市國家擁有了龐大的財富，那是因為寡頭集團與政府之間密不可分的勾結。」[27]

雖然如此，仍然值得爭論的是香港提供了比新加坡更加公平的競爭環境。在新加坡，李氏家族擁有政治權力，控制經濟命脈（請參閱本書新加坡一章）。殖民主義的終結，因終結了殖民時期明顯的英國利益集團的政治贊助，從而實現了機會平等化。英國大東電報公司在一九九五年前壟斷當地的電話業務，在香港回歸後才結束國際通話服務壟斷。香港地產大亨陳啟宗說，香港所有公車都是「世界上任何其他地方，都沒有聽說過的一家英國公司製造的」。當時主要由太古集團控制的國泰航空擁有香港機場的所有起降權。殖民地時期，英國工人自動擁有在香港工作的權利。[28]英國大企業與政府之間的勾結是普遍存在的：「香港銀行主席和英國幾家大公司的總裁，都是香港最高行政機關行政局的成員。他們總是能首先得到政策和重要資訊，並很容易採取行動，而本地中國商人則成為二等公民。在企業界，時間就是金錢，你先得到資訊，你就贏得勝利。這有什麼公平和清廉可言？」當然，似乎開放的市場和社會機構，所有人都能公平參與的表像，不過是新的精英所戴的假面。但中國在香港的經濟利益不是單一的：眾多「紅色資本家」競相爭奪在香港的地位和影響力。陳啟宗宣稱：「比較一九九七年前後的情況，人們就會發現香港特別行政區政府（回歸後的香港政府）更多地脫離了商界。」[29]

簡言之，香港回歸以後變得更加資本主義了，因為競爭環境對中國企業主和經營者更公平，或者對資本家更公平。如果是這樣，這種發展應被視為是對殖民統治扭曲的一種矯正。但香港的「資本主義過渡」也表現出另一面：回歸以來，社會福利持續遭受侵蝕，貧富差距迅速擴大。

我在蒙特妻卑微的中產階級家庭長大，從來沒有夢想過家裡會雇用保母，但我在香港就雇用了。沒有國家補助的日托中心，大部分中產階級家庭或專業人士家庭都雇用外籍保母照顧孩子和做家務：二〇〇八年，在香港工作的外籍保母超過二十五萬一千名，她們主要來自印尼和菲律賓（殖民地時代的一個遺產）。我們雇了一名保母住在家裡照顧小孩。香港回歸後，該地區待遇最低的工人——保母的最低工資被香港政府砍掉一半，作為對政黨和雇主利益團體壓力的反應。妻子和我都有穩定的工作，我們能夠負擔起「殖民時代」的保母工資，但很多香港人因為經濟困難而降低了保母工資。

香港社會福利體制中最特別的部分是一九五三年開始的住宅政策，起因是石硤尾寮屋區大火使五萬三千人無家可歸。政府重建社區時，為火災受害者提供住宅。[30]政府補助住宅的規模在麥理浩（Murray MacLehose）手中大幅增加，他是首位具有社會主義背景的外交官被派任香港總督。麥理浩出任港督一年後，麥理浩動爵制定了一項公共住房計畫，旨在為一九七二年仍然生活在棚屋或臨時住宅的一百八十萬人，提供永久性公共租賃住宅計畫。幸運的是，那是香港經濟起飛的開始，政府能動用高額的預算，雖然二十世紀七〇年代中期的經濟衰退，阻礙了旨在獲得公平和關愛的社會計畫。回歸時，香港房屋委員會是世界上最大的地主。超過三百萬香港人（總人口中的五成二）生活在政府補貼的住宅，主要是從房委會那裡租賃的公寓（租金是市場水準的五分之一，而其餘的人則是購買「自置居所」計畫下的各種補助公寓，約市價一半左右）。

作為加拿大人，我總是為我們的醫療保健制度而自豪，這是美國公民只能夢想的公民公費醫療。不過，我們仍然需要以市價支付醫生所開的藥物費用。讓我驚訝的是，在香港，不僅醫療保健幾乎是免費的，而且處方藥也獲得很多補助。

除了公共房屋外，香港也有西歐福利國家的若干標準特徵。香港有非常好的公共醫療保健制度，政府負擔百分之九十七的費用（因為無能競爭，私立醫院基本上無法生存）。香港擁有低廉和高效的公共交通系統，幾乎覆蓋了每個角落（公車和地下鐵從技術上說是民營的，但政府在大部分運輸公司擁有相當的股權，有權通過給予專營權和壟斷路線足以決定公司的成敗）。而且，向新車徵收百分之百稅金的做法，強烈刺激人們搭乘公共交通工具。中小學的教育大部分是免費或補助很多的，八大高校幾乎全部是從特區財政中獲得資金。政府為弱勢族群，如老人和殘障人士，提供基本補助，為個人和家庭提供經濟調查後的援助，提高他們的收入以滿足基本需要和特殊需求（包括眼鏡和假牙）。殖民地時代的香港甚至提供某些「具有中國特色的」福利援助：根據儒家的孝心傳統，納稅人因為照顧家中老人而得到補助。

殖民地政府的最後六年，福利支出以每年遞增百分之十的速度（扣除通貨膨脹）增加，政府在環境建設的支出增加了六成，讓許多企業家擔心香港要走向福利國家的道路。實際上，香港的福利支出已經很大了：一九九五到九六年，香港政府把公共支出的四成七用在社會服務上，超過新加坡和臺灣，只略低於英國。[31]

在即將回歸時期，中國政府堅決反對擴大香港的社會和經濟權利。即將下臺的立法會的最後一個行動，是通過五項大幅度提高香港工人權利的法案，其中包括賦予工會行使集體協商的權利向雇主爭取勞工薪資，以及保障工人不因參加工會活動遭受不合理解雇。這些法律馬上遭到香港工業總會主席唐英年的譴責，他認為這是危險的。後來他被任命為董建華的政務司司長。回歸後，除了兩個相對不重要的法律：增加職業性聽障受害者的賠償金和將「五一」作為法定假日的法律，中國政府任命的臨時立法會投票擱置了這些法律。

中國人對英國意圖的懷疑或許發揮了作用：香港政府提出的新福利計畫被看作是英國陰謀的一部分，旨在耗光香港的資金儲備，讓該地方陷入巨額債務的麻煩中。但回歸後的政府實際上擁有巨額資金（財政盈餘超過四百六十億美元，其中二〇一〇到一一年度的盈餘預計達到一百八十億美元），某些反對或許是出於政治方面的考慮。很多增加福利支出的推動力量是來自親民主黨派，反福利主義的主要原因應該是政府與香港企業界的戰略結盟。

回歸以後，社會福利因為經濟惡化而遭到進一步削減。香港遭遇了三次重大的經濟危機，是一九九七到二〇〇七年東亞經濟表現最差的地方。[32]即使對於一個習慣於資本主義「創造性破壞」的地方（包括一九七三年恒生指數單日從一千七百點下跌到四百五十點），「經濟奇蹟」的明顯崩潰仍然令人驚訝。這很容易讓人把失敗歸咎於中國政府的「接收」，正如美國參議員艾爾・迪馬托（Alfonse D'Amato）說的，香港的霉運實際上根源於一九八四年的中英聯合聲明，將每年出租土地的面積限制在五十英畝（約三〇四畝）。宋恩榮解釋說：「這個條款是中國加上去的，企圖預先阻止即將離任的殖民地政府大量出租土地，使得一九九七年後的香港特別行政區政府的土地所剩無幾。添加此條款是要確保政權平穩過渡。但它導致了巨大的房地產泡沫，這反而成了香港回歸最具破壞性的因素。」[33]這個泡沫在一九九七年年末亞洲金融危機來襲時破碎了，其實不管是誰執政，泡沫肯定是要破裂的。

我來香港前，總是讀完政治和體育新聞後就把報紙丟了。但是，現在我的喜好發生了變化。一方面，因為香港的學界朋友花費大量時間討論房地產和股市。很明顯，那些試圖瞭解香港政治的人必須開始閱讀財經新聞。一九九八年初，我是股市的熱切追隨者，空閒時在辦公室電腦裡追蹤恒生指數的漲跌。最後，一九九八年二月，我認定市場對悲觀主義反應過度，投入三萬美元買了些股票。在一個月之內賺了一萬四千美元，我對預測出市場的底部相當自豪。我告訴朋友們説嚴肅的投資者如果瞭解經濟學的基本常識、摸透人的心理、瞭解國際政治的話，應該可以賺錢。最後，我賺的錢全部賠進去了（還不止）。移居北京後，我就很少閱讀財經新聞了，轉而讓妻子負責家庭財務。

在亞洲金融危機初期區域貨幣崩潰之後，貨幣投機者開始攻擊港元。但香港政府承受不起美元貶值的代價，港幣和美元聯繫已經十四年了，這種聯繫做法成為穩定的重要基礎。取消聯繫匯率將破壞香港政府的信譽（一再保證這種聯繫是「神聖的」），並將導致大規模的資本出逃。而政府若捍衛這種貨幣，將會付出沉重的代價。香港花費了所儲備的數十億美元阻擊投機者，把利率提高到驚人的高度來保護港元的價值。高利率消滅了香港的房地產業，因為香港七成上市公司投資了房地產，股市因而暴跌。香港經濟連續五季負成長，一九九九到二〇〇〇年技術泡沫催生的短暫經濟成長後，出現了第二波的衰退。

香港在經濟衰退時也經歷了其他艱難。凱恩斯經濟學將開出增加開支刺激經濟的處方，為有需要的人提供更多的社會福利，但香港政府採取了相反的政策：它收緊開支，三口和四口之家的福利分別削減一成和兩成，迫使兩萬多名失業者做社區工作，否則他們將失去福利。[34]但是，對企業界，政府通過將營業稅削減降低至百分之十六，增加了一些有利於企業家的條件。這些措施在香港得到金融界偏愛的保守思想支持。管理層喜歡預算平衡，這個意識形態呈現在《香港基本法》第一〇七條。但政府幾年來一直都有預算赤字，主要是因為收入大幅度下降尤其是土地銷售。[35]並不意外的是，衡量收入不平等的基尼係數從一九九六年的〇・五一八上漲到二〇〇一年的〇・五二五，香港的排名僅在南美和非洲十六個發展中國家之上。[36]二〇一〇年，聯合國發展計畫署報告說，香港是該署研究的三十八個「高度發達」經濟體中，貧富差距最大的地方。更令人警惕的統計資料是，三成的香港人現在賺的錢比一九九六年還少（雖然在此期間 GDP 增加了三成四），有將近兩成的人生活在貧窮線以下，包括三分之一的香港老人。陳明銶總結了經濟衰退給不同社會群體造成的影響：「回歸後的第一個十年，雖然許多中產階級變成了負資產房產所有者，工人階級承受了工資降低和失業的痛苦，弱勢群體遭受因為預算赤字，而導致的福利優惠和公共救助的大幅度減少。但是，富豪主導的上層經濟卻成功地大幅度增長，這部分歸功於房地產開發投資的高額回報率，和在中國內地的其他利潤豐厚的經營。」[37]

回歸後不久，香港政府宣布了在接下來三年裡刪減高等教育資金一成，此後再刪減一成。到了二〇〇三年，我們的系務會議內容主要是如何節省開支以及誰將失去工作。在二月，我不得不盡快飛回蒙特婁，因為父親從未被正確診斷的呼吸疾病突然急劇惡化，他已經不能呼吸了。他在三月八日去世。返回香港後，我被告知薪水會被扣一萬港幣。大學沒有提供教職員帶薪喪假。三月十一日，香港爆發了神祕的呼吸道疾病，很快成為 SARS 流行病的中心。很少人敢不戴口罩外出，附近的大樓裡已有人奄奄一息。在我看來，SARS 殺人的速度比父親所患的呼吸疾病更快。在後來的四個月裡，香港有一七五〇人感染 SARS，二九九人死亡。

當年，香港失業率從一九九七年的百分之二・二上升到二〇〇三年的百分之八・三，這是自一九八一年以來的最高值，房價在 SARS 爆發的黑暗時期降到歷史上的低點。但這種疾病傳播的終結像其開始一樣非常突然，香港出現了另一次經濟復甦，這受益於美元的疲軟，和中國政府刺激香港經濟的各種措施，如開放內地人到香港旅遊。到了二〇〇七年五月，香港股價創下新高，飯店生意興隆，失業率下降到百分之三，房地產價格恢復到一九九七年的水準，香港似乎終於恢復了「經濟龍頭」的地位。不過，好景不常，香港很快就受到二〇〇八年美國房地產泡沫破裂所引發危機的衝擊。香港對金融業和服務業的依賴，致使它成了自二十世紀三〇年代以來，遭受全球金融危機重創最嚴重的地方。

二〇〇九年四月，香港特別行政區行政長官曾蔭權說，城市經濟面臨第二次世界大戰以來最大的挑戰。香港會如何應對呢？政府能避免進一步刪減社會福利嗎？即使窮人的公共房屋也不再是理所當然的了。公共房屋支出占政府總支出比例，從一九九九到二〇〇〇年度的百分之三・六八降低至二〇〇四到〇五年度的百分之一・五二，政府退縮到「非常狹隘和更多限制的防守政策中，以便為民營企業騰出空間。這種變化實際上不過是政府在承擔住宅方面的責任殘餘而已」。[38]香港弱勢群體能夠應對這個苦難嗎？有人認為這個社會有可能會分裂：經濟上的「失敗者」四處碰運氣，精英份子卻在質疑資本主義的生活理念。

二〇〇九年四月六日，從港鐵金鐘站出來，道路被一群抗議薪資遭到刪減的保母圍堵。一位大學教授帶領他們喊口號，他寫了保護保母權益的宣傳單。幾分鐘後，在香港上海匯豐銀行大廈前，我看到中產階級示威者，抗議銀行使其資產遭受重大損失的賭博行為。員警封鎖了街道幾分鐘，但過往行人似乎對抗議者視若無睹，我似乎是唯一關注的人。那天晚上，我和老朋友一起吃飯。他剛剛啟動了一個對沖基金，在可能是最糟的時機點。但他很樂觀，期待危機很快過去。房地產價格沒有像一九九七年那樣狂跌，銀行的資本雄厚（香港的抵押貸款規定比其他許多地方更嚴格，如抵押貸款不得超過房產價值的七成），低稅率仍然是香港的一大優勢。他太太批評了政府提供為期一年的小額貸款，幫助大學生度過經濟衰退（我剛剛從丹麥返回，那裡學生舉行罷課，因為政府提議把所有年輕人每人每月一千美元的補助期限從六年縮減為四年）。

最近的一次調查發現，香港人比英國人擁有更持久的反福利態度。比如，大多數人反對失業保險，除非領取者積極尋找工作。調查發現，香港人擁有自力更生和強烈的職業道德等儒家觀念，[39] 甚至連香港的進步知識份子，都懷疑人們「天生」擁有從國家獲得福利的權利觀念。陳祖為提出的社會福利模式建立在符合儒家觀念——以家庭為優先的理想生活關鍵。福利責任首先在家庭，當地社區是第二級的幫助者，國家扮演最後的角色，為那些不能自立的或沒有成年人照顧的人提供直接幫助。[40]容樂認為儒家社會正義理想涉及私有產權地產經濟，但政府控制土地分配，尤其是在災難來臨的時候，需提供政府救濟以減輕人們的痛苦。[41]殖民地時代社會福利政策有更加持久的一面，如為自然災害的受害者提供公共房屋，就非常有效，因為它們符合這樣的觀念。[42]在後回歸時代，房屋私有化，和取消公屋租賃繼承權，和檢驗住宅補貼等其他政策，或許也「符合中國人理解的正義概念和精神」。[43]所以，推動政府為人們提供基本需求的理想，即不考慮家庭和社會情況，讓人人獲得免費服務，或許是個錯誤。考慮到北歐國家獨特的歷史和文化，這種理想或許適合他們，但不一定適合香港。麥理浩或許是香港最有愛心的總督，但他仍然是歷史上錯誤的一方。不是香港人不關心窮人，他們只是不相信，國家福利總是或常常能保護他們的利益。過多的國家福利會破壞經濟發展，其實也存在其他方法，保護那些有需求者的利益，如利用（但不會破壞）普遍認同的家庭和社會關係。在這個意義上，香港自回歸中國以後「資本主義制度和生活方式」的加深，或許與香港人的主流精神一致。

即便回歸過後局勢動盪，為什麼要如此擔憂資本主義的盛衰榮辱呢？[44]香港主要是由逃離中國追求美好生活的移民組成，他們不願意在看到經濟衰退的跡象後就認輸。是的，製造業幾乎已經全部轉移到廣東（那裡的勞工和土地更低廉），與快速現代化的上海和深圳相比，香港或許喪失了相對優勢。但香港有一個給予它獨特優勢的因素：世界上最強大的職業道德，這才是保持香港資本主義制度和生活方式的真正祕密。正如香港政府的報告所指出的，「香港以其堅韌、勤奮的精神而聞名，並將努力把危機轉化為機遇」。但誰能保證「勤奮的精神」能維持下去呢？

沒有享樂主義的物質主義

走在旺角的街上，我感到壓抑。街上擠滿了人，但基本上看不到笑臉。[45]人們行色匆匆，一邊大聲地講電話，無論在街道市場上還是在小店裡，人人都在忙著做自己的事。高樓上的老年人在頂樓晒衣服。閃爍的霓虹招牌凸出來指向各個方向（漢字可以橫寫也可以直書，商人充分利用語言的多樣性），空調滴水灑在路人身上，雙層公車差點撞上路人（他在綠燈亮起前就快速跑過馬路）。我又累又熱，走進一家餐廳休息。餐廳位於住商大樓的三樓，我進入電梯後馬上按關門鍵，這是我在香港養成的習慣（在蒙特婁就相對隨意多了，因為許多電梯根本就沒有關門鍵）。

旺角（位於九龍，是香港的內陸部分）是世界上人口最稠密的地方，每平方公里有十三萬居民，[46]還不包括非法移民及大批外地遊客。從客觀標準衡量幸福感，它應該位在最底層。最近的研究顯示，對一個城市越來越多的「認知負荷」會造成人們注意力和記憶力的喪失，嚴重影響人們的情緒，甚至干擾人們的自制能力。在最近的一項研究中，那些曾經在密西根州安娜堡鬧區街道走過的人，情緒會變得很糟。與重複一系列的數字測試相比，在植物園散步的人的分數要高很多。[47]

香港大學管理部門的朋友剛剛從澳洲度假回來。我問她假期過得如何。她說過得很開心，不過回來還是很高興，她解釋說澳洲「太空曠了」。

但是，這種理論似乎在香港奏效了。在街道層次上，破碎的和不連貫的形式背後有一種秩序：施倍德（Peter Cookson Smith）注意到的「結構性動盪」是「香港街景的有趣描述」。[48]一方面，該市以犯罪率低而著稱：即使在被認為香港黑幫活動中心之一的旺角，單身女子在夜間獨行也是安全的，酗酒和吸毒的事很稀少。香港人的預估壽命是世界第六高：男子七十九歲，女子八十五歲。香港人在逃避都市文化的同時，往往在移居國外後，試圖尋找再創造這種文化。紐約和多倫多等城市的唐人街熱鬧環境，與香港的街道非常相似，這可能是在高度管制的都市環境中形成的。

香港最高的建築是作為金融機構所在地的八十八層的國際金融中心二期。[49]據官方網站說，該大樓「頂端是個雕塑皇冠，慶祝塔頂直達天際」。但是和我交談的每位香港人都說它看起來更像一隻抓錢的手。

香港的「結構性動盪」的祕密並不神祕。人人都在忙著做一件事：賺錢。人們努力工作賺錢，人口稠密的都市環境讓溝通和貿易更容易。[50]是的，擁擠的生活環境反映了政策決策以及在丘陵地帶建屋的局限性。不過，它也反映了許多人最關心的事：誰願意把時間浪費在從郊區到工作場所的路上？

小時候在蒙特婁，我渴望去探望富裕的祖父母。他們經營一家童裝工廠，廠名就是以作為設計師的祖母命名的。我喜歡和他們在一起，也喜歡到豪華的餐廳吃飯。但爺爺的轎車總是讓我尷尬。他來接我時，總是開著金色的林肯大陸或者奢華白的凱迪拉克。在從我們街區出來時，我不得不假裝肚子不舒服，彎下腰來，這樣我的藍領和移民朋友就看不見我坐在車裡。二十五年後，香港一位學界朋友提出願意把他的寶馬車賣給我。雖然它已經有十四年了，但看起來仍然非常引人注目。我從來沒有想過自己擁有一輛寶馬，身邊的人似乎都有一輛賓士或寶馬，於是我高興地買了下來。

有個著名的香港故事：一名有錢人將他的勞斯萊斯轎車停在最貧窮的街區，馬上就有一群滿是美慕的人圍上來（在美國城市的貧民區，故事可能是這輛車被故意砸壞）。當然，故事的寓意是香港對富人沒有多少怨恨，人人都努力工作，人與人之間的差別不是那麼明顯（香港的億萬富翁很少因為能力而受到稱讚），成功者不過比多數人更幸運而已。為什麼要對幸運者感到仇恨呢？這就像仇恨香港馬會的獲獎者一樣沒有道理。或許有點羨慕，但不是仇恨，當然更沒有到傷害獲勝者的程度。下一次或者下一代，就輪到其他人獲勝了。[51]

我們全家曾被香港最著名的企業律師之一，邀請參加香港賽馬俱樂部的午宴。雖然宴會的主人多年前就聘用我妻子在其律師事務所工作，但談話沒有涉及工作。我們吃了一頓美味可口的港式飲茶，把每一道都吃光了，因為女主人說她從來不在盤中留下任何殘肴（相反，一個有錢的美國朋友告訴我，他總是留下一些食物，以便提醒自己他不是因為餓才吃東西的）。她提到香港從來沒有實行貴族制度，這或許是缺乏高雅文化和更平等的職業道德的原因。主人擔心新一代香港人喪失了為香港生活方式提供動力的職業道德和奮鬥精神（我十四歲的兒子回答說，你們這代應該為破壞環境和造成全球氣候暖化而受到批評）。

香港有一個著名的統計數字，平均每人擁有的勞斯萊斯轎車比任何城市都多。這說明了香港職業道德的什麼呢？香港人應該努力工作而不是努力遊玩，那麼為什麼花錢購買名牌和奢侈品呢？這是否代表著香港人喪失了促使香港在經濟上獲得成功的動力呢？他們變成喜愛享樂而不是工作的放縱的享樂主義者了？

香港人喜歡豪華房車的理由之一是他們的公寓太小。他們必須通過其他方式炫耀財富，比如購買奢華房車。這並不代表他們是放縱的享樂主義者。實際上，炫耀財富的思維更多是考慮他人的，其目的是影響別人，而不是讓其他人去體驗那種快樂，除非這種快樂也能影響別人的想法。[52]而且，香港人消費並不是揮霍無度，個人儲蓄率仍然很高，政府的資金儲備位居世界前茅。就好像香港人讓消費足以驅動資本主義運轉，僅此而已。

雖然如此，情況確實發生了變化。偉大的伊斯蘭思想家伊本·赫勒敦（Ibn Khaldun）提出了解釋朝代衰落的理論，或許可預示香港的未來。按照赫勒敦的說法，讓個人為部落獻身的群體感情和部落忠誠是政治力量的關鍵。對部落的感情越強，部落的戰鬥力就越強，就能夠戰無不勝。「眾所周知，沙漠生活無疑是野蠻群體比其他人更凶猛的原因。他們更容易獲得優越地位，掠奪其他國家的財物。」[53]但是，慢慢地，遊牧部落的征服者屈服於城市生活的奢華誘惑，這就是其命運終結的開始。曾經凶悍的遊牧部落在外來者面前變成了柔軟的、虛弱的、溫順的群體，這個朝代最終將被更強大群體感情武裝起來的新部落征服。就香港來說，來自內地的凶悍遊牧部落已經在消亡。隨著移民經驗從集體記憶中消失，它不再擁有同樣的強大動力。老年人擔心下一代香港人或許屈服於奢侈都市生活的誘惑。但把香港人團結起來的群體感情，到底是逐漸減弱還是日益茁壯呢？

清明節或稱掃墓節，自英國殖民地時代以來一直是香港的法定假日（在中國一度受到共產黨限制了慶祝活動，直到二〇〇八年恢復為國定假日）。讓我驚訝的是，人們真的非常重視清明節。薄扶林道居所附近的公墓在假日擠滿了掃墓者，街道上擠滿了燒紙錢的人，還有人在燒用紙紮成的各種東西，比如房車、手機等，為的是讓另一個世界的先人使用。

當然，中國式的群體感情是以家庭為中心的。新加坡前總理李光耀說得好：「中國歷史是王朝興衰史，是社會盛衰的歷史。在所有這些動盪中，家族、部落提供了讓個人生存下來的小艇。文明衰落了，王朝也被征服的遊牧部落席捲了，但這個救生艇能夠讓文明延續下去，進入下一個階段。家庭和人際關係構成的方式確實增加了成員生存的機會。這是在許多不同情景下被驗證了幾千年的東西。」[54]

只要家庭穩定，族群就能生存。就香港來說，認為人們是個人主義者並不準確。典型的是，他們努力工作不是為了自我實現，而是為了家人祖先和延續家族血脈的子孫後代。[55]但是，問題在於目前香港是世界出生率最低的地方：二〇〇九年適齡婦女生育率是百分之〇．七四二，遠遠低於標準替代率水準的百分之二．一。在這樣的趨勢下，預計到了二〇三三年，百分之二十六．

八的香港人口將是六十五歲以上的老人，而二〇〇五年這個比例只有百分之十二・一。不過，根據出生率預測是錯誤的。首先，在需要的時候，香港政府可以很容易地向內地開放移民大門，提高生產工人的比例。其次，統計數字本身是令人懷疑的。香港邊界存在著香港商人支持的「二奶村」。雖然有人質疑，其目的不僅僅是在一夫一妻制嚴格婚姻之外，滿足性需要（可以通過在香港合法的賣淫來實現），而且是增加家族傳宗接代的機會。

二〇〇九年四月，我與妻兒一起拜訪了老朋友蔡珠兒，一位長住香港的臺灣人。她撰寫洞察力深刻的香港文化和美食文章。以前珠兒做一桌豐盛的宴席需要提前幾天做準備，這次，我們決定在喧囂的灣仔區裡一家位於三樓的杭州餐廳吃飯。這是自二戰以來香港最糟的經濟低迷期，但餐館裡擠滿了人；一出電梯就踏進了餐廳，沒有餘地可以浪費作為大廳或入口的裝飾空間。老闆跟我們打招呼，自豪地為我們介紹他的美食，並區分了吃飽和吃好兩類人。我想起伊壁鳩魯派和享樂主義者的區別，前者是過著禁欲的生活，希望在社會環境下追求更高的品質（比如朋友間的交流或者高級美味菜肴），而後者則僅僅滿足於口腹之欲。在餐桌上，我問珠兒，香港人最獨特的地方在哪裡？她說是高度當地語系化的公共生活的本質。人們很少到處走動，他們待在一個地方，與周圍的人結成深厚的紐帶。我妻子說香港的計程車也是這樣的，九龍的計程車司機若被告知要到香港島的話，似乎感到很恐慌，反過來也一樣。

根據儒家倫理學，道德不以家庭為終結。正相反：道德是在家庭中學習，然後擴展到其他社會關係中。正如《大學》著名的開篇段落所說：「家齊而後國治，國治而後天下平。」對人的關心從親人推廣到他人，從家人推廣到社區生活的其他人，最後推廣到整個世界，雖然離家庭越遠，愛的強度就越弱。

> 兒子朱利安八歲前的大部分時間是在香港度過的，對他來說，香港就是家。放假的時候他常常要求我們允許他返回香港。過去幾年，我們送他獨自搭機前往。在香港，他和表哥萊恩住在一起。

自回歸以來，香港人似乎把紐帶擴展到家庭以外，進入了社區。他們表現出在過去所缺乏的真誠市民精神。二〇〇一到〇九年中，香港人每年從事志工的數量比從前增加了一倍。[56]在二十世紀九〇年代，香港都市文化觀察家阿克巴·阿巴斯（Ackbar Abbas）認為：「香港戰後人口中的許多人所經歷長時間的暫時性，和短暫生活困境，隨著不可避免的錯位和重建的必然迴圈，形成了一種自由的文化和社會身分認同，沒有對過去的迷茫，也沒有對不穩定模式的懷念。」[57]但是今天，香港有更深刻的根基意識，和對過去歷史延續性的關心。其中的理由包括殖民主義的終結、擁有住宅的人口比例增大、人口中受教育者的增多以及對外移民人數的減少。人們開始捍衛或保護他們的生活方式。自回歸以來，諸如關心港口、清潔空氣、資源保護和氣候變化等環保組織、公民團體欣欣向榮。[58]理想主義的年輕人針對具體議題，比如威脅新界環境和生活習慣的鐵路計畫等各自開展行動。[59]熱心市民和非政府組織，在得知政府計畫拆除民眾喜愛的天星渡輪碼頭巴士總站，以便建設連接港口的快速道路後，示威遊行，十五萬群眾一齊觀賞了天星渡輪的最後一次航行。[60]二〇〇三年，五十萬香港人和平示威反對研議中的國家安全法立法，擔心將破壞香港珍視的公民自由（政府輸了；被迫撤回立法，保安局局長辭職）。才華出眾的電影導演王家衛表達了對穩定和社會團結的渴望，正如在《重慶森林》中的場景，身著便衣的員警抗議任何東西的保存期限。[61]最近新建的建築是對香港遺產越來越強烈的身分認同意識的反應（如位於銅鑼灣的中央圖書館結合了東西方建築風格），城市表現出更強的革新趨勢，整修而不是拆除古建築。中國歷史學家和其他歷史學家都已經努力駁斥「香港在英國占領之前沒有歷史」的說法。一九二四年英國旅遊指南說：「今天，香港整修過的歷史博物館一樓，提供了自清朝以來該地區的地質形成過程以及對香港民俗生活的描述。」[62]

在SARS危機的黑暗日子裡，香港的醫療工作者讓城市感到驕傲。因為在臺灣，有報導說醫療人員拒絕上班，有些甚至跳窗逃跑，擔心受到感染。在北京，基本上醫療人員被關在工作場所裡。但在香港，醫療人員完全出於職業道德和服務社會的精神堅持崗位。似乎沒有人因為死亡恐懼而影響自己的工作，雖然確實有一些醫療人員付出了生命的代價。[63]危機結束後，我本來想會有示威遊行或者隆重的感謝儀式，但什麼也沒有發生。我猜想，人們可能覺得他們只是在盡職盡責而已。

真正對社會做出承諾的唯一方式，是人們願意為了社區做出犧牲。香港的醫務人員證明了香港人努力工作不僅僅是為自己或者家人。

在香港從一九九〇年起，每年都會舉辦燭光晚會遊行紀念一九八九年六月四日在北京被殺害的人民。二〇〇九年，我太太到香港出差，我趁機把兒子帶離學校並送他去香港參加這場晚會。我當天下午打電話給他，他跟我說他站太遠什麼都看不到；群眾比想像中的更踴躍。但他說，儘管如此，這場晚會很感人。有成千上萬的民眾（主辦單位表示有十五萬人）聚在一起紀念屠殺事件的二十週年，雖然從一九九〇年起集會規模逐年縮小，許多家庭也帶著小孩一起參與。

一九八九年六月五日，上百萬名香港人不畏颱風走上街頭抗議這場屠殺，或者說他們也藉此表達對香港未來的恐懼。二十年後，香港的公民自由相對穩固；一九八九年香港人的恐懼，後來被證明太過誇張。但為何在二〇〇九年六月四日有那麼多人上街頭？最主要的原因，我猜想，是為了鼓勵讓國家的其他地區，都能落實更人性的政府體制，首先就從對二十年前的錯誤正式道歉開始。這將為國家帶來好處，而不只有香港能受益。二〇〇八年五月，四川地震後香港善心的大爆發，也說明香港人已經擴展了與全體中國人的感情紐帶。香港每位明星都參加了籌款賑災音樂會，民眾似乎都對這次悲劇感到震驚。對整個世界（用儒家的術語來說就是「天下」）的關心呢？懷疑論者或許會指出，香港對四川地震前幾天造成至少兩倍多傷亡的緬甸龍捲風，相對淡漠的反應，但是道德關懷的區域或許在擴大。二〇〇九年，亞洲各地餐廳組織了為東帝汶兒童捐贈食物的慈善活動，香港是參加餐廳數量最多的地方。[64]香港大學舉辦了成功的計畫，派學生前往泰國邊境難民營，為緬甸兒童教授英語。

我們應邀參加香港鄉村俱樂部的特別午宴，邀請者是張健利夫婦。張健利是香港著名的資深大律師之一，正忙於香港最富有者之一，龔如心的遺產繼承糾紛案。據說龔如心雖然個人非常節儉，但立下遺囑，把她的遺產幾乎全部都捐贈給慈善事業。遺囑受到一名古怪的風水師陳振聰質疑（他給孩子起的英文名叫財富）。旅館提供的報紙上刊登了這個案件的報導，整個香港似乎都在稱讚龔如心的代理人，張健利。[65]張健利告訴我們，香港是為慈善籌款最好的地方之一，它已經越來越成為慈善活動的中心。[66]

偉倫兄，如果你還在世，我還想繼續與你辯論。或許，你應該用更加仁慈的眼光看待自己的家鄉，而不是到蒙特婁研究社群主義。不錯，香港人熱中物質主義，但他們為什麼關心金錢呢？畢竟，他們似乎不像其他城市的人那樣會享受。部分因為賺錢的渴望與他人有關，如向別人炫耀自己用金錢購買的東西。當然，這不是值得羡慕的特徵。但香港精神中也有道德的一面：人們努力工作是為了他人，從家庭成員開始，擴展到所在社區，再到城市、國家以及全世界。公平地說，從你離開我們以後，這裡的情況改善了許多。或許，在你那個時候更難辨別出香港精神背後的道德意義。不過我擔心你不贊同我的觀點，你可能說我把香港浪漫化了，批評我花費太多時間和試圖與美化階級結構的有錢人交談。你可能鼓勵我學習粵語以便和當地各階層的人用母語交流（而不是用英語或普通話）。也許下輩子吧。下次到香港去，我要做的事就是為你燒一份這篇文章。等到我去那邊的時候，咱們可以在另一個世界繼續辯論。

1 引自 Gary McDonogh and Cindy Wong, *Global Hong Kong* (New York: Routledge, 2005) , 33.

2 John Stuart Mill, "On Liberty, " in *John Stuart Mill: Three Essays*(Oxford: Oxford University Press, 1975) , 11.

3 引 自 Denis Hiault, *Hong Kong: Rendez-vous chinois*(évreux: Gallimard, 1997) , 21.

4 McDonogh and Wong, *Global Hong Kong*, 41, 42.

5 吳啟聰，朱卓雄．建聞築跡——香港第一代華人建築師的故事［M］．香港：經濟日報出版社，2007 年，第 15 頁。

6 Peter Cookson Smith, *The Urban Design of Impermanence: Streets, Places and Spaces in Hong Kong*(Hong Kong: MCCM Creations, 2006) , 77.

7 引自 McDonogh and Wong, *Global Hong Kong*, 136. 但是，白吉爾的區分不大能清晰地應用在中國前現代時期。比如在唐朝，繁榮的大都市長安和絲綢之路貿易城鎮證明了中國北方的開放和商業熱情。

8 Law Wing-sang, "Hong Kong Undercover: An Approach to 'Collaborative Colonialism, '" *Inter-Asia Cultural Studies* 9, no. 4(2008) : 524-525.

9 McDonogh and Wong, *Global Hong Kong*, 46, 48.

10 Hiault, *Hong Kong: Rendez-vous chinois*, 44.

11 McDonogh and Wong, *Global Hong Kong*, 63-64, 67.

12 同上書，69。

13 英國記者馬丁．布斯寫了小時候在香港的充滿感情的回憶錄，題目是《鬼佬：我在香港的童年》(*Gweilo: A Memoir of a Hongkong Childnood*, Ealing: Bantam, 2005) 。

14 強世功．中國香港：文化與政治的視野［M］．香港：牛津大學出版社，2008 年，第 139 頁。

15 Hiault, *Hong Kong: Rendez-vous chinois*, 70.

16 Percy Cradock, *Experiences of China* (London: John Murray, 1994) , part 3.

17 胡紅玉（Anna Wu）是一名律師，曾在一九七五年幫助成立壓力團體香港觀察社。她指陳，麥理浩（Murray MacLehose）拒絕在總督任期內（1971-82）進行立法局議員選舉，這對香港來說是「災難性的」。通過在一九九〇年代之前不實行民主，殖民政府實際上使中國政府反對政治變革合法化。John M. Carroll，《香港簡明歷史》（馬里蘭州拉納姆：Rowman and Littlefield，2007 年），第 230 頁。另一方面，麥理浩設立了在香港極有影響力的反貪腐機構，並發起了大規模的公共住房計畫。

18 McDonogh and Wong, *Global Hong Kong*, 105.

19 對資本占據支配地位的驕傲或者缺乏羞恥感，也通過下面的事實表現出來，像《明報》如此嚴肅的報紙的整個頭版全是廣告（比如，《明報》二〇〇九年三月六日的頭版就是百達翡麗鐘錶的廣告）。

20 McDonogh and Wong, Global Hong Kong, 12; Smith, *The Urban Design of Impermanence*, 79.

21 Chen Cuier, Chen Liqiao, Wu Qiong, and Chen Jiangguo, *The [Pressure] City*(Hong Kong: Renzheng shiwuju chuban, 2005) , 13.

22 Paul Wilding, "Social Policy, " in *Contemporary Hong Kong Politics*, 209.

23 Ling-hin Li, *Development Appraisal of Land in Hong Kong*(Hong Kong: Chinese University Press, 2006) , 211, 218.

24 Gary Cheung, "Property Giants' Influence Grows, " *South China Morning Post* (SCMP) , 12 April 2010.

25 Wong and Luk, "Economic Policy, " in *Contemporary Hong*

Kong Politics, 184.

26 根據馬克思的《哥達綱領批判》，應該體現資產階級社會的賢能政治理想的「各盡所能，按勞分配」，只有在已經消除了階級特權的「共產主義的初級階段」實施。但是初級共產主義仍然是有缺陷的，因為它是根據天賦對人們實行獎懲的，因此，「高級共產主義」將實行「各取所需，按需分配」的原則。

27 給作者的信。

28 在英國統治的末期，英國大量年輕人湧進香港，受到優先移民和就業的吸引，他們獲得一個縮略語 FILTH［倫敦失敗就闖香港（Failed in London, Try Hong Kong）］。

29 Chan, "What You Are Not Supposed to Know about Hong Kong," 101, 109.

30 Betty Yung, *Hong Kong's Housing Policy: A Case Study in Social Justice*(Hong Kong: Hong Kong University Press, 2008), 7.

31 值得追問的是，香港在稅率這麼低的情況下，怎麼能提供這麼多資金保障如此廣泛的社會福利呢？重複一下，政府的大部分收入來自土地交易，但是6%的收入來自「博彩業稅收」，後一種收入主要來自著名的六合彩和香港馬會。這筆錢被用來支持金融福利項目，通過撥款或者貸款，這或許解釋了一個非常怪異的現象，香港的有些醫院病房裝飾著香港馬會的標誌。

32 Yun-wing Sung, "The Hong Kong Economy Since Reversion," in *China's Hong Kong Transformed*, 195–198.

33 同上書，192。

34 "20000 Jobless to Be Put to Work," *SCMP*, 10 December 1998, 1; "Grounds for Discontent," *SCMP*, 30 July 2010.

35 Wong and Luk, "Economic Policy," in *Contemporary Hong Kong Politics*, 183.

36 Lam Wai-man, "Political Context," in *Contemporary Hong Kong Politics*, 2.

37 Ming K. Chan, "Transforming China's Hong Kong: Toward 2047 Convergence?" in *China's Hong Kong Transformed*, 30.

38 Wilding, "Social Policy," 206, 210.

39 見王卓祺、張宙橋的文章《福利主義與福利依賴的關係：香港的實徵研究》。黃紹倫、尹寶珊、梁世榮編．新世紀台港社會風貌［M］．香港：香港中文大學香港亞太研究所，2008年，第206，208頁。

40 Joseph Chan, "Giving Priority to the Worst Off: A Confucian Perspective on Social Welfare," in *Confucianism for the Modern World*, ed. Daniel A. Bell and Hahm Chaibong (New York: Cambridge University Press, 2003), chap. 10.

41 Yung, *Hong Kong's Housing Policy*, 76-81, 107.

42 可能有人爭辯，公眾接受大規模的公共資金支援教育，包括提供高薪資的大學，至少部分可以這樣解釋，因為該政策符合普遍擁有的尊重教育的儒家價值觀。而且，工資不是由市場原則決定的事實，諸如教授哲學之類「不實用的」學科的教授薪資和企業法的教授薪資同樣多，至少可以部分解釋為儒家道德框架下人們對人文教育的重視（雖然這樣的政策起源，或許更多是因為英國公務員是在伊頓公學和牛津大學接受的人文教育訓練）。

43 Yung, *Hong Kong's Housing Policy*, 128.

44 當然，香港的經濟比較快地從二〇〇八年的金融危機中反彈了。

45 「不苟言笑」在香港背景下不是問題，實際上正好相反。麥當勞已經瞭解到它不能把「微笑服務」的標準帶到香港。正如詹姆斯．沃特森注意到的，香港居民特別強調「嚴肅性」的公共形象，麥當勞的員工應該做出這樣的面部表情，關注細節，堅定不移，所以看起來更像皺眉而不是微笑。在香港，微笑被看作過於和藹、過於關心、過於套近乎。

46 Chen et al., *The [Pressure] City*, 13.

47 Jonah Lehrer, "How the City Hurts Your Brain ... and What You Can Do about It," boston.com, 2 January 2009.

48 Smith, *The Urban Design of Impermanence*, 119.

49 二〇一一年，它被一一八層的環球貿易廣場超過。

50 Chen et al., *The [Pressure] City*, 18.

51 這種世界觀也幫助解釋了為什麼在香港重新分配財富的壓力不大：如果財富主要是運氣（如贏得彩券）的緣故，對富人就沒有那麼多的怨恨了。不是要求改革，而是人們渴望下次運氣能更好些。

52 一個住在日本的女性朋友告訴我一個有趣的故事，正反映出考慮自我和考慮他人的消費的差異：她在香港時，猶豫是否購買以二五折促銷中的麥絲瑪拉大衣（但仍然要花一千美元，所以她放棄了）。美麗的大衣口袋裡縫有貂皮，售貨員解釋說日本顧客是多麼喜歡如此「隱蔽的奢侈」。

53 Ibn Khaldun, *The Muqaddimah: An Introduction to History*, vol. 1, trans. Franz Rosenthal (London: Routledge & Kegan Paul, 1958) , 282.

54 引自 Fareed Zakaria, "A Conversation with Lee Kuan Yew," *Foreign Affairs*, March/April 1994, 115.

55 檢驗這種說法的唯一真正的方法是，看人們在衝突的情況下怎麼做（或者至少問他們要做什麼）。按照二〇〇六年進行的亞洲價值觀指標調查，香港人把「和家人在一起」等價值放在自我表現的價值如「高收入」和「事業成功」之上。

56 *SCMP*, 6 May 2010.

57 引自 Smith, *The Urban Design of Impermanence*, 135.

58 Yan-yan Yip and Christine Loh, "New Generation, Greening Politics and Growing Civil Society," in *China's Hong Kong Transformed*, 213, 220.

59 最近，呂大樂的一本書《四代香港人》提到年輕的香港人很難滿足老年人對他們的高期待，最新一代香港人不知道他們想要什麼（第 64—65 頁）。當本書被香港政府官員用來解釋鐵路專案遭到年輕批評家的抱怨時，抗議者反應激烈，因為他們是出於理想主義的考慮，而不是出於個人利益。

60 Ming, "Transforming China's Hong Kong," 18-19; Leo Ou-fan Lee, *City between Worlds: My Hong Kong*(Cambridge, MA: Harvard University Press, 2008) , 56.

61 Tsung-Yi Michelle Huang, Walking between Slums and Skyscrapers: Illusions of Open Space in Hong Kong, Tokyo, and Shanghai (Hong Kong: Hong Kong University Press, 2004) ,52.

62 McDonogh and Wong, *Global Hong Kong*, 34.

63 這並不是暗示政府應該以高效的方式對危機做出反應，或者盡一切可能保護醫療工作者。有關政府表現的批評性的分析，請參閱 Ngok Ma, "SARS and the Limits of the Hong Kong Administrative State," *Asian Perspective* 28, no. 1 (2004) : 99–120.

64 Joyce Hor-Chung Lau, "Eating for Charity at Hong Kong's Fanciest Spots," *New York Times*, 17 August 2009.

65 張健利的團隊贏得了官司 (Mark McDonald, "Feng Shui Master Loses Claim to Tycoon's Fortune," *International Herald Tribune*, 3 February 2010），雖然陳振聰的律師說他們要上訴。

66 或許可以寫另外一篇有關香港的文章，香港精神是法治和相關的自由政治價值。香港人權律師的高能見度以及社會對公民自由的強烈支持確實使這種說法有一些說服力。但是，麥可・道達爾認為，正如以英語為基礎的「香港法律體系讓八成的完全使用粵語的人口的觀點和關心與法律無關，也讓法律與這個人口無關」。請參閱 Michael W. Dowdle, "Constitutionalism in the Shadow of the Common Law," in *Interpreting Hong Kong's Basic Law: The Struggle for Coherence*, ed. Hualing Fu, Lison Harris, and Simon N. M. Young(New York: Palgrave Macmillan, 2007), 63–64. 因此，共同的法律是否已經在香港扎根還存有疑問。

北京——政治之城

THE CITY OF POLITICAL POWER

主筆：貝淡寧

二〇〇九年初，我搭乘中國國際航空的長程航班從歐洲飛往北京。到位子上坐下後，有人請我更換座位到飛機的前段去。我忐忑不安地迎向機組人員，被告知升等為商務艙。正想問為什麼，但是我克制了追索真相的欲望：萬一他們發現弄錯了該怎麼辦？在商務艙坐下後舒適地喝了一杯香檳，我看了看菜單，準備來一份「中式牛柳」，正要點菜卻發現一條備註：「這道主菜是專門為政府高級官員而設。如果無法滿足您的第一選擇，請接受我們的道歉。」[1]我自言自語：中國其他航空公司（比如上海航空或者深圳航空，更不要提民營的海南航空），是否有類似的備註呢？我深表懷疑，只有總部位於北京的國營航空公司才會公開表述政治的主導地位。我開始閱讀一些從有關儒家的網站上列印下來的中文資料，看到北京一位年長的學者對儒學因人廢言的攻擊，他認為儒學必須在馬克思主義框架下解讀。[2]我的心一沉，雖然沒有提到我的名字，但顯然矛頭是針對我的。我知道這位學者已經給其他儒家學者帶來了麻煩。還是多喝幾杯香檳吧。

飛機降落後，我頭痛欲裂。通關比平時花了較長的時間，我感到有些緊張，但一切還算順利。我搭計程車回家，直接坐進後座。通常我喜歡坐在前座和司機聊天，但今天希望他看出來我沒有心情閒聊。可他沒有注意到這一點，開始了典型的北京侃大山。司機回顧了老北京，說那時候人們雖窮但更快活。生活壓力沒有這麼大，城市汙染沒有這麼嚴重……我們又遇到塞車，因為正是一年一度的人大、政協會議期間，街上擠滿了全國各地政府官員的房車。司機在車龍裡咒罵著一輛在專用道上揚長而去的政府官員房車。

幾天後，我飛到上海演講。應邀在教師俱樂部享用美味午餐，我們圍繞西式的長桌就座。我在想，若在北京，我們可能坐在更「和諧」的圓桌用餐。上海人傾向於採用最新的西方時尚，不管好壞。難道他們不在乎為帝國主義所奴役的歷史嗎？二十世紀三〇年代上海有世界上最高比例的妓女：每一百三十名女子中就有一人賣淫。許多人為不受中國法律約束的西方帝國主義者；不要忘記還有十九世紀七〇年代進入上海的一千三百萬磅鴉片，是當時進口到中國的鴉片總量的一半；[3] 更別提上海黃埔公園那臭名昭著的「華人與狗不得入內」的牌子。[4] 東道主派一位研究生帶我參觀市區。我發現她是黨員，但不願意談論政治。地陪告訴我她喜歡上海，雖然我認為上海風格的市民精神，常常伴隨著對全國其他地區的蔑視。上海人的責任範圍直接從家庭和城市擴展到（西方）世界，基本上跳過了對國家的責任。無論如何，地陪帶我到當代藝術博物館，做出了一些有深度的評價。隨後我一個人閒逛，迷路後問路，好心的路人用生硬的英語回答我。在北京，如果我用漢語問話，他們總是用漢語回答我，我不喜歡上海人討好西方人的方式，雖然我是受益者。我想說我來自蒙特婁，不會說英語，但我只是說謝謝（用漢語）。我在有利於行人的狹窄彎曲的街上行走，這和北京寬闊的大街形成鮮明對比，我還注意到街上沒有鼓勵道德修養的標語或圖片。許多時髦的女性戴著很酷的太陽眼鏡，難怪有人稱上海是「東方的巴黎」。實際上，如果和北京相比，上海整個城市顯得女性氣息濃厚。我從一個紮著馬尾的可愛小女孩身邊走過時，她撿起一塊小石頭扔向一個男孩，男孩尖叫一聲，跑掉了。這是一個小弄堂，老人在打撲克，穿著睡衣散步，但附近的路牌上寫著「Benny Image Consultant」。是的，我知道尋找「真實性」是愚蠢的，但是上海人似乎陶醉在感觀世界中，[5] 許多年輕人穿著寫有英文口號的T恤。啊，這裡有一個寫著法語的，一名年輕女子的T恤上寫著「Tu veux sortir avec moi ?」（你想和我約會嗎？），胸前是兩個心形圖案，顯得有些厚臉皮。而且還有這麼多成對的跨國情侶，上海女性一點都不矜持，她們挽著西方男友的手臂，這種情況在北京很少見。我在想，這些人難道沒有民族自豪感嗎？但是，接著我想到自己也娶了位中國女子，我怎麼能反對異族人相愛呢？或許我在北京待的時間太長了……[6]

北京人有強烈的市民意識，這座城市充滿了國家的象徵。所以以城市為榮也代表著以國家為榮，批評這座城市也代表批評國家。無論如何，在北京發生的事具有更大的政治含義。無論政府高官還是知名社會批評家都住在北京。本章的第一部分討論北京在政治上的崛起。五百多年來，北京是皇權時代中國的首都，在統治者眼中還是世界首都。中國最終認識到它只是眾多國家中的一個，而且還不是最強大的國家，其帝國體制在一九一一年被推翻。毛澤東領導下的中國共產黨在一九四九年建立了中華人民共和國，將北京設為首都。毛認為中國可以與過去割裂，建造嶄新的共產主義未來，但這被證明了是一幅幻象，犧牲了數百萬人的性命。

本章第二部分討論當今時代。中國共產黨是馬克思主義政黨，它相信經濟力量是政治力量的關鍵。但是，僅從國家強權政治角度來看待政治是錯誤的：儒家提醒我們政治力量的真正來源是自下而上的。無論如何，北京將重新崛起，再度成為政治重大變革的場域。至於是什麼樣的變化？共產主義，一種輕視歷史以及道德義務的理想業已消亡，也必然消亡。有些人（重新）回到歷史中去尋找未來的走向。在有些人看來，它意味著提醒人們不要忘記中國封建皇權下的不幸歷史，並且依靠傳統建造能夠在世界上說一不二的富強國家，而無須考慮其道德義務。在其他人看來，它意味著建設更加人性化的管理、吸收中國最優秀的傳統，通過道德力量感化世界其他國家。

過去：抹去過去的痕跡

一個在聯合國教科文組織工作的朋友來到北京，他有參觀紫禁城花園復建工地的特殊門票。按照官方的說法，該花園是被試圖掩蓋其掠奪證據的太監放火焚燒的，但導遊說這是中國末代皇帝溥儀，在私人放映室觀看查理·卓別林的電影時，不小心燒掉的。無論如何，這座花園確實很漂亮，美麗的花草和植物與並不引人注目的亭臺樓閣和諧一體，渾然天成。有人告訴我們，這座花園建成後是不會對大眾開放的，只有國家高層官員和他們的賓客們得以使用。

北京是中國最後一個，也是歷時最長的帝國首都。十世紀和十二世紀，它曾是幾個區域性內亞帝國的首都。十三世紀，它成為蒙古人統治下完整中國的首都。該市的規劃更加悠久：「北京獨特的平衡布局因素，出現在更早的帝國首都如長安（西安）、洛陽、汴京（開封）。北京後來的建設者汲取了反映古代信仰和機構的共同先例，尤其是那些聲稱擁有皇帝獨特權威者。中國首都城市規劃和建築的持久性，源於同延續朝代的政治合法性密切相關的傳統。」[7]

對外人來說，北京為什麼被挑選為中國的首都，為什麼連續八百多年一直是首都，原因並非是顯而易見的。這裡氣候惡劣，每年都有沙塵暴，風景也不出色，而且中國是世界上少數幾個首都沒有位於沿海或主要河流的國家。那麼，統治者為何建都北京呢？意料之中的答案是獲得政治權力的需要。北京靠近蒙古和滿洲，而這些地方經常是古代中國權力爭奪者的誕生地，產生了四個定都北京的非漢人王朝：契丹人的遼國（916—1125）、女真人的金國（1115—1234）、蒙古人的元朝（1271—1368）和滿族人的清朝（1644—1912）。明朝（1368—1644）的漢人統治者最初建都南京，後來遷都北京，因為他們認識到南京距離需要捍衛的邊境和邊關太遠。他們重新修建了標誌中國北方邊界的「長城」和城市糧食供應通道「大運河」。北京本身的設計就體現了天、地、人的和諧，[8]帝國皇宮紫禁城位處正中心。

我在北京市中心迷路了，找人問路。有人告訴我，從這裡向西，再向南，然後再向東幾個街區，可我還是無可救藥地迷糊了。北京人怎麼有這種超自然的方向感呢？我感到納悶。太陽並不能指引方向啊，因為嚴重的汙染，很多時候根本看不見太陽。

紫禁城位於城市的中軸線上，這條線從天壇向北延伸一直到北城牆綿延一千公尺（奧運體育館就建立在中軸線的北部延長線上）。在明朝，北京的人口達到一百萬，或許是十五世紀全球人口最多的城市，此後持續增加。今天它有二千二百萬常住人口，包括八、九百萬流動人口。

一九二七到四九年，國民黨政府定都南京。關鍵的問題是，為什麼共產黨人在一九四九年上臺後將首都遷回北京。畢竟，共產黨的革命是掃蕩一切封建殘餘。而且應該終結受到殖民列強控制的「世紀恥辱」，這個恥辱的標誌就是北京西北角的圓明園遺址，一八六〇年它被英法聯軍放火焚燒。共產黨領袖，尤其是毛澤東主席，挑選北京作為首都的主要原因是，其他任何城市都不能像北京一樣代表新政權獲得的政治權力和合法性。顧問們建議毛三個可能的首都選擇：北京、南京和西安。南京與國民黨統治太緊密，西安的榮華過於古老。[9]

一如我這世代的大多數西方人，我第一次注意到天安門廣場是在一九八九年的五月。在當時，超過一百萬名支持民主改革的學生占領了天安門廣場。這是個振奮人心的時刻，人民掌握著自己的政治命運，推動極權政府進行政治改革，而全世界也似乎都站在他們這邊。對我個人來說，這更是個振奮人心的時刻，因為我當時認識了一名年輕華裔女性並墜入情網，她後來成為我的太太。身為牛津大學的研究生，我們參與了支持天安門廣場學生示威者的遊行與抗議活動。幾乎所有的中國留學生都參加遊行。但隨著一九八九年六月四日，鄧小平命令軍隊暴力鎮壓這場民主運動，在天安門殺害上百名的和平示威者之後，這整件事情也嘎然而止。這顯現出國家力量最赤裸與殘酷的一面，也讓中國留學生都為之深陷憂鬱。我太太告訴我她再也無法回到中國，而我也放棄想要拜訪這個國家的夢想。至少我們那時是這麼想的。二〇〇三年，我和妻子來到北京，此後就一直住在這裡。我在培養了大部分中國政治精英的清華大學講授政治理論（包括民主理論），妻子則在一家總部設在美國的大型投資銀行擔任首席律師。

而且，北京被視為在決定革命力量取得勝利的決定性階段，發揮了重要作用的城市。天安門廣場與二十世紀的反抗運動及群眾運動密切相關，包括一九一九年五月四日抗議《凡爾賽和約》把中國領土割讓給日本的示威遊行，一九二六年三月十八日的愛國遊行，一九三五年十二月九日開始的反抗日本侵略的示威遊行，一九四七年五月二十日內戰期間的反獨裁遊行等。[10]所以當毛提出一個計畫，引用恩格斯的《自然辯證法》，把天安門廣場作為新北京的零點（中心）後，天安門廣場就成為新中國的誕生地。而天安門廣場上的天安門也被選為國徽圖案，五個金星代表了中國共產黨的領導和革命民眾的大團結。[11]

毛澤東決定把政府設於北京中心，並未採納以梁思成和陳占祥為首的一群具有文化保存意識的建築師提出在老北京西邊建造新的行政中心的建議。這群建築師希望歷史古城得以保留。正如巫鴻所說的，保護計畫的失敗「是必然的，因為它與中共當時的基本思想觀念衝突，中共強調革命而不是保護。而梁思成和陳占祥認為除非將行政中心建在城外，否則將給古城帶來太大的壓力，可預見的是有大量的現代化建築誕生於此，勢必破壞歷史脈絡下的北京城。但是，對毛來說，這種擔憂是無關緊要的，革命就代表著破壞和改造，在中國獲得新生的時候重建北京是天經地義的」。[12]在接下來的幾十年裡，破壞成為屢見不鮮的橋段。毛下令拆除被梁思成稱為「城市的項鍊」[13]的美麗城牆，在他看來，城牆象徵著他們剛剛戰勝的特權統治階級，權威和腐朽的舊社會。[14]老的城市中心漸漸地被重新開發，以適應發展的需要，修建了通向四面八方的道路和環形道路（今天，以天安門廣場和故宮作為第一環的象徵，圍繞它們的是「環形道路」，目前已有六環路）。一九五八年，中共領導人決定在北京建造十大蘇聯風格建築，作為社會主義建設成就的具體展示，包括在天安門廣場上建造的人民大會堂、中國歷史博物館和中國革命博物館。同年，廣場中心的人民英雄紀念碑落成，毛下令擴建廣場，以象徵與過去決裂，並讓天安門廣場成為當時世界上最大和最漂亮的廣場。市長彭真要求臨近的長安街鋪面應該足夠堅硬，讓最重的裝甲車通過而不致受損。自從一九七七年毛主席紀念堂落成之後（毛澤東的遺體冷冰冰地盯著來來往往的旅客），天安門廣場從時間上說就基本靜止了，或許是北京唯一沒有受到新開發影響的區域。[15]曾經是新中國最美麗的標誌，逐漸變成過去政治時代的象徵。[16]而僵化的政治體制，若有必要也會得到暴力的奧援。

中國是馬克思主義國家。中共說，現有體制是「社會主義初級階段」，意思是它會向更高、更優越的社會主義轉變，即向馬克思所說的「社會主義高級階段」過渡。經濟基礎和法律及政治等上層建築在未來都要變化。最著名的是，馬克思說國家最終會「消亡」。在共產主義社會，物質財富極大豐富，可以實行按需分配，誰也不需要為生存而工作，社會將沒有階級差別，不再有用以維護統治階級利益的國家的存在必要。但是，我們該如何實現那種社會呢？什麼時間會到達那裡呢？在我看來，這是馬克思主義國家應該提出的重要問題。不久前，我訪問了中共中央編譯局，這是負責把馬克思著作翻譯成華語的官方馬克思主義研究機構。我希望找到更多東西來說明，中國的馬克思主義者是如何理解共產主義的。該機構獲得政府的大量撥款，這裡的工作人員相對自由，可以思考在中國實行共產主義的合適條件和機制。他們和我談到了需要處理的當代中國的經濟不平等問題。他們說，讓我們先解決當前問題，隨後再考慮長遠的未來。

共產黨的革命失敗了。或者精準地說，毛澤東想要在他有生之年實現共產主義的夢想破滅了（我也曾未遇過任何人真心地相信，這在不久之後有機會成真。）或許毛澤東自己也從未希望實現共產主義？共產黨的口號是「偉大的中國共產黨萬歲」，這一口號仍然可以在長安街上的新華門看到，這個口號與國家和政黨政治終將消亡的願望背道而馳。另一方面，毛顯然希望實現某種共產主義社會，無休止的群眾性政治運動就是要在某種程度上實現這個目的。但是，不管他心中想什麼，毛認識到歷史現實沒有能實現他的期待：一九七二年美國總統理查．尼克森（Richard Nixon）劃時代地訪問中國時，試圖恭維毛說他的著作「改造了中國」、「改變了世界」。毛回答說：「我沒有改變世界。只是改變了北京郊區的幾塊地方而已。」[17]從積極的一面看，毛或許太謙虛了，中國革命確實極大地提高了人均壽命，促進了男女平等，把中國建設成為不再被外國列強欺侮的大國。從消極的一面看，他的政治活動讓國家陷入了動盪和混亂。但想要用全新的共產主義推翻陳舊中國的願景已經失敗，且很少人會反駁這種看法。

但為什麼會失敗？大致有幾種說法。譬如毛澤東自己隨著年歲增長，變得更為狂熱與充滿妄想。或也許他性喜殘酷，更在乎鞏固個人權力而非建設國家，這也是對他最嚴厲的批評者所提出的觀點。另一個原因是基於他對儒家文化的敵意。儒家強調家庭關係的思想已經深植在中華文化中，任何企圖切斷個人與家庭的連結，讓國家凌駕於家庭之上的手段都注定會失敗。另一個類似的看法，則提到他想要用對政治的熱情，取代教育中的儒家價值觀。與其認同另一位反儒家的中國皇帝秦始皇的作為，毛澤東應該從秦朝短命的國祚（BC 221—BC207）中得到教訓：集權與恐怖統治的手段在混亂的世道中能很快收到成效，但絕非長治久安之計。他也許也能從愛德蒙・伯克（Edmund Burke）對法國大革命的評論汲取教訓：為了打造出烏托邦所採取的全面性改革計畫，只會滋生恐懼與暴力。

在北京講授政治理論的自由令人訝異（但出版品相對而言受到嚴加管控）。在七年多中，我只遭受一次限制：被警告不能教太多馬克思主義。討論民主與人權沒有問題，但如果我對馬克思主義的詮釋與官方差異太大，那可能會有麻煩。但在過去這些年，我履行了一些自由，講授了幾節馬克思思想課。有一次，我給一群大學生講了一節馬克思的歷史理論。我總結說，在我看來，鄧小平對馬克思理論的理解比毛澤東更進一步，因為鄧小平認識到馬克思的一種觀點，即共產主義社會也需要經歷經濟發展的各個階段。我的學生似乎非常驚訝，所以我問他們：「你們的義務教育是如何介紹馬克思主義的？」有位憤世嫉俗的學生回答：「中國官方的『馬克思主義』可以被濃縮成一句口號：『服從黨的意志』。」

但我會認為毛澤東對共產黨所抱持的願景之所以會失敗的主要原因，是因為他徹底誤解馬克思對歷史的理論。毛似乎把列寧主義觀點推向極端，一個社會可以從貧窮、不發達、半封建社會直接邁向光明的共產主義未來。[18]「大躍進」是通過發揮革命能量在幾年內實現工業化的嘗試，結果造成了千百萬人的死亡。馬克思本人也會反對這種認識，因為貧窮國家必須經過商品經濟的充分發展階段。[19]原因如下：資本主義生產方式僅僅把工作當成生產過程中的工具，為了少數資本家的利益而使用新技術。但它確實有重要的好處：它比其他經濟模式更容易發展生產力。理由是資本家相互競爭以獲得利潤，因此有動機和熱情，開發新的更有效的生產商品手段，創造更多物質財富。如果共產主義在缺乏極大豐富的物質財富支撐的生產力條件下實施（先進的技術和使用新技術的知識），是不能持久的。正如馬克思和恩格斯在《德意志意識形態》中所說的，沒有「絕對必需的物質前提」，「物質匱乏成為普遍的現象，而匱乏一旦存在，爭奪必需品的鬥爭就會重新開始，從前的醜惡現象就會恢復」。[20]這就是為什麼馬克思會支持英國人在印度的帝國主義。是的，印度的帝國主義對印度工人來說是剝削和苦難，但它可以為共產主義打下基礎。

這就是毛澤東失敗的主要因素：他不應該試圖跳過資本主義的階段，僅透過政治的勸導與民眾的動員就把社會推往共產主義。也許毛澤東多用功研究馬克思主義，就能拯救百萬條人命。

現在：去政治化的政治

今天，北京繼續代表著中國的政治權力。[21]北京人使用的語言成為中國其他地方遵循的標準。同樣地，京劇被認為是中國戲劇的代表。天安門廣場仍然像二十世紀的大部分時間裡一樣是神聖的政治中心，是國慶日遊行的場所和具有高度象徵性變化的旗幟。但自從一九八九年的暴力鎮壓後，就不會有示威活動在此發生。背後原因很明顯：示威活動會威脅執政黨的政治正當性。因此任何有示威意圖的行為，在真正發生之前就會被隨時在場的警衛給事先阻止。

但是在北京其他地方（我想說的是在中國其他地方）已經基本上去政治化了，即國家放鬆了對社會的控制。國家對經濟的控制已經受到減低，自由市場改革造就了二十年來雙位數的經濟成長。大部分中國人享有的個人自由在三十年前是無法想像的。學生畢業不再由國家分配工作，宗教限制也減少了，人們可以依照個人意願結婚、離婚，自由地出國旅遊——只要有錢。有各式的酒吧和舞廳提供給形形色色的群眾，即便是同志社群。實際上，多數人基本上能自由地做他們想做的任何事，只要將政治活動交由七千八百萬中國共產黨黨員。可是，真的那麼簡單嗎？

舉例來說，每年有上千次社會性或政治性的示威活動（根據官方的說法，在二〇〇九年的前三個月，就發生有五千八百場的「群眾事件」（罷工、街頭抗議、封路以及各種形式的大型抗議活動），這暗示著一切並不如表面般順遂。中國不斷擴大的貧富差距已經接近拉美國家，有階層嚴重分化的危險。宗教自由在西藏與新疆被強力打壓。國家呼籲「和諧社會」，也正是因為社會中還存在一些問題。不過，與毛時代不同，今天的中共說衝突必須通過和平方式解決，而不是通過階級暴力來解決。

作為十二歲的男孩，我曾非常自豪家鄉蒙特婁舉辦了一九七六年的夏季奧運會，這代表蒙特婁被公認為國際大城。當我第一次進入奧運體育館時，我驚訝得說不出話來：馬上感到渺小和宏大的強烈對比。但是讓我長久失望的是，加拿大選手在奧運上表現不佳，奧運歷史上第一次出現主辦國沒有獲得金牌的情況。[22]當加拿大跳高選手格雷格．喬伊（Greg Joy）在和波蘭選手爭奪金牌時錯失機會，我一連幾天情緒低落。奧運落幕後外出，我不明白蒙特婁人何以還能面帶笑容，這似乎是缺乏尊重和忠誠的表現。後來，在認識到奧運未能真的將蒙特婁變成全球大城後，我感到有點沮喪。傾向獨立的運動興起，造成英語裔加拿大人單語者外流，蒙特婁作為加拿大金融之都和人口第一大城的地位，很快被多倫多所取代。今天，蒙特婁是個漂亮、悠閒的雙語城市，但是它的光榮時刻或許已經結束（請參閱本書蒙特婁一章）。

二〇〇八年，我也為北京歡呼。我很自豪地向遊客介紹北京四環路上令人讚歎的奧運主場館「鳥巢」。我用妻子和岳父母的中國身分證申請奧運會門票樂透抽籤，獲得了許多賽事的門票。雖然我有點驚訝外國人對北京奧運的報導，他們似乎熱中報導負面消息，但這並不影響我欣賞體育競賽。我承認，我為中國在獎牌總數上超越美國而歡呼。我認為這是一個更理想的多極化政治未來的恰當象徵，沒有一個國家能無視全球輿論去侵略另一個國家。我認為中國代表隊的支持者和選手沒有傲慢地展示他們的新力量，他們對他國的遊客和運動員往往非常友好。

馬基維利《君王論》第二十一章的開頭是這樣的：「沒有什麼比舉行大型活動，或從事非比尋常的行動更能讓統治者獲得威望。」[23]他接著讚美了當時的西班牙亞拉岡國王費迪南的征服行動，「讓卡斯提爾貴族的心思集中在戰爭上，不再謀劃反叛活動」。國王「繼續利用宗教，採取殘酷但無比虔誠的無恥政策。因此，他總是策畫並實現一些偉大的事業，每次都讓臣民們在等待結果的過程中又疑惑又驚喜。他的行動一個接一個緊密相連，沒有人有足夠時間發起反對他的叛亂」。我們稱這些策略是去政治化的政治。統治者有意識地進行能夠把民眾的注意力，從政治議題上轉移開來的政治活動。

像奧運會這種體育活動也可以這樣來看。在同一章，馬基維利警告說：「在每年的適當時候，他（君王）應該用宴會和宏大活動讓民眾娛樂。」中國政府的發言人聲稱：「把奧運會政治化是與奧運精神格格不入的。」[24]奧運會當然具有政治功能：它展現了在過往幾十年在中共領導下，中國所取得的巨大成就。至少從中國的政治和社會問題上暫時轉移了焦點。除了少數社會批評家外，大部分中國人對奧運感到自豪，反對在奧運期間就政治議題興風作浪。

這是壞事嗎？這取決於獲得國家榮譽所採用的手段。馬基維利對血腥入侵和「空前苦難」的稱讚在道德上存在嚴重的問題，這同樣適用於中國古代「不擇手段的」法家，比如韓非子，他稱許使用嚴刑峻罰控制人民，增強國家力量，但是中國奧運會不同。不錯，中國政府（間接地）支持蘇丹、辛巴威、緬甸等政府，但如果說中國政府的不當行為應該遭到抵制奧運的懲罰，那就有點牽強（在我看來，作為對美國入侵伊拉克的反應，抵制美國代表隊的比賽反而是更好的做法）。另外，它也取決於政府在其國內的所作所為，如果奧運會被用來支持，或者美化推行種族主義的政權，如一九三六年的柏林奧運會，抵制它當然有道理。但是，那些以「種族屠殺」將北京奧運和「納粹」奧運相提並論，無法教人信服。確實西藏受到高壓統治。但真的有人相信中國在奧運後會發動大屠殺或發動戰爭嗎？位居納粹意識形態核心的種族主義，能從官方言論中找到嗎？我至今未看過中國政府發表任何聲明與之相關。恰恰相反，事實上前任文化部部長王蒙在中國人民政治協商會議上，有一席精采的發言，其中明確批評了中國跨欄選手劉翔的說法，劉翔說他的金牌（二〇〇四雅典奧運）代表「黃種人」也能跑得快。王蒙補充說：「我們不能老是用受氣小媳婦吐苦水的語氣說話。」相反，他稱讚在輸掉比賽後隨即祝賀劉翔的黑人選手。在北京，政府盡最大努力鼓勵選手、觀眾和市民在奧運期間對他國人友好和禮貌。政府或許使用了一些嚴厲手段，如為了奧運場館興建徵收土地，在缺乏合理補償下強制拆遷。[25]但我看不出中國犯下了什麼罪行，值得世界做出抵制奧運的決定。

最終，或許歸結為愛好競爭性體育運動，和無此愛好者之間的衝突。缺乏興趣的人或許懷疑像奧運這種壯麗盛景，最終會成為政府用來賦予自身以合法性，並轉移反對派注意力的政治工具。在他們看來，體育真的是政治問題。而那些熱愛體育的人會說批評家也有落後之處，政治的要點就在於為美好生活創造條件，而美好生活就包括了體育。所以，政治的確關乎體育問題。如果政府成功地舉辦了國際體育賽事，人們樂在其中，政府就是做了該做的事。只要在此過程中沒有犯下嚴重罪行，人們對此重大活動感到自豪，我們不應對整個事件的道德寓意感到難受。

二〇〇七年末，位於天安門廣場右側巨蛋造形的北京國家大劇院開幕後不久，我前往欣賞一場音樂會。大劇院的結構讓我驚訝，它看上去像漂浮在人造湖上。進到大廳，音響效果完美無比，雖然坐在最後一排，仍讓我感覺很親切。演出結束後，我搭計程車回家，司機立即對這座新建築開始大加批判。他抱怨說這座建築是外國人設計的（法國建築師保羅・安德魯［Paul Andreu］）。我回答說在過去，中國許多著名建築，像圓明園也都是與外國人合作設計的。我問他是否反對也由外國人設計的奧運體育館，他說當然不。我注意到國家大劇院的屋頂設計象徵了陰陽，或許這是中國文化最常見的符號。接著司機說真正的問題是這座建築與周圍不協調。[26]我試圖開玩笑，就回說其他建築都太醜了，為什麼不能與這個風格一致呢？他沒有笑。然後我試圖提出儒家和而不同的觀點，但他說仍然存在風格和意義的連續性問題。他指出附近的建築具有政治意義，天安門廣場是中國政治結構的中樞，周圍的建築應具有政治意義。那天安門廣場另一邊的北京飯店呢——它也不是政治建築。歌劇院又有什麼問題？他回答說飯店具有政治功能，因為全國人大代表每年來開會時就住在那裡。[27]我說他們來到這裡後也可以去欣賞歌劇啊。計程車司機搖搖頭說：「那只是娛樂消遣。」

作為中國主要政治傳統的儒家學說，基本上是一種社會責任哲學：我們追求的應該不僅僅是個人品德修養，而是要盡可能關心他人，當權者應該實行仁政。但是，在儒家經典「母本」——《論語》中有一篇文章，似乎與儒家強調社會責任的觀點形成鮮明對比。這篇文章是該書中最長的一篇，可以作為其非政治（或反政治性的解讀）。在該篇中，孔子和他的四名學生坐在一起，問起學生各自的理想（〈先進・第十一〉）。第一位學生子路說，他要治理擁有千輛兵車的國家，三年之後便能擊退入侵的敵軍，克服饑荒，讓人民具有勇武的精神。孔子撇嘴笑笑，表示懷疑。

接著是冉有——謙虛的他說可以管理更小的國家，讓民眾富足，但是需要賢德君子來修明禮樂。公西華更加謙虛，他說只能做個小小的禮官。最後一位學生曾皙的答覆或許是最讓人困惑的，他要和朋友一起沐浴後，在回家的途中一路歌唱。孔子點點頭稱許。暢銷書作家于丹在著作《論語》中認為，這篇文章代表個人態度比政治承諾更重要。她引用宋朝大儒朱熹的權威觀點，認為曾皙的理想表面上微不足道，但實際上卻更勝一籌，這是因為曾皙旨在培養內在態度和自我修養的提高，而不是具體計畫。後來，她再次討論曾皙的理想，使用道家的語言指出欣賞大自然的重要性。然後提到了莊子思想「獨與天地精神往來」，以解釋孔子對曾皙理想的讚賞。28

但是，如果該篇真是關於追求個人幸福，或者與大自然和諧相處，天人合一，那就離奇了。在強調社會關係和政治關切的重要典籍中，上述有關個體性追求的觀點該如何展開？在我看來，該篇是關於政治關切的，但孔子強調政治關切的手段不僅僅是治理國家。考慮該篇的末尾，孔子和曾皙對話時，解釋了他對冉有和公西華的反應。孔子說，他們仍然在思考社會和政治關切的重要形式，即使並沒有拉動國家權力的最高槓桿（于丹無法就孔子該問題做出進一步解釋——如果她的解釋正確的話，那麼《論語》的那段話，就應該在曾皙闡述其理想之後結束才對，沒有必要再寫下去）。那麼，曾皙的理想如何呢？如果把它放在《論語》其他篇章的背景下來考慮，意思就清楚多了。孔子指出與關係密切的人非正式社會交往，以及吟唱的重要性，這是支持社會和諧的信任紐帶不可或缺的。曾皙所描述與朋友一同吟唱，有助於形成社會信任即「社會資本」（借用當代社會科學用語）。孔子贊同這種活動，因為在道德上是可行的，是更高層次的政治活動的基礎和必要條件。子路認為僅僅以他的人格和正確的政策就能治理國家，但是他忽略了能夠讓那些政策有效實施的社會信任必要性，難怪孔子最不贊成他的理想。如果我們如此解釋來分析曾皙的理想（以及孔子對這個理想的反應），整篇文章的意義就更加明確了：政治承諾表現在大到管理國家的理念，小到與親朋好友的非正式交往準則，而後者在某種意義上更重要。

這聽起來不大可能嗎？對那些決心摧毀政治體制的暴君並非不可能。聰明人知道他們必須遵照社會規範行動，因此，當亞里士多德穆斯（Aristomedus）在西元前五三四年推翻庫邁的政府後，他不僅血洗參議院，而且系統地摧毀了體育館。那時候，體育館是制度化的教育場所，在體育館形成的社會紐帶鞏固、支持了整個社會的聯繫。通過關閉體育館和強迫所有城邦中的年輕男子蓄長髮、穿上時尚的女性服飾，亞里士多德穆斯企圖打擊「高貴的男子精神」，將那些渴望恢復從前秩序的人分散開來。[29]換句話說，限制結社自由，防止傳統的社會集會是破壞舊政權的關鍵。從積極的方面說，與朋友一起唱歌和游泳，這種非政治性的活動，實際上是真正創造社會和諧與政治穩定的因素。

所以，如果當時想到這些，我肯定會對計程車司機說：政治也關乎音樂問題。

二〇〇九年十月一日，在中華人民共和國成立六十周年紀念活動時，我接到邀請，在中央電視臺談論教育和社會趨勢。北京的道路因為準備大型的軍事閱兵而被封閉，我被要求在電視臺附近的一家旅館過夜。我外出散步，除了安全人員和一個提著金絲雀鳥籠散步的老人外，街上空無一人。我得知了節目主題，也被要求事先提出預計的談話內容。節目是採現場直播，不能出現任何閃失。我反對節目中將硬式搖滾歌手崔健描述為二十世紀八〇年代的「代表性音樂人」。崔健是位有才華的音樂人和令人興奮的表演者，我在紐約的一個小型俱樂部看過他的演出，但我不認為他能代表那個時代。臺灣歌手鄧麗君在學生中更受歡迎，她也受到不同群體的愛戴。鄧麗君所演唱受到唐詩影響的悠揚甜美歌曲至今仍大受歡迎。所以，我更改了腳本，在直播中為鄧麗君聲援。我有點擔心這麼做會觸動政治的敏感神經：畢竟鄧麗君終身反共產黨，也從未拜訪中國。但我希望一切都會沒事。（畢竟，我那八十四歲的老丈人，一個參加過三次戰爭的老軍人，中國老一輩真正的共產主義者之一，也是鄧麗君的歌迷）後來我再一次應邀到電視臺上節目，談論有關孔子的新電影。

早期中國統治者會派代表到民間采風，聽取、記錄和彙報人們唱的種種歌曲。如果歌曲是高興的、歡快的，說明人民滿意，君王就覺得安全。如果他們的歌曲是悲傷的、怨憤的，說明他們不滿意，君王就處於危險中。[30]但是，音樂不僅僅被用來瞭解和判斷民眾的政治情緒，統治者也被鼓勵通過適當的音樂以提高人民的素質。儒家模式仍然是多樣性的和諧。據說《樂記》是由孔子本人編撰，但被漢代（BC 202—220）的眾多學者編輯和重新撰寫。該書說「在偉大的音樂中，存在著天地之間盛行的和諧」。各地的音樂可能不同，但道德影響是一樣的。「在整個世界，都有同樣的愛情，音樂的風格不同，但它們表達的愛情是相同的。」音樂本身也呈現出和而不同的理想。「平和舒緩、曲調豐富而節奏簡明的音樂，人民感到安康和幸福。」這種音樂能激發快樂的感情，或許還能使人們的身體活動起來。「當手勢和聲音不夠時，人們的手臂不知不覺就開始晃動起來，（隨著音樂和歌唱）腳也開始動起來了。」最重要的是，推廣適當音樂的寓意是保護社區中的弱小成員。如果人們的欲望沒有受到和諧音樂的教化，社會將陷入混亂，結果造成「強者欺壓弱者，多數壓迫少數，聰明人占愚蠢人的便宜，膽大者欺負膽怯者，老人、小孩和孤兒寡母（沒有社會關係保護）無人關照（強者脅弱，眾者暴寡，知者詐愚，勇者苦怯，疾病不養，老幼孤獨不得其所，此大亂之道也）」。

當然，另一方面我們應該擔憂造成道德上壞影響的音樂。兩千年前的新音樂在古代人看來是有問題的：

> 今天的音樂不如古樂那樣歡快。（在過去，表演者）齊進齊退，整齊畫一，樂聲諧和、雅正，而且氣勢寬廣。性格得到陶冶，家庭得以管理，和平與正義在整個王國得以實現。但現在，（表演者）進退曲折，或俯或僂，但求變換，不求整齊，樂聲淫邪，沒完沒了，烏七八糟，而且有俳優侏儒側身其間，男女無別，不知有父子尊卑，如獼猴麇聚。音樂終結之後無餘味可尋，又不與古事相連。現在你請教的是音樂，但喜歡的不過是聲音。[31]

在《論語》中，孔子非常明確地指出，應該禁止在道德上有危害的音樂：「要禁絕鄭國的音樂，遠離奸佞之臣。鄭國的音樂淫穢，奸佞之徒危險（放鄭聲，遠佞人。鄭聲淫，佞人殆）。」（〈衛靈公〉第十五．十）但是，他也指出禮儀（連同適當的音樂）比強大的法律能更有效地改造心靈（道之以政，齊之以刑，民免而無恥。道之以德，齊之以禮，有恥且格）。所以，或許結論是國家不應該限制音樂，但需要小心地挑選公共禮儀，和孩子們所在學校的適當音樂。雖然有人或許喜歡崔健（或是「衝擊」我最喜歡的龐克樂團），但它不是政府應該提倡的音樂。32

未來：復興過去

住在北京的快樂之一是人們不（主要）以薪資所得評價他人。那些確實有錢的人喜歡顯示他們的文化，他們常與不同社經背景的人交往，如政治人物或藝術家（與香港相比，香港更多是金錢取向的，人們往往堅持和自己所屬的社會階層的人交往），一個人常經營不同的事業。「你是做什麼的？」的提問，常有兩三種不同的答案。至於我，我是學者，但也經營餐廳。我和朋友合夥開了一家餐廳，我的書就放在餐廳裡，也會與朋友相約到那裡見面聊天。這家餐廳名叫紫蘇庭，主要由另外兩名股東經營，我的中國朋友阿文和她的瑞典丈夫托比。阿文有自己的空調生意，而托比是北京一個爵士樂團的樂手。

共產主義到底如何呢？馬克思本人很少談論共產主義社會的生活。在他四十多卷著作中，只有很少的段落談到共產主義社會。最著名的是一八四六年的《德意志意識形態》，當時馬克思還是個年輕人：在共產主義社會裡，每個人都可能「隨自己的心意今天做這，明天做那。上午打獵，下午釣魚，傍晚放牧，晚餐後進行批判活動。這樣就不會讓我總是作為一個獵人、漁夫、牧人或批判者」。33或許馬克思只是想說，人們的選擇不受經濟上必要的勞動分工限制。但這些例子是怪異的，因為共產主義社會的特徵是技術高度發達（這是物質財富極大豐富所必需的，這能夠讓人免於從事不喜歡的工作），所以人們不大可能會選擇養牛之類的畜牧活動。或許馬克思克制自己沒有進一步預測共產主義社會的本質，因為他認識到技術將導致很多在他那個時代難以想像的東西（他能想到網際網路嗎？）。不過，造成的負面影響是為各種帶有浪漫抱負的理想家（如毛澤東）敞開大門，將他們瘋狂的夢想強加在共產主義理想之上。

更清醒的學界闡釋者，也試圖敘明共產主義的可能模樣。泰瑞．伊格頓（Terry Eagleton）《人生的意義》（*The Meaning of life*）是對各種可能性的廣義批判。他在著作結尾歸結出理想的積極內容。這是一個人人都能實現個人獨特才華，允許和鼓勵其他人繁榮發展的社會。更具體地說，這代表什麼呢？伊格頓借用馬克思主義政治理論家柯恩（G. A. Cohe）的形象比喻「爵士樂隊」進行了解釋。值得全部引用如下：

> 即興演奏的爵士樂隊顯然與交響樂團有所不同，在很大程度上，每個成員都可以自由表達自我。但是，他這麼做的同時，保持著敏銳的感知接收其他樂手的演奏詮釋。他們形成的複合和諧狀態並非來自集體的演奏，而是來自每個成員的自由表達，同時也成為其他樂手自由表現的基礎。隨著每名演奏者在音樂上更加有表現力，其他人也能從中獲得靈感並得到激勵，從而達到新的高度。在此，自由和「整體的善」之間沒有衝突，不過，其意象正好與極權主義截然相反。雖然每個表演者為「整體的善」貢獻，但這麼做不是通過苦澀的自我犧牲而是通過表達自我。其中有自我實現，但那是通過自我在音樂整體中的消失而達成的。其中有成就，但它不是自吹自擂的成功。相反，成就（音樂本身）充當了表演者之間發生關聯的媒介。從這種藝術活動中可以得到快樂，因為這裡有自由的滿足和力量實現，同時有一種欣欣向榮的感覺。因為這種成功是相互的，我們甚至可以籠統地比喻，這是一種愛。[34]

這是一段關於共產主義理想的動人描述，但也暴露了共產主義的弊端：它低估了歷史的重要性，以及與之相伴的道德義務。在現實世界中，無論擁有多少財產，都並非僅是我的才華在社群中覺醒的問題。我對他人還有義務，這是由我之前的角色、現在的角色，和未來將要擔任的角色所決定的。歷史非常重要，這基本上是儒家道德的核心觀點。父母花費多年時間辛苦養育我，在他們年邁體弱之際，我有義務照料父母。如果父親生病，我就無法在自由選擇的社群中努力精進，[35]我需要照料他，即使這會妨礙我日常的發展。我的行動受到限制，也應受到限制。這不一定是「殘酷的犧牲」，實際上，如果在照料父親時表現出這是一種犧牲，就會傷害父親。但是，這確實是一種犧牲。[36]

北京大學有傲人的社會責任感，它的學生在二十世紀領導了中國眾多的政治運動。[37]幾個月前，我和妻子在北大校園裡散步。我們路過一座紀念碑，紀念了二十世紀二〇年代因為反對軍閥鬥爭而被殺害的學生。我太太認為那裡終將樹立著紀念在六四事件被殺害的學生紀念碑。

如果我在中國學到了什麼，那就是耐心。是的，政治體制改革將會發生，但它需要時間。最令人尷尬的錯誤之一是，當政府在二〇〇七年六月四號為一九八九年的六四事件屠殺道歉後，我預測了中國將召開憲政改革大會，但一直到本書寫作的二〇一〇年，無論是政治改革，或是為六四道歉都尚未發生。總有一天會有實質性的政治體制改革，但可能還很遙遠。二〇〇七年二月，溫家寶說中國必須堅持目前的發展方針至少一百年。改革者比較樂觀，改革派學者周天勇在二〇〇七年中共第十七次全國代表大會後發表的研究報告顯示，中國需要至少六十年時間（從一九七九年算起）才能過渡到現代市場經濟，和更高程度的政治民主。二〇二一到四〇年的最後階段，將涉及發展經過改善的民主政治體制框架，和形成現代化國家的「中等發展水準」的成熟民主和法治。[38]其中並沒有提到選舉。

我的一本著作討論過儒家學說，在當代中國政治和日常生活中的復興。有位朋友建議書封或許可用一張（修圖的）孔子照片取代天安門廣場上毛的照片。這似乎是個不錯的想法，儘管我理解這將挑動政治的敏感神經（兩名在一九八九年學生示威期間，將紅漆潑到毛澤東肖像上的學生，後來坐了很久的牢。）我與編輯討論過這個想法，後來想出另一種作法：把孔子的肖像放在毛澤東旁邊。但這個建議最終被我否決了。我暗自擔心這樣的書封設計，很可能會危害我在清華大學講授政治理論的教職。

回想起來，我好奇為什麼像我這樣的西方人，會全心全意支持一九八九年的學生運動。我對中國一無所知，怎麼如此肯定學生代表了中國的未來？或許這是一種自戀。我支持學生，是因為他們渴望成為像我們這樣的人？又或者學運本身有點太過天真。的確政府不該向和平示威者開槍，而且他們總有一天會為此道歉。但這不代表學生站在歷史正確的一方。他們有一種理想化的、沒有受到任何民主實踐經驗汙染的民主觀（因此，就像毛的共產主義理想，民主代表了他們最浪漫的幻想）。既然很多學生出國留學，世界新聞也可以在中國被廣泛散播（網路相比於出版品有較少的侷限，而國際新聞相對於國內新聞也較少受到控制），中國受教育的民眾對民主的優缺點有了更加深入的瞭解。一方面，美國入侵伊拉克玷汙了民主模式在許多中國人眼中的形象：美國似乎代表了霸道的強權政治，而不是民主理想。中國的經濟崛起使中國人對自身的傳統有了新的自信。未來，天安門廣場上會有更多政治示威活動，但最耀眼的民主象徵物將不再是自由女神像。

二〇〇九年六月，在北京參加了有關儒學的跨學科學術會議之後，中國一位知名的儒家學者蔣慶在我家住了幾天。在批評家看來，蔣慶是個試圖扭轉歷史的「儒家極端主義者」。我覺得，他是一位能獨立思考的思想家，試圖從豐富和多樣的儒家傳統中尋求靈感，來思考中國的政治改革，同時對其他傳統的影響保持開放態度。他的三院制國會的倡議（通過民主選舉方式產生議員的庶民院，通過考試選拔德才兼備的精英的通儒院和由中國多樣的文化傳統的代表所組成的國體院），成為人們深入討論的話題。39

我們參觀了最初由由蒙古征服者忽必烈汗於一三〇六年建造的帝都孔廟，十五位左右的儒家青年學者在此守候著蔣慶。他們十分禮敬蔣慶，我們走向大殿，向孔子像鞠躬，有人請他擔任司儀。有人質疑我是否該參加這個儀式，蔣慶堅決反對這個問題背後的狹隘民族主義思想，他說，儒家學說是公天下的。然後我們走到隔壁皇權時代中國的最高學府國子監，成千上萬的學生，就是通過國子監的大門參加科舉考試的最後階段，那些成功者由此博取功名。我們被帶領參觀了皇帝每年春天親自講授儒家經典的講壇（譯注：此處指的是乾隆時期所建的辟雍殿，乃天子講學處。乾隆兩次在此講學，平時皆閒置）皇帝講經內容透過人聲傳播給講壇下的三千名學生。蔣慶說這是不對的。他指的是十七世紀儒家社會批評家黃宗羲的見解，皇帝因就弟子之列，聽取由當世大儒選出的太學祭酒講經，以及對朝政得失的批評。[40]

當今中國有兩種民族主義。一種是思想封閉、充滿怨恨的民族主義，這更多地「歸功」於中國式的法家而非儒家。這種民族主義者企圖把中國建設成為軍事強大、經濟發達，可以向世界其他地方「說不」的大國，不受任何道德約束。另外一種民族主義者對中華文化傳統感到自豪，同時對其他文化影響保持開放態度。這類民族主義者創造性地詮釋傳統價值，以便使它們符合當今現實，滿足當代和未來的需要。他們夢想一個民族，同享一種建立在道德理想，而不是民族或種族基礎上的文化，他們的政治目標是建設一個讓人們過上幸福生活的國家，主要通過道德力量感化世界其他地方。[41]現在預測哪一種民族主義將取得勝利還為時尚早。但我們能肯定的是，這齣政治戲碼將在北京粉墨登場。

1 我把菜單保留下來了，若有誰不相信這個故事，我就可以拿給他看。中文菜單也有類似的註腳。

2 《儒家郵報》，第 85 期，2009 年 2 月 19 日。

3 Stella Dong, *Shanghai: The Rise and Fall of a Decadent City* (New York: Harper Collins, 2001) , 45, 53.

4 雖然禁止中國人進入公園，但沒有證據證明存在這樣的告示牌。請參閱 Robert A. Bickers and Jeffrey N. Wasserstrom, "Shanghai's'Dogs and Chinese Not Admitted'Sign: Legend, History and Contemporary Symbol, "*China Quarterly*, no. 142(1995) : 444-466.

5 上海人比北京人、廈門人、福州人更喜歡西方產品和名牌。請參閱 Wei R. and Pan Z., "Mass Media and Consumerist Values in the People's Republic of China, " *International Journal of Public Opinion Research* 11, no. 1(1999) : 75–96.

6 二〇一一年初，我和上海交通大學簽訂了學術職務合約。我希望，這能讓我在這個城市花費更多時間，對這個城市的精神有更加細膩和公正的描述。

7 Lillian M. Li, Alison J. Dray-Novey, and Haili Kong, Beijing : *From Imperial Capital to Olympic City*(New York: Palgrave Macmillan, 2007) , 8.

8 王博．北京：一座失去建築哲學的城市 [M] ．瀋陽：遼寧科學技術出版社，2009 年，第 26–27 頁。但是，在滿族統治下，這個城市的設計缺少和諧特徵：少數民族滿族建立了一個准種族隔離的政權，禁止漢族人居住在內城。請參閱 Roger Darrobers, Pékin: Capitale Impériale, Mégapole de Demain (Paris: Gallimard, 2008) , 29.

9 Li, Dray-Novey, and Kong, *Beijing*, 173.

10 Wu Hung, *Remaking Beijing: Tiananmen Square and the Creation of a Political Space* (Chicago: University of Chicago Press, 2007) , 15.

11 同上書，66。

12 Wu, *Remaking Beijing*, 8. 出於軍事上的考慮，尤其是建造地下鐵，或許一直是為拆除城牆辯護的原因。請參閱 Yue Zhang, "Re-imagining Chinese Modernity: The Demolition and Restoration of the City Walls of Beijing, 1949–2005, " *manuscript,* University of Illinois at Chicago, 13.

13 引自 Li, Dray-Novey, and Kong, *Beijing*, 176。梁提交了一個計畫，沿著城牆創建花園人行道，讓它們變得更加漂亮。請參閱插圖 Geremie R. Barmé, "Beijing, a Garden of Violence, " *Inter-Asia Cultural Studies*, 9, no. 4(2008) : 617.

14 十九世紀末二十世紀初，都市改革者也試圖將中國城市現代化，增強它們的國家功能。請參閱 Kristin Stapleton, *Civilizing Chengdu: Chinese Urban Reform*, 1895–1937 (Cambridge MA: Harvard University Asia Center, 2000) , 1–2, 257.

15 更準確的是，北京仍然有 5% 的革命前的建築被保留下來。賈斯柏．貝克注意到「即使奧斯曼男爵，也對十九世紀的巴黎留下四成的建築沒有拆遷」。請參閱 Jasper Becker, *City of Heavenly Tranquility: Beijing in the History of China* (London: Penguin Books, 2008) , 8. 最近有關北京的很多書哀歎老北京的大規模破壞，請參閱 Michael Meyer, The *Last Days of Old Beijing: Life in the Vanishing Backstreets of a City Transformed* (New York: Walker & Company, 2008) 。從積極的方面看，「大躍進」和「文革」期間鏟平紫禁城的計畫被放棄了。請參閱 Geremie R. Barmé, *The Forbidden City*(London: Profile Books, 2008) ,

15 紫禁城是北京列入世界文化遺產名錄的六大名勝之一（中國總共

有三十四處）。請參閱羅哲文、李江樹《老北京》（石家莊：河北教育出版社，2006 年），第 2–4 頁。有關北京的中文書往往不是專門談論建築的，它們也討論更加具有持續性的北京文化，比如施連芳、上官文軒編著的《趣談老北京文化》（北京：智慧財產權出版社，2005 年）的上半部分就是在談論北京的飲食文化。

16 Wu, *Remaking Beijing*, 134, 240. 但是，麥克．杜頓和合著者注意到天安門廣場是中國國家強有力的象徵。請參閱 Michael Dutton, Hsiu-ju Stacy Lo, and Dong Dong Wu, *Beijing Time*(Cambridge, MA: Harvard University Press, 2008), 2–3, 11, 206.

17 Jonathan D. Spence, *The Search for Modern China*(London: Hutchinson, 1990), 631.

18 毫無疑問，他也受到二十世紀五〇年代初期俄國例子的啟發：當時，它似乎是成功跳過了資本主義階段的國家。

19 有人可能指出，馬克思在臨終的時候暗示像俄國這樣的農業國家走向共產主義的可能性。但是他可能排斥像「大躍進」這樣的努力。同樣地，他會排斥在他那個時代實施烏托邦社會主義的努力。

20 Karl Marx and Friedrich Engels, *The German Ideology, in Collected Works*(London: Lawrence and Wishart, 1975–1998), 5: 49.

21 這並不是暗示北京只有一種政治權威。事實上，這裡有兩層重要的政治權威——城市層面的和國家層面的。

22 加拿大在一九八八年卡爾加里市的冬季奧運會上再次獲得了這個不光采的成績。我很高興地報告說加拿大最終在二〇一〇年溫哥華冬季奧運會上終結了「奧運羞辱」，位居金牌榜榜首。

23 這裡和隨後的馬基維利引語來自《君王論》（*The Prince*, ed. Quentin Skinner and Russell Price, Cambridge: Cambridge University Press, 1988), chap. 21.

24 引自 Edward Cody, "China Steps Up Its Argument over Darfur: World Leaders' Plans to Attend Olympics Used to Push View of Games as Apolitical," *Washington Post*, 8 March 2008.

25 貝克評論說：「北京承諾給『世界人民的奧運』。如果對古代城市來說，這種重大改變若非在專制社會則根本不可能完成。」（Jasper Becker, *City of Heavenly Tranquility*, 292）但是，羅伯特．摩西可能感到著迷的是西方民主背景下的野蠻拆遷（請參閱本書紐約一章）。

26 對國家大劇院的特別嚴厲批評，請參閱王博《北京：一座失去建築哲學的城市》，第四章。王認為，這個建築與周圍建築不協調。從環境上說，它是一種浪費，和中國人的信仰發生衝突，不是特別有創新，不能服務於人民的需要，整個事情就是政客決定的，很少考慮大眾和專家的意見。王認為這個建築代表了北京最近的一種趨勢，即外國建築師把這個城市作為試驗場，檢驗那些在西方根本不可能得到批准的怪異和昂貴的建築。但是，王並不反對外國建築師的作用，他高度讚揚了奧林匹克體育館（鳥巢，是由瑞士建築師雅克．赫爾佐格和皮埃爾．德默隆設計的）。這個體育館是受到中國陶瓷研究的啟發，是中國文化和現代美學的和諧結合(Wang, *Beijing*, chap. 5, sec. 3)。

27 最早的北京飯店是法國人在一九〇〇年建造的。新中國成立後，人民大會堂的建築師張博設計了一個分部，讓老建築相形見絀。這個飯店將接待重要的外國客人，以向外界做出這樣的政治聲明，「中國最終砸碎了殖民時代的鐐銬，共產黨解放了這個城市和國家」。(Dutton et al., *Beijing Time*, 78) 現在它是一個豪華飯店，由總部設在新加坡的萊佛士連鎖飯店（Raffles chain）經營。當然，萊佛士是創建了現代新加坡的英國帝國主義者（請參閱本書新加坡一章）。

28 于丹．論語心得［M］．北京：中華書局，2006 年，第 90、91、

93、99頁。

29 Thomas S. Scanlon, *Eros and Greek Athletics*(Oxford: Oxford University Press, 2002), 268.

30 Philip J. Ivanhoe, "Asian Tradition and New Humanity," in 2009 *Global Civilization and Peace*(Seoul: Jimoondang, 2010), 123–133.

31 我修改了這裡和其他地方有關《樂記》的翻譯。

32 有一些社會科學證據支援儒家的音樂觀點。在最近的試驗中，受到與音樂及相關內容影響（比如麥克・傑克森的〈拯救世界〉）的青少年，比用中立態度聽音樂的人更容易成為撒瑪利亞。(Peter Walker, "Positive Lyrics Keep Teens on Right Track," *South China Morning Post*, 8 January 2010) 。應該說，如果受試者聽搖滾樂隊「性手槍」、「英國的無政府主義」之類歌曲的話，負面影響可能更加明顯。

33 Robert. C. Tucker, ed. *The Marx-Engels Reader*, 2nd ed.(New York: Norton, 1978), 160.

34 Terry Eagleton, *The Meaning of Life*(Oxford: Oxford University Press, 2007), 171–173.

35 艾維納本人在成為學者之前就做了幾年的職業爵士樂手，他提醒我爵士樂手也尊重歷史。「你知道，歷史是人類演奏的第一個樂句。你通過尊重這個樂句而即興表演，接著第三位樂手通過尊重前兩位及其所做的事進行即興表演，是建立在第一位樂手的樂句基礎上。」雖然如此，儒家確實不怎麼強調自我表現和即興表演。即使我在關照父母的時候不是具有創造性的，我仍然有義務照料他們，因為我的角色和他們從前為我所做的一切。

36 我應該承認，父親最後那幾年基本上是由妹妹照料的。我花時間撰寫如何孝敬父母，而她則花時間實踐這種孝道。

37 請參閱 Xiaoqing Diana Lin, *Peking University : Chinese Scholarship and Intellectuals, 1898–1937* (Albany: State University of New York Press, 2005) ; Fabio Lanza, "The Beijing University Students in the May Fourth Era: A Collective Biography," in *The Human Tradition in Modern China*, ed. Kenneth J. Hammond and Kristin Stapleton(Lanham, MD: Rowman & Littlefield, 2008), 117–134.

38 請參閱周天勇的報告《攻堅：17大後中國政治體制改革研究報告》，2008年3月12日。

39 范瑞平編著．儒家社會與道統復興［M］．上海：華東師範大學出版社，2008年。

40 請參閱黃宗羲《明夷待訪錄》，Huang Zongxi, *Waiting for the Dawn*: A Plan for the Prince, trans. William Theodore de Bary(New York: Columbia University Press, 1993), 83.

41 這樣的民族主義者不需要只從儒家那裡尋求靈感。比如閻學通為一種受到先秦思想家多樣思想啟發的人道的民族主義辯護。請參閱 Yan Xuetong, *Ancient Chinese Thought, Modern Chinese Power*, ed. Daniel A. Bell and Sun Zhe, trans. Edmund Ryden(Princeton, NJ: Princeton University Press, 2011).

牛津—學術之城

THE CITY OF LEARNING

主筆：德夏里特

當我把本書的寫作計畫和牛津一章的標題告訴一位住在牛津二十多年的朋友時，他笑著說：「多麼乏味無聊啊，你需要做多少研究來得出結論？」我有些猶豫不決，注意到他話語中的諷刺意味，於是問：「那麼，你會如何稱呼牛津呢？」他想了很久，在我已經喝掉半杯啤酒後，他說：「『牛津：學術之城』，如何？」我們都笑了，我說：「來，我們為它乾杯！」

我猜許多人會同意我朋友的說法，附帶一提，這位朋友與牛津大學沒有任何關係。實際上，本章的觀點是，牛津精神幫助我們瞭解學術是什麼。牛津寬容不守常規和怪異行為的舉動為學者提供了寬鬆的學術氛圍。但是，並非所有牛津居民都喜歡學術或受益於這種氛圍。因此，本章在結尾處提出了學術精神該如何與更廣泛的民眾共用的問題。

✕✕✕

「牛津」一直是學術的同義詞，當你聽到這個城市的名稱時首先想到的就是學術。雖然學生人數並不太多，但牛津卻是世界上最知名的大學之一。二〇〇九年，牛津有一一七六五名大學生和八七〇一名研究生。過去十年中，申請大學入學者增加了六成一，雖然每年的錄取人數基本固定。[1]牛津大學將學生人數維持在如今這種較小的規模上，是因為導師制大學教學模式要求教師和導師定期與學生以一對一，或是至多三位學生的小組方式面對面指導。雖然課程要求很高（許多學生每個星期都要提交論文），牛津大學仍然非常受歡迎，它的畢業生相對更容易錄取頂尖大學研究所，牛津的文憑也讓畢業生在競爭最有吸引力的工作時優勢明顯。我相信，牛津大學受歡迎的原因還包括牛津城本身，在它所代表的獨特氛圍中生活一段時間，就能獲得純粹的喜悅。不過，我承認我有偏見，貝淡寧和我都是在牛津拿到博士學位的。著名作家賈斯汀．卡特萊特（Justin Cartwright）也有同樣的想法，他出生於南非，在牛津讀書。[2]他聲稱這個城市會給它的學生施展魔法，不過他可是真正的牛津大學畢業生，這是否暗示了什麼呢？愛上這個城市的人主要是牛津大學的學生嗎？

牛津大學當然是英語世界最古老的大學。很難說它是什麼時間真正成為大學的，我們只知道授課開始於一〇九六年。最初，以講授神學為主，每次上課的費用由選擇和聘用私人家教的學生支付。我向接受採訪的幾位學生提到這一點時，他們的反應非常相似而且都帶點嘲諷地說：「這個主意不錯啊！」雖然他們都以身為國立大學學生，而不是私校學生為榮。牛津大學實際上一直依靠國家才取得了成功：一一六七年，當英王亨利二世宣布禁止英國學生前往巴黎大學就讀，牛津就成為一個極具吸引力的選擇。

歷史學家們對牛津為何成為擁有世界一流大學的城市有不同解釋。一種解釋是說牛津大學從一開始教學品質優良而且課程豐富，十四世紀時，教皇和英國國王還為此稱讚牛津。牛津成功的另一個原因是財政。宗教機構的著名導師，可以通過招收所謂的「繳費生」來增加收入，因此某些教學活動是在大學之外進行的，這使得老師們在授課內容方面有更大的自由。漸漸地，牛津開設的課程不斷增加。

當我問學生「為什麼選擇牛津」時，他們回答說：「不清楚，但總不會是因為天氣。」他們不約而同地回顧了在牛津的糟糕情緒和一種共同的傷感，這種情緒與冬天很少見到燦爛陽光、十二月灰濛濛的天空以及潮溼陰冷的空氣有關。

> 作為以色列學生，我是少數留在牛津過耶誕節的猶太人之一，回家一趟所費不貲。像許多穆斯林一樣，以色列猶太人也不慶祝耶誕節。實際上，其他留在牛津的學生大多是阿拉伯人。所以，對以色列和阿拉伯人來說，至少這個階段，牛津為他們提供了一種生命共同體意識。[3]

隨著大學的擴張，需要住宿的學生開始在提供食宿的旅館居住。後來，租借了旅館房間作為教室，這些旅館最終成為學生宿舍。十三世紀，在學生和市民發生暴力衝突之後，學校建造了專門收容學生的宿舍來保護他們。十四世紀初，已經設置了一百二十處學生宿舍。[4]不是所有學生都能支付得起上大學的費用，富裕的捐贈者給貧困學生建造了宿舍，或者像沃爾特·莫頓（Walter de Merton）一樣安置了無法繳納大學費用的家族成員。這就是當今學院體制的開始。最早的學院包括大學學院、貝列爾學院、莫頓學院，它們都是在一二四九到六四年間建成的。

一八七八年這裡發生了一次重大改革——為女生建造了學生宿舍。今天，所有學院都招收男女生——這或許暗示了無論是關乎教育還是學術的牛津故事，都不是真正的平等。

他們說牛津城中心的酒吧，比英國任何一座城市都多。我不敢盡信這種說法，但可以肯定的是，沒幾座城市有那麼多關於偉大學者或著名小說家，抑或詩人的故事是在酒吧發生的。這些故事的真實性如何是另一個問題，但我們就姑且相信牛津的魅力吧。

如果你想在牛津吃一頓豐盛的英國早餐，或許可以和我一起到「老鷹與小孩」酒吧附近的小咖啡廳去。在那裡，我們可以坐下來點一份你能想到的最不健康但美味可口的早餐。讀書的時候，我常這麼做，經濟又酣暢。現在我寬裕了，而且成為素食者，「老鷹與小孩」酒吧變得更有吸引力。這是一棟形狀怪異的狹窄建築，有著許多狹長的房間，和一樣長久的歷史，你可以在網路上找到相關資料。據說英國內戰期曾為財政大臣的住所。在我看來，這不值得炫耀。牛津是保皇派首都，鼎力支持國王。但如果你像我一樣真喜歡這個酒吧，你或許會支持提出質疑財政大臣在此居住說法的歷史學家。畢竟，內戰從一六四二年持續到四九年，而這家酒吧一六五〇年以來就一直只是個小酒館。5

這座酒館的聲名遠播與「跡象文學社」（The Inklings）有關，這是包括路易斯（C. S. Lewis）和托爾金（J.R.R. Tolkien）在內的一群牛津作家的文學組織。一九三九到一九六三年，「跡象文學社」每週二在此進行午餐聚會。據說他們時不時地橫過馬路（聖吉爾斯街）來到羔羊旗酒吧，這是另一個著名酒館和牛津地標。聖約翰學院在二〇〇三年把這兩家酒吧都買了下來，實際上牛津市裡的學院擁有各自的酒吧，樽酒論文是酒館裡常見的風景。

我必須承認我對牛津有偏見。如前所述，牛津是貝淡寧和我獲得博士學位的地方，也是貝淡寧與宋冰結婚的地方。貝淡寧的母親是天主教徒，父親是猶太教徒，妻子是中國人，貝淡寧提交的博士論文是有關社群價值重要性的。[6]就是在這座城市，我與伊佛特共結連理，她跟隨我到以色列，在那裡生下我們的長子丹尼爾。許多人一開始先愛上牛津，兩三年後則感到疲勞和厭煩，這是一座小城（在我們的書中是最小的城市），騎自行車半個小時就能橫跨，但我從來沒有覺得牛津乏味。

畢業後，我每個暑假都要回牛津待上一兩個月，有兩次是利用教授休假。人們常說這座城市從來沒有變化，但實際上的改變很大，或許是因為數量龐大的學生變得與以往不同。雖然牛津建立在學院和學生的聯繫上，但我們希望敘述的是座城市而不僅是一所大學，但是但牛津的代表精神即是大學展現的重要特質：學術，也承擔了學術所帶來的正反兩面的影響。

學習、研究、學術：理清概念

在細細參觀了牛津植物園後，我離開往左邊走。玫瑰園旁是多布尼樓，這是由負責花園管理的植物學教授查理斯．多布尼（CharLes Daubeny）建造的實驗室。資料顯示，是他自己出資建造了這棟大樓。[7]

我一直在思考，為什麼大學老師們會花費這麼多時間、精力甚至金錢從事學術研究。驅使他們一直從事研究的動力是什麼？他們的問題無窮無盡，他們是否像一個急於發現奧祕的好奇小孩呢？對有些人來說，正是這種好奇心驅使他們進行研究，這些人是真正的研究者。他們覺得自己的本職就是理解、發現、探索、調查和挖掘未知，然後讓不清楚的人理解。對研究者來說，研究和講解這兩個階段同樣重要。與此類人相反，還存在另外一種人：學者。對學者來說，學習的目的是獲得知識，不一定是要發現未知的東西或為別人講述新發現。那些投身於研究的學者就像水果，越來越成熟，也越來越香甜。在把知識傳授給他人的意義上，「新」並不是最重要的，儘管學者生涯中必定圍繞新奇事物，學者的焦點集中在將知識傳遞給下一代學生。研究者的代表是生物學家和物理學家，而學者的代表是思想史家。生物學家和物理學家，傳播世界如何運行的最新理論和資訊，卻很少關注偉大的理論家，比如伽利略甚至愛因斯坦。另一方面，思想史家則講授亞里斯多德和柏拉圖，他們完全相信這些知識的內在價值。

與劍橋大學出類拔萃的自然科學系形成對比，牛津主要是以人文和社會科學聞名（雖然其自然科學也非常優秀）。公平地說，它的理科也非常好，二〇〇九年，牛津是贏得歐盟研究補助的歐洲三大名校之一。不過我認為，和美國的常春藤大學不同，在牛津，學術更多代表成為學者而不是做研究，這是正確的。牛津的學術包括研究，但理想的牛津教授是思想開闊的知識份子，是一個為下一代傳授知識的學者，而不是發表了許多論文的人。這不僅是大學的精神而且是城市的精神。每當我和牛津朋友談論學校教育時，給我留下深刻印象的是，他們覺得小孩子或年輕人上學應該以開闊思維、增長知識為主，而不是專注於如何進行研究。

埃克塞特學院院長法蘭西斯·凱恩克羅斯（Frances Cairncross）對登門拜訪的我解釋說：「學院體制給學院造成了很大的教學負擔。」因此，我相信，牛津特別強調學術至少部分反映了如此事實：在教學上花費太多時間的教授們，已經沒有多少時間去做研究和寫論文了。圍繞學術已形成一種精神，這種精神首先反映在牛津一個被稱為「書籍崇拜」的常見現象，人們對圖書館倍感自豪，在寬街的布萊克威爾書店或許是英國最繁忙的書店。卡特萊特在描述他返回曾經讀書的城市時寫道：「書中猶如藏有某種狂熱的承諾，超自然的神力，淩駕於萬物之上的能量。」[8]

記憶中，我第一次拜訪導師的書房，裡面有一堆一堆的書。一想到他肯定讀過這些書，頓時感到自己的無知。另一方面，我覺得自己非常幸運地能得到如此一位學者指導。

學習：沉思和創造

每年夏天，我都到牛津工作，通常在博德利圖書館研修。這可能是最不舒服的工作環境了。椅子太大、太深、太矮，坐著閱覽很不舒服；桌子太高，光線無法透過不寬敞的小窗户照進來（真的希望上帝可憐可憐牛津，別讓它一直下足以毀掉人一天心情的雨）。如果你想使用自己的筆記型電腦，附近有插座的幾個座位（對牛津圖書館來說電腦太時髦，太嘈雜了）都已經被人占了。雖然如此，圖書館的獨特環境還是吸引了數百人堅持在這裡學習。以我的經驗來說，許多最有創造性的想法就是在這裡誕生的，或許不舒適激發了靈感和創造力，下一次，我要試試坐在釘子上。

藝術家或許同意只有吃苦才有創造力的觀點。不過，我來自整日陽光燦爛的中東，渴望舒適、寬敞、遮蔽陽光的房間、圖書館或實驗室以便於創造。但是在牛津，「最酷的」事就是讓你的房間盡可能昏暗、愜意和雜亂無章。

我記得爬上萬靈學院的樓梯到柯恩教授的房間，接受第一學年期末面談的情景。我已經提交了論文和博士研究計畫書，就看他是否允許我繼續研究下去了。我爬了很多級臺階來到他的一四三八室，我的心跳很快，一方面是因為爬樓梯；另一方面也因為這次見面非比尋常。樓梯非常昏暗，有點令人毛骨悚然。柯恩教授是奇切爾社會和政治理論教授，該教授席位是一九四四年為費邊社的偉大學者柯爾（G. D. H. Cole）設立的。幾週來，我一直非常緊張和焦慮地等待著這次面談。我敲了幾下沉重的木門，但沒有回應；又敲了一次，還是沒有回應。等了兩三分鐘，再次敲門，還是無人回應。就在我轉身詢問是否有人看見柯恩教授時，背後的聲音讓我差點跳了起來：「你怎麼不敲門？」在黑暗和寂靜中，我最不希望的就是背後傳來聲響。我怎麼在上樓時沒有看到他呢？柯恩教授就在我面前，開心地笑著「嚇到你了吧，一起進來啊。」他為我打開門，門根本就沒鎖，這就是牛津。我們走進黑暗的房間，迎面撲來的是書籍和紙張的強烈氣味，以及微薄的新鮮空氣。這並不令人驚訝，因為那扇十五世紀的小窗户在過去幾百年裡可能都沒有打開過。如果打開，你的視線就能通往牛津的高街，一九八七年當地報紙曾提名它作為歐洲汙染最嚴重的街道（或許除了波蘭工業區的一些街道）。但是，在學院房間裡我們免於汙染，同時也與真實世界隔離了。

在真實的世界裡，空氣中散發的不是書的味道而是汽車廢氣。

柯恩教授指著沙發讓我坐下，並說要去燒壺水。這張沙發很古老，布面已經開裂，我想這肯定是他曾祖父的曾祖父的財產。他在沙發旁的椅子坐下來，接著又起身走到辦公桌前，從一大堆散亂的文件中找到我的論文，再次坐回椅子上說：「啊，德夏里特先生，你覺得羅納德·德沃金（Ronald Dworkin）的理論不能用在不同年代的案例中？」

那是我經驗中最富有啟發性的哲學討論，我們兩個討論著，周圍的地上堆滿了書。回想當時的情景，我想起加拿大作家、教授羅伯森·戴維斯（Robertson Davies）的尖刻評論：藏書家結合了守財奴和癮君子的最糟特徵。我們坐在黑暗中經歷了很長的時間（柯恩教授根本沒有費事去開燈，他也忘了在老舊的水壺終於燒開水，後為我們沖杯熱茶），非常深刻和詳細地討論我很不成熟的想法。

返回博德利圖書館：它不僅不舒服，建築也不漂亮。但令人崇敬的環境本身就提供了來這裡學習的充足理由。在這裡會坐著許多著名的學者［現在有一個面向公眾開放的展覽室，英國內戰期間（1642—1651），英國議會曾在此開議］。議會的房間舊址在過去四百多年裡沒有任何變化，它曾是歷史劇的拍攝場景，如精采的《瘋狂的喬治王》（The Madness of King George）。[9]這增加了「博德利」的獨特光環，因為它是牛津學者都非常熟悉的。或許這光環和擁有罕見的手抄本的老圖書館房間的親密感讓學生和學者坐下來思考，感受「特殊」和「獨特」。在採訪中，許多人承認有機會在這樣的建築中學習感到非常幸運。我問他們感受到自己是傳承的一部份嗎？多數人的回答很謙虛：不，不——雖然他們確實受到這個靈感的啟發，從古到今曾有數千名學者坐在這裡，他們承先啟後的學術研究綿延了幾個世紀。

進入博德利圖書館的巨大建築就好像進入了一座堅固的城堡。穿過幾十位遊客和坐在寬街臺階上的非傳統人士，他們正吃著從附近棚頂市場買來的塑膠餐盒午餐；再走進大門（圍繞這個建築的醜陋鐵門），穿過辦公室進入擁有大石板的四方場地。這裡的氣氛仍然還算「正常」，日本遊客在拍照，義大利夏令營的男孩在追逐女孩，他們幾乎什麼都沒穿。但是，當你看到博德利圖書館擁有多個入口的大門，實際上也是老學院的大門，看到上面用金字寫出的拉丁語名稱（道德哲學學院、邏輯學院、講授希臘語和希伯來語的語言學院），看到「請安靜」的標語，你就會開始囁嚅這簡直像進入大教堂。

學院為學生和學者提供適當的氛圍，試圖藉此刺激他們的創造性。這個途徑是讓健全的精神寓於健全的身體（mens sana in corpore sano）。隱含的意思是如果給學生和學者提供審美的環境和從事體育運動（板球、散步、跑步）的設施，他們的思想智慧也會更好地發展。因此，許多學院把板球場和體育設施作為吸引學生的優勢。

在牛津的暑假研究空檔，我喜歡在下午到聖希爾達學院附近閒逛。聖希爾達學院是緊鄰查爾斯河的漂亮建築。河的對岸有網球場和板球場地，冬天常被河水淹沒，到了夏天時往往有穿著白色衣服的男男女女，他們的聲音從空中飄蕩過來。偶爾能遇見一個劇團在彩排，如果幸運地（排隊等候的人很多）租到了一艘搖船（或者平底船，長的狹窄的船），可以免費觀看對岸學生的莎劇演出。實際上，聖希爾達學院在一八九八年買下第一艘搖船，命名為大雁。第一艘平底船是一九〇〇年購買的。我不知道現在有多少船，或許有幾艘吧。用篙撐船是在享受安靜，即使因為長篙掉入水中（利用長竹竿插入河底泥土裡的反彈力讓船前行），而不得不數次跳進河裡去撈它，划船的樂趣也是很大的。我最喜歡到此眺望美麗的花園，眺望河水平緩而輕柔地流動。在牛津讀書的時候，朋友和同事索爾總是說，完成博士論文後，他要拍攝聖希爾達學院的風景照，放得大大張的貼在家裡（不在英國）的窗戶上，這樣他就可以看到這裡的風景了。他說（而我也同意），把平靜的風景帶入思想與形成有趣的哲學觀點同樣重要。

學習：研究的適當氣候

撰寫博士論文時，一位在以色列讀大學時結識的朋友到牛津找我。他隨我旁聽了一門被稱為「星際大戰」的課，上課的三名老師：吉羅德．柯恩（Gerald Cohen）、羅納得．德沃金和德里克．帕菲特（Derek Parfit）都是各自領域最傑出的明星學者，他們的研究途徑具有競爭性，甚至有點對抗性。幾十位學生擁到萬靈學院的圖書室，我不記得這三個明「星」中的哪一位在講課，又是誰被「殺掉」了（我們用這個詞來描述老師被同事進行哲學批判），但是這肯定是一次難忘的經歷。走出教室，激動的朋友提到他不喜歡萬靈學院的建築，覺得它過於灰暗和咄咄逼人，令學生感覺到自己渺小得像螞蟻。朋友的話讓我想起自己在聆聽崇拜的教授講課時經常出現的感受，即我覺得自己一文不值，可能永遠也不會有出息，根本無法成為偉大的哲學家。但是，這位朋友沒有讓這種感覺影響他的勃勃雄心。回到我的宿舍後，他告訴我他決定申請來牛津留學，後來他成功了，如今是一位傑出的哲學家。

但並非每個人都不喜歡灰石塔樓。《柳林風聲》（*The Wind in the Willows*）的作者肯尼斯·葛拉罕（Kenneth Grahame）就喜歡這種建築風格，聲稱自己常常「從漂亮的灰色哥德式風格建築和泰晤士河涼爽和僻靜的河岸」中獲得靈感。[10]那麼，這些建築吸引這麼多學生和學者的原因是什麼呢？為什麼藝術家、小說家和怪傑會受到這座城市的吸引，而不僅僅是因為牛津大學？

當我問科學家、哲學家和學者這些問題時，發現理想的環境和學術研究的理想條件等並不存在共識。他們多數相信要進行研究，尤其是硬核科學研究，需要舒適的條件、配備完善的實驗室、高效能的電腦、優秀的研究生和研究助理等，甚至來自同領域的同行挑戰。[11]但是，對學術積累和教學，他們相信所需要的是安靜、大量的閒暇時間、合作（而不是競爭）、喝咖啡或啤酒的非正式討論以及與同事或學生在公園裡散步。實際上，許多第一次來到牛津的遊客都對它的安靜和激發靈感的魅力印象深刻，「世界在這裡似乎放慢了腳步」。古老建築和開放公園的融合，衣服皺巴巴的學生們在街上散步聊天，眾多的酒吧、書店、唱片行等，都創造出一種安靜的氣氛。除了來自不同國家和文化的學生群，你還能感受到一種寬容和多元主義的氛圍。牛津悠久的歷史、豐富的學術和文化成就，讓學者們瞭解了學習的重要性，他們把自己的自由和閒暇時間看作是國家給他們以用於學習、思考和教學的賜與。

很多人都覺得牛津大學如果放在其他任何地方就不是現在這個樣子了。我問他們：如果你把牛津大學，連同它的學生、老師、實驗室、圖書館一起搬遷到一個擁有一流設施的現代化城市，它還同樣是卓越的大學嗎？還會同樣優秀嗎？大部分人毫不猶豫地說不會。我想他們的意思是，讓牛津大學變得美好和特別的神祕因素是它的環境、它的歷史建築以及整個牛津城。在我看來，牛津讓人有回家的親切感，有助於思考和研究。著名的法學教授約瑟夫·拉茲（Joseph Raz）曾告訴我，牛津不是一個真實的地方——或許他是正確的——但它仍然能散發出強烈的親切感。

牛津大學通過它的導師制建立起了這種親切感，它把面對面教學推向極致——雖然這種制度的效率並不高。[12]如今，多數大學都採取了「面對面」的教學模式，老師站著為五十到五百人的一班學生上課。但是，牛津仍忠實於導師制度，最多三位學生一起和老師面談。曾在著作中提出網際網路、電子通訊和虛擬社群造成「距離喪失」的經濟學家尼克·克拉夫（Nick Crafts）認為，距離的喪失被極大誇張了，表明某些活動除非在此刻此地發生，否則根本就無法進行。他認為，高等教育，尤其是研究生教育和研究，必須是面對面的，否則很難有效率。[13]

這座城市及其結構合起來創造了一種被稱為「牛津」的精神體系，其唯一的目的是支援鼓勵學生和學者，對學習和知識的追求。比如，一六六八年開業的謝爾登劇院現在仍被用來上課和舉行大學的典禮活動（可用合理的價格買到精采的音樂會門票，建議去看看）。這座富麗堂皇的劇院天花板由三十二塊鑲板組成，其設計是為了使人產生開放的天空的幻覺，描述了「科學和藝術戰勝了愚昧無知」。[14]我們一家人在牛津度假時，孩子們上的「菲兒和吉姆」小學[15]為牛津精神提供了另外一個例證。學校有一個規模很大的運動場，孩子們可以在一望無際的草坪上踢足球

（football在美國被稱為soccer），學校的教室面對這些開放的空間，光線充足，學生們覺得學校就像自己的家；學校鼓勵學生步行或騎自行車上學，而不是父母開車接送，老師說，這是社區學校，我們應該嘗試步行上學。我的孩子現在仍然記得，這是給他們力量和勇氣的好地方。確實，當我試圖解釋牛津的氛圍有助於研究時，我指的是它是一種促進性的氛圍，也是一種力量。

我曾經和在牛津寬街「內空間商店」工作的一位年輕婦人聊天。她生於非洲，如今住在牛津南部。我問她：「妳喜歡牛津嗎？」她面帶微笑和歉意地回答說：「只有晴天的時候。」我表示同情地說：「我懂。」當我作為學生第一次來到牛津，我馬上意識到這是最佳的學習環境。但那是在九月，白天晴朗，天空湛藍，到了十二月，我就感到沮喪和憂鬱。我與當地人談到這個情況時，他們只是理解地笑了笑說：「這是牛津憂鬱症。」那時，我不再感到這個氛圍有助於學習了。著名政治理論教授和我尊敬的導師大衛．米勒（David Miller）曾取笑說：「牛津的規則是一個星期不能有兩天放晴。」我問一年前從沙漠氣候地區來到牛津的學生，下雨天是否讓他感到厭煩。他說：「是的，有點。不過，這裡不是有很多酒吧嗎？」我們都笑了起來，這次他以嚴肅的口氣補充說：「更不要提音樂會、劇院和歌劇了。」既然不能控制天氣和氣候，牛津就選擇提供給學者最理想的文化氣候，讓他們的思想繁榮發展。

創造一種有利於學習的氣候一直是牛津的目標。十九世紀三〇年代，政府提出建造穿越市區的鐵路計畫，牛津大學馬上表示反對，理由是它可能「危害學生的道德意識」，牛津大學基督堂學院拒絕在它的領地上建造火車站。[16]可是大學無法阻擋進步的潮流，最後同意建造火車站，條件是允許大學管理學生及其旅行目的地。但是這並未能讓牛津第一任校長亞瑟．威爾斯利（Arthur Wellesley，也就是第一任威靈頓公爵）的恐懼得到緩解，他擔心火車將鼓勵「錯誤的人」旅行。[17]他還擔心學生開始乘火車前往禁區，從而敗壞他們的道德品質。實際上，牛津大學對學生道德品質的擔心，部分促成了有利於學習和研究的氣候。不可思議的是，牛津大學的學生至今還有「道德導師」。[18]

基督堂學院擁有一個優美無比、簡樸的草坪和備受歡迎的散步區：基督堂草坪，草坪入口處有一個警語告示牌，上面寫道：「草坪管理者和員警已得到指示，要防止乞丐、衣著不整襤褸骯髒者、性格缺陷者、外貌和行為不得體者進入草地。防止以上描述的不雅、粗魯的、混亂的舉止行為。」這個標示牌是進一步的證據，說明大學自認有責任為學生提供適合學習的氛圍，其中就有防止貧困、苦難、醜陋對他們的影響。但是，看著在草地上享受新鮮空氣的遊客，同時，我卻深感許多渴望靈感的學生（自然不是很寬裕的），卻只能租屋住在並不富裕的考利路一帶的公寓裡，那裡居住著亞洲和非洲裔的居民，街道不像牛津北部（夏日鎮）街區那麼乾淨和整潔。

甚至牛津街道的名稱也反映了城市對學習和學術的尊重。一條從高街到莫頓街（十三世紀和十四世紀時被稱為馬夫巷，顯然指出馬拉動力的磨坊的存在）的狹窄馬車道，在十七世紀被命名為邏輯巷，因為邏輯學院在其北部盡頭。在耶利克街區北邊運河上有一座小橋，名為亞里斯多德橋，通向亞里斯多德巷。一些愛逛公園的人組成了一個名叫「亞里斯多德巷之友」的團體，他們在牛津市議會為改善公園狀況而努力。一個把街道、橋梁、巷弄命名為亞里斯多德，或歷史上的邏輯學院的城市肯定是要傳遞一種很具體的訊息。

有一天，我聽到飄揚的樂聲從女王巷傳出，走過去才發現是牛津大學的銅管樂隊在露天演奏。我問演奏者今天是否是一個特別的日子，他們告訴我牛津剛剛到任了一位新市長，他們在為這位市長演奏。我記起早上在正對著著名的莫德林橋和莫德林學院的牛津植物園散步時，售票處的女士告訴我下午將舉行歡迎新市長的慶祝儀式，從中午到下午五點免費入園。植物園非常漂亮：到處都是花，樂隊在演奏，孩子們在快樂地跳舞，很多是全家外出散步遊玩。當時我出現了寫作者常有的思路凝滯，有了新的想法，卻發現思緒亂成一團，難以表達，博士論文難以為繼。我按慣例到花園散步，沿著小徑漫步，讓頭腦在優美安靜的環境中放鬆一下。接著，我返回書桌旁，思路就流暢起來，從大腦直達指尖，電腦上的論文有了新進展。

牛津植物園不僅是英國最古老的植物園，也是世界上最古老的科學花園之一，是由丹比伯爵亨利・丹沃斯（Henry Danvers, the Earl of Danby）建造的。他在一六二一年捐贈五千英鎊（相當於如今的三百五十萬美元）建造一座「藥用植物園」，以種植用於醫療和科學研究的花草植物。當時，這座花園的目的是「宣揚上帝的榮耀和促進學習」。或許這與榮耀所有的神並不一致，因為花園就建在中世紀猶太人公墓的遺址上。[19]正如當今偶爾出現的情景，該工程規模宏大，但動工興建以後，花園維護和管理人員工資等費用出現吃緊。同樣地，像當今許多年輕科學家那樣，花園的首名園丁雅各・伯巴特（Jacob Bobart），一位來到英國管理花園的德國植物學家，相當熱忱地投入這個計畫，連續工作了七年，沒有任何報酬。

植物學家雅各的故事讓我想起《聖經》中的雅各，為了娶拉班的女兒拉結，他工作了七年，結果娶到的卻是拉結的姐姐利亞。雅各很生氣，拉班和雅各約定，雅各七日後迎娶拉結，但必須再為拉班工作七年。

牛津的雅各在對待工作和研究的態度也有類似的浪漫主義，為確立牛津植物園的地位和傳統做出了重大貢獻。他和他那也叫雅各・伯巴特的兒子照料這座花園七十八年。老伯巴特是世界上第一位確立植物分類系統的人，幾乎可以肯定他於一六四八年（我們無法確認時間，因為目錄是匿名發表）出版了第一本植物清單及其描述。小伯巴特成為牛津第一位植物學教授，第一位倡議建立植物園種子交流體系。花園中最古老的樹是老伯巴特在一六四五年種下的英國紫杉。

有一年我應邀在一場政治科學研討會上發表。作為在這座城市盤桓幾日的演講來賓，主辦單位為我安排了學院的一個房間。門房驕傲地告訴我，這是學院最好的房間。可是，裡面沒有電視和收音機，幸運的是，它很有特色。這是很寬敞的房間，面向修道院和草坪。如果在這裡住一個月，我相信自己能寫出半本書來。房間裡有一把椅子，一張老式的書桌，一個落地檯燈，牆上有個大掛鐘，還有大約五十卷自一八八四年以來的幽默漫畫雜誌《笨拙》（Punch）。外面是個鹿園，打開房間的窗户，能看見形狀怪異的石雕滴水嘴獸，它們是為了裝飾而雕刻的，但也有人說它們具有政治意味，反映了學生對老師的不滿。開著窗户，能聽見下樓的腳步聲，聲音大得就像在宣稱這些人在世界上毫無顧忌。陶醉在牛津氛圍中的遊客，覺得這裡的生活非常舒服清閒，對這裡的學生充滿羨慕之情。

下午六點，莫德林學院教堂開始晚禱合唱。教堂音樂會海報上寫著：學院新合唱團演唱海頓〈創世紀〉，將在布萊克威爾唱片行舉行，敬請光臨。在這家店裡（商標上自稱「知識零售商」），我看到牛津合唱團的ＣＤ：新學院合唱團、莫德林學院合唱團、林肯學院合唱團、基督堂座堂合唱團、牛津市合唱團、牛津福音書合唱團、牛津巴哈合唱團、皇后學院合唱團等。牛津的有些合唱團現在還沒有出售過ＣＤ，但你能在音樂會上聽到如牛津女生合唱團、北牛津合唱團、夏日鎮合唱團、牛津大學合唱團、聖吉爾斯合唱團、牛津兒童合唱團、牛津格魯吉亞合唱團、伍斯特學院的兩個合唱團，和牛津威爾斯男聲合唱團等十八個合唱團的聲音，幾乎每八千名居民中就有一個合唱團。

牛津是很多小說家、詩人和藝術家團體的家。每年五月和六月在牛津展開的藝術週，藝術家都會開放畫室讓大眾參觀，民眾有機會欣賞四百位牛津郡藝術家和工藝家的工作室，驚人的是，每四百名居民中就有一處藝術家之家。除了藝術週之外，牛津還以文學節著名，吸引了牛津本地和外地的作家前來。

文學節執行主任安琪拉・普萊瑟－瓊斯（Angela Prysor-Jones）說，她不知道自己做的事僅僅是一份工作還是一種熱情，我認識安琪拉已經有一段時間了，在牛津休假期間，她的孩子佛郎西斯卡和丹與我的孩子希瑞和希勒爾成了好朋友，我們也就認識了。我認為我知道答案：很可能是熱情，因為毫無疑問，她本來可以從事待遇更好的工作。牛津很多學院老師或著名的公立學校老師，也與她有著相似的熱情。[20] 作為文學節主任，她的工作壓力很大，因為涉及很多組織工作，但一切似乎都從容順利地進展。我們坐在她的廚房裡喝茶，問到文學節的情況，她回答時，我注意到花園中的小鳥，花園的盡頭消失在一直延伸到運河（或一條河？）的綠色草坪上。

我認識這家人已經有一段時間了，非常喜歡他們，所以應該努力保持客觀。我問自己是否在經歷某種超脫塵世的強烈身心體驗。因為我們是朋友，還是因為我們在談論文學、詩歌和本章節的內容？或因為我們在喝「一杯好茶」時，有意無意地看到窗外細雨濛濛中的漂亮花園？我的結論是我的感情是客觀的。這就是牛津，多種因素和情感的混合體，牛津獨特魔力的純淨時刻，我相信這個城市的許多人都感受過這種魔力。是這樣嗎？隨後我們將探索是否每個人都以同樣的方式感受牛津。

學習：不守常規者的行為和傳統

不守常規的觀點常常被用來指個人行為，比如性習慣或飲食口味、藝術愛好等。這裡我用這個概念指那些「怪人」——擁有不尋常口味的人，或與常見的社會行為規範不合的人。當我討論不守常規時，我所指的是思想上不守常規觀點、看法或論證，即嚴重偏離群體的主流觀點。在這個意義上，不守常規者的觀點、看法和論證必須是不可預測的。社會期待人們的行動和反應符合社會規範，擁有日常生活中流行的普遍認知和觀點。比如，如果九成五的人針對C的反應是篤信或相信X，那麼我們就期待人們在遇到C的時候會篤信或者相信X。當百分之五的人偏離常軌，他們就構成不守常規者的少數。不規則行為轉變成不守常規的臨界點是其罕見性特徵。如果每一千人中只有一個人相信某些東西，那麼這個人可能是不守常規者。但要被稱為不守常規者，還需要另外一些東西。不守常規者，他的觀點或信念，不是因為個人屬於某個少數派附屬群體而與眾不同。請注意我們不是在討論主動選擇脫離社會的人，一個不守常規者會堅持表達想法，大聲和清晰地說出自己想說的話。

一個普遍持有的觀點認為，為了塑造學習的氣氛，社會應該鼓勵不守常規。彌爾被認為是該觀點的宣導者，在一八五〇年出版的《論自由》中，他問道，作為社會，我們為什麼需要那些批判審視我們觀念、質疑我們體制的「麻煩製造者」呢？他的回答是，當我們相信某些事時通常有三種情況：我們是錯的、我們有部分是錯的，或我們是對的。如果我們是錯的，這就十分清楚，我們為什麼需要不守常規者來挑戰我們的信念，因為我們不希望自己的觀念是錯的。同樣真實的是，大部分時候我們是半對半錯，我們的錯誤被指出並得到糾正不是更好嗎？但如果我們的觀念證據扎實，基礎牢靠，為什麼還要受到挑戰呢？彌爾提出了一個簡單而又有吸引力的理由，來檢驗我們建立在扎實基礎上的觀念，以確保自己正確無誤：不受質疑的觀念很快就變成偏見，隨即也就產生喪失道德地位的後果。這裡我稍微修改彌爾的觀點，他認為容許不守常規的存在是通向真理的道路，我則認為，允許不守常規者挑戰我們的觀念，我們就可以避免某些錯誤（這和主張不守常規的思想更可能通向真理並不一樣）。無論如何，不守常規者在社會進步中發揮著關鍵作用。

但是（理論上）學習或許不過是重新證實傳統智慧的過程，其中不守常規不過是一種障礙。對於這一點，牛津的答案很清楚。對牛津來說，學習從來不是對傳統智慧的再次確認：即使學習是有關過去的或著名大師的，它也總是解釋性的，因此在從一代人向下一代人傳播知識的過程中也總是能獲得新知識。正如卡特萊特說的：「導師制度就是直接針對所獲得智慧的質疑，和對意義的探索，無論最初就是如此設計，還是碰巧具有這種效果。」[21]牛津販售一款知名的明信片，上面畫著一個面貌醜陋的人在苦苦思考他的研究。那張明信片傳達的智慧是：「研究越多，知道的就越多，知道的越多，忘掉的就越多，忘掉的越多，知道的就越少，那為什麼還要研究呢？」我認為這種（老套的）玩世不恭實際上表達了真誠的牛津觀念——學習的目的是擴展知識。因此，學習不能伴隨著保守的世界觀，因為學習就是自我改造。學習了某些東西之後，我們就和學習這些東西之前的自我不同了。

在久遠的年代，不守常規者或者宗教上不信奉國教者[22]就得到了牛津大學的認可。一八七一年，大學考試法案取消了牛津、劍橋和杜倫等大學的非神學學位的宗教考試。這次改革的倡議者威廉·格萊斯頓（Willian Gladstone）首相迫切希望看到牛津建立一所不守常規者的學院，因此在一八八六年，創立了曼斯菲爾德學院作為「非國教徒學院」。今天，奧利佛．克倫威爾（Oliver Cromwell）的畫像仍然懸掛在曼斯菲爾德的貴賓休息室，一六六二年英國異教徒（挑戰英國國教）的畫像仍然在注視著圖書館，就像要捍衛學院非國教徒的自由。但這不是寬容非國教徒的首個案例。在曼斯菲爾德學院建立前兩百年的一六五三年，耶穌學院就接受了非國教徒薩繆爾．瓊斯（Samuel Jones）作為研究員。這只是一個例子，說明牛津在國教盛行的時候，對非國教徒也是寬容的。

從愚人橋朝卡爾法克斯路口方向走幾步路就是精美絕倫的博物館。牛津大學音樂學院貝特樂器展是令人印象深刻的展覽，裡面收集了兩千多件樂器，顯示「從文藝復興、巴洛克到現代各種風琴和敲擊樂器的發展歷程」，它是一九六三年由菲力浦．貝特（Philip Bate）捐贈給牛津的。在牛津讀書時我曾經參觀過這個展覽，這次非常高興地發現展出了這麼多樂器。我敢肯定每個音樂愛好者都會對展覽感到興奮和驚歎。但是，我首先感受到的是對一座城市和大學的敬佩，它們為我們——市民、遊客、學生提供了參觀的地方。如果我不懂音樂，現在可能下決心找一位音樂老師學習了。相信在參觀展覽後，沒有人還能對美妙的音樂和樂器無動於衷。

最初，貝特先生把這些古董樂器捐贈給學校，條件是允許學生演奏。因此，展覽中的許多樂器實際上都能使用。展覽是「受到限制的」，每天只開放參觀幾個小時，[23]但遊客在看到可能是亨德爾本人的撥弦古鋼琴和十七世紀的許多樂器後，就不在意這些限制了。有關亨德爾鋼琴的歷史問題，展覽網站上持開放態度，這部鋼琴和亨德爾在菲力浦·馬希亞（Philippe Mercier）的畫像中倚靠著的鋼琴極其相似。第一個注意到這種相似性的麥可·柯爾（Michael Cole）已經在《早期音樂》（一九九三年二月）中發表了一篇詳細分析的文章。

牛津大學對不守常規者的高度尊重吸引了他們的到來，由此改善了牛津的氛圍，並促成了一種寬容的態度，這也影響和啟動了學校體制。住在牛津的兩年裡，我的兩個孩子前往我們居住的耶利克街區的學校上學。作為猶太人，我對此有些擔憂：他們是否被要求上教堂禮拜呢？是否必須遵從學校的宗教要求呢？令我訝異的是，根本不是如此。學校的孩子有不同的宗教背景：伊斯蘭教、印度教、猶太教、佛教，當然還有基督教。實際上，許多孩子的父母不是教徒。學校的政策是給孩子有關所有宗教的啟蒙。他們帶孩子們去見拉比和佛教學者，也帶他們上教堂。女校長邀請我太太到學校，為兒子的班級介紹猶太人的逾越節及其起源和風俗。孩子們有一天回到家非常興奮地說，他們遇見了一個家長解釋印度教及其風俗習慣。到了年底時，孩子已經瞭解了不同的宗教，他們現在對其他文化當然比從前更開放和寬容了。[24]

不守常規或學界人士常說的「跳出框架思考」，是學習和研究中創造力的基礎。我在這個城市生活了一年多之後才理解，不守常規不僅得到大學而且得到城市的鼓勵。勞動節的慶祝活動既有傳統的莫里斯舞蹈者，也有幾十個居民和學生組成的群體，早上五點在附近學院高塔傳來唱詩班的歌聲時，跳入查爾斯河冰冷的水中游泳。

但是，人們可能問：不守常規，在什麼程度上是不守常規，什麼時候等於怪異？牛津往往非常認真地對待不守常規，似乎到了擁抱怪異行為的程度。這是否有助於學習是個引起爭議的問題，雖然對牛津旅遊業來說肯定是好事，尤其是有關鬼怪的眾多傳說。[25]現在，鬼故事不一定是有關怪異行為的，重要的是它們確實是牛津文化的重要組成部分，這是非常奇怪的。甚至幾個學院網站和資訊指南中都有鬼故事的介紹，不過鬼故事不是其怪異性的唯一跡象。植物園的伯巴特父子都非常怪異，有報導說老伯巴特用銀子裝飾他的鬍子，他還有一頭寵物山羊。[26]當今還非常活躍的一位知名哲學家以在淋浴時輔導學生而聞名。這些究竟是傳說或是真實故事並不十分重要，關鍵是故事的怪異程度每個人都接受。

考利街上有一家商店，名字就是電話號碼七二二〇二七。店外面有一塊招牌，上面寫著：「我們在週一、週二、週三、週四、週五不開門。週六只營業幾個小時。」這真的是商店嗎？如果他們真想賣東西，會每個禮拜只開門一天嗎？

有天晚上，我在考利街上散步，進入郝布哥布林酒吧，其廣告語很狡猾：「這裡龍蛇雜處、混亂至極」，但酒吧內的氛圍非常優雅迷人。人們隨著吉他的音樂唱歌，酒吧工作人員並不掩飾他們對非專業吉他演奏者的欣賞。

牛津為什麼有這麼怪異的行為呢？有人可能說大學教授們可以沉浸在怪異行為中，因為他們的工作有保障，教授職務給予他們行為異於常人的許可證。但是如果答案這麼簡單，我們應該在其他大學裡也發現怪異行為，可事實並非如此。所以牛津怪異行為普遍存在肯定另有原因。只有當我們把牛津和怪異行為豐富的其他城市，如加州的柏克萊相比時，我們才能發現並不複雜的思想：怪異性只有在崇尚寬容和接納的地方才能繁榮。牛津人不會對怪異性反感，也不對怪異行為或口味大驚小怪。當地一個朋友告訴我他們已經習慣了，所以常常視而不見。他們不過是不把極端行為或口味看作怪異而已。

歎息橋下有供遊客閱讀的解說牌。上面寫著，因為一三七九年簽訂的協議，牛津市長每三年視察一次城牆，該協議允許在城牆內建造新學院。我在歎息橋下歎息：如今城牆已經位於市中心。擁有這種傳統的城市肯定是怪異者的城市。

有趣的是，有人認為不守常規者沒有必要學習，也沒有必要成為學者；相反，要學習就必須感覺到自己與學術傳統的聯繫，成為群體的一部分，他們必須要對自己做的事有濃厚熱情，即使他們在獨自閱讀、研究、實驗、寫作。埃克塞特學院的首頁上寫著：「走進我們前面的方庭，你就進入了另一個世界。精美的維多利亞時代哥德式教堂，它的尖頂主導了特爾街天際線，這裡有牛津最美的花園。在夏天，它是你可以想到的最佳去處，在此坐下，或讀一本書，或玩一場槌球。」網頁上討論了學院所在地的歷史，並且提及托爾金、路易斯等傑出校友，還有它世界一流的教學。基督堂學院網站自豪地描述了「燦爛的歷史和曾在這裡學習的傑出人物」，其中有約翰·塔弗納

（John Taverner）、菲力浦・西德尼（Philip Sidney）、約翰・洛克（John Locke）、羅伯特・虎克（Robert Hooke）、約翰・衛斯理（John Wesley）、勞勃・皮爾（Robert Peel）、威廉・格萊斯頓、弗裡德里希・林德曼（Frederick Lindemann）、威廉・華爾頓（William Walton）、奧登（W. H. Auden）、休・特雷費・羅珀（Hugh Trevor Roper）、簡・莫里斯（Jan Morris）、大衛・丁布林（David Dimbleby）、羅雲・威廉斯（Rowan Williams）、理查・寇蒂斯（Richard Curtis）、霍華德・古德（Howard Goodall）。其實，住在牛津或在牛津工作的人是其氛圍的一部分。正是這種繼承，「迫使」你朝著同一個方向進入思想生活領域。

女王巷附近的教堂有個告示牌，注明牛津大學首任校長和神學家——阿賓登的聖艾德蒙主教（後來成為坎特伯雷大主教）埋葬於此。他在一一九五到一二〇一年和一二一四到一二二二年在牛津教書。就在我站著閱讀告示牌時，一些遊客也過來觀看。他們閱讀完，互相看看異口同聲地「啊」，這個小小的嘆詞表達了很多內容。這些遊客是世俗美國人，當我問他們什麼感覺時，他們說，在一個中世紀的聖人曾教書和被埋葬的城市學習和生活，「肯定有意思」。

學習和上課

一九八六年，我來牛津大學撰寫博士論文，大學來信詢問我是否喜歡被稱為「爵士」，這是很顯然的，因為我的姓氏中有個貴族標誌「德」（"de-Shalit"）。我回答說：「稱先生就行了。」

在前面，我討論了牛津不僅為學生，而且為非學生的居民提供最佳的學習氛圍。但有時候，這可能異化為精英主義，從而變得愚蠢而且對科學有害，比如，牛津的「高桌晚宴」就是勢利行為和精英主義。高桌基本上是學院老師的專用飯桌，菜色更豐富，葡萄酒選擇更多，服務更周到，當然，費用也更高。牛津學院餐廳的建築就是在這種傳統思想指導下建造的：學生們坐在餐廳中心的長桌前，學院老師和研究員坐在房間後面，分開的一個高臺的桌前，面向學生。這種用餐的體驗強化了教師和研究員的優越地位，他們常常擁有特別的菜單。這是一個學院網站描述的正式進餐的情景：

正式晚宴：週日、週二和週四，營業時間從晚上七點開始持續四十五分鐘。晚餐共三道菜，費用約四英鎊，由工作人員提供服務。人人都要穿正裝，衣服得體。就座之後，在高桌用餐的賓客站在椅子後方。高桌晚宴主持人敲桌子，全體起立。飯前感恩禱告使用拉丁語，之後再次就座開始用餐。週日供應葡萄酒，週二和週四允許自帶酒水。這是認識新朋友和與老朋友碰面的好機會。

上學時，許多同學期待一年至少有一次能被導師或其他研究員邀請到高桌用餐，至於我則拒絕上高桌。直到在公休假期期間應同事邀請參加過一次，食物沒有什麼可提的，與坐在我左右兩旁身著盛裝、用拉丁語祈禱的陌生人禮貌地交談，既不符合我的性格也沒有留下深刻印象。此後，我再也沒有參加過這種高桌晚餐活動。我的看法很簡單，大學是講究平等的地方，一個共同學習的群體本應該消除階級和所有形式的壁壘和差異。大學應該追求人道主義和啟蒙價值，人人平等。所以，即使應該尊重學者，也沒有必要在人們從事一個最基本的活動時立下壁壘，吃飯就是吃飯，即使你把它說成「用餐」。[27]無論如何，私底下說，我總覺得牛津大學引進高桌晚宴是要掩蓋菜肴是如此「平常」的缺陷，我不願意讓任何人難堪。

《經濟學人》（*Economist*）前編輯、知名記者法蘭西斯·凱恩克羅斯（Frances Cairncross）現在是埃克塞特學院的院長，也是牛津學院中少數幾位女院長之一。我們坐在她堆滿了書、期刊和雜誌的書房，長長的書桌上放著電腦和印表機，可以想像這裡發生了許多事。她靜靜地聽我談到本計畫和本書的設想。當我提到「城市和大學師生」時，她非常坦率地說：「請注意學院的建築與社會結構之間絕不是包容性的。」我表示同意。凱恩克羅斯女士解釋說：「學院是自給自足的，是窗戶朝內的院子。院子代表著行動在學院內部，期待學生把精力集中在發生在學院內部的事情上。」凱恩克羅斯女士對比了這裡與倫敦的排屋，無論藍領還是白領家庭都住在如此的房子裡，門直接面向大街。她說，在倫敦，家與街道相連，而在大學，院子把學院及學生宿舍與街道及城市生活分割開來。

幾年前我在布萊頓大學提交過一篇論文，布萊頓大學拆掉了把城市和大學隔離起來的圍牆。當地報紙發佈了我的演講消息，並邀請非學生人士參加。當時確實來了很多人，在正式的研討會結束後，我們到酒吧裡繼續，後來我們來到餐廳，有工作的人為沒工作的人買單。牛津的新學院，比如聖安妮學院，舊建築上添加了新建築，通常是使用很多玻璃，這樣就透明了，因為這些建築面向大街，或許有了向大眾開放的意思。此外，柏林的玻璃建築是被用來反射民主和自由勝利的（請參閱本書柏林一章）。我向凱恩克羅斯女士提到這些想法，但她表示懷疑。她說，這些建築採用玻璃打造是因為便宜，進入宿舍仍然要經過內部的院落。所以，學院仍然是內向的。

牛津的學生與市民交流嗎？凱恩克羅斯女士說不怎麼交流。她的解釋具有獨創性，發人深省：她就讀聖安妮學院時該院是女子學院，如果要社交，女學生可以進入男子學院，但她們不被允許進入男學生的房間。因此，學生們就到酒吧裡去，在那裡他們能夠和當地市民交流。因為現在學院是男女同校而且更加自由，學生可以在學院內做任何想做的事，外出的需求就減少了，與當地居民的接觸也就更少了。

我依照設計精美的「牛津科學散步」傳單的指引前行。通過露絲巷進入基督堂草坪，然後沿著牆向右走，發現了紀念詹姆斯．桑德勒（James Sadler）的匾額。桑德勒是麵包師的兒子，後來成為阿什莫林博物館館長的助手，是英國第一名搭乘熱氣球的人，他在一七八四年搭乘熱氣球飛到牛津十公里外的伍迪頓。二十七年後，又從伯明罕飛到波士頓（這是位於林肯郡的老波士頓），當然他沒有跨越大西洋。熱氣球的升空代表英國人的偉大成就和人類飛行史上的突破。

牛津大學也對藍領階級、普通民眾封閉嗎？當然不是。實際上，大學連同其學習觀念允許人們通過教育和知識，而不是通過財產和收入獲得社會流動的機會，至少理論上如此。當然，牛津是根據學業成績而不是社會出身來評判學生的，因此牛津提供了通過學習獲得「某些」向上流動的機會。我說「某些」是因為實際機會遠比期待得要少。不過，其中的原因是可以理解的。多數英國高中畢業生不能上牛津大學，是因為它的錄取人數太少。而且，幾乎一半的牛津大學生都來自私校。[28]沒有被牛津錄取的學生或是上了其他大學，或是沒有達到基本的大學錄取標準。這實際上代表牛津大學推動階級的固化，更貧窮和弱勢的社會群體獲得社會流動的機會反而更少。牛津如此，英國其他頂尖大學也是如此，世界任何地方的一流大學也是如此。全國只有一所（或兩三所）「頂尖」大學的事實，使得它們成為學生熱切企求的目標。「頂尖」大學只錄取最聰明的學生，通常他們都來自最好的中學和富裕家庭。因為頂尖大學的畢業生有獲得最熱門工作的最佳機會，頂尖大學實際上幫助維持了社會階級差異的存在。[29]

有些學院試圖糾正這種情況。埃克塞特學院的凱恩克羅斯女士告訴我，他們覺得有義務與城市分享學院的財富，至少部分。因此，學院有輔導中學生的專案，和該院學生創建並管理的慈善機構，專門接收弱勢群體家庭的中學生參加兩週的快樂假期活動。大學也創立了由學生管理的慈善機構，家庭教學專案要求學生承諾幫助牛津的少數民族，教授英語作為第二外語至少一年時間。志願者每週擔任家庭教師一個小時左右，並與家長見面。給大學生的傳單上寫著：「為周圍社區服務的機會是非常寶貴的經歷，它讓你看見牛津不同的一面，打破『城市與大學師生』的傳統壁壘。」

回顧牛津大學的教學方式，比如我熟悉的哲學講授，我有些擔憂：講授哲學的途徑是純粹分析性的，全部核心都在理論上，即「純粹」的不能應用的理論（原本就不考慮應用的理論），有時候會採用科幻小說而不是現實生活中的例子。這顯示了對現實生活問題和「應用哲學」的嘲弄和不尊重，許多牛津哲學家相信應用哲學是二流東西，所有這些在我看來都非常令人擔憂。牛津的哲學講授目標，不是要把世界變成一個更美好的地方，其興趣在於根本不存在的純粹理論世界。牛津哲學家首先和最重要的，是認為自己與科學形式和法則息息相關，在範疇和概念上思考，往往分析理想世界，而不是現實世界中的問題，無論是模糊、混亂還是怪異的問題。牛津哲學家喜歡說，「這不過是學術」。若果真如此，那麼相信學習是一種權利而不僅局限於精英階層的人、希望拆除城市和大學圍牆的人，確實該為此感到擔憂了。

學生們在學院裡玩槌球，一大群遊客在周圍拍照。他們都享受著美好的五月陽光和藍天。我突然有個想法：很多時候是國家負擔學費讓學生在牛津就讀，但他們正在陽光下打槌球。我留意到他們已經玩了兩個小時了，這合理嗎？一種聲音說這是不對的，他們應該回到房間裡做自己的研究，如果真是國家出錢讓他們在這裡學習的話。另一方面，如果我們希望優秀人才做出優秀的研究成果，他們也必須休息，享受運動，比賽，鬆馳身心，畢竟健康的思想產生於健康的身體。我注意到學生們都很年輕，將來有一天，大部分可能在倫敦國際金融中心工作，或者成為醫院醫生、著名律師、政治家或大學教授。但是，來自牛津東區的人呢？那裡的居民多數從來沒有到學院附近來過，他們能看到這種情景嗎？他們難道不覺得國家補助這些學生是不公平的嗎？

令人驚訝的是，牛津學童獲得中學文憑的比例非常低。按照牛津市網站的說法，二〇〇六年，百分之四十五・八的牛津學童在普通中等教育證書考試（譯注：GCSE，類似於中學畢業會考）中拿到由A⁺到C的五科成績，30如果和牛津郡的平均比例百分之五十六・六相比，明顯偏低。而且，與牛津郡其他地方相比，牛津市有更多的孩子中學輟學。「沒有畢業證書」的資料地圖非常說明問題，它顯示了牛津不同社區中沒有文憑的居民比例。在牛津中部和北部，只有零到百分之十七的居民沒有文憑；而在莫德林橋以南甚至考利路以南，沒有文憑的居民比例高達百分之三十六到三十八。與此同時，兩成六的牛津合法工作人口讀大學，這是英格蘭和威爾斯中比例最高的地方。

我繼續漫步。沿著運河走去，過了河看到艾倫・布洛克院，這是我上學時得到補助的宿舍。艾倫・布洛克院是我做研究的地方，是由鄰居納稅資助的。當時我感覺到內疚嗎？我現在感覺到內疚嗎？我希望想到自己已經回饋社會了一些東西，但社會是怎麼想的呢？無論我是否做了對社會有益的事，那些從來沒有上過大學的人不是都要納稅才能給學校財政補貼嗎？繼續向前，來到莫德林學院研究員的花園。這裡只有學院研究員才能進入，有一個閉路電視監視系統監控什麼人進去了。與人們從電視監控系統中得到的印象不同，花園是寧靜、悠閒的。我希望自己有資格進去。那些沒有上過大學，尤其是牛津大學的人，在被禁止進入大學的場地時是否有類似的感覺呢？牛津是「封閉的社區」嗎？牛津城居民在看到學生穿著校服散步時，是這樣看待大學的嗎？

因為牛津是個寬容的城市，它吸引了很多無家可歸者。曾經幫助這些人的朋友告訴我，無家可歸者來到牛津的另一個原因是它離倫敦很近。許多無家可歸者和四處流浪者，發現倫敦無法容身後，來到牛津，這裡的棲身之所相對好些。有五個日間收容所、五個夜晚收容所。

貝淡寧的父親是加拿大名作家。他的衣著當然不光鮮，鬍子灰白散亂。有一次訪問牛津時，他決定在市中心的一排長椅上稍事休息，於是摘下帽子放在身邊，一位路人竟往帽子裡放了一些錢。在火車站附近，我停下來買了一份無家可歸者的街頭雜誌《大誌》（*The Big Issue*），這是一名街友賣給我的。[31]他注意到我不是英國人，對我買這本雜誌感到訝異。我們開始聊天，我問吉姆（他的名字）對牛津這座城市的看法。他說，他喜歡這座城市，他在農村長大，小時候父母從城市搬到鄉下，但他不喜歡那裡，試圖在城市謀生，但沒有成功，現在他無家可歸。他來牛津已經有一段時間了。我很難和他討論這座城市，因為他不斷提出哲學問題。他想討論基因改造食品（GMF），當我告訴他我曾經研究過基改食品的倫理學時，他的觀點非常有意思，他說自己無家可歸並不代表他不讀書。我問他喜歡讀書和討論這些問題是否因為身在牛津，有這麼多學者，他驚訝地看著我：沒有人像這樣和他交談過。我告訴他，我對牛津的經驗和他的經驗不同。我經常看見人們和賣《大誌》的街友交談。

但是，這種對待街友的寬容和友好的態度，是否反映了大學對待一般的下層階級態度呢？凱恩克羅斯說，她在搬到牛津後注意到的差別之一是，和北倫敦相比，這裡很少有人工洗車，而在倫敦從事人工洗車的人很多。為什麼呢？她找到的答案是：牛津藍領移民稀少。她說這和房租有關。學生支付的房租夠高，房東無須為移民提供廉價的租屋。市場價格太高，藍領移民根本承擔不起。她認為這很大程度上應該為牛津的特徵負責。

但是市民和大學師生的鴻溝，即所謂的「鎮袍分裂」（town gown divide），是很自然的，因為人們是在有了子女並與其他孩子的父母接觸後建立起聯繫的，英國的學校招生政策是建立在家庭所在社區基礎上的，從社會和經濟上看，這些社區有很自然的同質性特徵。因為牛津的工人階級生活在城市的南部和東部，學校教職員大部分是中產階級或上層階級，多生活在北部和西部，因為學校制度的原因，他們並不會因為孩子上學與藍領階級有多少交往。這能夠解釋「鎮袍分裂」嗎？

我想起在牛津讀書初期的經歷。第一次到露天市場買菜，我排隊站在來自非洲的移民身後。和現在不同，當時的菜販都是出生在英國的白人。輪到我前面的人時，女售貨員對他喊道：「你排錯隊了。」他驚訝地看著她，所以她補充說：「你知道，排隊是古老的英國傳統。」

距第一次去牛津菜市場體驗的二十二年後，一個雨天，我再次去了菜市場。時間還早，商販們正在整理貨攤。在市場工作的許多人都是移民，雖然不一定來自發展中國家。我進入一家正在營業的咖啡館，等待開市。櫃檯後面的年輕婦女端來一杯令人激賞的濃縮咖啡。我笑著說：「妳肯定不是英國人，因為妳的咖啡實在濃得很。」她笑著回答說：「啊，我來自克羅埃西亞。」她緊接著補充說：「我在這裡已經三年多了，感覺自己幾乎是英國人了。」我問她：「妳覺得牛津如何？」「人很好，」她重複說，「這裡的人真的很好。」32

蘇（不是真名）在我過去二十三年中返回過的學院裡做「校工」（做家務和清潔工作）。她稱我「教授」，我告訴她，我叫艾維納。她稱我「親愛的」。她提醒我上樓時小心，樓梯很陳舊，而且大小不一。我問她休假日如何度過，她笑笑說：「我家人來了，我們出去吃燒烤。」我問她是哪裡人，她說是布萊克博德萊斯區，是牛津南部一個非常貧困的街區。我打算到那裡採訪一群人，所以迫切想聽聽她會說點什麼，可她更願意討論學院的教授們：他很好，她非常好，他很聰明，她很漂亮。他們對她都非常好。一個教授讓她使用他的小名，另一個更喜歡「教授」的稱呼。這天早上，我五點半來到市場；她看到我外出就問我是否一切順利，因為一位客人早上起得這麼早，可能是出了什麼問題。我在雨中走了一長段路渾身溼透返回時，她很擔心。她批評說：「外面太冷了。」我們聊天時，她自豪地說她是這個學院工作時間最長的校工。我問她，在認識這些人很久後還稱呼他們「教授」，是否覺得奇怪，她笑了，說「稱呼『教授』很好」。

我對布萊克博德萊斯區一群居民的採訪相當有啟發性。在當地工作的一位朋友佛蘭帶我進行採訪。佛蘭和肯兩位令人愉快的朋友是我在教授休假期認識的。他們是我的鄰居，他們的孩子拉爾夫當時只有十多歲，與我的孩子一起上學，現在已經成為有才華的作家和演員。在路上，她向我解釋要會見的人。這群人在一個社區長大，但和布萊克博德萊斯區的其他地方不同，他們都在工作，並不依靠國家養活。這一片是布萊克博德萊斯區的公共住宅，也就是為最貧困人口提供的廉租屋。有人說這是英國最大的公共住宅。按照二〇〇一年的人口普查，布萊克博德萊斯區中四成五的居民缺乏教育，只有四成一的人有全職工作，百分之九的人身體不好，百分之十八的人患有長期疾病。該社區的網站首頁刊登有培訓廣告和提供尋找工作說明的連結。另一方面，另一處地方，夏日鎮是上班族、大學教職員、律師、學生和藝術家居住的地方。它的網站首頁上的標題是「外出用餐」、「北牛津學校」（夏日鎮附近有最好的公立和私立學校）、資源回收、咖啡館提供午餐等。

在布萊克博德萊斯區，我遇見了慈善機構下轄的諮詢中心的四名工作人員，該中心提供理財和福利優惠方面的實惠資訊，協助當地居民處理生活問題。我採訪了住在布萊克博德萊斯區的工作人員。我提問當我們說到「牛津」的時候，首先進入他們腦海的是什麼。剛開始，我得到同樣的答案：「家」、「學院」、「河」、「明信片上的尖塔」等。我說請等一下，這很好。你們社區的其他人與它有什麼關聯？現在答案改變了：「有錢人」、「牛津金錢」、「優雅的口音」和「鎮袍分裂」。我注意到大學裡的人談到「城市和大學」，而布萊克博德萊斯區的人添加了一個詞「分裂」。

我問這個團體，他們是否感到沮喪。他們說是的。有個人說莫德林橋（被認為是大學的最南端）是邊界，他們很少到市中心去。有一個人回憶說，小時候，父親說如果他進了城，不要告訴人們你是布萊克博德萊斯區人。有一個人回憶說在英格蘭南部度假時，聽到一個脫口秀演員問聽眾他們的家鄉在哪裡。在猶豫了一下之後，他最後決定說實話。脫口秀演員開玩笑說：「大家都出去，這裡不安全。」我的採訪對象評論說：「我一點都不覺得可笑。」

我問這個團體是否遇見過大學生。兩天前在我和學院院長的討論中，她自豪地說她的學生有個計畫就是給學院之外的小孩輔導功課。我想他們可能沒有走到布萊克博德萊斯區這麼遠。布萊克博德萊斯區的人說確實有些學生前來服務，但很少，「他們不可靠」。他們有時候來，有時候不來。我問，你覺得能做點什麼讓學生和當地人多交流呢？「那很好啊」，他們同意這個說法，而且提供了建議，如宣傳發生在布萊克博德萊斯區的事情，這樣可以吸引學生們的注意。但他們補充說：「或許這會讓城市其他地方的人來，但他們不知道城市其他地方發生的事。」[33] 我問：「你們和城市其他社區的差距在即將到來的地方選舉中會成為一個議題嗎？」他們說：「不，不會。在這裡我們關心的是他們裁撤郵局，人們被解雇而失業。」

我問他們對學習的看法：「你們認為牛津是個學習的城市嗎？」他們說街區學校資金不足，學生學習不好。他們說老師並不期待學生會學習，即便在教室裡。他們也譴責鄰居不理解就學和賺錢的關係。他們說有些人讓孩子上學僅僅是以此索取一些津貼，如果孩子找到工作，並賺到比國家津貼更多的錢，家人就施壓讓孩子輟學去工作。

人群中有個「潛水者」突然加入討論。她說牛津是「狗屎」，從她小時候到現在，它已經變了。今天的牛津意味著犯罪，人們拚命賺錢。在市中心，人們的「行為就像畜生」。她不斷重複說人們拚命賺錢。我說許多遊客認為市中心是文化、學習和禮貌的中心。她的臉氣得通紅。她說，那是很早以前的事。她的孩子已經離開這座城市了。他們曾經在寶馬工作，但現在已經撤走了。她乘公車到米爾頓凱恩斯去購物而不去牛津，因為她覺得她在那裡不受歡迎，而且她一再說有人推她。她又嘆了一口氣說，牛津的東西太貴了。

聽了這些人的談話後，我覺得牛津作為學習和學術研究中心的形象變得扭曲了。牛津只是對某些人來說是學術中心嗎？中產階級的牛津，和東南部的工人階級的牛津差距這麼大嗎？有沒有可能讓牛津對待移民和工人階級不那麼糟呢？但是他們能看到嗎？地理上的分割應該為地理差別負責嗎？

植物園右邊坐落著一座美麗的玫瑰花園。一個很少被注意到的小牌子上寫著：「這座玫瑰花園是為了紀念大學的研究工作者，他們發現了盤尼西林的臨床價值。」研究工作者多麼謙遜啊，這是典型的英國輕描淡寫式表達。

這個招牌指的是病理學家霍華德．佛洛里（Howard Florey），林肯學院研究員，後來成為皇后學院教務長以及生物化學家；以及在一九三六年被聘為化學病理學講師的恩尼斯特．錢恩（Ernest Chain）。這兩位「研究工作者」連同亞歷山大．佛萊明（Alexander Fleming）獲得了諾貝爾獎，因為他們「發現青黴素及其在各種感染性疾病中的治療作用」。這種藥的第一個臨床實驗結局很悲慘。一九四一年二月，一名牛津員警阿爾伯特．亞歷山大（Albert Alexander）在修剪玫瑰枝條時擦傷了嘴巴，後來引發感染，巨大的膿腫影響了他的眼睛、臉部和肺部。科學家用他們生產的藥品治療他。五天內，他的反應良好，感染開始消失。不幸的是，科學家的藥物用完了，僅剩的份量不足以治癒感染，最後員警去世了。[34]這對亞歷山大先生來說是個悲劇，但通過這次治療，科學家證明了青黴素的療效，最終挽救了千百萬人的生命。

學術研究和學習不是自私的旅行，其成果不僅僅限於特定階級。或許，這些學術追求不像我們希望的那樣民主和平等，但學術成果給很多人帶來了力量。牛津的教育就像其他地方的教育一樣已經發生了變化，不再是貴族子弟的特權，而是根據擇優選拔給予更多人機會的活動。天賦、能力，甚至強烈的願望和獻身學術的精神等是決定一個人接受高等教育的參考標準。學術研究和學習確實給很多人力量，但牛津仍然存在的問題是：如何讓大多數人不僅能享受學術研究成果而且有機會接觸學習本身？

1 錄取非常難：牛津大學生中98.2%都是高中會考的A級成績，即獲得3科A以上的成績。

2 Justin Cartwright, *The Secret Garden: Oxford Revisited* (London: Bloomsbury, 2008) .

3 貝淡寧告訴我他在牛津的經歷，許多本來充滿敵意的亞洲族群，如中國人和日本人在基督教節日的時候形成一種團結的氛圍。

4 David Horan,*Oxford: A Cultural and Literary History* (Oxford: Signal Books, 2007) , 12.

5 Jeanette Sears, *The Oxford of J.R.R. Tolkien and C. S. Lewis*(Oxford: Sears/ Opher, 2006) , 5.

6 該博士論文後來成為廣為引用的書：Daniel A. Bell, *Communitarianism and Its Critics* (Oxford: Oxford University Press, 1993) .

7 Sophie Huxley, *Oxford Science Walks*(Oxford: Huxley Science Press, n.d.) , 4.

8 Cartwright, *The Secret Garden*, 189.

9 Horan, Oxford, 84.

10 Chris Koenig, "How City and River Inspired Mole's World, " *Oxford Mail*, 11 October 2007.

11 一位知名的物理學教授曾經告訴我，他完成自己在倫敦帝國學院進行的最著名的研究的唯一理由，是聽說一個同行在其他地方也有了類似的想法，所以想第一個把成果發表出來。

12 Cartwright, *The Secret Garden*.

13 Nick Crafts, "The 'Death of Distance': What Does It Mean for Economic Development? " *World Economics* 6, No. 3(2005) : 1-14.

14 這個標題印在謝爾登尼亞劇院的一個標示牌上。

15 這是牛津贊助聖詹姆斯的聖斐理伯與聖雅各伯教堂小學的非正式名稱。

16 Horan, *Oxford*, 179; The Coming of the Railway.

17 Ian Carter, *Railways and Culture in Britain* (Manchester: Manchester University Press, 2001) , 9.

18 道德導師是學院編制中的職員，是學生遇到教學和生活問題時求助的對象，其名稱和角色或許有很大的差異。

19 Huxley, *Oxford Science Walks*, 2.

20 在英國，許多好學校都是私立的，而公立學校很難吸引「強勢的」學生——來自富裕家庭和擁有優秀學業成績。但牛津的學校體制成功地吸引了很優秀的老師，這裡常見的情況是精英家庭也會把孩子送到公立學校。

21 Cartwright, *The Secret Garden*, 73.

22 這裡，「不信奉國教者」指的是拒絕接受英國國教的新教徒。

23 Horan, *Oxford*, 59.

24 當我告訴貝淡寧這個消息，他的反應是：這說明瞭解不同宗教比不瞭解任何宗教更好，而西方世俗學校裡通常都是不瞭解任何宗教的。

25 許多人的消息來源於此：Marilyn Yurdan in *Oxford: Town and Gown* (Oxford: Pisces Publications, 2002) 。

26 Huxley, *Oxford Science Walks*, 2.

27 請對比本書耶路撒冷一章，我們在那裡描述了聖方濟會修道士奧斯卡的態度，他無法認同認為吃飯時應該保持沉默的觀點。

28 有關這一統計的影響，請參閱 Carole Cadwallader, "It's the Clever Way to Power, "*Observer*, 16 March 2008, 4 (review section) . 該文引用公立學校畢業生的話：「即使我們能進去，我們能適應嗎？」

29 我應該解釋一下，說「牛津」維持了階級體系，我並不是說牛津大學的個別老師應該為此負責。實際上，牛津大學的老師們擁有對社會政策和福利非常敏感的傳統。比如，在一九八五年，牛津老師以七三八票對三一九票，反對授予英國首相柴契爾夫人榮譽博士學位，以回應她的社會政策和教育費縮減政策。

30 英國普通中等教育證書（GCSE）是年齡在十四到十六歲，在英國接受中等教育的學生的指定科目的學業證書（成績），通過的級別分為：A*（讀作A星），A，B，C，D，E，F和G。多數雇主只錄用成績在A*到C 的學生。

31 《大誌》是由無家可歸者撰寫和閱讀的週刊。

32 當我讀到一篇有關難民及其如何融入牛津的報導時十分震驚，也很感動。毫無疑問，這座城市如今更多意識到他人，更加自由，對新到者也更加開放了。請參閱 Rory Carnegie and Nikki van der Gaag, *How the World Came to Oxford: Refugee Stories Past and Present*（Oxford: New Internationalist, 2007）.

33 我想起了基督教會草坪之外的告示牌：「草坪管理者和員警應該禁止任何乞丐、衣冠骯髒不整者、性格有缺陷、外貌和行為不得體者踏入草地。草地禁止上面描述的任何一種不得體的、粗俗的、混亂的行為。」這就是它想表達的內容嗎？

34 Michael J. O'Dowd, *The History of Medications for Women*（New York: Parthenon Publishing, 2001）, 31.

柏林——寬容之城

THE CITY OF(IN) TOLERANCE

主筆：德夏里特

一九五六年五月十五日，當你在滕珀爾霍夫機場最後一次看到我時，我是個能說一口漂亮英語的年輕德國女孩。現在我猜想你可能說我是富裕郊區的美國女人、期待著退休的中學教師，錫達拉皮茲的好鄰居都說我的口音裡已經沒有任何德國人的跡象，我們都必須對過去做出自己的安排。

——伊恩．麥克尤恩《無辜者》，一九八九

當代柏林或許是最令人驚訝的城市之一，來自世界各地的遊客喜歡它的自由和民主精神；對德國人來說，它是首都，一個成長團結的城市。但是，對柏林居民來說，情況如何呢？啊，許多人並不在乎它是否會更安靜一些，雖然他們意識到柏林作為藝術、文化和自由中心的聲譽日漸隆盛。除了成為文化中心外，柏林一直在進行從歷史中汲取教訓的迷人工程，讓居民和遊客瞭解到包括納粹時期，和東柏林時期在內的城市歷史。在此過程中，這個城市成為寬容的中心。但是，如果考察柏林的歷史，人們會很容易看到它在過去曾有過非常輝煌的階段，但這段歷史並沒有阻礙納粹攫取權力。在本章中，我們思考從歷史中汲取教訓的可行性有多大，人們從歷史中到底能學到什麼。新的政治文化就夠了嗎？是否需要某些制度性措施，來防止柏林墮落到種族主義和暴力的新時代？

與過去和解：加害者和受害者

二〇〇九年二月，貝淡寧和我抵達柏林的旅館時已經很晚了。室外寒冷刺骨，我們把行李放在房間後便趕緊外出欣賞城市夜景。要到哪裡去呢？我們並不知道，外頭沒有多少人。貝淡寧說歐洲人不習慣這種天氣，在蒙特婁，這還不算非常寒冷。他教我如何在結冰的雪上「滑冰」。對我來說，柏林之行是牽涉個人感情的旅行。二十世紀三〇年代，我岳父佛洛伊登薩還是柏林的一名猶太學生。一九三三年的一天，當他到最高法院工作時，被警察攔住了，警察告訴他猶太人不准進入，他簡直不能相信。他要求見直屬長官，一位自由主義者。那位法官出來對他抱歉地說：「你知道，現在這已經是法律了，我無從選擇，只能請你離開。」就在同一天，佛洛伊登薩離開柏林前往巴勒斯坦，在那裡他加入基布茲。從那以後，無論是他還是他妻子（來自維也納的難民）再也沒有說過一句德語。佛洛伊登薩將名字改為希伯來語，之後鮮少提起他在柏林的往事。多年來，他的兩個女兒和兩個兒子不瞭解他的童年和青年時期，也不清楚他在大學的求學經驗。

一九八九年，西柏林市決定邀請所有出生於柏林的猶太人，和在納粹期間被迫離開的猶太人作為政府嘉賓訪問柏林。從城市的角度看，這是「反思歷史」。就好像這個城市說：「我們面對和承認過去造成的傷害，我們想盡可能做出補償，該做的第一件事就是讓難民與城市重新團聚。」岳父岳母因此來到柏林。有趣的是，對岳父來說，這個姿態和訪問也是反思歷史。在很多方面，佛洛伊登薩先生是俗套的德國猶太人：理性、矜持，從來不在公共場合表露感情，但在這次訪問中他肯定大為感動。從柏林返回後當天，他開始告訴家人有關這個城市的很多故事，他在柏林的青年時代、學習生涯、倖存的朋友、城市文化、大屠殺、被害的朋友。在內心深處，他決不原諒，他認為這次邀請不能彌補從前犯下的罪過，但他願意接受我們生活在新時代的事實。柏林採取了漫長的、認真審視過去的態度，這個城市已經做出了補償。至少從表面上看，這解開了他的心結。我能夠感覺到，岳父在心靈深處很高興能夠想念那個熟悉的城市，能夠覺得再去熱愛和珍視這個城市是合理的了。但是，柏林人是如何理解與過去和解呢？許多人當時還沒有出生呢，他們現在應該有心理負擔嗎？應該提醒他們這些嗎？或者，這種「與過去一以貫之」是一種情感淨化嗎？

追憶之地是在柏林的舍內貝格區永久展出的一件藝術品。茱麗葉·高斯（Juliet Koss）如此描述：「該計畫由八十個長方形街道標誌組成，每個標誌長八十公分、寬五十公分，一面是圖像，另一面是一段文字。這些牌子在一九九三年安裝在拜仁廣場地鐵站（Bayerischer Platz）周圍街道的電線桿上。這個街區在八十年前，是許多歸化的中上階層猶太人居住的地方。這些標誌代表了在一九三三到四五年之間的大部分反猶主義法令，從令人驚訝的對公民自由的細節性限制，到更加臭名昭著的嚴酷措施。在住宅區街道被偽裝成交通標誌，在商業區被偽裝成商店招牌，這些標誌與周圍的色調和諧一致，既融入環境中，又往往出人意表地重現並形成一種衝擊力。」[1]高斯討論的第一個標誌上寫著「波蘭人和猶太人反對德國人的聲音，在法庭上是聽不見的」，這讓我想起佛洛伊登薩的經驗。我不斷自問：岳父的導師，一個自由思想的法官怎麼能忍受這一點？當地菜市場外現在有一塊牌子，上面畫了一塊麵包，牌子背面寫著「柏林猶太人只能在下午四點到五點之間購買日用品」，還有其他一些，如「雅利安孩童和非雅利安孩童禁止一起玩耍」、「把猶太教師趕出柏林校園」、「禁止猶太人搭乘公共交通工具」等。

第二天早上，貝淡寧和我走過本—古里安大街，這是用以色列首任總理命名的街道。它是城市的主要街區之一，位於柏林交響樂團大樓和索尼中心附近。本—古里安大街與伊扎克·拉賓街連接。我覺得這個意象是感人的：以從前受害者的領導人為主要街道命名；貝淡寧納悶其他城市是否也這麼做。或許有，但我們想不到其他例子。

柏林決定在二〇〇四年的一場有關反猶主義的研討會上把街道命名為拉賓街。貝淡寧和我在想像兩個柏林人的對話：「我們在拉賓街和本—古里安街的交叉口會面，然後去歌劇院。」但這是和解嗎？是與過去和解嗎？這兩個詞之間有什麼區別？威爾·金利卡和巴什爾·巴什爾（Bashir Bashir）遵循勞里·巴爾弗（Lawrie Balfou）和保羅·穆頓（Paul Muldoon）的觀點指出，討論和解時存在一種模糊性。他們寫道，日常生活中，和解意味著努力恢復從前的和諧狀態或友好狀態，他們把它稱為「恢復性的和解」。但是，在很多實際例子中，和解的意圖不是恢復任何形式的關係，而是創造一種正確關係。其實，涉及壓迫、拒絕和錯誤認識等的原始關係，是不應該被恢復的，[2]金利卡和巴什爾稱之為「改造性的和解」，這是要把社會改造成為平等的新社會。

就柏林來說（令人驚訝的是，金利卡和巴什爾在這本有趣和深刻的書中似乎沒有談到柏林），與過去和解意味著恢復某種關係和創造新關係。需要恢復的關係，是猶太人和非猶太人之間在十九世紀後期和二十世紀初期，以及在因為共產東德和民主西德一分為二的東、西柏林存在的那種關係。與此同時，必須創造新關係：讓猶太人和非猶太人、東柏林人和西柏林人相互交流。雖然猶太人和東柏林人遭受的命運並不相同，但二者的共同之處在於傷痛過於慘烈，根本無法被忽略或遺忘。換句話說，簡單地恢復關係是不可能的，城市必須認真地打造新關係。但是，新關係無法憑空捏造，必須有一個背景，一個是大屠殺，另一個是城市一分為二並伴隨著仇視和敵意。因此，新關係必須牢記過去以便避免悲劇再次發生。當今柏林人每天都在從過去中學習，用金利卡和巴什爾的術語來說，和解的恢復性維度，試圖恢復和治癒曾經的「我們」，而變革的維度，則旨在創造一個新的「我們」，這之前並不存在的新的可能性。對當今柏林人來說，這代表猶太人和東柏林人是組成新柏林的一部分。

和解的目標是重建一個不同的德意志民族嗎？答案並不清楚。正如後面將談到的，發生在柏林的事尚未出現在德國其他城市，如慕尼黑（或者至少，這是我們從當地居民和來自其他城市的柏林人那裡瞭解到的），所以這是柏林人眼中的和解。但是，人們可能說柏林熱中於重新定義和重新建立其獨特的公民身分，或重新定義柏林人是什麼。所以，柏林發生的事或許是城市建設而不是國家建設。有趣的是，我們注意到研究和解的一些理論家已經指出，和解不能替代國家建設的政治過程，它所能提供的最多不過是治癒具體的人權侵犯。有一種觀點認為，和解不過是旨在承認人權的法律程序，這是許多柏林人似乎感興趣的。所以柏林同時存在兩個目標：柏林承認在納粹時期對猶太人（和其他群體如同性戀者和羅馬人）和東柏林的大規模人權侵犯。同時他們也希望重建這座城市，或許不是這個國家的，而是城市的公民身分認同。

顯然，因為這兩個過程——恢復性和解和改造性和解——同時發生在柏林，一方面進行城市建設，一方面治癒受侵犯的人權，柏林所進行的一切比在許多其他地方被稱為「和解」的過程更複雜。果真如此，柏林需要對「反思歷史」進行重新定義就再明顯不過了。

寬容還是冷漠？

這是貝淡寧和我在柏林的第一晚，天氣很冷。我們來到建於一八九一到九五年之間的威廉皇帝紀念教堂。它在第二次世界大戰期間遭到嚴重破壞，現在看來仍像是隻受傷的動物：黑暗、破舊，但還沒有被放棄。實際上，其主要結構成為一種紀念堂。

教堂和其他宗教場所是不應該遭到轟炸的。為什麼人類以上帝的名義殺戮呢？他們怎麼會以永恆的名義進行破壞？簡單的答案是因為沒有其他辦法，轟炸教堂是努力戰勝納粹的一部分，這無庸置疑。但當人們觀看戰火平息後的柏林影片，總忍不住懷疑這種破壞規模真的必要嗎？柏林七成的房屋遭到破壞，或許（我們不願意做出評判）是的，因為大規模轟炸，整座城市必須重建。

如今，威廉皇帝紀念教堂的朝拜者，在令人聯想到掩體的現代圓形建築中做禮拜。這是諷刺嗎？它是否提醒前來祈禱的人們，如果他們不盡一切努力防止戰爭，戰爭隨時可能到來？和平與博愛似乎如同婚姻：你需要盡心經營，不斷提供養分，否則就會枯萎。寬容是脆弱的。如果柏林的啟示是寬容必須得到維持和繁榮，那麼，屋頂已被炸毀的教堂捕捉到柏林啟示的精神。

歐洲被害猶太人紀念碑是最感人的場所，它設於柏林的心臟布蘭登堡門附近絕不是巧合。廣闊的區域被二七七一塊混凝土石碑所覆蓋，多數的石碑高過常人。貝淡寧和我步行穿越這個區域，抵達時，地面已被白雪覆蓋，滿地白雪和黑灰色石碑的對比令人毛骨悚然。走著走著，我們很快就迷路了，人在碑林中走路是不可能有方向感的。我們總算來到服務中心的入口，這裡設計得就像石碑下的地下掩體。該中心提供納粹受害者的個人資訊，如受害者的書信，布勞特夫婦和拉多夫婦的生平故事。受害者擁有肖像和生平事蹟之後，成為了獨特個體。當貝淡寧和我走進第二個房間時，出現了最讓人驚訝的時刻。投影到地板上的是開往集中營的列車上，猶太人扔下雪片般的信件。房間裡很暗，經過一兩分鐘後才能適應。人們慢慢地走過，一張又一張閱讀這些信件，在任何一個特定時刻，多數遊客都保持沉默，低頭閱讀。彷彿整個房間和裡面的所有人都默哀一分鐘以紀念一位受害者。離開時，貝淡寧和我再次看了服務中心入口處的牌子，上面有普里莫．萊維（Primo Levi）的名言：「它發生了，因此它會再次發生。這就是我們不得不說的核心。」

寬容是一個微妙的概念。它一直被以多種方式使用，所以需要定義我們使用它時所指的含義。

寬容有時候指的是「可以接受的條件或不干涉的觀點、行動或做法，雖然曾經被認為是錯誤的，但仍然『可以容忍』，所以不去禁止或限制」。[3] 因此，請注意被容忍方的價值觀或行為被認為是「錯誤的」或「壞的」，這不是我們這裡所使用的寬容的意思。雖然我們說的寬容物件集中在信念、價值、規範、文化、行為（而不是比如政治觀點）和擁有這些的人，但我們並不認為這些信念或規範是「壞的」。相對這些來說，與寬容者擁有或實踐的內容有明顯不同就足夠了。我們這裡使用的寬容這個詞，其相關邊界不是「好」和「壞」的價值觀或規範，而是寬容者的價值和規範與寬容物件的價值和規範。因此，它是與身分認同密切相關的概念。

實際上，在柏林故事中，寬容的問題是：誰是真正的柏林人或普魯士人或德國人。[4] 因此，我們對這個詞的使用和麥克．瓦瑟（Michael Walzer）所說的有關寬容的第四個和第五個觀點一致：「①對他者的開放和好奇；②願意傾聽和學習，甚至尊重；③在這個光譜的更遠處存在一種對差異的熱情支持；④如果差別被看作在文化形式上，代表了上帝的創造和自然界的偉大和多樣性，這是審美認同；⑤如果差別被看作人類繁榮的必要條件，如自由派的多元文化主義論證的那樣，這是功能性認同。」[5]

因此，後者被認為是「尊重的寬容」，不同信仰和文化的人不僅尊重對方按自己的方式生活的權利，而且對這些文化表現出道德尊重。[6] 顯然，這是柏林人願意看待當今寬容的方式。

貝淡寧和我回到飯店。驚訝的是，在哈登堡大街的教堂對面，我們看到了色情博物館。我認為這在耶路撒冷是不可能發生的——或許存在對色情內容的寬容（或者應該如此），但是把色情博物館放在著名的教堂旁邊，太過分了吧？柏林是在告訴我們寬容沒有邊界嗎？要麼你絕對寬容，要麼你的寬容還不夠？這真的是對宗教人士感受的尊重嗎？

從表面看，問題是什麼？把色情博物館放在這種地方，城市規劃者是要顯示他們現代、進步、無偏見、崇尚自由。一個自由的城市會寬容一切，甚至包括色情。但是，進一步思考，這座城市寬容的對象是誰？自由派嗎？色情消費者不一定是思想開放者或自由派，相反地，他們虐待女性，物化女性。所以，情色博物館位在威廉皇帝紀念教堂附近的做法並不表示寬容，而是一種冷漠。它究竟代表柏林寬容的高峰，還是柏林已經失去敏銳度了呢？

試想，柏林的歷史是辯證性的：寬容和開放達到頂峰，接著是城市接受可怕行為，進入魔鬼盛行的黑暗時代，迅速導致不寬容。為了抗衡，這座城市向猶太人和羅馬人或者同性戀者開敞，隨後再次陷入不寬容的境地。[7]

兩天後，貝淡寧和我採訪了波茨坦大學的研究生阿列克斯，他是東柏林人。在柏林主街區米特區的咖啡館，阿列克斯說：「柏林人並不寬容，我們只是冷漠。我們視而不見。我們不關心別人的事。」

寬容和冷漠模糊不清嗎？無疑，這座城市希望人們寬容和開放，而不是冷漠。它一再提醒人們曾經發生的事。拜仁廣場的街道標誌裝置就是一個例子，雖然可能引起爭議。[8]我們希望柏林人在看到這些時不是冷漠，我們希望他們不要遺忘標誌的存在。但是，當一個城市顯示對色情的尊重，並把刺激欲望的博物館放在教堂旁邊，我們還注意到它就在火車站對面，這代表什麼？

在訪問柏林和研究其歷史時，你可能對一個特別的問題感到困擾。有時候，它是歐洲最寬容的城市，但它常常又墮落為最不寬容的中心。究竟是什麼讓這個城市在態度上如此極端搖擺呢？閱讀柏林的歷史，人們很容易注意到這個城市從寬容階段獲得的巨大好處。寬容政策帶來了文化繁榮和富足，而不寬容的階段對其發展是具有破壞性的。在三十年戰爭期間（1618—1648），起源於新教徒和天主教徒之間的互不寬容，使布蘭登堡地區（柏林是其首府）喪生了三分之一的市民。

柏林人馬上汲取教訓，在三十年戰爭之後，布蘭登堡大選侯腓特烈．威廉（Friedrich Wilhelm, 1620—1688）決定對移民放鬆管制以推動經濟發展。一六六一年，他簽署了一系列法令，取消了移民方面的限制。這造就了一波新移民：在本國受到宗教迫害者遷移到此。實際上，十年後，一群從維也納流亡的猶太人也定居柏林。現在，歷史學家把它看作柏林的第一個猶太人「社區」。這一波開放持續下去：到了一七〇〇年，柏林有一一四個猶太家庭和一千名猶太人。一六七七年，柏林成為七百多名法國新教徒難民，胡格諾教派的家鄉。一六八五年簽署的《波茨坦詔書》為兩萬胡格諾教派人在三年內移民提供了方便，其中多數人定居柏林。該詔書給他們十年的免稅待遇，讓他們享有法語教堂，鼓勵他們移民到普魯士。一七三九年前，大約一千二百名波希米亞人為逃避宗教迫害定居柏林。所以，寬容和開放或許是增長的工具，有實用性考慮的根源，但它們也是在道德基礎上得到推廣的價值觀。[9]這些移民都產生了影響：一七四〇年，柏林成為啟蒙運動中心，重要新文化建築如歌劇宮（1737）、國家歌劇院（1742）和老圖書館（1780）先後興建落成；

一七六四年，第一個德語劇場在柏林貝爾大街開業，在此之前，戲劇都以外語，通常是法語表演的。由於腓特烈（Frederick II，一七四〇到八六年的普魯士國王）的支持，柏林試圖發展成思想中心，甚至法國啟蒙哲學家伏爾泰在一七五〇到五三年間就住在柏林。這種思想環境吸引了對科學和文學感興趣的人前來柏林，因為審查制度的寬鬆，不少新刊物獲准出版。但是，腓特烈大帝去世後，繼承者腓特烈・威廉二世（Frederick William II）引入嚴格的審查制度，柏林再次成為不寬容的城市，自由派遭受迫害。

建築、透明、民主和開放

貝淡寧和我在柏林的第一天很早醒來。不知是雪花還是凍雨在窗外飛舞，這是漂亮的「歡迎來到柏林」的場景。我迅速外出想找一家咖啡館，最終找到了一家連鎖店，或者乍看像是家連鎖咖啡。咖啡出乎意料的好喝，店裡的氛圍與許多咖啡館相似：柔和的國際爵士樂，掛在牆上的大幅圖畫。一開始，感覺像在星巴克，這讓我有點不舒服。但是，我注意到差異：扶手椅不是擺在桌子四周，而是圍成一個大圈，你能面對其他人。這讓我想起在阿拉伯城市看到的咖啡館。在那裡，咖啡館就是討論和社交的場所。

「協商民主」理論家們把焦點放在設計政策之前或者之後的全民協商過程，他們認為民主的價值在於其開放性和全面性，而不是多數人常常宣稱的協商民主的優勢——包容性。協商民主傾向於擁抱少數民族、新來者、移民或在法律上及實踐中充分參與權被排斥的族群（如婦女、同性戀者、少數民族和窮人）。但是，巴什爾指出，在涉及嚴肅的歷史冤屈時，遭受排斥的集體記憶的要求會出現，需要為發生的事承擔責任，以此作為任何真正意義上的包容和協商前提。協商民主的包容性本身，或許不能獲得那種參與感和民主。因此，和解政治出現，這些少數族群或許克服集體記憶，竭力參與政治過程，而那些從前排斥少數群體權益的人改變了態度。但這不應該僅僅是個政策，而應該是真正改變人的思想：應該把種族主義者改造成非種族主義者，把沙文主義者改造成平等主義者，把排外者改造成「彩虹國家」的公民。

在此，重要的是非常樂觀的假設：改造人們的觀點、意識形態和性格的過程是可能和可實現的。它假設人們成為種族主義者、排外份子或偏見者，僅僅是因為生活環境所致。因此，只要改變了環境，創造出合適環境，在人們採取或者養成不同的理想之後，其行為就會改善。這是馬克思主義理論，是柏林「反思歷史」的理論基礎。

柏林人喜愛在咖啡館討論和爭論文化、藝術和政治嗎？這是一個關鍵問題，因為柏林人要真正改變這座城市，就需要開放性和聆聽別人想法的好奇心。許多柏林人自豪於柏林人的遲鈍刻薄（Berliner Schnauze），他們以「忍受它」而著名，無論它是什麼。他們認為在為你服務時不需要微笑，他們不覺得今天天氣很好（正如英國人在街上碰見你時常說的），公車駕駛不覺得應該告訴你在哪站下車。現在有一種運動，鼓勵柏林人改善態度，但他們認為柏林人的遲鈍刻薄是真誠和坦率。不過，柏林人的遲鈍刻薄，是對他人感受的不敏感或冷漠的另一種形式嗎？是他們寬容的一部分嗎？我認識的一位剛訪問美國又到柏林參觀的以色列人說，與坦率告訴你真實感情的人交流，比試圖偽裝的人交流更好。或許如此。

貝淡寧和我決定隨後檢驗這一點，開始步行通過現在已經被白雪覆蓋的蒂爾加騰公園進到城市。

雪已經變成了雨，貝淡寧似乎有點失望。當我們進入索尼中心後，他的心情才變好：這裡光線明亮，舒適宜人。這是一棟巨大複雜的建築，集住宿、娛樂、商業、飲食、藝術等多種功能為一體。建築之間以七個玻璃和鋼結構組成的龐大圓形屋頂連接起來，為室內帶來良好的採光，由於它的穿透性即遍在陰雨天也是光線充足。雖然這裡的咖啡廳不便宜，但有一種人人可以享受的氣氛。人們經過這裡，前往柏林的不同地區。它給你一種成功的感覺：漂亮而獨特的建築，卓越的餐廳、電影院，文化以及景氣，貝淡寧和我暫時淡忘了世界正上演一場經濟危機。與我們同行的朋友是蔣乾，一位聰明能幹的中國科學家和博學者，他在哈佛獲得物理學博士後，來到慕尼黑從事博士後研究。我告訴貝淡寧這棟建築是他情緒轉變的原因，蔣表示懷疑。我們可以設計建築來表達某種情緒或者價值觀，但是它們真的能改變我們的情緒或價值觀嗎？它們能「教育」柏林人嗎？

或許證明後者是困難的。最多，我們能依賴主觀感情的積累和人們的某些說法，即通過生活在某個建築附近或裡面，而學會了該怎麼做或擁有什麼價值觀。如果建築不能教育我們，或許更可靠的說法是它們至少能影響我們的情緒。這是本能性的和合理的。果真如此，柏林設計透明建築的努力不過是推動「寬容文化」的嘗試，而改變價值觀的真正關鍵在於教育體制或家庭。但是，在某個環境裡生活久了，人們會受建築所表達價值觀的影響，也是有可能的。

索尼中心位於波茨坦廣場中心，離布蘭登堡大門南端有一公里。自一八三八年中央火車站營運以來，這裡就一直是歐洲最繁忙的都市交通中心之一，在一八七一年帝國建立後就變得更加繁華。柏林人口在兩次世界大戰之間大量增加。二十世紀二〇年代，波茨坦廣場是歐洲最繁華的廣場，有城市快鐵和柏林地鐵、二十六條路面電車線、五條公共汽車路線通過。每天有兩萬輛汽車行駛，八萬三千名遊客和通勤者出入波茨坦火車站。實際上，歐洲的第一個紅綠燈就是一九二四年在此設置的。說到這個，柏林人非常自豪他們的「東德交通號誌小人」（Ampelmännchen）。這是佩格勞（Karl Peglau）在一九六一年設計的人形玩偶，向路人顯示什麼時候過馬路，如今可以在城市的任何地方發現它，雖然曾經只能在東柏林、前德意志民主共和國看到。令人印象深刻的是，東柏林留給整座城市的唯一內容是對行為的控制：交通，尤其是行人的控制。這是因為控制和秩序在這個城市很重要嗎？

在新建的以開放、民主和透明為榮的藝術學院入口處的牌子上寫著「請依序前行」。貝淡寧和我覺得告示牌的要求有些彆扭。雖然藝術學院開放、民主和透明，但它仍然擺脫不了德國人對秩序的崇拜嗎？接著我們認識到這個告示牌是故意挑釁的。藝術學院的展覽主題是控制和施加恐懼。在某種方式上，藝術學院是在玩弄柏林人的情感，人們現在相信，正是這種恐懼促使他們採取行動，從而導致了七十五年前的錯誤。

回到索尼中心和波茨坦廣場的話題：第二次世界大戰時，這個廣場遭到徹底破壞，並被放棄和空置了很久。柏林圍牆就建在這裡，它成為東西德兩種制度差異的象徵。難怪在二十世紀九〇年代，德國和柏林重新統一後，這個地方被選為第一批重建的場所之一。它再次成為城市的心臟，也可能是世界上最快復原規模最大的重建街區和廣場之一。正如其官方網站上的說法，這個「區域」的十九幢建築是由一個國際建築師團隊設計。柏林的中心——它的心臟——的設計師團隊是國際性的事實一再被強調，就是要顯示柏林變化多麼大，已經與從前不同了。首席設計師倫佐·皮亞諾（Renzo Piano）「想創造一個歐洲城市區，用特別為波茨坦廣場製作的紅色陶瓷正面，為該區塑造獨特的面貌」。人們不禁瞠目於柏林從德國獨特主義和沙文主義的民族主義中心，到這個國家的最進步城市，甚至是歐洲最進步和最國際化的城市之一的戲劇性改變。

建築群預計在四年內完工。在觀看完工的預覽照片時，人們想像著充滿希望的「新時代」，路人在看到數量龐大的起重機（我們數了數，總共十四架）後肯定能感受到的。當巨額資金投入展現出積極的能量，一座城市能重新自我表述，重新塑造自己的風格。[10]說到正向的能量，柏林為它的綠建築感到自豪，即便是屋頂都用來收集雨水。

這棟建築令人感到驚奇。它可說是現代建築，甚至是擁有後現代建築的特徵。多數柏林人的品味比較保守。柏林人有激進的政治觀點，第二次世界大戰前，社會主義者和共產主義者都能贏得大多數柏林人的選票，這座城市接納了羅莎·盧森堡（Rosa Luxemburg）和卡爾·李卜克內西（Karl Liebknecht）等革命人物，他們是地下組織斯巴達卡斯聯盟的成員；但在日常生活中還是趨於保守的，或者柏林人告訴貝淡寧和我的是如此，他們天天坐在一樣的咖啡館或酒吧裡，不樂見習慣被打擾。一位受訪者告訴貝淡寧和我，一九九四年時，身為東柏林孩童的他轉學到西柏林，但那裡的孩子不接納他，因為他來自東德而欺負他。一位建築系學生認為柏林人是墨守成規者。既不是柏林人也不是德國人的第三名受訪者講了以下的故事：他定期到十字山奧蘭治街的咖啡館，那裡的大部分顧客是移民和外國學生。女服務生總是用德語稱呼他，他總用不流暢的德語回答。幾天後，她突然用流暢的英語招呼他，驚訝之餘，他問她為什麼不早點說英語。她回答說她沒有想到，是咖啡館老闆前一天告訴她，既然這麼多外國人來這裡，她或許應該對客人說英語。他說，這就是典型的柏林人。他們不一定是墨守成規者，但他們確實不加懷疑地接受秩序，直到有人建議而做出改變。

當然，人們應該限定這種概括，因為在柏林，你確實會發現無政府主義者和喜歡「另類」生活方式的人。貝淡寧和我也瞭解到，這種概括並不適用於所有柏林人。比如洪堡大學社會學系的學生就非常善於質疑，他們對書上說的內容提出質疑和問題，挑戰他們學習的理論。總體而言，受訪者說柏林人往往缺乏自信。這是否導致接受現狀？或迎來激進的改革和開放？或二者兼而有之？

重新講述故事

貝淡寧和我在萊比錫大街往東走，來到蘇聯占領軍的前總部所在地，在此我們第一次遭遇了柏林重新講述自己的故事。

我們應該說些有關「重新講述」歷史的事。重新講述歷史和「重新撰寫」歷史是完全不同的兩個概念，後者常常有人為操縱的負面含義，而我們說的「重新講述」概念具有積極含義。它不是人為操縱的實踐，它十分坦率。重新撰寫歷史可能隱瞞、掩飾或欺騙，其目的是防止年輕一代瞭解醜陋的歷史或發現事實真相。而重新講述是為年輕一代講述故事，即使這些故事將敘事者或與敘事者有關的機構，置於特別顯眼的位置。因此，重新講述歷史是修改自己的方式，彌補過去罪惡造成的傷害，重新包紮傷口。因此，它開始於提出問題，讓讀者和聽眾看到赤裸的真相。在這個意義上，如同柏林當代的建築，透明與開放。

如果柏林的當代建築是有關透明性的，那麼，蘇聯占領軍司令部大樓則正好相反。它規模宏大，擁有持久的權力意識。別誤會我們的意思：看見它的人並沒有感受到自己多麼有力量，他們感受到的是這棟建築的控制力，令他們產生無助感。在一面牆上你仍然能看到一九五〇年的壁畫家沃爾夫岡．魯泊爾（Wolfgang Ruppel）使用寫實主義手法描繪了工人們對共產黨的忠誠和他們的快樂。大樓旁正在進行市政府的一個展覽，告訴年輕一代在一九五三年六月十六日和十七日發生的事。

這個事件發生在東柏林，出現在民眾對東德政權表達不滿之後，尤其是要求增加「生產配額」，這個制度早已引起人們的厭惡。運動的起因可能是史達林之死。在東德出現三萬六千名勞工參加的大罷工，在當時罷工是非法的政治行動，當罷工變成示威遊行後，東德領導人瓦爾特．烏布利希

（Walter Ulbricht）向蘇聯求助。蘇聯人開來坦克車，示威者遭到槍擊，四十人被殺，數千人被捕。[11]

貝淡寧和我站著看這些照片，閱讀重新講述的故事：「工人積極準備以罷工凸顯訴求。黨和國家領導人以政治迫害和嚴厲鎮壓，回應了民眾越來越大的不滿。當局使用了獨裁權力。」這次遊行被描述為自發的、受到民眾支持的和公正的，這當然是非常勇敢的行為。他們的要求被描述為自由的要求。僅僅是要求自由嗎？是否有其他考慮呢？他們明白自由代表什麼嗎？

兩天後，貝淡寧和我路過布蘭登堡大門西邊的蘇維埃紀念館。雖然它被白雪覆蓋，仍然有幾十名包含德國人在內的遊客參觀。有人在入口處獻花。這裡的重新講述歷史十分坦率。對那些被殘酷殺害的人表達敬意，清晰回憶納粹所代表的文明破壞對於德國人看待自己歷史的方式來說非常重要。

我們稱這是「重新講述」而不是「重新撰寫」歷史，我們說過它涉及透明性、知識和賦予年輕一代提出問題的力量。但是，語言中的一些東西讓我們困惑。或許因為重新講述故事時使用了戲劇性的語言和華麗的形容詞，如同過往，只不過如今是為了勾勒美好的願景。我們想到了位於博物館和街角，或被遷移到奧許維茲集中營的猶太人住宅附近的幾十種說明文字：這些說明文字都非常詳盡、具有教育意義，但它們是有爭議性、生硬的，缺乏讓人反思文字內容的空間。德國歷史博物館對十八世紀的描述是這樣的：「現在已經到了批判性地思考和擺脫專制觀念和各種偏見的時期。」貝淡寧稱這是「對專制主義的專制性批判」。換句話說，柏林人似乎習慣於用一種極端意識形態替代另一種極端意識形態。人們懷疑這是否真是批判性思考和解放偏見的探索。[12]

現在，這個習慣可以服務於一個明顯的目的——「反思歷史」，像任何和解過程一樣，它肯定要創造一個新的集體記憶。分裂的記憶肯定成為整個城市與過去和解的障礙。因為社會不同階層對過去的記憶不同，擁有對歷史事件的不同認識，可能是因為他們的解讀方式不同，或是因為他們關注的話題、主題或事件不同。[13]因此，城市尋求一個集體的、明確的意識形態以便產生新精神。與此同時，他們感興趣的特殊精神——寬容和反思歷史卻需要多樣性甚至模糊性。從字面上說，在自由和民主遭到破壞的地方，市民難道不應該用包括鼓勵多樣性、自我反思和批判在內的一切手段捍衛它們嗎？而不應該強行推動清晰明確的意識形態。隨後，我們將再次談論多樣性的議題。

柏林建造的第一所大學——柏林洪堡大學——的對面是倍倍爾廣場。它是在一九四七年用來紀念社會民主黨創始人之一奧古斯特．倍倍爾（August Bebel）而命名的。可以想見在十九世紀七〇年代這個廣場肯定發生了很多示威遊行、集會和辯論。

一八七五年，德國社會主義工人黨就是在柏林此地成立的。該黨後來被命名為德國社會民主黨（SPD），成立三年後被宣布為非法政黨。這標誌著對社會主義者和工人權利支持者的不寬容的開始。社民黨所有的出版品和會議也都被視為非法，黨員被視作「德意志帝國的敵人」，這個狀況持續了十二年。後來鐘擺再次擺動，工人重新獲得權利，政黨再次被合法化。當開放和寬容取代不寬容時，柏林展現出一貫的熱情，工人們感覺正處於世界之巔。一八九〇年，柏林慶祝了第一個五一勞動節，絕大多數的柏林人在國會大選中支持社會民主黨。到了一九三三年五月十日，鐘擺再次擺動，納粹就在這個廣場焚燒了社會主義者和猶太作家的兩萬冊圖書。

貝淡寧和我到達倍倍爾廣場時，廣場上已經覆蓋著積雪，颳著寒風。稀稀落落的行人穿越廣場，對街光禿禿的樹木在寒風中瑟縮，氛圍顯得很悲涼。廣場中間是一個紀念碑，站在納粹曾經焚書的地方，我們的腳下是一件觀念藝術作品，是以色列藝術家米查·烏爾曼（Micha Ulman）設計的低調描述。首先看到的是腳下沉重的玻璃板，透明的嵌板之下的房間裡四周滿是書架，足以容納兩萬本書，不過書都消失了。因為下雪，人們很難看清楚房間的輪廓。觀看這個嵌板，首先看到的是自己容貌的反射鏡像，就好像藝術家在說「請不要忘記，焚書者是人」。距離嵌板不到一公尺的地方有扇窗户，上面掛著一塊匾額，刻著詩人海因里希·海涅在一八二〇年寫的一句詩：「在書籍被燒毀的地方，最終人也會被燒毀。」不過，在這裡書是再也不會被燒毀了。積雪的廣場中央站立著一群來自世界各地的追悼者，紀念這個可怕事件。貝淡寧和我在站在這裡的短短五分鐘裡，注意到人們使用的語言總共有七種，西班牙語、法語、義大利語、德語、英語、希伯來語和日語。這個地方為所有這些語言、所有這些民族和身分認同賦予了合法性。排外主義和法西斯主義焚燒啟蒙書籍的地方如今成為世界主義的國際性場所。站在這裡的每個人都瑟瑟發抖，但他們相識以笑，然後去尋找咖啡廳或餐廳以躲避這冰冷的天氣。

貝淡寧和我來到馬克格拉芬街上的愛因斯坦咖啡館。這不是創始店，我在另一次柏林之行中非常喜歡的創始店是在選帝侯大街五十八號。那裡是藝術家、波希米亞人、學生和知識份子品嘗美味濃郁歐陸咖啡的地方。這家咖啡館在街角的一個小地方，不過很有活力並且充滿歡樂。一位女士帶著小男孩進來，孩子爬上椅子點了想吃的蛋糕，再加一杯熱巧克力。這個地方使人感到溫暖、熱情、愉快和放鬆。

透明和與過去和解

「少有建築能與由班尼士及其合夥人建築師事務所，和溫納．杜斯（Werner Durth）設計的正面為玻璃的新透明大樓相媲美，因為它大膽地展現了開放性，不只反映了全國最著名的藝術家協會的意願和支持。」這是柏林藝術學院手冊開頭的話。[14]這驚奇的建築是透明的，「路上行人能清楚看到大樓內的情景」。[15]透明不是沒有原因的。該大樓位於巴黎廣場，與周圍的許多建築，如美國大使館、英國大使館、銀行等形成鮮明對比：它們都是對公眾封閉的或出入受到限制的機構。這個建築非常突出，手冊繼續解說，它像「宣稱藝術自由的強烈驚歎號，雖然多數人並不走近廣場旁的銀行或大使館，但他們確實來到旨在成為公共生活一部分的藝術學院。它有意向人們發出邀請，走進大樓瀏覽內部空間，看看裡面的走廊、酒吧、書店、閱覽室、展覽室等。」當柏林圍牆倒塌時，城市決定重新設計這個廣場。顯然，必須對布蘭登堡大門表示尊重，但那些設計藝術學院大樓的人卻希望它與眾不同。

貝淡寧和我在一個陰沉的上午進入這棟大樓，外面下著毛毛雨，天空灰暗。我們再次注意到透明建築如何影響了他們的心情。透明建築和光線讓人們更加樂觀。展覽的導覽解說稍後才開始，所以我們走到自助餐廳上層的一樓大廳。咖啡和蛋糕的味道非常迷人，但牆上的藝術品非常灰暗。一幅畫的一組線條令人想起牢籠。一個牢籠有道門通向看起來像一個更明亮的房間，可當我們仔細觀看後發現它只是另一個更大的牢籠。另一幅畫畫的是藝術學院所在的巴黎廣場。該建築外面有六件藝術品，每件都像一個人（或許是藝術家）拿著一面旗幟站在龐大的人群中央。其中一面旗幟或一件藝術品描述的是上面提到的門。人群中的數百張臉孔看起來一模一樣。墨守成規嗎？雖然少數人致力於藝術，但大部分民眾仍然是墨守成規者。手冊繼續解說：「該建築既不豎起任何壁壘，也不試圖隱瞞任何東西。它旨在與他人分享珍寶，產生一種在任何地方，都可以感受到的充分交流的氛圍和開放性，給城市的心臟地帶來一縷新鮮空氣。」

我們參加了這次導覽。導覽員穿著保全的衣服，掛著看似手槍的東西和耳機，引導遊客搭電梯進入一處地窖，然後再到另一處地窖。關於「控制和恐懼」的展覽空間就是在前東德國家情報局「史塔西」使用過的地窖裡。

一九九〇年以後建造的所有公共大樓都是透明或包含有若干透明元素的，就好像城市在宣稱：我沒有任何隱瞞。貝淡寧的思想跳到一個對比上：這裡當然和東京沒有任何相似性。東京的中心是皇居，普通人在任何時候都無法進入。而在柏林，透明似乎是城市承認其過去已經成為將來的一部分的方式，它總在那裡，沒有辦法隱藏或掩蓋。這是「反思歷史」觀點的一部分，這種承認，是通過建築長時間認真看待過去的靈魂來探索問題。雖然對許多人來說，這似乎是柏林人的負擔，但他們被不斷地提醒前人不堪的過去，透明和與過去和解也在人們犯下罪行的地方發揮作用。

現在，如果「反思歷史」是出於柏林人希望圍著篝火唱黑人靈歌「歡聚一堂」的動機，即減少內疚和羞恥感的願望，那麼指出柏林人更冷漠而不是更寬容的說法或許是準確的。著名詩人、戲劇家、戲劇導演海納・穆勒（Heiner Müller）的話出現在我的腦海裡：「為了擺脫歷史的夢魘，人們必須首先承認歷史、瞭解歷史，否則它就像噩夢，會以一種非常古老的方式纏住你。人們必須首先認識到它，然後才能譴責它，擺脫它。」[16]

穆勒的意思真是「擺脫」惱人的過去嗎？他的意思更可能是擺脫噩夢而不是擺脫過去，也就是不否認歷史。柏林人需要學會如何照鏡子，知道他們是誰，他們從哪裡來。

穆勒本人是不寬容的受害者。一九四七年，十八歲的他參加了社會主義統一黨即德意志民主共和國的執政黨。後來他成為東德最重要的劇作家，在東柏林享有明星般的待遇。一九五九年，他獲得東德最著名的海因里希・曼文學獎。但當他開始批評政權時就成為「不受歡迎人物」。他的劇本《重新安置區婦女》遭到審查，這是政權對他發生態度變化的第一個徵兆。在柏林重新統一後，他重新獲得知名藝術家和作家的地位，直到一九九五年去世。但是，他從來沒有忘記遭受抵制的時期。好像也從來沒有忘記他是體制內成員的過往。他經歷「反思歷史」，不是從受害者視角，而且是從享受體制好處的既得利益者角度來看的。

穆勒認識到了獨裁政權下發生的罪惡嗎？或許他是投身於創造真正平等的社會目標的真正社

會主義者？他似乎確實相信資本主義是人類的敵人。當人們看到當今世界和許多發展中國家的苦難，或者認為已開發國家貧窮問題普遍存在時，這種思想並非牽強附會。但是，他認識到了「實際存在的社會主義」的代價嗎？我們知道，這個代價不僅是否認公民自由和政治自由，而且與資本主義相比也是相對貧困。他不在乎缺乏自由嗎？假設他在乎，有沒有可能是他在柏林的事實讓他覺得安全，正如他相信在這個地方不會發生罪惡？或者這可能是多數猶太人、柏林人雖然已經看到納粹在城市閱兵的情景，還是決定留下而沒有逃走的原因。我的岳父是個例外，因為他確實通過煙幕看到了危險，這個城市可以是寬容的象徵，但可能很快就會墜入不寬容和仇恨的深淵。或許，穆勒相信，他居住的城市剛剛經歷了納粹主義，從戰爭廢墟一躍成了文學和藝術中心。正如十八世紀的柏林——一座有文化有修養的文明城市。

德國文化歷史學家麥特．埃林（Matt Erlin）認為，生活在十八世紀的柏林為摩西．孟德爾頌（Moses Mendelssohn）的「人的使命」思想提供了範本和靈感，即作為體會過身體、情感、思想和精神力量全面發展的個體，在高度發達的社會中，比如柏林，通過社會交流，可以實現更大程度的發展。厄林稱之為「這座城市的哲學」。[17]十八世紀猶太哲學中最自由和進步的思想家之一孟德爾頌認為，猶太教並不試圖強制信仰，而是確定行為規範，但是他從這裡推導出更具普遍性的信仰自由，一種即使在那個時期的德國啟蒙學者中都認為具有進步性的觀點。厄林相信孟德爾頌的立場源於他在柏林的生活經歷，如柏林人相信在柏林這樣的都市中心是可能進行優雅交流的，但在之外的小鎮上就不行。柏林人覺得這個城市激動人心，相信城市提供包括「都市社交圈」在內的許多優勢，即人們在城市中，擁有支持個人發展的種種人際交往和聯繫。有趣的是，厄林聲稱孟德爾頌對社交圈的捍衛，是採取反駁盧梭對都市生活墮落的攻擊形式。孟德爾頌認為，都市形式的文明產生了新的認知能力：「人們有充分理由認為，孟德爾頌的論證是在其現有的都市經驗的基礎上所寫下。」18

貝淡寧和我與兩位猶太學生見面，一位是在柏林工業大學讀建築的猶太裔以色列學生奧特；一位是在柏林生活了兩年還在學習德語、並為德國社會民主黨工作的學生伊多。他們的爺爺都在柏林出生，第二次世界大戰前逃離。伊多的爺爺實際上就是我的岳父。我詢問兩位在柏林是否感到特別，他們說沒有。我進一步追問，是否因為自己是猶太人而感到不安全或者受威脅？奧特的答案令人驚訝：雖然她確實不時感覺自己像個陌生人，當她探訪爺爺時，爺爺請她說柏林的故事時，提起他非常懷念納粹之前在柏林的生活。在威瑪共和國時期猶太人是完整意義上的公民，他們享受充分的公民權。一個完全寬容的時期再次墮落至可怕的反猶主義和針對猶太人、羅馬人和同性戀者的不寬容。柏林曾是對待同性戀者最寬容的城市，是二十世紀早期第一個擁有公開的同志社區的地方，但在戰爭期間數千名柏林同性戀者被殺。我們參觀歐洲被害猶太人紀念碑時，回憶起腓特烈二世常常被人引用的話：「宗教必須寬容以對，國人必須保持警惕，誰也不對任何人造成傷害，因為人人都必須以自己的方式進入天國。」

人與人之間以及個人內心的多樣性

貝淡寧和我到尼德爾克爾新納大街看柏林圍牆的遺跡。在離查理檢查哨不遠處，能看到民眾對這道牆的象徵性「攻擊」的遺跡——用錘子敲打牆面留下的痕跡。沿著圍牆行走時收到了明天約好碰面的人傳來的簡訊。

這道牆被修建起來後所實現的完全隔離，再也無法重現了，因為現在有行動電話、電子郵件和其他通信工具。但在當時，城市兩邊的所有電話線都在二十世紀五〇年代初期被切斷，人們只能通過法蘭克福接線員控制的線路通話。這種情況在「緩和」時期得到改善，直接撥號再次引入，當然，東柏林人意識到他們的通話可能被人監聽。如今，柏林圍牆的遺跡成為柏林日常生活的一部分，有些遊客前來參觀，但德國人很少關注它：牆的倒塌已經是個事實，柏林人知道牆能被推倒。我們採訪的波茨坦大學研究生阿列克斯告訴我們，他在以色列的一年中，喜歡在巴勒斯坦控制下的拉馬拉和以色列之間旅行。他坐在拉馬拉時會告訴巴勒斯坦朋友，他一個小時前在特拉維夫；然後在特拉維夫和以色列朋友喝咖啡時會告訴他們，當天早上他在拉馬拉和巴勒斯坦人在一起。他說：「這是在告訴他們牆可以被打破。」[19]但這也是因為他同時擁有巴勒斯坦朋友和以色列朋友。在東柏林，你必須是完全的東柏林人：共產黨人、反美、忠於黨。在西柏林，你必須是完全的西柏林人：親美、思想自由。但是現在，你可以是德國人和柏林人，但同時你還可以是社會黨人、自由派或共產黨人。這是民眾中的多元主義，但也是個人內心的多元主義：你可以同時成為德國人和社會黨人。實際上，人們再次可以既是德國人又是猶太人，如摩西．孟德爾頌。

猶太人博物館是丹尼爾・里伯斯金（Daniel Libeskind）設計的。他是猶太僑民和以色列建築教授，在博物館設計的競圖中勝出。里伯斯金的選擇引起很大爭議，《博物館指南》（The Museum Guide）的作者羅爾夫・施耐德（Rolf Schneider）寫道：「里伯斯金稱他的猶太人博物館工程具有『言外之意』。參觀者需要努力跟隨他的思想，雖然他們或許有時候覺得困惑和惱怒。」[20]《紐約時報》的愛德華・羅斯汀（Edward Rothstein）就不那麼客氣了：「世界上或許還有比二〇〇一年開幕的柏林猶太人博物館更糟的猶太人博物館，但很難想像有哪個博物館像它這樣缺乏靈感和平庸乏味。」

當貝淡寧和我參觀柏林猶太人博物館時，感到無所適從，無法關注展件而只是集中於它引發的幽閉恐懼症的感覺。展出的許多文件和物品並沒有吸引我們，我們感覺不舒服，唯一的念頭就是趕快離開。但是，博物館本來是要給那些願意來參觀的人啟蒙和教育的。實際上當時發生了一件有趣的事。進入學習中心後，我低頭看「宰殺活人祭禮的控訴」來瞭解涉及反猶太人的指控的地點和事件，如猶太人謀殺基督教兒童，然後用他們的血製作逾越節薄餅的古老神話。和我們一起參觀的蔣乾告訴我，在十九世紀的中國，有關天主教的這種恐怖故事很常見。天主教徒經常收留那些遭父母遺棄的孩子，因為有些孩子很虛弱，喪命的也很多，有傳言說天主教徒利用和殺害了中國兒童。

這代表少數民族常常被看作他者，人們總是愛講述有關他們的故事。但是，故事為什麼這麼恐怖呢？為什麼要妖魔化少數民族呢？顯然，多數民族中的某些人感受到威脅，對其身分認同感到不安全，所以要編造故事。約翰・洛克（John Locke）教導我們，要變得更寬容，我們就需要對自己的身分認同更放鬆些，拒絕那些認為不同身分認同，將挑戰自己身分認同的觀點。實際上，當代柏林和蒙特婁都教育我們去吸收少數族群和其他文化，而不是視其為對自我身分認同的威脅。這樣不僅能產生更加激動人心的故事，實際上也更加堅定自我的身分認同。

那天晚上，在十字山的多民族多文化聚居區，貝淡寧和我在本地人很熟悉的麥克斯和莫諾思餐廳用餐時，又想起了博物館。我提到一個信教的猶太哲學家，蔣乾感到懷疑。他說這不可能。一個哲學家肯定願意質疑一切，所以不可能是宗教信徒，因為教徒就意味著把某些教條當作真理。

蔣乾的論證在許多人聽起來或許是本能反應，但我們相信一個人是可以同時成為優秀的哲學家和虔誠的教徒。當我們認識到自我可以是多面的，可以在不同場合進行適當調整時，這就變得更清楚了。這種自我的概念不僅出現在自由主義中，也可以在儒家倫理中找到，即我們要根據角色和背景的不同，調整我們與人交流的方式。這一點對訪問柏林很有必要，因為承認這種內在的、個人內心的（對應外在的、人際關係的）多樣化是實現寬容的前提。實際上，當我們寬容某人時，我們寬容的不僅是這個人，而且是多元主義思想，即兩個或更多思想同時並存的觀念。

有人會挑戰這個觀點：一個擁有兩種或更多可能矛盾的世界觀的人，難道不會成為缺乏一致性的人嗎？通常是這樣的，人們往往是前後不一的，因為我們只是凡人。在柏林，記住這一點很重要，我們不是完人，人的完美性觀點是納粹主義最可怕、最恐怖的觀點之一。現在，哲學家的哲學應該是一致和連貫的，實際上，一致性和連貫性正是評價哲學家的哲學思想的參數標準，但對哲學家本人，他作為個人並不一定是一致和連貫的。期待這個哲學家具有這些特質是沒有道理的、不人道的。柏林曾經試圖在個人而非思想上獲得統一性和一致性的歷史，這個傳統的最明顯表現或許就是希特勒的口號「一個民族、一個帝國、一個元首」，這個口號是納粹對多元主義不寬容的基礎，導致了大屠殺，迫使一千三百名德國作家和藝術家（其中許多是柏林人），如布萊希特（B. Brecht）、荀白克（A. Schoenberg）和庫爾特·威爾（Kurt Weill）等離開德國，逃亡其他國家。21

當今柏林教導我們必須接受世界並非完美的事實，即有不同身分認同和不同信念的不同人，而且接受人不完美，也不可能完美的事實。

十字山區給人多民族、多元文化的印象，雖然我們留意到，若與倫敦及紐約相較，它的「多」還是有限的。22或許更好的描述是「其他的、稍差些的、實際存在的另類人」。雖然如此，十字山區更年輕、更豐富多彩，對現在無疑更放鬆：有一種「自己存在也讓別人存在」的感覺——男同性戀者、女同性戀者、移民、藝術家、學生和少量遊客和諧共處。麥克斯和莫諾思酒店的氣氛是迷人的，老闆歡迎我們的到來，帶我們進入包廂，因為即使在比較早的時候，大廳裡的餐桌旁也已經坐滿了人。粗糙的木地板，長而厚重的木餐桌，柔和昏暗的燈光——這是讓人驚訝的，在某種意義上這是兩個麻煩製造者麥克斯和莫諾思。23我們被帶到座位上，點了德國紅酒，沒有惡意地詢問這紅酒的口感是不甜的嗎？老闆看了一眼，回答說：「我們餐廳裡唯一甜的東西是老闆，就是我。」

一個社會希望治癒過去的傷疤時，挖苦和自嘲的幽默或許成為關鍵因素，知道如何嘲笑自己似乎是與過去和解和承認錯誤的前提。自嘲就是承認自己不完美和不可能完美，同時也承認沒有人是完人。這是走向承認你們（作為集體）做了錯事，尤其是做了特別嚴重的錯事的第一步。自嘲式幽默在柏林人中非常普遍，部分表現在他們隨意的服裝、他們的悲觀主義和從不承認崇高的態度上——總有美中不足的地方。在被問及他們與德國其他地方人的差別時，柏林人馬上說，我們從來沒有完全滿意過。難怪柏林從來不是富裕的城市。或者正如市長所說，柏林很窮，但很性感。隨後我們會再討論這個問題。這裡需要注意的是，不過於把自己當回事，從來不覺得事情絕對好，實際上就是承認多元主義：生活可能有好有壞，可能有不協調的不同方面。

與過去和解的代價

柏林洪堡大學的菩提樹大街上的建築令人印象深刻。貝淡寧和我討論了德國重新統一時東德的大學教授被整體解聘的往事。貝淡寧與來自萊比錫的前東德記者談到這個問題，該記者說前東德的許多學者是「消極合作者」，這與他們真正的興趣和研究沒有任何關係。他自己的導師是著名的漢語教授，在柏林圍牆倒塌後保留了工作，因為很少人能教授這種語言，但在洪堡大學，大部分東德教授被解聘，記者把此事描述為「政治迫害」，取而代之的是來自西德的二流教授。

柏林的第一所大學柏林洪堡大學創建於一八一〇年，二十世紀九〇年代初期被徹底重建。雖然作為「東德高等教育璀璨之星」的地位讓許多人相信大學的重建將不會影響教師陣容，但是當東德國家情報局「史塔西」檔案開放後，至少兩成的大學教授被曝與史塔西簽署有「陰謀」協定。[24]如前所述，柏林反思歷史的處理方法是通過「透明」完成的，我們在一九九〇年後建造的大樓裡看到了這個特徵，在處理史塔西檔案時柏林也採取了同樣的方式。當時有三種選擇：一是消除這些檔案，作為原諒參與陰謀活動的人的方法；二是轉交給西德的某些檔案館，無論祕密保存與否，肯定都是柏林人看不到的；第三個選擇（最後採用的）是向柏林公眾開放這些檔案，人人都能看到檔案中的內容，如合謀者是誰，[25]這是透明性的反諷，而且非常殘忍。柏林或許可以允許人們選擇講述部分真相或說謊，以免丟臉以及公開受辱；人們或許會說在特定的條件下，公開完整真相是文明行為。但是柏林人認為這不應是在處理史塔西檔案問題上的一項選擇，他們認為祕密和謊言導致罪惡。相當有趣的是，如果我們記得柏林人對自己的評價，即他們往往對事情熟視無睹和忽略，或許他們傾向於擁抱半真半假的真相，但是最後選擇了透明政策，而且得到民眾的強烈支持。

公開檔案揭示了洪堡大學發生的事。這個畫面是非常令人憂慮的。研究這個問題的漢娜．拉布倫茲－維斯（Hanna Labrenz-weiss）總結了它對洪堡大學代表什麼：①任何人都能發現他們的學術生涯和個人生活中，受到了誰的干涉及如何干涉；②可以檢驗大學教職員與史塔西（成立了一個調查委員會向大學彙報其調查結果，但不提出任何建議）的勾結；③該大學的史塔西檔案起初只用於學術研究。人們瞭解到史塔西擁有在大學裡活躍的組織和個人的網絡，調查結果顯示洪堡大學裡的某些老師，曾經被史塔西用來監督和跟蹤生活在西歐的美國公民，以及在西歐工作的生物科技學家、微生物學家、化學家、記者、東西柏林的企業顧問和學生，還有其他團體如西德「具有合作興趣的企業和研究機構」。史塔西有機會檢視大學的所有報告和決議：檢查學者的意識形態和政治立場，以確保他們不違背黨的路線。因此，在二十世紀九〇年代初期，所有教授都自動被解聘，必須重新申請教授資格，其中許多曾經是社會主義統一黨黨員（SED）者被認定為不合格，因此確確實實遭到解聘。正如上面提到的，只有兩成的教授與史塔西直接合作，但後來發現，許多人對他們看到和聽到的一切都忽略不計，而且因為史塔西有時間處理許多檔案，因此造成了一種懷疑的氣氛：人人都成了嫌疑人。這種氣氛或許有一些合理性，如大學教授中大部分沒有參加民主運動，他們選擇社會主義統一黨黨員和前史塔西成員海因里希・芬克（Heinrich Fink）作為領導。但是二十世紀九〇年代後發生的事顯然是「政治迫害」行動。

貝淡寧和我討論了解聘是否合理，是否真到了把這所大學的全體老師全部更換的地步。在這裡教書和上學的名人包括黑格爾（Hegel）、約翰・哥特利布・費希特（Johann Gottlieb Fichte）、亞瑟・叔本華（Arthur Schopenhauer）、海因里希・海涅、卡爾・馬克思、華特・班雅明，還有阿爾伯特・愛因斯坦。在柏林，科學協會成立於一七〇〇年，戈特佛里德・萊布尼茲（Gottfried Leibniz）是第一任會長。一九一一年，威廉皇帝科學促進會（現在是馬克斯・普朗克學會）在柏林成立。但是在東德政權下，黨決定誰可以在大學工作，標準之一就是與黨的正統思想是否保持一致。教師們明白這一點，但多保持沉默。

但是，他們能有不同的作為嗎？期待他們與政權發生衝突難道不是麻木不仁甚至不講道理嗎？我們真的理解要和當局對抗需要多大的勇氣嗎？在東柏林生活將近一年的提摩西．賈頓．艾許（Timothy Garton Ash）在東柏林報導了投票的經歷：

在東德投票站，一個選民來到兩三個官員組成的委員會面前，出示證件，然後拿一張選票。為了投票支持國民陣線和執政的社會主義統一黨，他再次折疊了選票，然後投進票匭，不做任何標記。若要投給其他政黨候選人，就必須穿過房間在投票亭裡圈選選票，而投票亭旁邊就坐著一個「人民警察」。選民一進入投票亭，名字就會被記錄下來。後果可能是丟掉工作或被大學開除——如果是學生的話。[26]

艾許也討論了電影《竊聽風暴》（*The Lives of others*）中的這個兩難困境。[27]他自己生活在東柏林，多年後發現他完成了一本著作《我的過往每分人生：遭受福馬林毒害的三百二十五頁》。他追蹤研究了告訴他消息的那些熟人，他寫道：「除了一個人外，大家都願意談論。他們告訴我他們的生活經歷，解釋了他們如何做、曾經做的事。在每個故事中，故事都是可以理解的，完全可以理解，人性的，完全符合人性。」人們可能說在二十世紀九〇年代，德國社會有權力解聘這些教授，因為父母不願意讓曾經與史塔西合作的人，成為自己孩子的老師。其假設是一個大學教授應該是具有智慧和勇氣的模範，這是一個教育者所應具備的，即使他講授的是數學或化學。一個人對學術自由的缺乏視而不見，還能在人文社會科學領域從事教條性的研究和教學，就代表這個人已經不配當老師了。而且，為了防止專制政策，國家必須管理大學，常常必須以看起來似乎顯而易見的不自由方式管理。但是這種觀點受到挑戰：這樣的解聘只有在教授的合作，傷害了他人，或者教授缺乏基礎的學術背景時，才是合理的。

我和以色列著名的馬克思和黑格爾的權威學者、二十世紀八〇年代曾於洪堡大學講學的梭羅莫．亞維內里（Shlomo Avineri）交談。亞維內里不是東德政權的同情者，但他所講的一些事或許能對這個兩難處境提供一些啟發。當他參觀今日柏林時，有時候會碰見在一九八九年以前結識的熟人，東德科學院的成員或社會主義統一黨中央馬克思、恩格斯研究院的成員。他們中有些人曾經是黨員，曾經在布痕瓦爾德集中營工作很多年，有些人在一九八九年被「清洗」，替代者則是第三帝國時代的低級官員。

前文提到的波茨坦大學研究生阿列克斯對解聘沒有激烈的意見，但他確實強調了洪堡大學最近的變化，至少在社會科學領域，這是真正西方的自由派高等教育機構，具有激烈的批判色彩。

阿列克斯帶我們參觀了一座名叫塔赫勒斯（Tacheles），意思是「腳踏實地」或「實踐」的大樓。這裡從前是一個大商場，二十世紀九〇年代初廢棄了，後來被藝術家和波希米亞人占據，成為「柏林廢墟」。

實際上，對藝術家來說，柏林已經成為非常有吸引力的地方，尤其是另類藝術家，或許因為柏林藝術是挑戰規範和邊界的。因此，柏林藝術家勇於嘗試其他藝術家不敢做的事。布萊希特的挑釁和批判的戲劇，在米特區的造船工人大街劇院演出，上演他劇本的演出公司被命名為柏林劇團。第一位唱片騎師，即現場音樂表演者，就出現在柏林。柏林畫家覺得他們的藝術絕不會商業化，所以真誠地、專心地投入藝術表演中。當我們採訪一般居民時，他們驕傲地告訴我們柏林藝術家不是唯利是圖的市儈。這座城市正在準備二〇〇九年國際藝術論壇，將展示實驗藝術和前衛藝術。柏林吸引另類的、大膽的藝術家的理由也是制度性的：實際上，早在二十世紀七〇年代，西柏林就已經成為那些渴望實踐其他生活方式者的中心，如群居生活、經營左翼劇團等。[28]為什麼會這樣？柏林人告訴我們一個原因是在一九九〇年之前義務役不適用於西柏林人（德國重新統一以後，西德的豁免就被取消了）。因此，在一九九〇年之前，年輕的左派份子和尋找另類生活方式的人就來到柏林生活以逃避兵役。

我們與阿列克斯和伊多坐在米特區特蘭巴德米特咖啡館，阿列克斯喜歡柏林，他說這座城市充滿活力，文化豐富，是生活的好地方。我們談起柏林市長克勞斯．沃韋賴特（Klaus Wowereit）所說的「柏林很窮，但很性感」，[29]伊多笑了，說柏林或許很性感，但是柏林人並不性感，因為他們的行為很隨意，衣著更是隨性。阿列克斯笑著說，他們和慕尼黑的居民不同。如果早上沒有麵包吃了，慕尼黑人會梳妝打扮一番再出門買麵包；而在柏林，則直接出門做任何需要進行的事。貝淡寧和我贊同道，真正好的地方在於這反映了柏林人接受一切的事實，他們接受你的真面目，不要偽裝，不要打扮。但是，阿列克斯堅持認為：柏林人不是接納，只是冷漠。

阿列克斯的觀點很重要。我們回顧了耶里希・凱斯特納（Erich Kastner）的人生。完成學業後，他在兩次世界大戰期間遷居柏林，成為著名的小說家，尤其擅長創作童書。他的兒童小說《小偵探愛彌兒》（*Emil and the Detectives*, 1929）在一九三一年被改編成電影，背景就是柏林，如同他的許多其餘著作。一九三三年，納粹放火焚燒國會時，他在蘇黎世。他本來可以繼續留在蘇黎世，但他返回自己最喜歡的城市柏林，成為「見證人」。[30]因為他的書表達了平等思想和對社會主義的同情，蓋世太保審訊了他幾次，但把他釋放了。他在德國受到高度尊重，享有很特別的地位，著作被允許在國外出版。但是在一九四一年，他寫了有關閔希豪森男爵的劇本，據說是納粹政權下令讓他寫的。柯斯特納與納粹當局的合作，使許多人在戰後對他持批評意見。他看到了猶太人的遭遇，但背叛了自己的信念，沒有公開批判納粹政權。或許今天很容易對他做出評判，但如果你當時是個社會主義者或和平主義者，就很可能面臨生存威脅。不管怎麼說，他有機會遠離柏林和德國，但他拒絕這麼做。

《竊聽風暴》探索了史塔西對東柏林人生活的影響，用阿列克斯的話說：「有一種『我什麼都不知道，我什麼都沒有看見』的心態。」貝淡寧和我回憶起我們參觀史塔西博物館的情景：我們走近四個十多歲的孩子，告訴他們自己的研究主題，詢問這些孩子是否願意回答幾個問題，包括他們在博物館的感受，為什麼到這裡來，來自什麼地方。他們禮貌地拒絕了，說自己不是德國人，雖然他們的口音和相互之間說德語的事實說明他們是德國人。阿列克斯注意到：「《竊聽風暴》在二〇〇六年推出，東德人花費十七年時間才公開反思這裡發生的事。第二次世界大戰後的東德電影在一九九〇年才開始討論納粹，就好像他們並沒有注意到納粹曾經在這裡一樣。我們柏林人不去看別人的東西，在巴伐利亞，每年都有一場嘉年華會，人們盛裝打扮。而在柏林，我們不過嘉年華會，我們只審視內心。」[31]

冷漠是寬容的一種方式嗎？在現實中，它可以導致接納的表象，但這並非真正的接受。關鍵的問題是冷漠或許導致接受不寬容。柏林人並沒有真正見到猶太人、羅馬人和共產黨人發生的事，要真正看到這一點就必須意識到看到的東西，必須關心它。

這樣一想，柏林人或許真的冷漠。德國重新統一後，人們為東柏林人興奮不已，他們現在有了自由，經濟即將發展，人們將找到好工作，生活會富裕起來。但數字顯示，柏林圍牆倒塌的頭幾年，東柏林失業率迅速上升。柏林的勞動人口從一九九一年的一八八萬人下降到二〇〇二年的一七三萬人，就業人口從一九九一年的一六九萬降到二〇〇二年的一四二萬人。在東柏林，二十世紀九〇年代的就業率下降了百分之九，尤其是在初期。[32]當人們跨過這個城市從前的東西邊界時，不會立即感到進入了兩個不同的城市，要再往東走，才能發現不同。

貝淡寧和我在附近街區散步時觀察到這種差別。我們看到菩提樹大街附近的街道標誌告訴柏林人，東柏林如何決定重建，豎立起「更豪華的」建築。這些建築看起來很乏味，多少都有些雷同。西柏林人對比較窮的東柏林人冷漠無情嗎？那些尋找工作的人，或許丟掉了工作，或許承擔了重新統一的代價？冷漠是重新統一後慶祝活動的弦外之音嗎？

但是，我們遇到的人絲毫都不冷漠。實際上，他們對這個城市充滿熱情。為了慶祝旅行結束，也是為了避雨，貝淡寧和我進入喬叟街的溫馨小餐廳馬麗特，店招上寫著「土耳其料理（Anatolische Küche）」。我們與女服務生聊天，她是庫德人，這家餐廳是土耳其—庫德衝突。女服務生告訴我們各種料理，哪些「非常酷」，哪些當地人（德國人）特別喜歡，哪些是廚師的拿手絕活。除了一名只點了咖啡的顧客外，餐廳裡只有貝淡寧和我兩位客人，所以我們可以與服務生聊天。她喜歡這座城市，來這裡已經很久了。她驕傲地給我們看了主廚畫的畫。

星期天早上，我在飯店附近找到了一家營業中的小咖啡廳。裡面只有一張桌子，有很多新鮮的蛋糕，咖啡濃郁味道很好。我知道，這是土耳其風格的咖啡。「妳是土耳其人嗎？」我和老闆開始了交談。她來這裡已經幾年了，女兒在柏林出生。她喜歡這裡，這裡的人很友好，有禮貌。

把「我」從自由中解脫出來

貝淡寧和我從紀念地到蘇聯士兵紀念碑一路觀看國會大廈。它最顯眼之處是那透明的新穹頂，由此可以想像出國會大廈被納粹縱火焚燒時的樣子。一九四五年後不久，遭受轟炸的柏林有七成的建築遭到破壞。這個城市似乎像個被暴力攻擊的受害者，一次次地進行重建。但是，這個城市不是從過去復原重建，就好像柏林在提醒自己，與歐洲的許多城市不同，柏林缺乏古老的前現代建築，這情有可原。但是建造新大樓就是建設一個新時代。人們的樂觀主義是沒有界限的，每天有數千名參觀新國會大廈的遊客，喜歡這個驚人建築的遊客肯定能感受到這種感覺。站在紀念數千名死者的紀念地前，不由想到第二次世界大戰千百萬人的死亡，看到象徵和履行國家主權的建築遭到自己國民的攻擊，想到一九三三年三月二十日，議會中的所有共產黨人遭到驅逐，第二天，就在城市外面開設了柏林地區的第一個集中營，關押被捕的反政府人士。我們還想到了「反對非德意志精神」的運動，該運動組織起來抵制猶太人的企業、醫生和律師。一九三三年的布蘭登堡門和巴黎廣場附近，就在距離這裡幾百公尺遠的地方發生了戲劇界的示威遊行。著名的印象派畫家馬克斯·利伯曼（Max Liebermann），一個柏林猶太人，在家附近看到他們時說：「我甚至無法吃飯，因為我想嘔吐。」[33]人們是多麼樂觀啊，或許他們有很好的理由。就在心中充滿邪惡和仇恨的納粹份子遊行的地方，現在矗立著一座新建的藝術學院。利伯曼曾在這所學院擔任院長達十二年，他抗議學院因為政治或「種族」問題而驅逐學院人員，消極對待自由派力量，背叛了藝術使命，故而於一九三三年五月辭職。今天的建築是開放、透明的，人人都有機會接觸。或許我們有很好的理由感到樂觀，寬容將贏得勝利。

如果你想到黑格爾[34]、費希特、叔本華，再想想納粹遊行，看看你周圍在紀念地尋找蘇聯士兵的人，或者會想起水晶之夜的集體迫害。就在這次行動中，納粹準軍事組織黨衛隊和衝鋒隊放火焚燒了柏林九座猶太教堂，逮捕了一千兩百名猶太人，把大部分人送到八個月前剛剛建成的集中營。如果你同時考慮這些問題，或許會有感到悲觀的理由，不寬容將占上風：我們怎麼知道這個迴圈結束了？怎麼知道柏林的寬容和不寬容的迴圈歷史已經結束了？我們能多麼肯定這個城市在計劃和建設自身時，能使寬容精神和與過去和解的精神繼續占主導地位？

藝術學院有一張海報，標題是「把『我』從自由中解脫出來」。自由是個過於沉重的負擔嗎？柏林人知道如何處理自由和不要求擺脫自由嗎？自我們在柏林散步後一直縈繞在腦中的問題是這樣的：既然我們很清楚柏林已經知道了寬容的巔峰和激烈的不寬容時代，當今柏林也是一個崇尚寬容、接納和具有靈活性的城市。現在，我們是處於威瑪共和國時期嗎？假設當今的經濟危機進一步惡化，它是否如在二十世紀二、三〇年代那樣鼓勵更激進的極端主義呢？再過十年或者二十年時間，我們會不會一夜醒來，再次看到不寬容成為柏林的主流思想？請回憶列維在歐洲被害猶太人紀念碑下面的服務中心入口處寫的話：「它發生了，因此它會再次發生。這就是我們不得不說的核心。」我們採訪的柏林人認為這是可能的，但他們也把自己（柏林人）歸納為悲觀主義者，是從來不認為會有好事的人。或許他們對自己過於悲觀了。

1 Juliet Koss, “Coming to Terms with the Present,” *Grey Room* 16 (Summer 2004): 116-131.

2 Will Kymlicka and Bashir Bashir, *The Politics of Reconciliation in Multicultural Societies* (Oxford: Oxford University Press, 2008), 19.

3 Rainer Forst, “Toleration,” in Stanford Encyclopedia of Philosophy.

4 當柏林猶太人在十九世紀獲得解放時，他們描述這種經驗是：「在街上是德國人，回到家是猶太人。」

5 Michael Walzer, *On Toleration* (New Haven, CT: Yale University Press, 1997), 10-11.

6 Rainer Forst, “Toleration,” in *Stantord Encyclopedia of philosophy*.

7 有趣的是，柏林人辯證地呈現了歷史。洪堡大學附近的德國歷史博物館是這樣描述歷史的：一八一四年，維也納國會讓城市走向自由主義，梅特涅恢復了從前的秩序；大眾施加了壓力，於是在一八四八年，寬容的新時代開始了。辯證推理的創始人黑格爾就曾在洪堡大學教書。

8 有關追憶之地工程的詳情，請參閱高斯的〈與現在和解〉。有趣的是，高斯寫道：「這些標誌就像都市的『便利貼』一樣滲入到我的日常生活中，就在我騎車到朋友家時，祕密地提醒柏林從前的形象。」高斯對此持批評態度。她聲稱當她在舊金山時，往往思考紀念地是一種藝術歷史，現在她在柏林，她必須作為猶太人來思考它們，因為這些標誌提醒她猶太人不能成為完整的德國人。她說「與過去和解」不是提醒人們從前的身分認同，而是允許他們完整地融入當地社會，包括在日常生活中忘記自己的獨特身分，也就是她所說的「猶太人潛在的不可見性」、「德國人和猶太人等術語應該被看作多種類的、重疊的、潛在的、不可見的」。(128)

9 人們應該提到雖然胡格諾派教徒被給予庇護所，成為柏林精英的一部分。而在一八一五年之前，猶太人很少被允許不受限制地在柏林定居。

10 柏林的特徵是不斷地變化。克里斯汀・哈特爾寫道：「柏林的最典型特徵是不斷變化的能力。它總是保持某種臨時性特徵，包括因為戰爭破壞和多年的分割而造成的荒地和交通線路問題。即使在上世紀末旨在修復城市風景的這些傷口的建設工程開始，以及整個社區（比如波茨坦廣場周圍地區）被創造出來，城市中還有一些角落出現了新的東西，有了一些新的發現。從最終的分析來說，對遊客和本地居民來說，這都是非常迷人的因素。」

11 蔣和丹尼爾立即看到了與中國政府如何應對六月四日的對比。（請參閱有關本書北京一章。）還有其他考慮嗎？工人對自由代表著什麼有清楚的認識嗎？示威者能否以避免受到嚴厲對待的方式及早妥協？這些都是關於一九八九年春天的中國民主運動所爭論的問題。

12 或許反面的例子是格林瓦爾德車站第十七軌道的紀念碑。我在幾次訪問柏林的時候乘火車參觀過這個地方。從這裡，五萬猶太人被送往集中營，主要是泰雷津和奧許維茲集中營。一九九一年建造的這個紀念碑很簡單，上面文字很少。遊客在平臺上走過，閱讀上面的說明。每個告示牌提到了猶太人被運送的日期、數量以及目的地。人們不由得對這種行為的系統性和冷酷性感到震驚和恐懼。

13 湯瑪斯・麥卡錫認為有關奴隸制的歷史和美國黑人的真正遭遇的扭曲認識，阻止美國許多白人承認奴隸制的歷史不公正性。他寫道：「通常，美國人相信奴隸制是南方的一種現象，始於南北戰爭前，並非美國歷史的核心內容。」

14 Thomas Michael Kruger, *Akademie der Künste* (Berlin: Stadwandel Verlag, 2005), 2-3.

15 Michael Imhof and Leon Krempel, *Berlin: New Architectu* (Berlin: Michael Imhof Verlag, 2008), 48.

16 引自 Hanna Labrenz-Weiss “Stasi at Humboldt Universit,” in *Berlin in Focus*: Cultural Transformations in Germany, ed. Barbara Becker-Cantarino（Westport, CT: Praeger, 1996）, 51.

17 Matt Erlin, *Berlin's Forgotten Future: City, History, and Enlightenment in Eighteenth-Century Germany*（Chapel Hill: University of North Carolina Press, 2004）, 132-133.

18 同上書，141、144。

19 當然，以色列和巴勒斯坦人不能像外國人那樣，在沒有許可證的情況下進入對方領土，許多人即使得到許可證，也不敢進入。

20 Rolf Schneider, *The Jewish Museum Berlin*（Berlin: Stadtwandel Verlag, 2001）, 6. 這實際上是柏林旅遊業的官方出版品。

21 請參閱 Ronald Taylor, *Berlin and Its Culture*: A Historical Portrait（New Haven, CT: Yale University Press, 1997）, 262-263.

22 著名的社會學家和柏林人哈姆特・豪瑟曼宣稱，在統一後的柏林，移民人口的民族分裂因為空間的分割而進一步強化。他寫道：「窮人以及在社會上和經濟上處於邊緣的人群有空間分割的危險，以及在分裂的城市中被社會排斥的危險。」

23 該書的作者是威廉・布希。

24 Labrenz-Weiss, “Stasi at Humboldt University,” 52. 她懷疑實際比例要高得多（61）。

25 雖然如此，史塔西似乎有六週的時間用來銷毀許多檔案資料，這造成了普遍的懷疑氛圍。

26 Timothy Garton Ash, *The Uses of Adversity: Essays on the Fate of Central Europe*（New York: Random House, 1989）, 8.

27 Timothy Garton Ash, “The Stasi on Our Minds,” *New York Review of Books*, 31 May 2007.

28 Härtel, *Berlin: A Short History*, 69.

29 沃維萊特是市長這個事實，本身就反映了一種寬容：他是同性戀者。這個聲明必須被放在歷史背景下來考慮。如果和慕尼黑或者法蘭克福相比，當今柏林並不富裕，但歷史上並非總是如此。在第二帝國時期，柏林超過法蘭克福，成為主要的銀行和金融中心。請參閱 Elkins and Hofmeister, *Berlin*, 18。

30 Taylor, *Berlin and Its Culture*, 270.

31 柏林戰後，電影研究者驚訝地發現，電影業繼續表現出似乎什麼事都沒有發生過的樣子。沃爾夫岡・施伊費爾布希寫道：「一九四五年春的大崩潰，對柏林的工業和文化的各個分支都產生了影響，卻似乎奇怪地錯過了電影業。或許這和電影媒體本身的逃避主義傾向有關。」請參閱 Wolfgang Schivelbusch, *In a Cold Crater: Cultural and Intellectual Life in Berlin*, 1945-1948, trans. Kelly Barry（Berkeley: University of California Press, 1998）, 127.

32 Häussermann, “Berlin：From Divided into Fragmented City.”

33 畫家利伯曼被搶救的驚世之作現在可以在柏林的老國家美術館看到。

34 雖然黑格爾的思想可以被解釋為不那麼自由，並導致不寬容，但是羅納・泰勒認為，黑格爾對現實與理性的統一的認識和他的自由觀點，並不代表做任何想做的事，而是「尋找個人在社會及國家整體中的作用，幫助造成了柏林很多時期是專制政權的」。請參閱 Ronald Taylor, Berlin and Its Culture, 115-116. 但是，人們會懷疑這是否是對黑格爾的自由觀的正確解釋。請參閱 Shlomo Avineri, *Hegel's Theory of the Modern State*（Cambridge: Cambridge University Press, 1972）; Charles Taylor, *Hegel*（Cambridge: Cambridge University Press, 1975）; and Alan Patten, *Hegel's Idea of Freedom*（Oxford: Oxford University Press, 1999）.

巴黎──浪漫之城

THE CITY OF ROMANCE

主筆：貝淡寧

二〇〇八年十月，艾維納和我在資本主義的「最後總危機」中來到巴黎，但巴黎人似乎沒有感到特別不安。我常與在著名投資銀行工作的妻子通電話時，詢問她的公司是否受到影響（這家銀行的總部在美國。當時美國知名的幾大公司都得到了美國政府數十億美元的貸款救助；對於美國資本家來說這是巨大衝擊，而這在法國可能是司空見慣）。我們兩個老朋友住在一個小旅館裡，由艾維納的研究經費負擔開支。我們假設巴黎是「浪漫之城」，現在的使命就是隨意在街上漫步以便發現某些證據。艾維納帶著地圖，但我們更願意依靠對稱的林蔭大道定位。我們邊走邊談，累了就到咖啡館休息一下（艾維納喝點濃縮咖啡，我喝點紅酒）。最後，看到了有趣的一幕：一對說中文的年輕男女當眾接吻，這是他們在中國絕對不敢做的。艾維納和我也看到咖啡館的一個服務生親吻一個背著大背包的女遊客。但除此之外，我們並沒有發現什麼，這讓人有點失望。我們參觀了浪漫生活博物館，但它是一座並不壯觀的十九世紀建築，裡面有一些布爾喬亞藝術品，博物館的主人是作家喬治·

桑。我們放棄了參觀蒙梭公園的計畫，據說那裡是巴黎接吻男女最集中的地方。當我們採訪巴黎一些「受訪者」（知名大學法蘭西學院的一個教授朋友、一九五〇年就旅居海外的加拿大作家、我的兩位親戚）時，得到的回答更加偏離常軌：這些受訪者對有關巴黎的浪漫假設充滿懷疑甚至敵視。巴黎是浪漫之都的理想就像好萊塢電影中兩個浪漫的戀人幸福地結合一樣，好得令人覺得不真實，不是嗎？抑或太真實了，反而不覺得有什麼好——這或許更令人擔憂。換句話說，即使它是真實的，浪漫精神的後果在道德上也是有問題的，即便不是徹頭徹尾的罪惡。

與其他任何城市相比，巴黎是一個更加充滿浪漫夢想的城市。像多數夢想一樣，它與現實的直接聯繫很少，就巴黎來說，主要是觀光客和短期參觀者具有這種夢想。巴黎居民，其中多數出生在巴黎之外的居民，則充滿懷疑地看待這種夢想。他們更願意在八月離開這座城市，好讓遊客接管市中心。但是，巴黎人往往有另外一種更細膩的浪漫精神：他們並不注重物質與個人英雄主義光環的價值，比起消費主義，主張和立足於現實的思考方式，他們更強調傳統和道德準則，將反正統思想的態度理想化，不怎麼關心表面的社會地位。這種浪漫主義可以追溯到十七、十八世紀法國革命前貴族沙龍中的對話模式，以及一七八九年法國革命後這些規範的「民主化」，還有更早時期尚-雅克·盧梭和十九世紀浪漫主義運動思想。在本章中，我們將追蹤外國人所理解的浪漫主義精神的歷史發展過程，隨後描述本地人對浪漫的理解。最後，我們總結了一些探討追求浪漫，和追求道德之間緊張關係的問題。

好萊塢故事

父親對巴黎情有獨鍾，常會到巴黎長住一段時間，他的幾位作家朋友甚至移居巴黎。他常常待在咖啡館裡，寫些短篇小說或新聞報導在加拿大發表。到了晚年，父親變成了收藏家，如他所說，「學會了從封面判斷書的價值」，他在巴黎的舊書店裡挖到不少寶藏。而且他就是在巴黎的咖啡館裡認識了第二任妻子（在巴黎出生和長大的奧迪爾）。二十世紀八〇年代，我到牛津大學讀研究所，藉此機會到巴黎探望父親。或許我也會愛上巴黎？並沒有，但是我的博士論文（用對話的形式描述自由主義者和社群主義者的辯論）的背景確實是巴黎一個名叫圓頂的文學咖啡館。最終參觀圓頂咖啡館時，我有點失望。裡面沒有作家和藝術家，大部分顧客是年長的中產階級夫婦和說英語的遊客。如果早看過《1965 眼中的巴黎……》中尚—盧．高達（Jean-Luc Godard）的短片〈蒙帕納斯－勒法盧瓦〉（1965），會瞭解「圓頂咖啡館」窗户上一個搞笑的招牌，上面寫著「藝術家和知識份子專用，憑證進入」，我就不會把論文背景放在這個咖啡館了。顯然，圓頂咖啡館及巴黎的大部分內容都是名不副實的，只不過是遊客落入了幻覺的陷阱。

巴黎最初並不是與浪漫發生關係的城市，它的根源可以追溯到西元前二世紀，一個被稱為巴黎西的部落，在塞納河的一個島上定居下來，該島後來成為西堤島。羅馬征服者將這個城市命名呂得斯，到西元四世紀時成為巴黎。在羅馬人的統治下，這座城市從最初的小島擴展到河的兩岸，但仍然是個很小的貿易場所。羅馬人撤退後，城市落入法蘭克人的手中，後來因為北歐海盜的襲擊而逐漸衰落，最後被遺棄。

十二世紀時，法國卡佩王朝的國王決定把巴黎變成主要的居住地，這個城市開始漸漸聞名於世。朝廷和官員的幫助刺激了巴黎經濟的發展，這個城市漸漸成為法國政治生活的中心。十三世紀初期，國王腓力二世下令建造了巨大的城堡羅浮宮（這個城堡就埋藏在現代博物館下面）和城牆以保護該城免受諾曼第英國統治者的入侵[1]（今天還有部分城牆倖存）。皇宮占據了西堤島（現在歸入現代司法宮）西部，與皇家權威抗衡的是該島東部一一六三到一三四五年間建造的巴黎聖母院。教堂附屬的學校逐漸成為學術研究中心，吸引了來自歐洲各地的學者。到了十三世紀，教會學校的學生和老師逐漸獲得獨立性，新的大學開始在塞納河左岸占主導地位。左岸最著名的學院索邦神學院成立於一二五四年，名字來自其創立者皇家牧師羅貝爾・德・索邦（Robert de Sorbon）。[2]

到了十四世紀，巴黎的人口已經達到二十萬人，是西方世界最大的城市。巴黎人感到自豪的是城市藝術和建築的哥德式風格，還有歐洲最著名的大學——巴黎大學。巴黎的中世紀輝煌從十四世紀中期開始衰落，首先是黑死病，接著是英國軍隊兵臨城下。

我們該如何總結中世紀巴黎的精神呢？人們可能傾向於追溯浪漫精神的發展，比如十二世紀著名的一場戀愛——哲學家彼得・阿伯拉（Peter Abelard）和他的學生哀綠綺思（Héloïse）。最後的結局是，阿伯拉回憶說，她的叔叔和親戚「對我實施最殘忍的報復和最令人感到羞辱的懲罰，讓全世界感到震驚，因為他們把我身體的一部分切掉了，就是用這個東西做了令他們傷心的事」。但是整座城市並沒有統一的精神。十九世紀法國浪漫主義運動最具有影響力的人物——文豪維克多・雨果（Victor Hugo）對中世紀巴黎的描述是，如果從上俯瞰，「在十五世紀，巴黎仍然被分成三個完全不同、互不相連的城市，各有各的外貌、特徵、精神、風俗習慣、特權和歷史：西堤島、大學和城區。教堂在西堤島，皇宮在城區，學院在大學。西堤島有聖母院，城區有羅浮宮和市政廳，大學有索邦」。[3]在雨果看來，把城市統一起來的是巴黎的建築之美：「讓我們回到十五世紀的巴黎。它不僅是美麗的城市，它還是同質的城市，是中世紀建築和歷史的產物，石頭上刻畫著編年史。」[4]雨果繼續用華麗的語言描述中世紀巴黎的名勝，這種語言非常浪漫，簡直無法翻譯出來。或許巴黎顯得如此浪漫的主要原因就是這個城市是如此美麗？

但是從一開始，中世紀的巴黎就沒有那麼美。十二世紀，聖安托萬路（當今巴黎僅存的中世紀大街之一）上的馬、狗、豬等動物糞便將原本就泥濘不堪的大街變得臭氣熏天。十四世紀時，「巴黎家政手冊」（Le Ménagier de Paris）說，一個盡職的家庭主婦的首要職責就是為回家的丈夫洗腳。巴黎輝煌的哥德式建築不利於惡臭的消散，所以皇家舉行婚禮儀式或簽署協議時，常常到凡爾賽宮「空氣清潔」的環境中進行。糞便和生活汙水直接從窗戶潑出去之前要大喊一聲「潑水，當心」，有時候路人來不及反應就會不幸遭殃。中世紀的巴黎人還得擔心遭受徘迴於塞納河岸的凶猛野狗或狼群的攻擊。這條河受到屠宰場的動物殘骸汙染，惡臭和血水讓冒險來到岸邊的人噁心嘔吐。[5]

到了十九世紀中期，巴黎幾乎沒有改善它的外觀和衛生標準。拉納依子爵（the vicomte de Launay）描述一八三八年的巴黎：「一年不見，巴黎顯得多麼醜陋啊。我們所說的巴黎大街是黑暗、狹窄、潮溼的通道，在這裡行走人們會感到窒息，被嗆得透不過氣來。人們會誤以為這是地下城，空氣這麼凝重，周圍陰暗潮溼。」[6]因為衛生狀況極差，巴黎人的死亡率是法國各地最高。[7]那時，巴黎絕對不是步行者的天堂，路人時常被穿行於狹窄巷弄裡的馬車撞上，只有被馬車前輪撞上的路人才由車夫負責賠償。[8] 如果二十世紀五〇年代的貝魯特被認為是中東的巴黎，那麼十九世紀中期的巴黎外觀或許更像如今的貝魯特。「一個通過自然衰落而陷入毀滅的老城，和一個相對遭受叛亂、占領、史無前例的破壞和長期遭到忽視的新城市。」[9] 雨果提出的解決辦法是通過恢復和尊重歷史來美化城市，類似於珍・雅各（Jane Jacob）在一世紀後為紐約市所做的努力。他寫了一篇名為〈反對破壞者的戰爭〉的文章，呼籲停止針對中世紀紀念碑的破壞活動。

我們必須停止揮舞破壞我們國家面貌的大錘。制訂一條法律就夠了：讓我們行動起來。不管財產權如何，具有歷史意義和紀念意義的建築都必須得到保護，防止它們落入卑鄙的投機商之手，這些人的榮譽感都被利益遮蔽了。這些討厭的傢伙，竟然如此愚蠢，他們根本沒有意識到自己已經成了野蠻人。一座建築有兩個面向：用途和美觀。用途屬於業主，但它的美觀屬於整個世界，不是你專享的，也不屬於我，而是屬於所有人。因此，對建築的破壞已經逾越了它的許可權。[10]

對後代子孫來說幸運的是，雨果雄辯的言論說服了城市，因而挽救和修復了巴黎聖母院，但總體上，雨果或許站在了歷史的錯誤一邊。中世紀巴黎的大部分建築都毀於奧斯曼男爵的落鐘破碎機，「野蠻人」破壞的結果是我們現在所瞭解的巴黎，許多人認為這是世界上最美麗的城市。

當拿破崙三世在一八五一年透過軍事政變奪權後，巴黎在社會、政治和生活等不同方向邁上了主宰歐洲的道路。法國獲得了非洲和亞洲的新領土，它的首都擁有最好的咖啡館、劇場和世界上最好的博物館羅浮宮。法語成為歐洲知識精英使用的語言，巴黎也是醫學和文學之都。拿破崙三世的妻子，西班牙出生的美麗皇后歐珍妮（Eugénie）舉辦舞會時，每名婦女都要穿上新衣服，皇后的裁縫主導著世界的時尚潮流。但是這個城市本身需要改變。一八五三年，拿破崙三世向他的新省長奧斯曼男爵提出了一項計畫，希望改善首都的外觀、衛生和交通。借助經濟發展的幫助，這位長官結合他自己的想法，在改造巴黎時發揮了類似獨裁者的權力，建造一個如他所言的「我們時代的羅馬帝國」。[11]

奧斯曼通過建造水渠和完整的排水系統清除了泥巴和糞便，但是，如果和倫敦相比，巴黎的醫療和衛生設施還是比較落後的，這方面的改善是後來完成的。奧斯曼最獨特的貢獻是對城市的美化。他建造了布洛涅森林公園，對比較小的公共公園進行了大規模的改造（雖然他也毀掉了許多私人花園，在郊區從前的綠地上進行開發）。他的由強拆者、石匠、木匠組成的團隊在一八五三到七〇年間拆毀了二萬七千五百座房屋（包括許多具有歷史意義的酒館和教堂），建造了十萬二千五百套新房，改造了大約六成的巴黎建築。阻礙改造工程的土地被徵用，但寄宿者的總數在這個階段增加了十萬八千人，因此確保巴黎入夜後不會變成空城。[12]巴黎大堂區和西堤島周圍臭氣沖天的街道被寬闊筆直的新大街所取代，這裡至今仍然是城市的中心，如賽瓦斯托波爾（Sébastopol）、聖日爾曼區（Saint-Germain）、雷恩大街（the Rue de Rennes）、歌劇院大街（Avenue de l'Opéra.）（奧斯曼後來也成為一條大街的名字，以此紀念他）。林蔭大道上修建的人行道，使如今的步行者免於車輛的威脅。[13]

大約二十年前，我來到巴黎探望蒙特妻的老朋友邁克·薩季，約在凱旋門碰面。但是我遲到了。當我來到圍繞拱門的多車道大路時，發現這裡根本沒有指示行人通行的紅綠燈。

我決定跑過去，不斷揮手指示來往的車輛，冒著生命危險過馬路。後來朋友告訴我行人應該走地下道。

奧斯曼自認為是個藝術家：

我崇拜美、善和雄偉
激發偉大藝術的優美
在耳邊吟唱，在眼前綻放
我愛百花齊放的春天：女人和玫瑰！[14]

如果奧斯曼的詩差強人意的話，那麼他作為破壞藝術家的才華肯定令人印象深刻。十二條寬闊的林蔭大道從凱旋門向四面八方延伸，生動地展現對稱的設計，令人賞心悅目。他把貧民窟和專門為貴族修建的擁有更大屋頂的優雅建築替換成統一高度的六層樓建築，一律呈現平滑的牆面和等比例的窗戶。為了避免統一性的單調乏味，奧斯曼允許窗戶、陽臺、門和飛簷在細節上的無限變化。建築、道路、十字路口、公園等有豐富多彩的元素，但都設計得相互關聯，建築物的高度隨著道路的寬度而有所變化，林蔭大道兩邊種上樹木以消除過於空曠的感覺。[15]總之，這位破壞藝術家的都市設計，接近於華人世界非常熟悉的審美理想——「和而不同」。[16]

正如人們可以預料的，奧斯曼的創造性破壞遭到嚴厲批評。奧斯曼的徵用和建築專案成本極其高昂，最終他不得不在一八七〇年辭職（和二十世紀初不同，巴黎仍然是世界上負債最多的城市，巴黎人直到一次世界大戰時才付清債務）。馬克思主義批評家如華特・班雅明認為，街道加寬是為了在暴亂時，軍隊能快速進入，防止有人在街道之間設立路障（但沒有取得長期的成功，一八七一年巴黎公社的路障，幾乎就是在一八四八年六月叛亂的同一個地點設立）。[17]班雅明還認為「租金的提高迫使無產階級遷移到了郊區」。[18]（我們在本章最後一節會再次討論）窮人被集中在城市改造中忽略的街區（arrondissements，尤指大倫敦的行政區）即巴黎的東部，這種貧富地理分界線一直持續到今天。許多巴黎人抱怨城市的大規模改造，使他們有一種被連根拔起的感覺。[19]正如詩人波特萊爾（Baudelaire）一八五七年所說，「老巴黎已不復存在，它已經變了（啊，城市的變化比人心的變化更快）」。這種抱怨被一八八九年建立的艾菲爾鐵塔進一步放大。作家莫泊桑（Guy de Maupassant）對這座高塔感到非常恐懼，他經常在塔下的餐廳吃飯，因為這是巴黎唯一無須看「這龐大和醜陋的骷髏」的地方；最後他「離開巴黎，離開法國，因為艾菲爾鐵塔實在讓我無法忍受」。[20]

但是，艾菲爾鐵塔逐漸成為巴黎的象徵，莫泊桑的抱怨如今似乎顯得怪異。同樣，奧斯曼修建的漫長、筆直、寬闊的林蔭大道，連同其咖啡館和商店確立了巴黎現在的形象，確立了它現在最有名的代表性特徵的基礎。當今大部分巴黎人認為奧斯曼的遺產是積極的，甚至以他的名字命名郊區小鎮的街區。本地人和遊客都樂於在寬闊的林蔭大道上逛街，從露天咖啡館觀察他人。[21]現在，遭受批評的是二十世紀六〇、七〇年代[22]［受詛咒的年代（années maudites）］不和諧的都市革新：醜陋的大樓蒙帕納斯大廈（在它落成後不久，市中心就禁止再蓋摩天大樓了）和高科技建築龐畢度中心。當代人若覺得巴黎漂亮，很大程度上要歸功於奧斯曼。

像多數人一樣，我和家人也期待著第二個千年的到來。我們選擇來到巴黎，在一種浪漫的氣氛中慶祝新千年。一九九九跨年夜，我、妻子宋冰和五歲的兒子朱利安以及我們住在法國的親戚們一起湧上新橋。這個夜晚應該是有魔力的，但人群非常擁擠，大家根本走不動。朱利安累了，我把他扛在肩上。後來我也累了，就把朱利安交給表弟伊夫斯，那個夜晚朱利安就一直由他扛著。我們期待艾菲爾鐵塔上的煙火表演，當鐘聲敲響時，我們的視線被國民議會大樓擋住了。我和家人最後返回旅館，在那裡觀看CNN頻道上播放的艾菲爾鐵塔壯觀的煙火表演。要是能到那裡觀賞就好了，後來我突然意識到自己本來就在巴黎啊！

但是，為什麼美應該和浪漫聯繫起來呢？是的，一個城市因為連續舉辦著名的活動如「浪漫克里夫蘭」而應該被看作漂亮是不大可能成功的，但是其他城市如羅馬、舊金山、克拉科夫都很漂亮，但它們通常不被認為是「浪漫的」。或許是因為法語？但義大利語也很好聽，而羅馬也不被廣泛地認為與浪漫有關係，雖然它是激發奧斯曼都市設計靈感的典範。或許是因為美麗時尚的巴黎女子？[23]但是女人和男人一樣似乎成為浪漫巴黎的俗套觀念的俘虜。這不可能是令人信服的解釋。我們假設，最主要的解釋是美國藝術家，從十九世紀中期的作家到今天好萊塢的電影製片人，一直把巴黎塑造成一座浪漫的城市。這些沒有給巴黎人留下深刻印象，他們抗拒我們最初提出的巴黎是浪漫之都的說法，但多數遊客都認同這種觀點。

父親和巴黎聖母院對面的莎士比亞英文二手書店的老闆是好朋友，該書店以接待流亡作家而聞名（如果用不那麼浪漫的語言來講的話，就是外籍作家），父親有時候就住在書店的空間臥室裡（免費）。有一次，父親說服老闆讓我住在那裡，當時我只是個小小的研究生，還沒有出版過自己的著作呢。第二天，在房間裡流覽圖書時，一位來自南非說法語的年輕漂亮女子走進來，她問我是不是作家，我撒謊說是的。她邀請我到附近一家咖啡館坐坐。一位賣玫瑰花的人看見了我們，就尾隨到桌子前來。年輕的南非女生提出要買花送我，但是當賣花人提出高得嚇人的價格後，她退卻了。我說，沒關係，我們不需要這些（現在回想起來，我應該為女孩買花才對啊）。因為要和父親一起去參加一個聚會，我不得不離開咖啡館。第二天，她就不見了。

美國人對巴黎著迷很大程度上歸功於年輕的亨利・詹姆斯（Henry James），他於一八七五到七六年間在《紐約論壇報》（*New York Tribune*）上發表了有關這個城市的系列書信。[24]最初，他愛上了這座城市，遇見了幾位文學偶像，如左拉和莫泊桑。雖然詹姆斯最後感到幻滅，拋棄了印象派和作家福樓拜等，但最初的印象仍然留在讀者心中。一九〇四年，奧立佛・溫德爾・霍姆斯（Oliver Wendell Holmes）總結了巴黎在美國人心中的形象：「優秀的美國人，臨死前要去巴黎。」[25]在後來的幾十年，偉大的美國作家如葛楚・史坦（Gertrude Stein）、厄內斯特・海明威（Ernest Hemingway）、史考特・費茲傑羅（F. Scott Fitzgerald）、亨利・米勒（Henry Miller）都來到巴黎，不是為了安息而是為了工作和成名。[26]在《流動的饗宴》（*A Moveable Feast*）中，海明威寫到二十世紀二〇年代來到巴黎的美國作家和藝術家是「垮掉的一代」。海明威對巴黎波希米亞生活的描述——坐在咖啡館和大藝術家聊天——影響了數不清的美國年輕人。一九五〇年，他寫了一句有關巴黎的話被人們廣泛地引用，「如果你年輕的時候有幸生活在巴黎，那麼以後無論走到什麼地方，它都伴隨著你，因為巴黎是流動的饗宴」。[27]

美國電影中對巴黎浪漫的塑造更進一步普及了這種精神。在二十世紀二〇和三〇年代，數十部好萊塢電影都是以巴黎為背景的，在美國人心目中，這座城市就是光鮮享受的同義詞。[28]浪漫的經典電影《卡薩布蘭加》（1942）連同在巴黎的兩位主人公纏綿愛情的閃回鏡頭（實際上是城市景觀的資料鏡頭）徹底完成了美國大眾對浪漫巴黎的印象。如果不能和亨弗萊·鮑嘉（Humphrey Bogart）或英格麗·褒曼（Ingrid Bergman）製造一點緋聞，參觀巴黎或許也是不錯的選擇吧？

一九五〇年，《生活週刊》（*Life*）雜誌發表了一張照片，羅伯特·杜瓦諾（Robert Doisneau）拍攝巴黎街頭一對男女正旁若無人地忘情接吻。這張照片後來非常有名，在數不清的美國大學宿舍裡成為裝飾。一九九三年，杜瓦諾被一對夫婦起訴，他們聲稱杜瓦諾在沒有告知的情況下拍攝了照片，要求分享照片營利的部分收入。杜瓦諾被迫爆料，說照片中的主角實際上是特意安排的職業演員。他贏得了這場官司，而照片的銷售依舊不減。

艾維納和我暫時分開，各自為家人購買禮物。我們決定在花神咖啡館碰面，西蒙·波娃（Simone de Beauvoir）和尚·保羅—沙特（Jean-Paul Sartre）曾在這裡進行過著名的哲學討論。這家咖啡館並不像我們想像的那樣具有波希米亞風格，顧客似乎是觀光客或者名流富豪，菜單出奇的昂貴。我們決定收拾行李離開，尋找另外一個觀察站。

巴黎大規模的旅遊業實際上開始於二戰後。一九九四年有兩千萬遊客來到巴黎，其中一千萬遊客參觀了巴黎聖母院，六百萬人參觀了蒙馬特的「波希米亞」街區，五百萬人來到艾菲爾鐵塔。[29]不過，雖然遊客數量增多，但巴黎在國際舞臺上的相對重要性卻在降低。巴黎作為「世界文明的首都」（一九〇〇年世界博覽會的口號）、全球金融的引擎[30]和藝術及思想活動中心的日子早就一去不復返了。金融和政治世界的推動者和引導者，現在更多地看好北京和香港；藝術家則夢想到紐約而不是巴黎闖天下。巴黎的夜晚被描述為歐洲最乏味的，追逐筵宴者、唱片騎師和音樂人都離開巴黎前往柏林。[31]正如艾德蒙．懷特（Edmund White）所說，這個城市「已經成為文化的死水」。[32]雖然如此，只要好萊塢製片人決定繼續出售更多電影票，熱愛巴黎的夢想仍將繼續，繼續吸引人們的目光。

「非巴氏殺菌」的城市

因為有健康風險，許多國家禁售沒有經過非巴氏殺菌的生乳酪，但它的滋味令人難以抗拒，艾維納和我每經過一家乳酪店，都要進去看看。有次路過一家，我們想買點乳酪，店主說他馬上回來，請我們稍候，我們就這樣面對店裡所有的珍饈。十分鐘後他回來了，我們感到很驚訝：他這麼相信兩個陌生人不會拿著一磅乳酪跑掉？他當然相信，當你被這些乳酪包圍時，你就成為真正的人，你會忘記貪婪，就像盧梭所說的沒有墮落的自然人，讓自己陶醉在思想、氣味和感受中，喜歡夢想，從自然界的美德中找到安慰。

浪漫主義有兩種。我們已經討論了好萊塢版本的浪漫：來到巴黎，墜入愛河。這是巴黎人拒絕討論的那種浪漫主義。[33]但是，還有另外一種，我們稱為「非巴氏殺菌」的浪漫主義，更接近他們的民族精神。在這個版本中，浪漫主義被定義為反對現代資本主義社會的極端物質主義。關心金錢、社會穩定、個人健康、「文明」生活的人為規範，但是對他人福祉漠不關心的資產階級——從社會階層角度上來說，巴黎人甚至出於客觀原因拒絕被打上「資本主義」的烙印（批評家們稱他們是布波族，即布爾喬亞波希米亞人）。相反，人們對反叛者、邊緣化的詩人、創新的藝術家、英雄人物的認同更高於對資本主義穩定性的認同。[34]

在十七世紀，巴黎街道是根據用途命名的，醫院、學校、旅館，同一條街道可能根據不同的用途更改過好幾次名字。[35]今天，街道仍然會改名，但是往往根據建築師、小說家、元帥、詩人、哲學家、教育家、古怪和無政府主義者（但是很少有企業老闆的名字）命名。在舍尼埃街，艾維納和我看到一個匾額，上面寫著：「一七五九年，詩人安德烈·舍尼埃（André Chénier）曾住於此」；在蒙馬特的教堂街九號，我們讀到「一九七〇年抵抗運動戰士、政治難民和作曲家伊安尼斯·森納基斯（Iannis Xenarkis, 1922—2001）曾住於此」，再沒有比這更浪漫和更反資本主義的了。這個人堅持自己的價值觀，根本不考慮後果，選擇過流亡生活而不放棄自己的自由，最終把痛苦變成音樂。他或許是希臘人，但巴黎人敬佩他。

在巴黎，浪漫主義這個詞更多地與十九世紀三〇年代雨果領導的藝術和文學運動密切相關。它挑戰古典主義的秩序和限制，呼籲言論的更多自由，採用新的文學實驗，如探索邊緣人生活的小說。[36]但是 Romantique 這個詞最初被用在外部的自然景觀，用在更多非正式的、更少人為控制的花園，被稱為英式花園（與之對應的是凡爾賽精雕細琢的對稱的花園風景）。最著名的例子是盧梭在《一個孤獨漫步者的遐想》（*Rêveries of the Solitary Walker*）中的第五次散步，寫於一七七八年，即他去世的前一年。「比爾湖的岸邊比日內瓦湖的岸邊更荒涼更浪漫，因為石頭和樹林離水更近。」[37]盧梭對擺脫社會規範束縛，個人自我理想化，和他對現代文明壓迫和不平等的抨擊，成為十九世紀浪漫主義的重要主題。孤獨的散步者的都市對應者就是「漫遊者」（flâneur），用波特萊爾的術語就是「人行道上的植物學家」。波特萊爾《巴黎的憂鬱》（*Le Sleen de Paris,* 1869）是用散文詩的形式寫成，在他死後出版。他痴迷於巴黎現代化的倉促中遺留下來的人類碎屑。在《窮人的眼睛》（*The Eyes of the Poor*）中，他講述了衣衫襤褸的窮人家庭尋找新咖啡館的故事，用小孩子的眼睛說：「真美啊，真漂亮。但那是一個與我們不一樣的人才可以進去的房間。」波特萊爾表達了他的想法：「不僅我被這家人的眼睛感動了，我甚至感到羞愧，我們的杯子和酒瓶遠遠大於我們的實際需要。」重點不是批評感情的氾濫：波特萊爾在讚美葡萄酒、詩歌和美德的「醉態」，[38]關鍵問題是，有些人在物質上被剝奪了享受「非巴氏殺菌」的浪漫機會。

路過位於旅館附近特雷維索街上的康納利斯餐廳時，艾維納和我往裡探頭一看，簡樸的棕色桌椅，裡面擠滿了形形色色的、愉快的、熱烈交談的人，很熱鬧。我們走進去，受到熱烈歡迎。服務生請兩個漫步者就座，指著靠窗的一張桌子說：「你們坐在這裡還是進包廂？」饑餓之下，什麼地方對我們來說無所謂。服務生在我們還沒有來得及看菜單時就推薦了幾道菜。實際上，食物非常好。簡單樸素、最新鮮的材料、口味豐富——真正的和而不同。食物精美可口，氣氛也好，白天夜晚都顧客盈門，可是這家餐館要搬走了。「為什麼？」我們問服務生（他是老闆之一，共三個合夥人）。他介紹了廚師（另一位老闆），廚師嘆了一口氣說，我們在這個地方已經好幾年了，需要一些新鮮的事。艾維納和我依舊疑惑：「做得好好的，為什麼要搬走？」他說：「我們需要新的挑戰，這就是為什麼。」第二天我們再去那裡吃午飯，繼續聊了一下。這次，負責外場的老闆承認他們關門還有另外一個原因：擔心未來糟糕的經濟狀況，他們在更富裕的街區開一家更小的餐廳，這樣他們可以繼續鑽研廚藝，而不必過分擔心錢的問題。艾維納和我對這種反應稍微有些失望，但認為這仍然和我們在紐約或香港發現的情況不一樣。在那裡，老闆往往要把餐廳一直開下去，直到生意開始下滑為止。

在巴黎，討論金錢或社會地位等話題是令人反感的，美好生活的關鍵是表現出個人的創造性，並非只有藝術家才是藝術家。如果創造性的表現不能自然顯現，政府將介入協助。無論在政治上，左派和右派意見不同，雙方都贊同政府支持文化的原則。一九五九年，保守派總統戴高樂（Charles de Gaulle）給著名作家安德烈．馬爾羅（André Malraux）一紙任命書，請他創辦文化部。馬爾羅宣稱法國的使命是「為人類社會提供思想和精神行動的手段和方法」。一九八一年，社會黨總統密特朗（François Mitterrand）任命了一位揮霍的文化部長傑克．朗（Jack Lang），開始了補貼法國前衛藝術家的龐大專案。今天，法國花費國民內生產總值的百分之一．五支持各種文化娛樂活動（德國為〇．七，英國是〇．五，美國的是〇．三百分比）。文化部連同其一萬一千二百名工作人員將大量金錢花費在博物館、歌劇院和戲劇節上。文化部在二十世紀八〇年代還任命了高級專案專員（a chargé de mission），專門負責時尚、歌曲和各種活動（綽號是「搖滾部長」），幫助法國與盎格魯—撒克遜競爭。文化補助無處不在，從電影票上抽走的稅，其中一成一返還以補貼國家電影拍攝，政府對擁有電視的每戶家庭徵稅，以支援高品質的公共節目（自二〇〇九年六月，從晚上八點到早上六點公共頻道上不再有廣告）。政府對在表演藝術方面的自由工作者提供免稅優惠。畫家和雕塑家的工作室也會得到津貼。最好的是，政府工作人員用得到午餐券的補貼去支援餐飲業。政府強迫雇員超過五十人的公司，支付總工資的百分之二給公司內部的企業委員會，讓企業委員會為勞工設立公司餐廳或者分配餐券。六萬三千家法國餐廳接受這些午餐券（它們的窗戶上貼著：「接受餐券」）。[39]這些政策會限制消費者的選擇嗎？當然。但更是支持「非巴氏殺菌」的生活方式，而不是像人們所認為的那樣，花費在資產階級的自由上。

早上六點半，我還在睡夢中，艾維納一邊懷疑我終究不是習慣早起的人，一邊出門去尋找最近的咖啡館。空氣清冷，但太陽已經出來了，很快就會暖和的。他在夏德特街找到一家溫暖舒適、有著大窗户能觀看街景的咖啡館。電視開著，卻沒有人看，五個人站在吧台前和老闆聊天。艾維納點了一杯濃縮咖啡，正要付錢時，老闆卻不收，艾維納覺得奇怪，所以就觀察其他顧客。他注意到人們進來的時候說「早安」，離開時再付錢。他明白了：在咖啡館喝早餐咖啡不僅僅是享用一杯濃郁的黑色液體，而是聊聊天，放鬆一下，在本地咖啡館加深與社區其他人的紐帶感情，雖然只是閒扯或有關政治的辯論。艾維納回憶起在曼哈頓的星巴克買咖啡的情形。他一進去，一位店員就大聲打招呼：「早安！」接著是：「你要點什麼？」在曼哈頓，咖啡業要求服務好，顧客總是對的。而在巴黎，它是社區生活和傳統。顧客或許錯了，如在點咖啡時付帳，他會被糾正以便明白遊戲規則，下次再進來時便成了群體的一部分。當天稍晚，艾維納和我在另外一家咖啡館停下來。艾維納點了乳酪盤和濃縮咖啡，但服務生帶著權威的教訓口吻說：應該先吃完乳酪再喝咖啡，不能同時享用。艾維納理解了，在美國遊客看來，這種不禮貌的做法是培養「非巴氏殺菌」生活方式的努力。

在將各種相關事項削減至最低經濟標準的趨勢下，抵抗全球化的鬥爭，部分體現在人們努力維護傳統的價值觀與行為方式上。在法國，通常表現在維護傳統食品的象徵性價值上，比如一九九九年七月，若澤・博韋（José Bové）領導法國農民破壞米約麥當勞分店的著名案例。事件發生的的前幾週，世界貿易組織已經允許美國政府對歐洲「奢侈品」徵收附加稅，以回應歐洲拒絕進口美國牛肉。美國政府徵稅的專案之一是（非巴氏殺菌的）羅克福乾酪，這種乳酪只能在羅克福鎮的洞穴裡生產，因為它使用的是當地生產的一種特定細菌菌株。這種乳酪必須滿足傳統品質要求，如產羊奶的羊，是在周圍一百六十公里範圍內飼養等條件。世界貿易組織的決定激怒了米約周圍供應羅克福的羊奶農，他們以攻擊麥當勞分店作為回應。[40]

在很多城市，一小群鄉下農民的抗議活動會被視為反對派的花招而不屑一顧。但是在巴黎，他們被當作民族英雄，博韋被擁戴為反全球化運動的領袖。如果是保護法國的偉大美食傳統，巴黎人會支持這個事業，不管經濟上付出了什麼代價，某種程度上這是他們對土地的依戀，對法國農村生活方式（無論是真實的還是想像的）的留戀。很難想像另外一個大城市的居民對農村傳統會有如此深厚的感情（更典型的或許是上海人對「落後的」農民的蔑視）。巴黎人實際上是把他們的飲食傳統帶到城市來了。巴黎人在農民市場和在專營食品零售店，每人平均購買的食品，要比法國其他地方的居民更多。[41] 麵包店、乳酪店、肉店在巴黎更常見，遠遠多於連鎖超市（而在法國鄉下則正好相反）。以巴黎為基地的政治人物必須表現出他們對農村生活的瞭解，這在其他大城市也許會覺得非常怪異。這裡值得引用加拿大兩個觀察家對法國文化的幽默描述：

法國國際農業展每年三月都在巴黎舉行。首先，我們驚訝地發現法國的農業展是在巴黎，而不是在「外省」的某個地方舉行。當然，巴黎位於法國最富庶的農田之中，這些地方是巴黎早期能量的來源。因為舉辦展覽，巴黎再次向其他國家展現能耐。每年，總統、總理、半數的內閣部長都會到農業展覽會上視察，與農民握手，蹲下來擠牛奶，或摸摸討人喜歡的小豬。他們的行為會被媒體詳細報導。但它更多是個測驗，而不是刻意安排的媒體拍照機會。所有法國政治人物都被期待熟悉農場動物和生產。前總統席哈克每年都會因為熟練地撫弄小羊，熱情地拍打奶牛屁股而得到熱烈讚美。但是，政治人物的名譽也會因為在展覽會上的糟糕表現而受到影響。前總理愛德華·巴拉杜因為糟糕的處理技巧而出醜，小羊在他的上衣上撒了尿，這件事將一直保存在他的記錄中。[42]

或許抗拒基因改造食品、速食食品、大眾文化的美國化襲擊已經來不及了，但是我們可以指望巴黎人會進行一場漂亮的戰鬥。

我們與研究中國古典政治思想的名學者程艾藍碰面。在巴黎出生和長大的程艾藍友善地答應談談她的城市。她邀請我們到法國社會科學高等學院附近的咖啡館吃午餐。程艾藍最近被任命為法蘭西學院教授，但她在提到這一榮譽時似乎很尷尬。談到巴黎的說話藝術時，程艾藍解釋說話就像遊戲：「你享受它，它顯示你流利的口才，你用之冒險，你會試圖討好但並不把整個事情看得過於嚴肅。其目的不是展示或者說服，而是感受談話本身的樂趣。」我們用英語交談，程艾藍的英語非常流利，帶著牛津劍橋口音（她在劍橋待了好幾年），能非常清晰地表達，有一種英國學者風格的謙虛和謹慎，[43]和她提到的巴黎辯論方式非常不同。但是，當我們問她遠離巴黎後最想念它的什麼時，她說是思想生活、對話和娛樂。

巴黎人辯論的方式扎根於十七世紀和十八世紀貴族沙龍傳統。舊制度的法國貴族形成了一種社交藝術，其中新式對話是核心。左派因為日益孤立於政治和政府管理而影響力漸弱，無事可做，所以把精力轉向發展禮儀的精細規範，華麗的、激烈的思想交流成為社交和思想生活的模式。正如貝內德塔·克拉維里（Benedetta Craveri）所說的，「只有舊制度的貴族成員（整日有大量閒暇時間，除了炫耀自己根本不用擔心任何事的人）才不會讓社交生活和藝術本身終結。這個幸福的烏托邦是上帝賜福的島嶼，是天真的阿卡迪亞（世外桃源），這裡沒有日常生活的煩惱，可以專心培養虛幻的道德和極致的審美」。[44]凡爾賽宮是政治和管理中心，而十八世紀的巴黎在社會和思想生活中占了上風。正如孟德斯鳩所說：「在凡爾賽宮，策畫陰謀；而在巴黎，縱情享樂。」[45]女主人沙龍往往是由富有魅力的美麗女子主持，其主要目的是通過精緻的談話得到最大的快樂。女主人的職責被認為是制定遊戲規則。有一位女主人這樣描述，她有必要讓「愉悅的精神占上風，但同時在全體賓客心中，產生一種對任何事物都感到開心的情緒，不感到無聊。大事小事都可以聊，只要說得優雅得體，沒有任何限制」。[46]有些女主人也因為她們的機智和聰慧而受到追捧，這裡有一位男性崇拜者侯爵杜夏特爾（the marquis du Chatel）對杜德芳侯爵夫人（Madame du Deffand）如此描述：「如果遇到即興的和演出的戲劇問題，我們求助的人就是妳。我常常享受妳在火爐邊的快樂，妳的表現令人敬佩。無論是性格還是思維方式都是那麼的豐富多彩和魅力無窮。妳的言論是多麼深刻、多麼有力和多麼準確啊。即使是在閒聊的時候，也沒有遺漏任何內容，妳說的每一句話都讓人痴迷、激動和欽佩。對哲學家來說，妳是無價之寶。」[47]

我們知道，「天真的阿卡迪亞」在一七八九年法國革命開闢血腥和恐怖的道路後被廢除。但是，即使在最糟糕的情況下，貴族仍然保留了他們的風格和尊嚴：「在監獄中，男男女女衣著依舊非常講究，他們相互拜訪，還在走廊盡頭的四枝蠟燭處舉辦沙龍。他們講笑話、寫情詩、唱歌，為自己仍然像從前一樣氣派、快樂和優雅而感到自豪。你難道會因為恰好住在糟糕的飯店就變得憂鬱和粗野嗎？在死囚押送車上，在法官面前，他們仍然保持著尊嚴和微笑，婦女帶著獨有的安詳和平靜走上斷頭臺，就像去參加社交聚會。」[48]

但是，沒有被殺死的是談話的藝術。[49]革命之後，它變得民主化了，不再是貴族精英的專利。

十九世紀，女作家斯戴爾夫人（Madame de Staël，在年輕時鑽研過談話的藝術）舉辦沙龍，她對談話的描述直接來自舊制度的貴族沙龍：

在興味盎然的談話中感受到的滿足感，並不完全來自所談論的話題。談話中涉及的無論是觀點還是知識，都不是人們最主要的興趣。相反，這是一種特定的方式，可以使人們對他人產生影響；人們相互迅速地給彼此帶來快樂；想到什麼就快速說出來，享受這一切，自然而然地感情流露而不是裝模作樣地鼓掌；通過語調、手勢、表情的細膩變化來展示個人的才華。談話中自然產生的火花四濺的電流，讓人們擺脫了過分活潑的負擔，也讓他人從痛苦的冷漠中驚醒。[50]

巴黎仍然是這種對話的中心。這是斯戴爾夫人在一八一四年對這個城市的描述：

在我看來，巴黎是世界上談話的智慧和高雅品味，得到最廣泛傳播的城市。而所謂的「懷鄉病」，是對故鄉難以描述的哀思，這和朋友別離的情緒沒有關係，特別適用於製造談話的樂趣。正如在其他地方一樣，你說出來的話不僅是為了交流思想、情感，表達關心的手段，而且是製造快樂的工具。對某些人來說就像音樂，對另外一些人就像烈酒，它能夠刺激人們興奮起來。[51]

不幸的是，斯戴爾夫人被拿破崙流放十年，在她的懷舊傷感中，她說巴黎「是世界上沒有幸福也最能將就的地方」。[52]如果斯戴爾夫人仍在世，她可能更加喜歡巴黎。今天，人人都明白要尊重能言善辯者，要竭力提高說話的水準，這在社會各個階層都顯示出來了。

即使巴黎地鐵裡的乞丐也都能言善辯，口才了得，他們進入地鐵車廂後先請求大家原諒他們的打擾，然後認真地解釋如何淪落現在的境地，為隨後提出的乞討預留伏筆。甚至能聽到乞丐使用韻文發表這種演講。押韻的詩歌需要花費兩三站甚至四站才能講完，最初的聽眾可能在他們講完之前就已經走掉了，但他們很少省略，總是用同樣的方式總結其請求，解釋他們需要錢維持「吃、喝、保持潔淨」。接到別人遞來的錢後，在走出車廂前不忘感謝乘客聽他們演講，希望大家度過愉快的一天。若在北美洲，人們都不指望政治人物能有如此流利的口才。[53]

二〇〇九年初，我和妻子宋冰在北京的家中看法里德・扎卡利亞（Fareed Zakaria）主持的CNN新聞節目。其中一個來賓法瓦茲・格格斯（Fawaz Gerges）是我們在牛津讀書時的老朋友，現在是知名的中東政治問題專家，另一個來賓貝爾納―亨利・李維（Bernard-Henri Levy）或許是當今法國最著名的公共知識份子。倫敦經濟學院教授法瓦茲（Fawaz）區分了塔利班和基地組織，認為有必要細化政策，區別對待不同的威脅；李維穿著襯衫敞開胸口，一頭蓬鬆的頭髮，他用帶著濃重口音的英語發表了有關伊斯蘭和存在威脅西方文明的宏大命題。他得到另外一個來賓，曾強烈支援二〇〇三年入侵伊拉克的作家克里斯多夫・希金斯（Christopher Hitchens）的支持。法瓦茲顯然對這次對話感到沮喪，他轉向李維，握住李維的手臂，試圖灌輸李維某種觀念，但是他們已經沒有時間了。宋冰和我為朋友感到遺憾，不過，他們確實很開心。

巴黎風格的政治對話不是尋求共識或者尋找真理，而是主張真理。你以大無畏的氣概提出原則，然後尋找原因或考慮其隱含意義（巴黎人在日常對話中也會常常使用「先驗」這個詞）。觀點變成了理想，任務變成了調整現實適應理想，而不是反其道而行。

我在巴黎與法國的親戚共進午餐，席間講了一個笑話，法國兩個知識份子反對政治改革的一項計畫，理由是在實踐中行得通，但在理論上卻說不通。在座卻沒有人覺得好笑。艾維納和我會合，並繼續我們的「研究」。我們坐在高級街區帕提斯．卡羅克斯大街的咖啡館裡，咖啡館對面是社會黨辦公室，上面有用紅色和綠色描繪的大幅海報，海報中的人就是歐巴馬。我們覺得奇怪，歐巴馬怎麼被當作社會黨人。來到丹費爾．羅什洛大街的另外一家咖啡館，與我的繼母奧迪爾和弟弟烏戈見面。奧迪爾和我相互在面頰上親了好幾次（我不知道什麼時候停下來）。奧迪爾在巴黎出生、長大，她說喜歡所在街區的社區感和店主給街友食物的方式。曾在中東工作的烏戈開始談論政治。奧迪爾要走了，我依依不捨地說再見。[54]烏戈轉而說英語，語言流利表達自如。他在沒有任何正式學習的情況下自學了阿拉伯語。烏戈對「九．一一」恐怖份子襲擊的官方說法充滿懷疑，宣稱雙子星大樓倒塌的方式顯示它是在被控制下的爆炸崩塌的，看起來像一枚導彈而不是飛機撞擊了世貿中心，「在飛機墜毀前，怎麼可能有人從飛機上打電話呢？」接著他談到在黎巴嫩戰爭中的經歷。當然這是悲慘的，但他也經歷了一種「興奮」。艾維納和我問到烏戈未來的打算，他說他在學習波斯語，考慮加入在阿富汗的法國軍隊。我擔心他的未來，卻不得不與他吻別，繼續我們的工作。我們步行來到蒙帕納斯的精英咖啡館與父親在一九五〇年移居巴黎時認識的老朋友西姆森．納約維茲見面。西姆森遲到了，但不妨礙我們的「研究」。我看到一名手拿紙和筆的作家，二十年前，他便坐在這個地方。艾維納觀察到巴黎咖啡館的作家通常使用鋼筆和紙張，或許使用個人電腦是糟糕的形式？他在咖啡館隨意地晃了晃，似乎在思考曾經到過這裡的名人清單。畢卡索（Picasso）是唯一投身於藝術的共產主義者，畫家、作家、詩人馬克斯．雅各（Max Jacob）是天主教徒，但作為猶太人被迫離開深愛的巴黎，後來被納粹送到集中營，一九四四年遇害。野獸派畫作的創始人安德列．德朗（André Derain），他本來是要當工程師的，他的朋友亨利．馬蒂斯（Henri Matisse）試圖說服他父母讓他能夠投身於藝術，為志向而戰，不能因為金錢和舒適而背叛它。這裡還有其他什麼人？在第一次世界大戰時志願充當救護車司機的海明威身受重傷，後來移居巴黎，在這裡他寫出了英雄和反英雄的故事。

巴黎是西藏獨立運動的中心之一，許多西藏流亡者住在那裡，且達賴喇嘛常被認為代表著一種浪漫的典範：單純、有著聰明的靈魂、不受資本主義文明給汙染、與自然和諧相處。可想而知，巴黎人對達賴喇嘛的支持，導致中法關係的緊張。法國政府常常試圖與中國修好關係。下面是二〇〇九年二月五日在法國參議院舉行的公開辯論的記錄：

議員尚—皮埃爾・哈發林：作為第一個預見到中國會在全球崛起的國家，如今卻陷入與它的外交困境之中。中國在全球舞臺上的作用顯而易見：在法國總統的倡議下，中國的代表出現在去年華盛頓 G20 峰會上令人欣慰。我們需要嚴肅對待最近有關中國的決定，而這也促成了歐中領袖峰會和中國總理近期訪問法國。我們已經做出決定與中國建立全球性戰略夥伴關係，我們支持中國向世界開放。在危機時刻，一個民族的「封閉」是令人擔憂的。我們的歷任總統，從戴高樂到席哈克，還有中間的龐畢度、德斯坦、密特朗以及薩科吉總統都表示他們珍視法中友誼。法國並不打算重新評價中國的國家主權問題，正如它不希望其他人質疑自己的國家主權一樣。

二〇〇九年六月，法中關係進一步緊張，達賴喇嘛抵達巴黎，獲贈巴黎榮譽市民的殊榮。達賴本人並不支持獨立，他呼籲在中國主權下的西藏地區能擁有更多的自治權，中國政府則擁有國防和外交政策的控制權。但他在巴黎的支持者們經常失去這種區別，其中的許多人從曾經的毛主義擁護者轉變為激烈的反共份子。

西姆森來了。他曾經是「法國國際廣播電臺」的總編輯，「退休」後寫了有關古代埃及的若干著作。我回憶了在二十世紀八〇年代中期，隨父親在同一個咖啡館和他見面的情景，當時我們爭論美國是否應該支持康特拉斯叛軍，推翻尼加拉瓜的桑地諾民族解放陣線統治者（西姆森支持反共的康特拉斯叛軍，而我則支持桑地諾民族解放陣線）。打過招呼後，我忍不住提到丹尼爾・奧蒂加（Daniel Ortega，桑地諾民族解放陣線領導人）在尼加拉瓜重新上臺，西姆森認為奧蒂加已經成為資產階級。隨後我們轉向了其他話題，西姆森是個激進的無神論者，認為耶路撒冷的大部分猶太人是世俗者。艾維納不同意這個觀點，他是在希伯來大學講授了近二十年政治理論的耶路撒冷人，[55]但他沒有能說服西姆森。我們問西姆森離開加拿大是否後悔，他說不後悔，他認為加拿大和美國沒有區別。我不同意這種說法，但沒有用。西姆森認為中國共產黨即將垮臺，就在我想起他二十年前也做過這樣的預言時，西姆森站起來準備離開了。

在政治實踐中，用道德絕對性思考傾向，體現在不妥協的政治抗議中。最早的抗議是中世紀巴黎大學的武裝份子發起的：一二〇〇年，酒館鬥毆後，皇家代表採取了嚴厲措施，學生的罷課示威在嘉年華會遭到壓制，學者們發起了為期兩年的罷工，從一二二五年持續到一二二七年。[56]當然，最激烈的暴動就是法國大革命。不管革命的血腥程度如何，馬爾羅表達了一個很有影響力的決斷：「革命！沒有比現在這一切更糟的了。」[57]一八七一年巴黎公社遭到殘酷鎮壓，一萬七千人被處決，三萬五千人死亡，[58]因此削弱了暴力抗議的激情。一九六八年五月，五十萬學生和工人在「讓想像力掌權」（法語聽起來更好）的口號激勵下走上巴黎街頭抗議，但是這種革命能量慢慢消解了。[59]最近，抗議常常以街頭劇場的形式呈現，如果鎮暴部隊不出現的話（因為看起來政府沒有嚴肅對待，這對工會內部的政治鬥爭不利），工會領袖還會抱怨。[60]因為抗議者往往避免提出像金錢之類的庸俗話題，他們往往將要求放在更高原則的層次上，這就說明解釋了為什麼「巴黎人毫無例外地同情抗議的或罷工的愛國者」。實際上，法國的罷工並沒有德國、英國、美國那麼多，但因為巴黎是法國的政治、經濟和思想中心，與更加去中央集權化的聯邦國家的首都不同，這裡確保了更多的知名度，因此，巴黎就成為「針對任何議題進行任何抗議的理想地」。[61]

坦率地說，很難理解「非巴氏殺菌」的浪漫精神。這種精神似乎既是政治化的又脫離了現實政治，既贊成傳統又反對傳統，既冷嘲熱諷又天真無邪，既是相對主義者又是絕對主義者，既是精英主義者又是民粹主義者，既喜歡暴力又熱愛和平。[62]但是，尤其是從經濟利益角度來說，這很難讓人理解。只要不是資產階級就好。按照馬克思的說法，資產階級的最深刻問題在於它太乏味，這才是問題所在，對一致的要求已不重要，錯了也比乏味好。但是，如果浪漫和道德不相符，該怎麼辦呢？

浪漫與道德

艾維納和我前往巴黎中心的巴黎大堂區，自十二世紀以來，它就是該市生活必需品中心市場。以此為中心，周圍遍佈露天市場，這是個新鮮食品批發市場，是十九世紀初期以來的巴黎獨特地標。[63]這是「非巴氏殺菌」城市的最好象徵：市中心的「巴黎之胃」。遺憾的是，批發市場在一九七一年被拆除了，取而代之的是地下購物中心巴黎大堂廣場。我們乘坐電梯下到購物中心，對看到的東西大吃一驚：就好像闖入了《銀翼殺手》（*Blade Runner*）的電影中——看起來，高科技的未來出了毛病，高興地離開了這個到處是毒販和抑鬱的精神病患者的昏暗之地，到外面去尋找光明了。

但是，在把巴黎大堂區浪漫化的時候我們或許應該小心。一一八二到八三年，國王腓力二世在犧牲了巴黎猶太人社區的情況下，騰出地方修建了「巴黎之胃」。[64]實際上，巴黎歷史上經常出現的主題是對猶太人社區的歧視，這來自一種偏見——猶太人應該為耶穌之死負責。[65]結果，猶太人被迫從事在社會上被看作低人一等的行業，或基督徒不被允許做的事情，如收租、放高利貸、做會計，從而形成邪惡的金融投機者的刻板形象。類似的現象也發生在歐洲其他地方，但本來充滿進步思想的巴黎人，在十九世紀和二十世紀初也表達了反猶主義情緒，或許因為猶太人對金錢的愛似乎與「非巴氏殺菌」的浪漫精神格格不入，比如莫泊桑的小說《漂亮朋友》（*Bel-Ami*, 1885）中的人物說了如下的話：「老闆？一個真正的猶太人。你知道，猶太人，我們從來不能改變他們。這是怎樣的一個民族啊！」他引用了令人驚恐的貪婪特徵，這種貪婪特別體現在以色列的子孫身上——十分錢的積蓄，為火爐討價還價，丟人現眼地軟硬兼施要求打折，以及充當高利貸者和典當業經紀人的各種花招。[66]像巴爾札克等作家在描述典型的猶太人銀行家時，往往塑造類似特徵的刻板印象。當然，巴黎也有保護猶太人人權的英雄，最著名的例子是左拉的「我控訴」（左拉在一八九八年為猶太人軍官阿爾佛雷德·德雷福斯［Alfred Dreyfus］辯護，此人被指控為德國間諜）。但是人們普遍接受的是，巴黎知識份子厭惡「猶太」資本主義，這使得他們很難真正抗拒反猶主義罪惡。[67]

「非巴氏殺菌」精神和道德的衝突，在第二次世界大戰中達到頂峰。納粹占領了巴黎，但他們試圖維持充滿活力的文化和思想生活。戰爭結束時，希特勒下令炸斷巴黎的橋梁和主要紀念建築物，就像對待華沙那樣，但是這個命令遭到德國將軍馮·肖爾蒂茨的抗拒，因而挽救了巴黎。

當然，納粹占領者對屠殺猶太人沒有任何的良心不安：一九四二年七月，一萬五千名猶太人被關進巴黎的賽車場，那裡沒有水、食物或衛生設施，隨後就被送往死亡集中營。[69]就好像納粹尊重審美原則更甚於人類生命，不，不是好像，確實如此。

一九九〇年夏天，我和妻子在巴黎待了一個月。她學習法語，我完成博士論文。我們參觀了世界著名的亞洲藝術博物館之一的吉美博物館，這座博物館是在十九世紀末法蘭西帝國的巔峰時代建造的。在新婚的我們看來，周圍美麗的物品似乎放大了我們的愛情。宋冰說她即使在中國，也從未看到過這麼多中國珍寶。

二〇〇九年三月，伊夫・聖羅蘭（Yves Saint Laurent）和生意夥伴皮埃爾・貝爾傑（Pierre Bergé）出售兩件十八世紀青銅器獸首，這是英法聯軍在一八六〇年從北京郊外的皇家園林中掠奪的珍寶。圓明園遺址依然是廢墟，這是中國受到西方列強欺侮和羞辱的痛苦見證。

中國政府要求歸還青銅器獸首，一群中國律師也試圖阻止拍賣，但法國法院允許拍賣繼續進行。貝爾傑大言不慚地宣稱中國政府如果「尊重人權，賦予西藏人民自由，歡迎達賴喇嘛回國」，可以得到被掠奪的物品。可以想像，當這個收藏家宣稱只有在以色列撤出被占領土，他才將納粹掠奪的物品歸還以色列時，人們對他的反應會如何。

結果，拍賣繼續進行，獸首被中國收藏家和拍賣商蔡銘超買下。帶著同樣的「大言不慚」，或者我們應該說是「非巴氏殺菌」的浪漫，蔡先生說，出於道德理由他不會支付貨款。就在本文寫作的時候，這個案件仍在法院審理中。

一八六一年，雨果寫道：「我希望這一天會到來——擺脫偏見的乾淨的法國將把這些掠奪品歸還遭到洗劫的中國。」

一九八六年，我到法國西北部蓬古爾的一個小村莊（人口有九八五人）探望姑姑瑪麗和姑丈莫瑞斯一家。瑪麗在一九五〇年左右離開魁北克嫁給莫瑞斯，他們在村裡開了一家小公司，製作用於裝飾墓碑，包裹在玻璃中的花束（當時是一種時尚）。他們的兩個孩子和幾個孫子孫女住在附近（他們的第三個孩子、可愛的安妮克年紀輕輕就因癌症去世了）。瑪麗和莫瑞斯住在有四百年歷史的老房子裡，牆壁有一公尺厚。莫瑞斯帶我到一家大型超市，在那裡他嘗了大約二十種卡芒貝爾乳酪，最後才選定一種合適的。在挑選長棍麵包時也是如此，他為我解釋如何挑選紅酒。回家後，瑪麗做飯，我和莫瑞斯品嘗不同的紅酒和乳酪。瑪麗把半熟的菜從廚房裡端出來，讓莫瑞斯品嘗是否合適。我和莫瑞斯開始討論政治，莫瑞斯公開承認自己是布爾喬亞，他批評社會黨強加給小企業主的苛刻條件，表達了對戴高樂的敬佩。瑪麗端上來豐盛的食物，又開了一瓶紅酒。我過得很開心，或許布爾喬亞並不壞，當你過這種生活的時候，誰還需要去餐廳或劇場呢？如果浪漫主義（無論經過「殺菌」與否）附著於資產階級的穩定生活，會如何呢？想像一下如果每個人都過著像沙特和波娃的生活，寫作、批判，但不結婚生子，會如何呢？在過去二十年裡，我在蓬古爾待的時間比在巴黎的時間長，沒有什麼比瑪麗的食物、莫瑞斯的花園，和陶醉在親人溫暖的氛圍中更美好的了。二〇〇八年夏天，莫瑞斯在他家鄉布列塔尼附近的一場車禍中喪生，他是在準備購買鮮蝦時被另一輛車撞上。

巴黎人或許覺得比法國其他地方的布爾喬亞高人一等，而後者則認為巴黎人道德墮落。[70]很難想像在巴黎之外有人會同情莫泊桑「讚頌通姦」中所表達的情緒：

我要說的話過於離經叛道，肯定會受到譴責。太糟糕了，人們必須尋找有關道德的唯一真理，不要擔心違背道德說教，無論是正統思想還是官方言論。道德，也就是所謂的自然法則是無限變化的和有選擇性的，各國有各國的道德，它們由專家、牧師或議員提出，每個人在使用時會進行修改。唯一重要的法則是人性的最高法則，指導人們接吻的法則，它是詩人永恆的主題。

我們生活在一個令人厭惡的資產階級社會，戰戰兢兢、平庸乏味。精神從來沒有像現在這樣狹隘和猥瑣。我不想為通姦辯護，我只想說明婚姻所造成的絕對不公平狀況。

讓我們首先考慮被大部分醫生和哲學家確認的事實：我們是多配偶制，而非一夫一妻制。所需要的只是稍作推理即可證明。女人每年只能生一個孩子，而男人想生下一代就容易多了。因此，自然法則就是要求男人擁有很多妻子。由此可見，一夫多妻制是聰明的制度。

我真的希望有人向我證明男人，一個身體和精神正常的男人一輩子絕對只擁有一個妻子。[71]

今天，在巴黎有各種各樣的廣告宣傳活動，如國營火車上的某些廣告若在蓬古爾就不會奏效——

廣告的畫面呈現的是從羽絨被下面伸出來的兩雙腳，圖畫上配的文字是「告訴另一半你在出差」[72]。

尚—伯努瓦・納多（Jean-Benoît Nadeau）和朱莉・巴羅（Julie Barlow）寫了一本有深刻見解的書，分析法國人的「國民性格」，《六千萬法國人不可能錯》（*Sixty Million Frenchmen Can't Be Wrong*）。但在書中，作者沒有能清晰區分巴黎人和法國其他人的精神差異。是的，這個國家是高度中央集權的，[73]所有道路（幾乎是字面意義上的）都通向巴黎，巴黎發生的事會對法國其他地方產生重大影響。但是巴黎人仍然被這個城市之外的人認為有點怪異。從經驗上說，巴黎人上餐廳多，上教堂少，[74]大多投票支持左派，[75]當然，抗議資產階級價值觀的更多。在某種程度上，國家補助的餐館和劇院優惠券，實際上說明法國其他地方的人是在補助巴黎人的生活方式。或許「非巴氏殺菌」的浪漫主義精神，只能存在於更穩定的資產階級價值觀基礎上。

我與同父異母弟弟烏戈（必須說他是位帥氣的小夥子）在丹費爾・羅什洛大街上閒逛，街道兩邊掛滿了推銷各種漂亮東西的廣告看板。烏戈必須賺錢，以便養活妻子和在泰國收養的女兒（他在那裡住了兩年，能說一口流利的泰語）。他現在和母親一起生活在小公寓裡，一直抱怨巴黎生活太昂貴。他說，別相信廣告宣傳，到郊外去，那裡比你在這裡看到的更真實。一九八七年，我隨牛津大學冰球隊來到巴黎，借宿在塞爾吉—蓬圖瓦茲荒涼郊區的一户人家。我曾自言自語，這裡不像巴黎。記得我進入那户人家時有著不祥的預感，裡面沒有書架，只有幾張破爛的圖片。當主人開了一瓶香檳時，我的精神振奮了起來。主人談到他在法國一家大汽車廠的生產線上工作，講了一個又一個控訴藍領階級受到虐待的故事。

等到酒喝完的時候，「丹尼爾・奧蒂加」（當時冰球隊員們這樣稱呼我）已經準備好參加設置路障的抗議行動了。

讓我們返回奧斯曼的遺產。從積極的一面看，他在城市中心建造了漂亮的建築，這些建築由中產階級以及上流巴黎人占據，這樣確保市中心在人們下班後，並不會像當今某些美國城市那樣變成空蕩蕩的鬼城。但是巴黎核心地區的高房租把窮人擠到偏遠郊區，貧富的地域差距仍然是當今巴黎面臨的重大挑戰。「從前的城牆嚴格地把巴黎分為內城和外城。一九七三年完成的環形高速公路，讓移民群眾擁擠在雜亂不堪的貧民窟中。」[76]實際上，只有二一〇萬人生活在內城，另外七一〇萬人生活在郊區。[77]不是所有郊區都貧窮（巴黎核心區也不是所有人都富裕），雖然一些惡名昭彰的郊區被內城居民視為無主之地，但很少有人敢闖進去。這種分割既是真實的，也是心理上的：如果讓人手繪地圖，八成二的巴黎內城人會「沿著城市的管理邊界而畫，這個特徵是絕對不可能在倫敦人或羅馬人繪製的地圖中出現的，這反映了城市和郊區的分割狀態」。[78]

巴黎郊區在二〇〇五年引起了世界的關注，當時發生了自一九六八年五月襲擊巴黎北部邊界的學生動亂以來最嚴重的暴亂。兩個穆斯林男孩在逃避員警的身分證檢查時觸電死亡，同時清真寺內發生催淚瓦斯炸彈爆炸，這刺激了穆斯林社區的神經，引起巴黎周邊大規模的破壞和騷亂。暴亂背後的問題不僅僅是貧困，也有法國本土人對阿拉伯和非洲裔法國公民的歧視，暴亂者中的許多人是郊區公屋區的居民。當時的內政部長、後來的法國總統薩科吉指責暴亂者是「渣滓」，這使局勢進一步惡化，因為他隱含的解決辦法是驅逐這些當為此事負責的「外國煽動者」。實際上，被捕的許多人雖然在民族上是非洲人，但都是本土出生的法國公民。二〇〇七年的十一月下旬，同樣的郊區暴亂者再次發起抗議活動。[79]

法國政府已經開始了一些旨在打破周邊郊區社區和歷史中心區之間隔離狀態的計畫。薩科吉總統召集了著名建築師開會，請他們提出巴黎設計的新藍圖，希望清理該市的藍領階級和移民郊區，同時建造更綠能環保的巴黎。他們提出溫和改進的建議，如在郊區建造更多公園，使用更大的窗戶讓更多光線進入藍領階級的公寓。更大膽的建築師則提出把總統府遷移到城市最難纏的郊區，拋棄連接城市主要火車站的鐵路，在覆蓋公園周邊的地方，創建連接市中心和郊區的交通系統，建造通勤路線，在羅浮宮底下建造多層的地下商場，讓工人和移民能夠和觀光客交會在城市的偉大文化宮殿中。[80]目前，這樣的計畫還只是理論。但是，如果有一座城市能夠把現實改造得符合理論，則非巴黎莫屬。

1 或者是英格蘭的諾曼征服者，取決於個人的視角。

2 巴黎早期歷史的描述引自 Chris Jones,"Paris: Pinnacle of Gothic Architecture, "in *The Great Cities in History*, ed. John Julius Norwich(London: Thames & Hudson, 2009) , 120-124.

3 Victor Hugo, *Notre-Dame de Paris*, 1482(Paris: Pocket, 1998) (orig. published in 1832) , 154-155. 除非有特殊說明，本章中的所有法語段落皆由貝淡寧翻譯成英文。

4 同上書，170。

5 Jean Favier, Paris: Deux mille ans d'histoire(Paris: Fayard, 1997) , 214, 275, 685, 570, 215.

6 引自Shelley Rice, *Parisian Views*(Cambridge, MA: MIT Press, 1999) , 9.

7 Bernard Marchand, Paris, histoire d'une ville, XIXe-XXe siècle (Paris: Seuil, 1993) , 29.

8 Favier, *Paris*, 220.

9 James H. S. McGregor, *Paris from the Ground Up* (Cambridge, MA: Harvard University Press, 2009) , 236-237.

10 In Hugo, Notre-Dame de Paris, "Dossier historique et littéraire, "xxvii (orig. pub. in 1825) .

11 這一段描述引自 Philip Mansel, "Paris in the Time of Napoleon III and Baron Haussmann, "in *The Great Cities in History*, 226-228.

12 Favier, Paris, 209.

13 同上書，220-221。

14 引自 Walter Benjamin, *écrits français* (Paris: Gallimard, 1991) , 304.

15 Marchand, *Paris*, histoire d'une ville, 93-95.

16 該句選自《論語・子路篇》第十三・二十三「君子和而不同，小人同而不和」，是中國知識份子眾所周知的一句話。這個理想通常用演奏優美和諧聲音的樂器，或者由多種原料混合起來變成味道鮮美的菜肴的比喻來說明。但是奧斯曼的都市設計，或許是這種理想的最好的建築實例。雖然像伏爾泰如此的法國思想家將儒家價值觀理性化，但是我們沒有證據證明奧斯曼直接受到這些思想的影響。

17 Marchand, Paris, histoire d'une ville, 90.

18 在法語中，「郊區」這個詞 banlieue 可以指「被流放的地區」（lieu du ban）。

19 同上書，304-305。

20 引語的第一部分選自 Caroline Weber,"A Tower at Its Moment in History, " *International Herald Tribune*, 30-31 May 2009, 20；第二部分選自 McGregor, Paris from the Ground Up, 259。

21 沿著奧斯曼大街散步的快樂並不總是非常明顯的。維克托里安・薩爾杜在一八六六年創作的戲劇中，一位上了年紀的人物抱怨說：「如今，最短的旅行，也需要走幾千公尺。人行道一直向前，似乎沒有盡頭。」引自 Edmund White, *The Flâneur: A Stroll through the Paradoxes of Paris* (New York: Bloomsbury, 2001) , 38.

22 Simon Texier, Paris contemporain(Paris: Parigramme, 2005) , 10.

23 相反，在羅馬，男人往往更加時尚：用來自紐約的女性朋友的話說，他們看起來「就像孔雀」。

24 請參閱 Peter Brooks, *Henry James Goes to Paris* (Princeton, NJ: Princeton University Press, 2008）。

25 引自 Daniel Noin and Paul White, *Paris* (Chichest: John Wiley & Sons, 1997) , 1.

26 請參閱 J. Gerald Kennedy, *Imagining Paris: Exile, Writing, and American Identity* (New Haven, CT: Yale University Press, 1993) .

27 亞當・高普尼克在緒論中指出：「兩個世紀來，巴黎一直是美國人心中的幸福之鄉。那裡是人們逃出中小城鎮的美國式生活以獲得幸福生活的地方。巴黎人的觀點是一種幸福觀，或許擺脫了任何美德要求甚至自由的幸福。如果在這種想像的歷史中也有虛假、幻覺的歷史，那也是一種愛的歷史，它總是一種幻覺。」（Gopnik, *Americans in Paris*, xiii, xxxiii）

28 好萊塢電影導演並非不知道他們在做什麼。正如當時最著名的導演之一恩斯特．劉別謙（1892-1947）所說：「這世上有派拉蒙影業公司的巴黎、米高梅電影公司的巴黎和真實的巴黎。派拉蒙影業公司的巴黎是最具有巴黎特徵的。」

29 Favier, *Paris*, 541-542.

30 很難相信巴黎是二十世紀初期世界第一的金融中心。（Favier, *Paris*, 529-530）

31 Scott Sayare and Maia de la Baume, "Paris Journal: Revelers See a Dimming in a Capital's Night Life, " *New York Times*, 11 January 2010.

32 White, *The Flâneur*, 22.

33 英文單詞「浪漫」（romantic）及其多愁善感的愛情含義是異國風味的，以至於好萊塢式的隱含意義巴黎人根本不理解。巴黎一個學界朋友告訴我說他終於明白英美人的這個單詞的意思，是當他和美國朋友一起進入餐廳，那位美國朋友看到蠟燭不禁感歎道：「真浪漫啊！」

34 非巴氏殺菌的浪漫理想和英國怪異的理想之間的關鍵差別，是前者必須用一種理念而不是令人討厭的方式挑戰傳統做事方式；對社會越軌行為的輕描淡寫和缺乏自我意識是不值得被尊重的。

35 Favier, *Paris*, 125.

36 阿爾伯特．約瑟夫．喬治認為十九世紀三〇年代法國浪漫主義小說的推廣，至少可以部分解釋為工業革命的重大變革：作家面臨龐大的讀者群，但是沒有從忠實讀者得到好處，散文成為作者與現代新技術所提供的眾多新讀者交流思想的最佳媒介。請參閱 Albert Joseph George, *The Development of French Romanticism* (Bruges: Syracuse University Press, 1955) , chap. 10.

37 引自 D. G. Charlton, "The French Romantic Movement, "in *The French Romantics*, ed. D. G. Charlton (Cambridge: Cambridge University Press, 1994) , 15.

38 Charles Baudelaire, *Le spleen de Paris: Petits poèmes en prose* (Paris: Gallimard, 2006) , 166, 190.

39 這樣的政策被用在整個國家，但是它們往往偏重更多參與「高雅文化」的巴黎人的利益（或者主要出於這個動機）。請參閱本章中「浪漫與道德」一節。

40 Nadeau and Barlow, *Sixty Million Frenchmen Can't Be Wrong*, 18, 237.

41 Noin and White, *Paris*, 235.

42 Nadeau and Barlow, *Sixty Million Frenchmen Can't Be Wrong*, 23.

43 請參閱本書牛津一章。在牛津，師生常常在發表言論後再加上一個問號（比如「不是嗎?」），就好像目標是要達成一致或者相互理解。

44 Benedetta Craveri, *The Age of Conversation, trans. Teresa Waugh* (New York: New York Review of Books, 2005) , ix-xi.

45 同上書，256。

46 同上書，344。

47 同上書，329。

48 Hippolyte Taine, *Les Origines de la France contemporaine*, 375.

49 當今仍然使用的一個法語單詞的詞源顯然與舊制度時期的貴族沙龍有關：「樓梯精神」（esprit de l'escalier）指的是想到一個聰明的或巧妙的評論但已經太晚了，晚在一個人已經離開這個場景的時候。這個術語的來源，是德尼．狄德羅的《關於喜劇演員的詭論》（Paradoxe Sur Le comédien）中的一個句子，其中一個人物只是在通向「高貴樓層」的樓梯底端時頭腦清醒，而沙龍都是在貴族公館的上層舉行的。

50 引自 Craveri, *The Age of Conversation*, 372.

51 同上書，337。

52 同上書，372。

53 Nadeau and Barlow, *Sixty Million Frenchmen Can't Be Wrong*, 63-64.

54 我非常傷心，那是最後的道別——奧迪爾第二年就過世了。

55 請參閱本書耶路撒冷一章。

56 Favier, *Paris*, 414, 406.

57 引自 Henry Peyre, *Qu'est-ce que le Romanticisme?* (Paris: Presses Universitaires de France, 1971), 96.

58 Favier, *Paris*, 898.

59 激進的出版商埃里克・哈贊仍然認為巴黎是分裂為「壞的」資產階級和「好的」工人階級社區，他注意到「巴黎的政治分裂有悠久的歷史。十九世紀，在一八二七年十一月匿名的晚間路障和巴黎公社七十天燦爛的日子，示威遊行、暴亂、政變、起義和反抗的清單這麼長，沒有任何其他的首都有這樣的情景」。請參閱 Eric Hazan, "Faces of Paris," trans. David Fernbach，*New Left Review* 62 (March/ April 2010) : 35-36.

60 Nadeau and Baleau, *Sixty Million Frenchmen Can't Be Wrong*, 53.

61 同上書，234-235。

62 並不令人意外的是，解構主義運動在巴黎誕生。

63 McGregor, *Paris from the Ground Up*, 281-285. 巴黎的高級餐廳常由在革命前曾在貴族家庭服務的廚師創辦。

64 Jones, "Paris," in *The Great Cities in History*, 123.

65 Favier, *Paris*, 57-62, 532-533.

66 Guy de Maupassant, *Bel-Ami* (Paris: G. F. Flammarion, 2008), 98.

67 需要重新強調一下這樣的偏見並不僅僅限於巴黎。馬克思雖然具有猶太人背景，但在他的文章〈論猶太人問題〉中，表達了與「大吹大擂推銷商品」的「講究實際的猶太人精神」類似的觀點。

68 Marchand, *Paris*, 267.

69 Ian Buruma, "Occupied Paris：The Sweet and the Cruel," *New York Review of Books*, 7 December 2009. 馮・柯爾提茲本人在這些屠殺中沒有受到牽連：他在一九四四年八月才成為巴黎的軍事首腦。但是，作為對蘇聯作戰的指揮官，他忠實地執行了清洗猶太人的命令。請參閱 Sonke Neitzel, ed., *Tapping Hitler's Generals: Transcripts of Secret Conversations*, 1942–1945 (London: Frontline, 2007).

70 Noin and White, *Paris*, 8.

71 Maupassant, "Dossier 3," in *Bel-Ami*, 404-406. 莫泊桑的情緒或許是泛歐洲的世紀末（fin de siècle）情緒表現，他們認為資產階級文化就是衰敗和墮落，是死亡而不是活力，是妥協而不是真理，是禮貌倫理學而不是英雄倫理學，而巴黎當然是這種情緒的中心。

72 Nadeau and Barlow, *Sixty Million Frenchmen Can't Be Wrong*, 39.

73 最近有一些推動去中心化的嘗試，但是這個國家仍然比西歐多數國家都更加中央集權。

74 Noin and White, *Paris*, 235, 245.

75 Favier, *Paris*, 890, 896.

76 Luc Sante, "In Search of Lost Paris," *New York Review of Books*, 23 December 2010, 54.

77 Noin and White, *Paris*, 8.

78 同上書，224。

79 McGregor, *Paris from the Ground Up*, 293-297.

80 請參閱 Nicolai Ouroussoff: "Remaking Paris," *New York Times*, 14 June 2009; "A New Paris, as Dreamed by Planners," *New York Times*, 17 March 2009.

紐約──抱負之城

THE CITY OF AMBITION

主筆：貝淡寧

一九九五年，我的妻子宋冰獲得一筆獎學金到紐約大學攻讀法學碩士。在接下來的一個學年裡，我們住在格林威治村一棟面對華盛頓廣場的大學公寓裡。兒子朱利安還不到一歲，岳父岳母也住在這個一房一廳的公寓裡照顧他。生活空間狹小，岳父岳母睡在臥室，我倆和朱利安睡在客廳，來訪的朋友只能睡在廚房的飯桌底下，但那是一段愉快的時光。每天早上，我會帶朱利安到公寓的窗口處，讓他把頭探出去，看看右邊的帝國大廈和左邊的世界貿易中心。但二〇〇一年九月十一日，我瞭解到，並不是每個人都迷戀紐約的天際線。

一九九八年，紐約市長魯道夫．朱利安尼（Rudolph Giuliani）用高昂的語調結束他第二任期的就職演說：「我請求上帝保佑我們和我們偉大的城市，現在和永遠的世界之都。」這種市民精神的流露，在紐約之外的任何城市都會顯得誇誇其談、大言不慚，很不恰當。是什麼使紐約成為「世界之都」呢？這位市長不是指聯合國總部常設於紐約的事實，他指的是紐約是世界金融和商業的首都。但僅有經濟力量還不夠，「最偉大和最成功的城市，一直是那些藝術蓬勃發展的城市。我們用來定義未來一代的是創造出來的音樂、戲劇、舞蹈、繪畫、雕塑和建築，哲學家、神學家、詩人、小說家、歷史學家的著作不僅會影響未來一代紐約人，而且將會對美國和全世界產生巨大影響。偉大城市的最寶貴遺產，是他們給予世界的偉大藝術品」。[1]所以，紐約成為世界之都，不僅因為它是世界上經濟力最強大的城市，也因為它對世界文化做出的無與倫比的偉大貢獻——借用數學語言，紐約是香港加上巴黎再乘以二。人們或許會問，紐約如何成為「世界之都」？其中有許多原因，但關鍵的因素是這座城市成功地吸引了才華橫溢、雄心萬丈的移民從全美各州甚至全球各地源源不斷地前來。

但是，紐約的偉大也付出了沈重的代價。紐約不像歐洲一些大城市是建立在帝國擴張的基礎上，它的經濟崛起伴隨著極端的不平等，如奴隸制度和對藍領階級的殘酷剝削。而且，紐約成功的副產品——異化、孤獨、高犯罪率、短視、狂妄自大動搖了世界資本主義的核心，催生了大量有關都市生活弊病的文學。換句話說，雄心萬丈的黑暗面就是極端的個人主義，這在大城市中似乎是獨一無二的。

但是，不管紐約的經濟、社會和道德危機多麼嚴重，它都能夠再次復興。或許這就是朱利安尼的信心來源，紐約將永遠是世界之都。但是，這座城市為什麼能夠反彈呢？它是如何挺住對體面社區生活一次次的挑戰呢？主要原因在於居民強烈的潛在社區意識，這與紐約的特殊似乎很矛盾。正如珍·雅各對格林威治村社區生活，充滿同情的描述所顯示，紐約人熱愛當地社區。[2]他們對城市整體的愛也類似其他大城市居民。市民精神最完美體現在危機時刻。販賣「我愛紐約」

口號的努力，或許是歷史上最成功的城市品牌塑造活動。但它的成功建立在人們真誠熱愛這個城市及其生活方式的基礎上。紐約風格的市民精神限制了對個人抱負的追求，如果沒有了共同體意識，紐約早就被另外一個世界之都超越了。

世界之都

我最要好的童年玩伴伊拉的爸爸特維亞・阿布拉姆斯是父親在蒙特婁最好的朋友。特維亞獲得了一個在聯合國工作的機會，所以在我五歲時，伊拉全家搬到紐約。自此之後，我們每年都要到紐約探望伊拉一家。對小小年紀的我來說，一年一度的紐約之行是童年最開心的時候，我對在帝國大廈頂端俯瞰全城的壯觀景象，還有街上匆忙行走的路人驚歎不已，品嘗琳琅滿目、令人垂涎的各種食物。我最害怕的是歸途，尤其是從尚普蘭大橋看到蒙特婁市中心幾座零零落落建築的情景，這不可避免地提醒我，蒙特婁皇家隊只是一隻小聯盟的棒球隊。

今天，曼哈頓的摩天大樓就像對人定勝天的刻意確認，它們猶如是新大陸的伊甸園。一六〇九年，荷蘭西印度公司雇用的英國航海家亨利・哈德遜（Henry Hudson）發現了通向東方的西部航線，發現了一個漂亮的島嶼，德拉瓦族印第安人稱之為曼哈塔，意思是「千山之島」。這個碧綠的天堂比黃石公園擁有更豐富的生態群，比優聖美地有更多的野生物種，比大煙山有更多的鳥類。如果它不受打擾，「將成為國家公園，成為美國國家公園皇冠上最亮眼的明珠」。[3]

我們知道，歷史轉往不同的方向。荷蘭人對賺錢感興趣，他們把這個島嶼（他們稱之為新阿姆斯特丹）作為在新大陸的經濟基地。一六二六年，他們用價值六十荷蘭盾（相當於二十四美元）的小裝飾物和其他商品，從德拉瓦族印第安人手中買下這座島。在德拉瓦族印第安人看來，這是很划算的交易，他們還沒有私有財產的概念。由於國際貿易的刺激，新阿姆斯特丹漸漸發展成為多民族聚居的大商業城市，到了最後一任荷蘭總督彼得．史岱文森（Peter Stuyvesant, 1647—1664）時期，它已經「發展成為具有宗教寬容和人口多樣性的城市，與美國其他城市明顯不同」。4

十幾歲時，我曾前往曼哈頓下城參觀伊拉就讀的史岱文森中學（根據荷蘭總督命名），這是精英子弟上的公立中學。伊拉是通過競爭考試取得錄取資格，這是我全然陌生的依據學業成績的遴選制度。在蒙特婁，孩子們都是在家庭所在地就近入學（我的情況是，母親本來考慮送我進私立學校，但是當招生人員告訴她學校提供如高爾夫課程等「墮落」服務時，她猶豫不決了）。伊拉帶我到附近的雷氏批薩店，那裡的批薩可以切片賣，這是一種讓他覺得新鮮的做法。番茄醬如此美味，乳酪這麼多，這種批薩比蒙特婁賣的乏味批薩好吃多了，我一連吃了五片。晚上，我注意到伊拉在撰寫長長的文章，作為申請美國一流大學的資料。那時，我更關心的是如何提高自己的冰球實力，因為仍保有成為蒙特婁加拿大人隊候補選手的機會（我自認為）。

一六四四年，一隊英國船艦來到港口。史岱文森想迎戰，但是滿腦子經濟問題的市民，懇求領導人接受英國指揮官提出的慷慨條件。史岱文森不戰而降，英國將城市命名為紐約，以紀念約克公爵（Duke of York）。該市在英國統治下繁榮起來，但波士頓和費城在十八世紀，是更大和更重要的城市。美國革命時期，英國聚集了大批艦隊保衛紐約，在一七七六年輕易擊敗了喬治．華盛頓（George Washington）的軍隊，但華盛頓從經驗中瞭解到：除非自己的軍隊占絕對優勢，否則他必須避免與英國人大戰。他拉長戰線，直到英國人難以負擔人員和經濟損失（這個戰略在兩百年後被胡志明及北越人成功地用在越戰中）。[5]當華盛頓在一七八一年返回紐約後，他驚訝地發現英國軍隊已經把島嶼變成武裝起來的路障，「所有樹木都被砍光了」。[6]

一七八九年四月三十日，華盛頓在紐約華爾街二十六號聯邦議會大廈的陽台上，宣誓就任美國第一任總統。這裡位於麻薩諸塞和維吉尼亞之間，作為新國家的首都似乎是合理的選擇，但新國務卿湯馬斯．傑佛遜（Thomas Jefferson）反對這個計畫，將國家的首都遷移到波多馬克河的一片沼澤地，這個地區後來根據國家第一任總統命名。因為退出了政治上的角逐，紐約就可以安全地追求經濟霸權。到了一八〇七年，無論是從財富、商業還是人口上，紐約都是「美國第一大城市」。[7]我們不是要詳述這座城市的經濟史，而是要看看它為什麼會成為世界商業和金融中心。

從歷史上看，近水的地方是經濟大城發展的必要條件。紐約也不例外，它擁有大西洋最開闊的和功能最強大的海港。正如卡爾文．湯姆金斯（Calvin Tomkins）在一九〇五年解釋的，這個城市具有經濟起飛的獨特優勢：「大西洋沿岸具有戰略位置的其他城市是聖勞倫斯的蒙特婁，和墨西哥灣的紐奧爾良，分別受到冬季的嚴寒和夏季的酷熱影響。至於其餘的沿岸城市火車必須翻越亞利加尼山脈才能抵達，如果和從西部到紐約的平面運輸相比，成本過高。作為世界交通門戶的事實，打造了紐約如今的面貌。」[8]

但是地理位置不能解釋紐約的經濟成功。一方面，紐約人必須而且確實充分利用了紐約的天然優勢：他們在一八一八年創建了第一個定期航運服務，在一八二五年開鑿了伊利運河，把城市和美國西部連接起來，讓美國的貿易軸心朝著有利於紐約的方向移動。[9]更重要的是在二十世紀，當城市港口在全球經濟中的相對重要性下降時，紐約卻鞏固了「世界之都」的作用。一九〇〇年，紐約港是世界上最繁忙的港口，[10]但今天，在經濟重要性上，它遜於新加坡和香港。如果紐約經濟成功的故事主要用地理位置優勢來解釋的話，紐約在全球經濟中的重要性，應該伴隨著港口重要性減低而下降才對，但真實的情況正好相反。

宋冰和我來到市中心遊逛。這是我們第一次在晚上把朱利安單獨留在家裡，心裡有點內疚。不過，我最喜歡的歌劇《唐璜》在林肯中心（世界上最大的表演藝術場地）上演的機會實在難得，我們不願意錯過。音樂非常感人，歌劇結束後，衣著簡樸的我們在附近一家咖啡廳喝了點東西，裡面擠滿了衣冠楚楚的貴賓。可憐的朱利安還得再等一段時間，整個夜晚就像灰姑娘去參加王子的舞會，唯一的差別是沒有在午夜結束。是的，都市規劃者羅伯·摩斯強制拆遷了老街區，動用七萬人建造林肯中心，不過這個文化機構確實帶動了這個街區的發展。[11]

讓我們思考一下紐約經濟成功的原因，是否可以將其歸功於富有遠見的都市規劃者。二十世紀，沒有比羅伯．摩斯更傑出的人了，正如傳記作家（最激烈的批評家）羅伯．卡羅（Robert A. Caro）指出的，「摩斯是美國最偉大的建築師，他是新大陸最偉大的城市設計師」。[12]顯然，摩斯竭力仿效讓巴黎成為十九世紀最偉大城市的夢想家奧斯曼男爵。[13]摩斯改造城市的計畫來得正是時候：紐約人正豪氣沖天。一八九八年曼哈頓、布朗克斯、史泰登島、皇后區、布魯克林合起來構成「大紐約市」，一下子把城市人口增加了一倍，地理面積從曼哈頓的六十平方公里擴大成七七七平方公里，統一歸市政府管理。[14]那個時代最大的工程建設布魯克林大橋，雖然在一八八三年把曼哈頓和布魯克林連接起來，但仍需要更多的基礎設施。隨後出現了摩斯，他從二十世紀三〇年代開始建造幾乎不可戰勝的基礎設施。大蕭條對紐約的打擊比美國其他任何城市都大，[15]摩斯要讓城市恢復活力。作為眾多委員會、機構和當局的負責人，他建造了大量的橋梁、隧道、高速公路，連接紐約及其郊區和眾多不同地區。沒有這些基礎設施，紐約可能就落入經濟上無關緊要的境地。[16]

摩斯也用多樣的娛樂設施擴展了公共領域。他最著名的早期工程瓊斯海灘，受到幾代厭煩炎熱的紐約人喜愛，他建造文化設施試圖讓曼哈頓更加適合中產階級居住。總而言之，摩斯：

建設了十三座橋梁、兩條隧道、一六五〇公里的高速公路、六五八座遊樂場、十座大型公共游泳池、十七座國家公園、數十個新的或整修的城市公園。他清理了一八二一畝城市用地，建造了容納兩萬八千四百戶新公寓的高樓。他建造了林肯中心、聯合國、謝亞球場、瓊斯海灘和中央公園動物園。他建造了三區大橋和韋拉札諾海峽大橋，長島和跨越布朗克斯的高速公路，沿著曼哈頓周邊和城市北邊和東邊的風景區幹道、大街和天橋、公路和高架橋。任何一個紐約人或來到紐約的遊客都曾經開車經過，或步行，或坐下來，或航行在摩斯打造的事物上。[17]

公平地說，大部分紐約人或者紐約遊客都得益於摩斯的開創。那為什麼摩斯不像巴黎的奧斯曼或新加坡的吳慶瑞那樣受人敬仰，反而成為都市規劃歷史上被妖魔化的人物，雖然最近才有人試圖重新評價他的功績？

一種明顯的反對意見是，政治人物應該是經過選舉上台並受到民主政治的責任約束，但摩斯從未擔任公職（一九三四年，他確實作為共和黨人競選紐約州州長，但被民主黨對手打敗了）。摩斯的榜樣是奧斯曼，他飽含敬佩之情地描述這個人是「演說家、工作狂、暴君、破產者，有無窮的創造力和膽識，根本不在乎法律的約束。他所做的一切都是規模宏大。他的獨裁能力使他能在極短時間內完成重大任務，但也往往因為一意孤行而四處樹敵」。[18]在某種意義上，令人難忘的有趣之處是摩斯成功地攫取奧斯曼式的權力，但沒有得到獨裁者所需要的支持：他通過擔任委員會的主席履行權力，這樣他就能起草法案籌募資金，進行積極的公共宣傳活動，在徵地、拆遷、鋪路等方面迅速行動，使工程全靠自己獲得動力。[19]事實上，從一九三四年到六八年的任何一屆紐約州長或紐約市長都沒有辦法真正地挑戰他的權力（比奧斯曼的任期還長）。[20]從民主的角度看，摩斯的權力使用當然有問題，但是除此之外，還有什麼辦法讓大城市推行這麼龐大的基礎設施工程？今天，「紐約再也無法找到一個世界城市最需要的，最基本的基礎設施改善資源了」。[21]從批判摩斯功績的角度看，安東尼·佛林特（Anthony Flint）評論說：「在紐約的政府、企業、公民領袖中，他們對看到的癱瘓狀態感到沮喪，一直有聲音呼籲新的羅伯·摩斯出現，以便開展基本的基礎建設和大型工程，推動這座城市成為二十一世紀具有競爭力的經濟中心。但是，像摩斯所進行的的工程規模在今天是不可能了，因為雅各設想的有思想的公民參與已經變成了簡單的『鄰避症候群』——即『不要在我家後院』的抗議活動。市民的反對，使得哪怕微小的工程都每多掣肘。」[22]

批評家也反對摩斯在都市發展中採取的野蠻做法，卡羅估計，為了公共工程，摩斯迫使五十萬人離開了家園，「比流離失所的人數更令人痛心的是這些人的特徵，他們大部分是黑人、波多黎各人和窮人」。[23]但是摩斯沒有為他的作法道歉，「你不能在不讓人們搬遷的情況下建造城市，你不可能不打破雞蛋來做蛋捲。我們確實同情那些租戶，並盡一切可能幫助他們，但我們不能答應每個人及其律師的所有要求」。[24]奧斯曼的方法同樣很野蠻（巴黎窮人的生存空間被侵占，他們因為高昂的房租被迫遷出市中心），但總體上他還是受到高度尊重。所以其他可能的選擇也值得再次商榷：在美國其他城市，中產階級和富人逃往郊區，市中心陡然陷入經濟衰落。摩斯的都市開發項目讓中產階級和上層階級留在曼哈頓，因此有助於該市的經濟復興，而經濟增長和更大的稅收來源最終也能幫助窮人。

摩斯式的都市改造，也因為審美原因而受到批判。摩斯拆毀了很多老街區，建造了「很大的長方形和十字形結構街區，在後來被稱為超級社區的地方建造X形高樓。摩斯越來越少地關注像瓊斯海灘特徵的那些細節，和游泳池、淋浴間等，而是把精力集中在新公寓的數量上，正如他後來所建造的高速公路，建造時的唯一目標就是交通的迅速流動，缺乏有樹木保護的風景區主要幹道的魅力」。[25]人們指責這些冰冷的、沒有吸引力的高樓，應該為紐約廉租房狀況的惡化負責：因為居民不認同這種醜陋的、不友好的結構，超級街區最終因年久失修而成為危險和高犯罪率地帶。但是問題或許不在於醜陋建築：香港政府和新加坡政府同樣摧毀了舊街區，以更大的規模用醜陋的公屋和超級街區取而代之，但它們被認為無論對窮人還是中產階級來說都是比較成功的。

摩斯名聲糟糕的主要原因是，他過於相信汽車是現代發展的象徵。受到柯比意觀點的影響，用公園和高速公路把高樓聯繫起來，摩斯建議修建曼哈頓下城高速公路穿過現在的蘇活區。都市激進份子珍·雅各激烈反對提議中的高速公路，理由是它將摧毀充滿潛在活力的街區並實際增加交通流量。雅各贏得了戰爭的勝利，市政府在一九六四年拒絕了高速公路建議。高速公路計畫被擱置後，蘇活區重新恢復了活力，因為投資者蜂擁而來，不再擔心土地被徵用。今天，蘇活區是很突出的都市成功案例，以其鑄鐵建築、夜總會、設計師工作室、藝廊而聞名。雅各關於「建造新高速公路促進更多交通流量，但很快讓它滿載運行而與初衷相悖」的論證，現在已經被普遍接受（不幸的是，它在北京還沒有被充分接受）。波特蘭已經取消了通過市中心的高速公路，甚至洛杉磯也放棄了一輛接一輛車的高速公路，美國許多政治人物現在尋求把聯邦基金從高速公路轉向公共運輸、公共汽車、高速鐵路以便得到更平衡的交通體系。在最後的分析中，摩斯站在了歷史的錯誤一邊，但主要是因為他試圖做的事，而不是他進行的方式。「如果摩斯負責建造世界上最大的公共運輸系統，他將在今天被尊為英雄，無論有多少人被迫搬遷。」[26]

摩斯失寵了，黯然離開紐約。二十世紀七〇年代中期，紐約深陷經濟危機之中，已經成為犯罪和社會混亂的代名詞。但二十年後，紐約進入一個過去五十年沒有過的樂觀主義和經濟復興階段。這個城市得到講究實用的政治領袖如朱利安尼和繼任市長麥克·彭博（Michael Bloomberg）的協助，但它從廢墟中崛起，並沒有得到都市空想家摩斯的幫助。所以讓我們回到最初的問題：紐約作為世界主要經濟城市的關鍵因素是什麼？如果不是地理位置也不是都市規劃設想，那這個因素到底是什麼呢？

一九九三年十一月在新加坡。丹尼爾收到一封來自紐約傑出知識份子丹尼爾．貝爾（Daniel Bell）的傳真。上頭寫道：「我猜想任何叫做約翰．史密斯（John Smith）的人都很習慣在不同地方看到自己的名字，甚至也有由不同約翰．史密斯各自寫成的書籍。但我很驚訝在泰晤士報的文學副刊（*Times Literary Supplement*，TLS）的廣告欄看到這本由牛津大學出版，作者丹尼爾．貝爾在討論共產主義與相關評論的書籍。而兩位丹尼爾．貝爾直到那一刻之前都不知道彼此的存在。」貝爾接著解釋他也在寫共產主義主題的書並在信末寫道：「無論如何，出於明顯的好奇心，我想要多瞭解你的背景與思想。」

丹尼爾以傳真回覆並解釋他的家族故事：「為了逃離俄羅斯的反猶騷亂，我的曾祖父丹尼爾．貝列斯基（Daniel Belitsky）只穿著一件上衣，就跟著數千名猶太移民於一九〇五年在埃利斯島（Ellis Island）登陸這個新世界。」丹尼爾接著解釋他的祖父之所以把姓氏縮短成貝爾，是為了更快融入非猶的主流社會，也希望他的其中一位兒子能把孫子取名為「丹尼爾」，以紀念他的父親。這就是丹尼爾的名字由來。

幾個小時後，丹尼爾收到另一份來自丹尼爾．貝爾的傳真：「我跟你的故事有許多相似之處。我的祖父阿福蘭．波奴特斯基（Avram Bolotsky）也在一九〇五年左右，從立陶宛、波蘭與俄羅斯三國的交界處來到埃利斯島……我的叔叔、也是我的法定監護人山謬．波奴特斯基（Samuel Bolotsky）是名牙醫，也把姓氏換成貝爾，當時是一九二九年，我大概十歲。所以從一九二九年起，我就叫丹尼爾・貝爾了。

兩位丹尼爾・貝爾幾乎每天互通傳真。年輕的貝爾說他寫的有關共產主義的書在議會圖書館（Library of Congress）被分類為社會學而非政治理論。較年長的貝爾回覆：「這事別放在心上。原因有兩個：第一，如果你將來在「民主」中國申請工作，你可以提出一份很長、很厚的過往著作（隨信附上簡短版的個人履歷）。[27]另一個原因是，如果你筆耕不輟，在未來某位中國學者會驚訝地發現有位丹尼爾・貝爾，居然能持續寫作超過九十年。

年輕的貝爾回覆：「感謝你的個人履歷。若某天我在民主中國申請工作時，我一定會妥善利用它，但就算我的潛在雇主有機會發現到我居然寫了那麼多書，最大的問題還是在於我們很可能得等到上百年才有機會見證民主體制的中國到來。」

這兩位丹尼爾・貝爾最終同意，年輕的那位在未來的出版品應該要使用中間名的縮寫「A」以避免溷肴。然而，並非萬事都能照計畫進行。丹尼爾・A・貝爾在不那麼民主的中國找工作時，人們仍然會把他跟「真的」丹尼爾・貝爾搞混，並邀請他到大學演講。

紐約在吸引尋求更美好生活的移民方面有漫長的歷史：約格斯神父（Father Jogues）在一六四三年寫道「曼哈頓島及其周圍有大約四五百個不同派別和國家的人，十八種不同的語言」。[28]但是真正大規模的移民開始於十九世紀。一八六〇年，詩人華特・惠特曼捕捉了這個城市的旺盛活力：

移民每個星期到達一萬五到兩萬人，
一百萬人，自由和優秀的，開放的聲音，
熱情好客，最勇敢和最友好的年輕人
自由的城市！沒有奴隸，沒有奴隸主！
美麗的城市！奔騰的、喧嘩的、水的城市！
尖頂和桅桿的城市！
停泊在海灣的城市！我的城市！[29]

惠特曼指的主要是來自德國和愛爾蘭的白人移民：一八六〇年，超過二十萬紐約人來自愛爾蘭，超過十二萬來自德國。[30]德國和愛爾蘭持續成為十九世紀移民的主要來源，但後來有新移民潮出現，主要來自東歐、地中海和中國：「東歐猶太人、義大利人和中國人的湧入，證實了紐約現在成了全世界的城市，無論從數量上還是從規模上都是空前的。」[31]從一八八六年開始，自由女神像迎接所有移民的到來，當時它是紐約最高的建築。她最初是要顯示在內戰中對聯邦的支持，但現在傳達了對移民的一種歡迎和鼓勵的信息。（艾瑪．拉撒路〔Emma Lazarus〕為俄羅斯猶太人的悲慘處境所感動，寫下了不朽的話語：「將疲乏、貧窮、渴望自由呼吸的芸芸眾生都交給我吧！這些詩文被鐫刻成青銅在一九〇三年放上女神像）一八九二年，美國政府建造了設備，負責處理埃利斯島附近的移民：此後的五十年，大概有一千二百萬移民通過埃利斯島，超過四成的美國人（更別提加拿大人）至少有一個祖先是經由它來到新大陸的移民。[32]這為什麼重要呢？因為千百萬形形色色、野心勃勃的移民把紐約變成了二十世紀的「世界之都」。這就是那個未知因素。描述紐約市而被引用最多的文章大概要屬懷特（E. B. White）的文章〈這裡是紐約〉（Here Is New York, 1949），文中說：

> 大致說來，紐約有三個。首先是那些土生土長的男男女女的紐約，他們對這座城市習以為常，認為它有這樣的規模和喧囂，乃是自然而然、不可避免的。其次是家住郊區、乘公車到市區上班的人們的紐約——這座城市每到白天就被如蝗的人群吞噬進去，每到晚上又給吐出來。第三是外來人的紐約，他們生於他鄉，到紐約來尋求機緣。在這三座充滿騷動的城市中，最了不起的是最後一座——那座被視為最終歸宿的城市，視為追尋目標的城市。正是由於這第三座城市，紐約才有了神經質的性格、詩人的氣質、對藝術的執著追求和無與倫比的成就。上班族給紐約帶來了潮汐般時漲時落的騷動，當地人保證了紐約的穩固和持續發展，而外來人則賦予紐約以激情。[33]（譯注：該段選自《中國翻譯》2000年01期孫致禮教授的譯文，特此致謝）

二十世紀二〇年代移民政策的變化極大地限制了新移民，但移民潮在二十世紀九〇年代再次出現，來自加勒比海、中美洲和亞洲的一百萬外國人來到紐約。二〇〇〇年的人口普查顯示，今天的紐約市民有四成是在外國出生的（這很可能比實際數字少，因為沒有包括非法移民），類似於一九一〇年「新移民潮」時期的比例。[34]埃里克・霍博格爾（Eric Homberger）注意到，移民「或許是把紐約人團結起來的最偉大力量」。[35]原因顯而易見：因為移民大多充滿了「做大事」的萬丈雄心，為這座城市成為世界之都提供了能量和動力。

一九九四年十二月我和宋冰應邀前往老丹尼爾．貝爾和夫人佩爾位於麻薩諸塞州劍橋家中赴宴。在被問到未來的計畫時，我告訴貝爾夫婦我在申請香港的教職，佩爾極不贊成：「那不是個賺錢的城市嗎？有什麼文化呢？」她說她不能生活在沒有活躍文化的城市，「生活在紐約不是更好嗎？」

紐約不僅是金融之都，而且是文化之都。但是怎麼發生的？畢竟，香港也是由讓城市變得富裕的雄心萬丈的移民所組成，但它沒有發展出像紐約這樣充滿活力的文化盛況。如何解釋這個差別呢？或許是城市規模的問題：紐約（八百萬人口）的人才資源更豐富。但那不是主要原因：很少有人會反對紐約對文學、音樂、繪畫、戲劇世界的貢獻遠遠超過其人口所占比例的這個說法。或許是因為創作的自由？但香港擁有悠久的自由歷史，市民在創作藝術品時很少因為政治原因而受限制。或許因為紐約幸運地擁有具有公共精神的資本家，他們用財富促進文化的發展？這是部分原因。到了十九世紀末期，發了大財的「暴發戶」如范德比爾特（Cornelius Vanderbilt）、古爾德（Jay Gould）和摩根（J. P. Morgan）等出資創辦了不少文化機構，如大都會藝術博物館和美國自然史博物館。[36]但是紐約不僅以在博物館裡保存的偉大藝術品而聞名，更因為其藝術世界的創造力和創新而聞名。

我的曾祖父丹尼爾·貝列斯基最終從紐約遷往蒙特妻，他有一個妹妹在那裡。他的五個孩子中的一個——薩姆來到紐約闖天下。薩姆和克萊爾在紐約相識後結婚，有三個孩子，其中有兩個在紐約出生（我的父親唐和叔叔阿瑟）。薩姆曾受邀參加紐約游騎兵職業冰球隊測試，但他拒絕了（故事是這麼說的），因為工資低以及猶太裔冰球選手遭受歧視。他嘗試做生意但沒有多大的成功，所以全家遷到蒙特妻，在薩姆的哥哥莫瑞斯的資金援助下開了一家公司。但是年輕的阿瑟覺得在蒙特妻受到限制。他十八歲時決定返回紐約告訴父母，他更喜歡在紐約的戲劇界闖一闖。阿瑟在寫作上取得了成功，出版了兩本書，並且在《村聲》（The Village Voice）雜誌上負責娛樂專欄「貝爾開講」。他也是第一批出櫃的同性戀者，幫助創建了同志解放陣線。他的父母最初感到非常沮喪，但最終對兒子的成就引以為榮。阿瑟在一九八四年五十一歲時因為糖尿病惡化而去世。我對阿瑟的記憶充滿歡樂，每當來到紐約時，總能買到特別的百老匯音樂劇（比如卡羅爾·錢寧〔Carol Channing〕在音樂劇《你好，多莉！》中的第一千次表演）和演唱會（如在麥迪遜廣場花園舉行的滾石音樂會）的門票。《村聲》組織了紀念阿瑟的活動，同志社群有數百人參加。我至今仍能回憶起蒼老的爺爺與阿瑟前男友在追思會上擁抱痛哭的感動場景。

人們來到紐約是因為它被視為前途無量的地方，是能充分發揮個人最大潛力、實現人生的理想之地。建築師羅伯特·斯坦恩（Robert A. M. Stern）對此過程的描述是：「你可以來到這裡創造自己的生活，還可以在這裡重新創造自己，你可以改變自己。如果你能改變自己，應該說，你也是在改變參與其中的整個世界結構，以便讓你將想像的現實展開在你眼前。」[37]但是，讓變化過程如此具有創造性的因素是，這裡存在各種不同的起點。紐約新文化形式爆炸的主要原因是移民的多樣性。

我應邀在聯合國發表演說。進入大樓時，我注意到其中呈現民族多樣性的群體，但很快就意識到其實在建築外也是如此。很難想起「聯合國」的街景還出現在哪一座城市？

紐約市一直是「自二十世紀二〇年代以來，以空前規模湧進這座城市的一百次移民潮」的目的地，二十世紀八〇年代的某些時刻，白人已經不到總人口的一半。[38]來自完全不同民族和語言[39]，及社會背景的移民肯定具有新的視角，質疑傳統的行為方式，促進創新。這就是為什麼紐約到處都有各種各樣的餐館，像是古巴式中餐或巴西式日本料理。新形態的音樂像風暴一樣襲捲全球——咆勃（bebop）、曼波舞（mambo）、龐克（punk）、迪斯可（disco）和嘻哈音樂（hip-hop）。[40]新型社會運動，如同性戀解放運動和女權主義運動[41]起源於紐約，並且發展壯大。所有這些革新必須建立在自由和財富基礎上，[42]正是多種不同雄心勃勃者的視角衝突，使紐約成為世界之都。[43]

抱負與社群

一九八三年除夕，我到紐約皇后區去見老朋友塔蒂亞納，約在塔蒂亞納兒時玩伴珍的家中碰面。我們三個人開著塔蒂亞納的老賓士到曼哈頓跨年。車停在距離時代廣場幾個街區遠的地方，我們漫步在幸福擁擠的人群來觀看時代廣場上的新年倒數計時。這個傳統可以追溯到一九〇七年。當午夜鐘聲敲響時，我們和時代廣場上的陌生人親吻祝賀，一位朋友在附近公寓找到一處閣樓，我們在那裡喝了香檳。酒過三巡，漫步返回停車處。但是，大街上已經不那麼具有歡樂氣氛了，沒有汽車也沒有警察。人行道上散落著酒瓶和用過的針頭，還有一些妓女和男妓。街道轉角處是一群一群的年輕混混，吸毒成癮者睡著了或死掉了。我和兩名女性朋友加快了腳步。一個蓄鬍、髒兮兮的男人從下水道爬出來（這怎麼可能！），朝我們三個走過來。珍嚇得驚慌失措，歇斯底里地尖叫和哭喊。這似乎起了作用：我們跑進了興奮的人群之中。沒有人再來打擾，我們趕快走到汽車旁。賓士沒有被砸掉真是奇蹟。

城市生活常常被認為是個人主義和道德墮落的，是體面社群生活的背反。在《聖經》時代，城市居民被描述為特別墮落的人（想想索多瑪和尼尼微城），城市往往被先知描述為「流人血之城」或「凶殺者之城」（《以西結書22：2》；《以西結書24：6》；《那鴻書3：1》）或恐怖的城市（《耶利米書15：8》），遍地流血、充滿強暴之地（《以西結書7：23》）。來自農村地區的領袖被認為是無辜，沒有受到罪惡汙染的人。摩西離開埃及的城市，在荒野中尋找上帝。當以色列人要求像其他國家那樣擁有國王時，撒姆耳就到鄉下去尋找。他找到了掃羅之後又找到大衛，大衛在被任命為國王前一直在伯利恆周圍的山上為他父親放羊。[44]

《聖經》中首次出現城市是在巴別塔的故事中：

> 那時，全世界只有一種語言，大家說同樣的話語。他們向東遷移的時候，在示拿地發現一塊平原，就

住在那裡……他們又說：「來，我們建一座城，造一座塔，塔頂要通天。我們要為自己立名，免得分散在全地上。」耶和華下來，要看看世人建造的城和塔。耶和華說：「看哪，他們同是一個民族，有一樣的語言，他們一開始就作這事，以後他們所要作的一切，就沒有可以攔阻他們的了。來，我們下去，在那裡混亂他們的語言，使他們聽不懂對方的話。」於是，耶和華把他們從那裡分散到全地上，他們就停止建造那城。（《創世記11：1—9》）

這個故事的重點似乎很清楚：人類試圖達到神的境界似乎是不對的，在此過程中甚至挑戰了上帝的統治。這個想法中的傲慢自大肯定是引起上帝阻撓這個計畫的原因，阻止建造了一半的巴別塔的修建，並變亂他們的言語，就是要阻止都市建設的狂熱。換句話說，這個故事似乎是人類自大和上帝懲罰的寓言，一次毫不客氣的警告，人類不要野心勃勃地「渴望成名」：我們不應該過於看重自己而忽略上帝。[45]

在此道德框架內考慮，紐約的故事似乎同樣清晰：它是傲慢自大、罔顧上帝之人的復仇，世界各地多樣的人聚集在一起，開始說同一種語言，並重新開始狂熱的都市建設模式。紐約人摧毀了伊甸園，用兩個直插雲霄的高塔取而代之，以便確認人類對上帝及其創造世界的掌控。

就在十九世紀摩天大樓還沒有建造的時候，紐約對自己在夜晚的至高無上地位的獨特追求（紐約的人造光比倫敦和巴黎的要更加廣泛和普及）似乎就發出一個信號，「人類建築的宏偉將取代上帝使用自然世界的力量，所創造的宗教奇蹟」。[46]人們最後成功地挑戰了具體表達我們局限性的《聖經》格言：「黑夜一到，就沒有人能作工了。」（《約翰福音9：4》）一九一六年，允許高樓不受高度限制的新時區法律開始實施（占據了不超過整體的兩成五），紐約迎來了摩天大樓時代，那是當時最偉大的建築革新。摩天大樓具有進步的象徵意義，正如大衛．奈（David Nye）把它們稱為「幾何學的巔峰」，[47]它們反映了人類對技術的熱情，和挑戰自然與物理障礙的勝利。柯比意在觀察曼哈頓夜晚的城市天際線時「痴迷不已」：「那是降落到地上的銀河，你就置身其中。」[48]當時最炫目亮眼的高層建築是卡斯．吉爾伯特（Cass Gilbert）一九一三年建造的伍爾沃斯大樓，它是革命性零售公司總部，該公司發明了「以量制價」，並大量陳列所有商品的銷售方式。吉爾伯特使用新哥德式窗花格賦予這棟大樓中世紀的氛圍，「使得布魯克林牧師帕克斯．卡德曼（S. Parkes Cadman）在開幕典禮上，為它取了暱稱『商業大教堂』。卡德曼不僅是評價其建築風格，而且是評價上帝和瑪門（譯註：Mammon，金錢神）的競爭中瑪門居於上風」。[49]一九二九年，克萊斯勒大樓在高度上超過伍爾沃斯大樓，但僅僅兩年之後就被帝國大廈超越了。

但是帝國大廈在大蕭條高峰時啟用，很難找到租戶，人們把它稱為「空國大廈」（Empty State Building）。[50]大蕭條本身就是由投機和金融世界的傲慢自大引發的，這似乎確認了廢奴主義者莉迪雅．瑪利亞．柴爾德（Lydia Maria Child）的觀點：「在華爾街，瑪門像通常一樣精明地算計從汽車、鼠疫、飢荒中發財的機會；在商業上，忙著用她裝滿了東西的板車、疲憊的瘦馬，『履行與罪惡簽訂的和約』。」[51]我們知道，帝國大廈最終住滿了租戶，成為紐約最受歡迎的象徵之一。它的高度最終被一九七一年建成的世界貿易中心超越。這個「裝腔作勢傲慢自大的」[52]大樓很快成為這座城市最遭人厭惡的大樓，但它們成功地振興了金融區，二〇〇一年九月十一日被摧毀之後，福音神學基要主義者傑瑞．法威爾（Jerry Falwell）將恐怖份子襲擊歸咎於天意，認為是上帝對道德墮落的罪人感到憤怒。「我真的相信，異教徒、墮胎者、女權主義者、男同性戀與女同性戀者等積極嘗試另類生活的人，還有美國公民自由聯盟，和美國人民之路都試圖把美國世俗化。我要用手指頭戳著他們的臉說，『就是你們助長了這一切』。」[53]

簡而言之，在宗教批評家看來，紐約是一座象徵著無神論者之手取代上帝之手的城市。安布魯斯・比爾斯（Ambrose Bierce）在他的《魔鬼辭典》（*Devil's Dictionary*）中定義瑪門時做出最精練的描述：「世界主要宗教的神，祂的大廟就是紐約聖城。」[54]當然是可以批判這樣的觀點，尤其是像法威爾這樣的意識形態鼓吹者的觀點，但是我們必須承認，盲目追求個人野心確實需要付出代價。

艾維納對曼哈頓的棋盤式街道感到困擾。街道沒有名稱，只有編號，似乎在宣稱：我們並不特別看重這個事件或那個人物。而且，大街似乎沒有盡頭，穿過一個又一個數不清編號的街道。想像一下你是個在交通高峰時期站在第五大道上的五歲孩子。但是千萬別這樣，一個五歲孩子的身高只有一公尺左右，你彎腰觀察一下在這個高度能看到什麼。你可能看到移動，快速走動的一條一條的腿，看到陽光和陰影的交錯，你不知道這些腿是屬於誰的。你在街上的時候，很難從一個地方移動到另一個地方。它不安全，距離又遠，沒有地方保持隱私。一個人必須加入前進的人潮中，成年人似乎知道他們的目的地和方向。但如果你是個孩子，不瞭解方向，不知道該直走還是向左轉，你可能得不時停下來，環顧周圍，看看走的路正確與否，是不是要繼續往下走，但你停不下來。如果你突然停下來，如果你往回走，如果你猶豫不決，人們可能繞過你，穿過你，甚至跨過你。曼哈頓商業區的行人根本沒有猶豫的時間。

他們並不期待你停下來思考。所以，孩子不能在曼哈頓散步——這是一種異化。

曼哈頓的棋盤式街道是在一八一一年確定下來的，旨在給一個人口迅速發展的城市確定某種秩序。曼哈頓的丘陵地帶被夷為平地，華盛頓廣場以北未開發的島嶼部分開闢出新的直線街道。受託畫定街道的官員不假思索地拒絕了皮埃爾．查爾斯．朗方（Pierre Charles L'Enfant）的政治首都華盛頓特區計畫中「所謂的圓形、橢圓形、星形改進」（即後來是奧斯曼的巴黎特徵）。相反，棋盤街道佈局的最初推動力，實際上是房地產開發。回顧一下紐約「主要由男性居民」組成的事實，他們更喜歡「方方正正直角的房子，造價最低廉，居住最方便。」[55]和巴黎或倫敦不同，這裡很少留下空間建造公園，理由是「地價往往高得驚人，按照經濟原則辦事似乎才是合適的」。[56]房地產價值的後續攀升是無與倫比的投機性投資，創造了十九世紀紐約房地產帝國（阿斯特家族、溫德爾家族等所擁有的），以及對城市大部分居民來說的小公寓和高房租。

先後有眾多建築評論家譴責長方形棋盤佈局單調乏味、缺乏靈氣。一九〇二年，尚．索普費爾（Jean Schopfer）寫道：「從那時起，紐約就像一個穿著緊身矯正束衣長大的孩子，沒有餘留空地建造樹蔭下波光粼粼的噴泉，沒有任何打破永遠筆直乏味平行線的建築，街道的編號就像監獄中的囚犯號碼，紐約的大道，所有的大道都是筆直延伸，沒有盡頭，以天空作為背景，一吋土地都不會浪費。」[57]劉易斯．芒福德（Lewis Mumford）在一九六一年的著作《城市歷史》（*The City in History*）中譴責棋盤佈局效率低下和浪費嚴重，但也同意它非常適用於資本主義把自然資源轉變為投機和剝削的媒介。[58]

在一個美好的春日，我和塔蒂亞納在中央公園見面，同時還有另外一位朋友，知名的時尚室內設計師萊娜，萊娜非常明白流行的動向。根本不需要地圖，在有編號的街道上你是不可能迷路的，我們一路走到華盛頓廣場，每隔幾分鐘就在精品旅館、迷人的展示物、新潮的咖啡廳停下腳步。真是有錢人的文化。一個下午就如此美妙度過。

但是，棋盤式街道也有積極的一面。紐約成為最適合步行的美國城市之一，是逛街者和觀察者能有最好體驗的城市。最初規劃棋盤式街道的官員割捨了巷弄，讓街道更加寬敞，反映一個現實，當時紐約很少人有能力擁有馬匹以及馬車。因此，沒有必要建造馬廄，[59]沒有停駐的必要，也沒有空間停放馬車以及後來的汽車之地。正如內森．格拉澤（Nathan Glazer）所說：「我認為對紐約保有興致是因為它在汽車時代來臨之前，便已經塑造完成」[60]如今，曼哈頓中擁有汽車的居民不到兩成，曼哈頓的人行道擠滿了來來往往的行人。[61]

我應邀在紐約地區演講，住在曼哈頓上東區朱迪和特維亞．阿布拉姆斯的公寓裡，距博物館大道有幾個街區遠。我的衣服因為旅行已經弄皺了，因而想找家乾洗店。令我意外和高興的是，每個街區似乎都有一家。第二年，我去耶路撒冷和艾維納一起寫這本書，住在斯科普斯山的一間公寓裡，在街上就是遍尋不著一家乾洗店。艾維納半開玩笑地建議我應該到特拉維夫去找。

辛西婭．奧齊克（Cynthia Ozick）寫道：「曼哈頓人拐彎抹角或開門見山談論他思考的東西，不管是什麼原因，肯定是野心。」[62]誰成功了，誰沒有成功，這才是最重要的。對話直接轉向談論工作，快速對個人在社會階級秩序中的地位做出評價。這種對話沒有巴黎式的對話有趣，但如果只是對話，有什麼關係呢？不錯，這是表象世界，但誰有時間去探索他人在優先考慮野心抱負的城市的存在價值呢？如果人們尋求世人對自己成就的認可，為什麼不給他們一點面子呢？正如紐約大學社會學家史蒂文．盧克斯（Steven Lukes）所說的，虛榮心是人類罪惡中最不壞的罪惡。[63]所以，就讓我們談論真正壞的罪惡吧。

位於曼哈頓市中心的旅館房間窗户，讓艾維納有種在寬銀幕電視上觀賞電影的幻覺。如果他願意，可以打開窗户讓噪音進來，也可以把窗户關上，把噪音隔離在外。他觀察到一輛豪華房車停下，走下一位電影明星，差點踩在一名街友的身上。旁觀者拍下大明星的照片。外面的另一個場景：一名工人前來清潔公共垃圾桶，他擡起一個垃圾桶把裡面的東西倒進一個塑膠袋。或許因為寒冷，垃圾桶翻倒在地，垃圾濺落在他身上，湯湯水水弄得他褲子和鞋子都又髒又臭。他彎腰撿垃圾，路人匆匆而過，沒有人停下來幫他。艾維納回想起李歐納．科恩（Leonard Cohen）的一句詩：「啊，請不要從我身邊走過，雖然我看不見，但你可以。」[64]但是盲人的目的不是請求人們不要從他身邊經過，而是路人也「失明」了，他們對他人的痛苦和不幸漠不關心，無動於衷。如果曼哈頓並不總是公平正義的，它肯定還會讓人們變得冷漠和麻木的。

一六四七年史岱文森的到來給新阿姆斯特丹帶來了繁榮和成長，同時也帶來了新大陸的第一批奴隸。許多奴隸是荷蘭西印度公司從加勒比海進口，或直接從非洲進口的，販運奴隸成為該公司利潤最豐厚的一項業務。[65]荷蘭人離開後，奴隸貿易在經濟上的重要性持續增加：「十八世紀，紐約商人把這座城市帶上世界舞台的想像力和雄心開始飛躍。遠洋船長和貿易商參與奴隸貿易的決心，創造了著名的三角貿易路線，把英國貨物和西非奴隸運到紐約（奴隸拍賣就在華爾街的腳下進行），讓這個城市在世界經濟中扮演了新角色。」[66]一七四六年，當紐約人口是一一七二〇人時，有五分之一的居民是奴隸，而維吉尼亞以北是奴隸最集中的地區。到了十九世紀初，紐約的奴隸擁有量僅次於南卡羅萊納州的查爾斯頓，位居第二。[67]紐約的奴隸制在一八二七年被廢除，但「現在仍然還有必要強調奴隸制是紐約發展中的一個組成部分」。[68]

不幸的是，法律歧視的終結，並不能終止歧視的現實。一八六三年，美國出現歷史上最嚴重的內亂——紐約「內戰草案」騷亂，造成了數萬黑人被瘋狂的暴徒殺害。[69]同一時期愛爾蘭和德國移民的到來，把黑人從原來曾經參與的工作領域中排擠出來，如家庭保母、理髮、擦皮鞋。移民手工業者和工匠把黑人競爭者從行業中剔除出去，黑人只好做工資最低的工作，比如服務員或餐廳招待。十九世紀下半葉，很少有經濟機會能吸引黑人從其他地方來到紐約，紐約黑人族群在城市總人口的比例在下降。

黑人從南方大規模出走發生在二十世紀。在支持種族隔離的吉姆．克勞法實施後，紐約市成為非洲裔美國人逃脫農村貧困、改善生活狀況的主要目的地。一九〇〇到四〇年，這個城市的黑人人口從五萬八千多人增加到四十一萬八千多人，而一九四〇到六〇年這個數量幾乎又成長了一倍。哈林區在二十世紀頭幾十年成為黑人文化的中心，哈林區復興帶來音樂和文學的繁榮。但是哈林黑人的到來標誌著仇恨、恐懼和白人居民公開的對抗。隨後出現了恐慌性的「白人出逃」，導致房地產價值下跌，失業率上升和當地黑人家庭的經濟狀況惡化。哈林區的衰敗始於大蕭條，二十世紀七〇年代盪到谷底。那時哈林已經成為犯罪和社會動蕩的代名詞。[70]

一九八七年夏天，我與穿皮衣的古巴裔美國朋友埃米里奧一起訪問紐約。埃米里奧開車，我說想去看看哈林區。車上另外一位朋友注意到埃米里奧的車窗是半開的，請他趕快關上。埃米里奧拒絕了，而且故意把車窗全部搖下來。我也這麼做了。開車穿過哈林區，並不如我想像的那樣「糟糕」。

這種衰落在二十世紀八〇年代開始逆轉，當時這座城市整體上開始從二十世紀七〇年代金融危機的低谷中走出。今天，哈林是紐約最具有活力的社區之一，吸引了不同族群的人前來尋求特價品、更多的空間和社區共同體意識。[71]巴士上滿載著黑人和白人遊客塞滿了街道。

二十世紀九〇年代初期，艾維納來紐約參加一個學術會議，到了晚上卻找不到預訂的旅館，只好不斷問路。後來發現是搞錯了地址，但沒有人停下來回答他的問題或者聆聽他的提問。十五年後的二〇〇七年，艾維納再次來到紐約演講並為希伯來大學募款。演講結束後（在哥倫比亞大學附近）看到天氣不錯，他決定上街逛逛，與人聊聊。或許他能夠為本書找到一個好故事。他走了十分鐘，突然意識到自己是在哈林區的中央。人們非常優雅和友好，他愉快地和路人聊起天來。

我們並不是暗示紐約市的種族不公，或者其他形式的不公已經不存在了。即使在制度性歧視終結很久之後，家庭背景和歷史遺留還在影響現實。這個城市仍然是由差異很大的群體構成的，基本上可以分為兩種，成功者和不成功者。那些成功者往往是在不成功者的支持下取得成功的。但是，最令人震驚的明顯的不公正已經被消除了，這使得提醒紐約人需要為「窮人」提供平等機會和關照，變得更加困難。

我和一個在紐約律師事務所工作的朋友交談。她告訴我剛開始為這家事務所工作的時候，她非常謹慎，不願意在沒有充分瞭解法律議題的情況下發言。但是她注意到同事們往往因為充滿自信地談論複雜和模糊的法律問題，而受到獎勵（合伙人往往太忙根本不熟悉所談的法律議題的細節）。最後，她學會了在自己並不非常熟悉的複雜和模糊議題上，以權威的口吻說話，而她的事業似乎也有了起色。

在約瑟夫．奧尼爾（Joseph O'Neill）的小說《荷蘭》（*Netherland*）中，來自班加羅爾的野心勃勃的美食家維奈，依靠為雜誌專欄撰寫紐約籍籍無名的廉價餐館文章謀生。但食物的多樣性讓他感到苦惱：「一個晚上是粵菜，另一個晚上是格魯吉亞菜，接著是印尼菜、敘利亞菜，我是說我認為這東西是蜜糖果仁千層酥，但是我怎麼知道這些玩意？我怎麼能肯定？」但在寫作時，他又顯露出明確的確定性和專業知識。該書的敘事者，荷蘭出生的股票分析師漢斯評論說：「我要說，類似的疑慮和擔憂，曾經影響過我自己工作上的努力。這些努力要求我坐在豪華氣派的二十二層樓的辦公桌前，發表某些有關石油或天然氣股票，現在和未來價值走向的可靠觀點。我感覺自己就像維奈，在歪曲事實或憑空編造神話。」[72]

但那是遊戲的一部分。野心勃勃的人不應該謹慎，他們希望一切順利。他們學會將不確定性用確定性的口氣說出來。[73]有時候這個策略能奏效，有時候不能。賭博的時候，贏家就是贏家，輸家就是輸家。但在華爾街，並不是這麼簡單。賭博者下大賭注，賭輸的話可能影響到其他人。損失越大，造成的破壞就越大。在最糟糕的時候，整個資本主義制度都會遭受重大打擊。

作為金融之都，紐約是過去一百年中兩次最糟糕的經濟危機的中心，有史以來最長的、最廣泛的、最沈重的蕭條開始於一九二九年華爾街的崩潰，迅速擴展到世界其他地方。那次危機之前的美景似乎代表了無盡的好時光的經濟泡沫，但泡沫破滅了。經濟學家對危機的原因爭吵不休，但是費茲傑羅在他的文章〈失落之城〉（My Lost City, 1936）中指出了問題的心理核心：

我已經發現這個城市的最大錯誤——它就像潘多拉盒子。信心十足、得意揚揚的紐約人爬到現在的高位，沮喪地看到了從不懷疑的東西，這個城市並不是他曾經設想的無邊無際的都市街道，而是有邊界的，無論是第一次看到的最高的建築（從各個方面消失在遠處的鄉野中），還是消失在無邊無際的綠色和藍色的擴張中。當他突然認識到紐約不過是個城市，而不是整個宇宙時，他想像中的燦爛輝煌的龐然大物一下子轟然倒塌，摔得粉碎。[74]

二〇一〇年初，我在北京參加一個朋友的非正式晚宴。我坐在一張圓桌前，周圍是高盛集團的員工和中國共產黨員。對比了兩個組織的特徵之後，讓所有人驚訝的是，這兩個組織有很多共同點：或許它們是所有成功的組織的共同特徵？它們都有嚴格的判定升遷與否的選拔標準（除了最高層，那裡的提拔標準更加神祕）。二者都是從一流的精英學生中招募人員，都在組織結構內部強調組織的歷史，組織成員被認為應該堅持組織原則，都強調在做出決策前在組織內部進行廣泛協商，都有一種服務大眾的使命感〔高盛的高層管理者往往在美國政府任職，該公司有時候被戲稱為「政府盛」（Government Sachs）〕。

在湯姆．沃爾夫（Tom Wolfe）的小說《虛榮的篝火》（*Bonfire of the Vanities*, 1987）中，華爾街證券交易員謝爾曼．麥科伊是「宇宙大師」，對這些人來說「根本不存在任何局限性」。[75]二〇〇八年九月，華爾街再次崩盤，幾乎讓全球金融體系崩塌。華爾街金融家「炒作和吹起了房地產泡沫，像強盜一樣獲取了巨額利潤，然後讓上百萬個家庭破產」。[76]更讓人擔憂的是，華爾街的主事者並沒有完全明白他們所掌握的「巨大破壞性的金融武器」：「有些時候，華爾街是被自己的小聰明給害了。因為抵押貸款支持證券的複雜性，幾乎沒有人能夠弄清在衰退的市場中該如何為它們定價。」沒有必要理解，只要還能賺錢。安德魯．羅斯．索爾金（Andrew Ross Sorkin）注意到：「這個劇本說到底還是人性，是有關人的錯誤性故事。他們認為自己太強大了，根本不可能失敗。」關鍵的教訓還沒有被吸取：「或許最令人擔憂的是，自我仍然是華爾街機器中的核心。雖然金融危機摧毀了職業和名譽，讓更多人受到傷害和打擊，但它也讓倖存者獲得一種真正的脆弱感，使其懸崖勒馬。在當前環境下仍然缺乏的正是真正的謙卑。」[77]或許上帝阻止人們建造巴別塔是正確的。

但是，紐約的歷史昭示這個城市會再次從它的經濟、社會和道德危機的深淵中復興。高樓重新豎立起來，城市在所有虛假的榮譽方面恢復生機。正如奧齊克所指出的：「紐約決不會離開城市，決不會淪落為沙漠荒原。用彈射器把我們送到一千年後，我們可能認不出這個地方，但它肯定還是紐約，熙熙攘攘、日新月異，雖多變卻不失其本，擁有非自然的人造奇蹟，同時保有磁石般的迷人魅力。」[78]這是怎麼實現的呢？如果紐約人真的相信他們是宇宙的主宰，如果紐約是根本沒有意識到自身局限性的極端個人主義者社群，它可能早就自我毀滅了。答案當然是紐約式的勃勃雄心受到一些限制——受到社區意識的約束。

社區和城市

艾維納思念家人，他在紐約覺得很痛苦。他想起李歐納・科恩在訪問曼哈頓時寫下的話語。科恩描述了當他在深夜向外看這些高樓時，看到每扇窗戶上都有一張人臉在看著他。他寫道：「當我轉過臉，我在想有多少人會返回書桌把這些話寫下來。」[79]科恩看到每扇窗戶上回看他的人臉。這是他想像出來的嗎？如果你在曼哈頓透過窗戶望出去，最不可能看到的是別人在觀看你。科恩是在想像一個渴望獲得安慰的孤獨者的社群，因為他們都覺得在自己的城市裡是陌生人。他納悶有多少人像他如此做過，所以寫下這樣一首詩。或許是他們給自己寫了一張便條，是關於其他人給他們寫便條的事。

曼哈頓是孤獨生活者的首都：「在美國的三一四一座城市中，紐約單親家庭比例之高是無可匹敵的冠軍，有百分之五十．六。在曼哈頓，百分之二十五．六的家庭是已婚的，而全國平均值是百分之四十九．七。這些數字證實有關這個城市的普遍觀念，即紐約是個孤獨和冷漠的地方。」但是這個普遍觀念或許是錯的：「社會學家著作中呈現的城市畫面，尤其是紐約的都市生活者實際上並不孤獨。大的人口中心不是把人們分散開而是把人們聚集在一起，通常會比小群體擁有更多的社區美德。雖然城市往往是人們更願意獨居的地方。」[80]

怎麼解釋這個明顯的矛盾呢？獨居者怎麼擁有更大的社區意識呢？答案在於，孤獨不是客觀的生活狀態，與獨居的事實不同。它是一種主觀狀態，就像我們是否感到孤單。正如寡婦處在有更多寡婦的社區中，可能比在只有個別單身上年紀婦女的社區裡感受較佳，單身者在紐約這樣有眾多單身者的城市裡感覺較好。同樣重要的是，朋友有時候能夠替代家庭的作用。友誼能增加主觀幸福的可能性，帶來減少健康風險和延長壽命的好處。都市居民更可能擁有更大的社會關係網：社會學家克勞德．費歇爾（Claude Fischer）發現從半農村地區到都市核心，以朋友為基礎的社交圈規模能夠增加四成。[81]在紐約，《六人行》中令人快樂的角色或許比《計程車司機》中自稱「上帝的孤獨者」的勞勃．狄尼洛（Robert De Niro）更典型（後者或許能創造更好的藝術）。

但是太多的社區紐帶可能令人窒息。人們，尤其是雄心勃勃者，需要能揮灑自己天賦的活動空間。紐約之所以能吸引野心勃勃者，就在於它形成了一種結合友誼和尊重隱私的社會規範。作家約翰·史坦貝克（John Steinbeck）以描述加州人物和風景的小說而聞名，但在生命的最後二十七年中，他選擇在紐約生活。他解釋了這個城市吸引人之處：

> 二十世紀七〇年代，我住在東區一座帶有漂亮的朝南小花園的小房子裡。我所在的地方是村子，我認識那裡所有的店主和鄰居。有時候我一連幾個星期都不出這個村子。除了骯髒外，它有小村莊的所有特徵。沒有人干擾我們的生活，沒有不速之客，到訪者也都非常優雅和禮貌。當我關上大門，城市和世界就被關在門外，我們比北極圈之下的任何其他國家都有更多隱私空間。我們有很多朋友，這座城市的好朋友。有時候，我們六到八個月不見面，但這根本不妨礙我們的友誼。而在其他地方，這可能被看作是把人家遺忘了。[82]

可以理解為什麼生活在紐約的人喜歡這個城市，但也可以理解為什麼沒有社交圈的觀光客在這裡會感到孤獨了。

當宋冰在紐約大學法學院辛苦攻讀學位時，我有一個學期沒有課。每天早上，我就推著坐在嬰兒車中的兒子朱利安沿著格林威治村散步。朱利安似乎喜歡不斷變化的風景、新鮮的顏色和氣味。我們會在華盛頓廣場停下，觀察不同的人物，玩火表演者、樂手、雜技表演者、喜劇演員或碰巧在那天表演節目的人。晚上，我喜歡和朋友法瓦一起散步，在附近的咖啡館和義大利女服務生說笑。我還認識了所在公寓的門房西伊，但是這份友誼不能持久，因為我知道自己要去香港，就吹牛說我在晚上觀察世界貿易中心，便能預測香港股票市場的表現，如果許多燈熄滅了，這代表香港迎來一個繁忙的交易日。但是，我承認預測股票上漲或是下跌是很困難的。

像她的格林威治村鄰居一樣，珍．雅各也喜歡華盛頓廣場公園：「二十世紀五〇年代初，我帶兒子到遊樂場，和他們一起在陽光斑駁的樹蔭下遊玩。它不需要修整，是個浸潤了歷史的地方。最重要的是，華盛頓廣場公園曾經是個戶外活動場所，在到處是鋪砌得很好的路面和灰色調的城市中央，有一個讓你在綠草和綠樹周圍奔跑嬉鬧之地。」[83]但是一名叫羅伯．摩斯的人正威脅著這一切。他提議在華盛頓廣場中央修建一條高速公路。雅各動員鄰居和有影響力的知識份子發起了拯救公園的抗爭。《村聲》發表社論說：「我們的觀點是對華盛頓廣場公園的任何嚴肅改造，將代表著格林威治村作為一個社區終結的開始。格林威治村將成為另一個沒有特色的地方。華盛頓廣場象徵著多樣性的統一。」[84]紐約州務卿卡米．德．薩皮奥（Carmine de Sapio）被最終引進理事會，摩斯認識到他被「一幫母親」徹底挫敗了。[85]

與此同時，雅各創作了《偉大城市的誕生與衰亡》（*The Death and life of Great American City*），在寫作過程中，她從窗口向外凝視哈德遜街五五五號，以尋求格林威治村社區「人行道芭蕾」的靈感。雅各利用她的觀察為這個觀點辯護，即成功的社區以多樣性為特徵。雅各認為多樣性有四個必要條件：①街道和社區的首要用途是混合型的（住宅區、商業區、娛樂區都在附近）；②設計出來的小街區讓路人感覺到舒服；③屋齡和類型多樣；④人口集中。[86]比較老的社區往往有這種特徵，因此它們應該被保留和改善，而不是拆除和重建。該書出版於一九六一年，後來成為都市規劃歷史上最具影響力的著作。但具有諷刺意味的是，雅各對她所在的街區經營或許太成功了，雅各極力阻止西村被稱為貧民窟，西村的郵政編號在最近《富比士》雜誌公布的全美郵政編號房價排行榜上是曼哈頓中最昂貴的。[87]

雅各的推薦意見或許幫助保持和繁榮了我們與社區的紐帶關係，但如果我們關心的問題是城市整體的健康，它們的作用似乎很有限。我們如何推動市民精神和對城市的愛呢？畢竟，紐約人應該愛紐約而不是格林威治村。事實上，他們可能確實更認同紐約而不是所在社區。這是怎麼回事？毫無疑問，摩斯的橋梁和隧道幫助形成了公民團結的意識。但強烈的市民精神只能通過公共空間創造出來，而公共空間是在不同社區的不同人相互交流，並擁有對整個城市的共同關心的情況下形成的。

二〇〇二年八月，我和朱利安在芝加哥看了一場棒球賽，比賽雙方是芝加哥白襪隊和討人厭的紐約洋基隊。季後賽門票競逐已經到了白熱化階段，球迷瘋狂地為地主球隊加油。在半局的休息中，我和坐在旁邊的芝加哥老人聊天，他是二次世界大戰老兵，曾經在太平洋戰場作戰。我告訴他現在香港的種種。老人透露了一個他甚至沒有告訴家人的祕密：雖然他為芝加哥白襪隊鼓掌，但內心裡仍然是在為洋基隊加油。我問，為什麼呢？老人解釋說他小時候看到貝比．魯斯為洋基隊效力，從此銘記在心。

按照肯尼斯．傑克森（Kenneth T. Jackson）和大衛．鄧巴（David S. Dunbar）的說法，「紐約洋基隊總是權充這座城市生態的指標。當這座城市欣欣向榮時，比如繁榮的二〇年代、戰後的高速發展時期和一九四九到六二年的擴張時期或一九九六到二〇〇〇年的低犯罪率重現時期，洋基隊用一系列的世界冠軍作為回應；但是當這座城市面臨社會解體、金融破產、高犯罪率的深淵時，如一九六九年、一九七三年和一九九〇年，洋基隊就處在谷底」。[88] 洋基隊或許不是城市生態的指標，沒有什麼比歡呼和慶祝成功球隊的勝利，更能打破階級、種族、性別、語言、社區等壁壘，把關注的焦點從自我轉向整座城市了。

朱利安想乘坐環繞中央公園的馬車。我不太情願，但宋冰說為什麼不呢？對朱利安來說肯定很好玩。我同意了，但感覺不對。坐在高高的馬車上，我感覺自己像個俯瞰腳下烏合之眾的法國貴族。

把各種紐約人團結起來的公共空間觀可以追溯到十九世紀中期。棋盤街道佈局的主要缺點是沒有制訂修建公園的計畫。對這座城市最富裕的公民來說，這沒有什麼，他們可以到華盛頓廣場散步（那裡是十九世紀社會精英聚會的場所）。其他紐約人不得不到公墓去，在那裡才能與大自然接觸。[89] 一八四四年，著名記者威廉．卡倫．布萊恩（William Cullen Bryant）寫了一篇社論，呼籲為包括新移民在內的「廣大民眾」建造新的公園。十三年後，費德列克．勞．奧姆斯特德（Frederick Law Olmsted）和卡爾弗特．沃克斯（Calvert Vaux）在競圖中脫穎而出，設計了最大和最昂貴的公園。奧姆斯特德的早期作品就表達過對英格蘭公園的傾羨，「在那裡，花園的特權被所有階級平等分享。確實有一些人由僕人伺候，由馬車接送，但大部分人是普通民眾，有帶著孩子的婦女，有病人還有地位低下的勞動者的妻子」。[90]所以，他設計了一個龐大的公共綠地，「無論窮人還是富人，無論出身高貴者還是個人奮鬥者，都受到吸引，受到鼓勵去相互融合」。[91]中央公園在一八五八年開放，很快取得巨大成功，吸引了千百萬參觀者，他們在這裡相互交流，表達對公園和整個城市的自豪。

人們可能會問，市民精神在實際生活中重要嗎？平常或許不重要，但在城市最需要市民精神的時候，紐約人已經表現出這種精神。一九一一年，三角內衣工廠的大火奪去了一百四十六人的生命，受害者主要是猶太人和義大利裔移民婦女。這是紐約歷史上最嚴重的工安事件。幾天後，在一場大雨中，五十多萬紐約人前來參加集體葬禮遊行。這次大火刺激了分裂的族群，他們共同陳情州政府，促成工廠調查委員會，該委員會提出了涵蓋所有工業條件的六十條建議。其中五十六條被採用，如嚴格的防火規範、一週工作時間限制，以及成立一個有權頒布具有法律效力的管理條例的理事會等。[92]把這樣的結果歸功於中央公園似乎有些牽強附會，但公園確實發揮了作用，創造了超越階級界限而擁有共同關切的統一的城市精神。或許我們可以換句話說，如果三角內衣工廠大火發生在十九世紀初期，不同社會力量會受到如此大的刺激嗎？

更多的市民精神出現在第二次世界大戰中。一九四二年美國戲劇協會在四十四街劇場地下室開設了臺口餐廳，專門為度假者提供服務。「軍人（軍官不被允許）可以在這裡和明星一起吃飯、看戲、跳舞。勞倫・巴考爾主動提出在週一晚上演出，常常整個晚上都在跳舞；百老匯明星如凱瑟琳・康內爾和海倫・海絲做餐廳侍者的助手收拾餐桌；阿爾弗雷德・亨特甚至去倒垃圾。從本尼・

古德曼到艾索爾．摩曼在內的每個人都在舞台上表演過，超過兩千名軍人通過這道門。」[93]這個俱樂部在一九四五年日本人投降後就關門了，紐約可以恢復其作為個人主義野心之城的角色，「你來這裡闖天下，留下印記，留下具有你這一代人的精神力量和勇氣」。[94]

二〇〇一年九月十一日，香港。已經是深夜了。妻子和孩子已經入睡，我打開了電視。電視上像是在播災難片，類似《火燒摩天樓》（*The Towering Inferno*），沒意思。我轉到另一個頻道，還是同一部電影。這次，我意識到不是在看電影。世界貿易中心遭到攻擊，雙子星已經倒塌，數千人死亡，還包括四百名消防隊員、警察和其他救難隊員。這比我能想像的任何災難電影都更加恐怖。

恐怖襲擊之後，市民精神以最強烈的形式再次呈現。「紐約充滿怨恨的種族關係驟然緩解，從前以和警察衝突定義自身的社區，能夠感受到市民身分的認同感。城市的消防隊員成為每個人眼中的英雄。」[95]從前被認為是好鬥的、喜歡道德說教的、具有深刻黨派偏見的市長朱利安尼迅速轉變成為堅定的充滿情感的領袖，走在街上不時得到民眾的歡呼喝彩。對朱利安尼的主要演說稿寫手約翰．阿弗隆（John P. Avlon）來說：

最大的靈感來自普通紐約人的深切悲痛：火災現場外公園裡臨時性的紀念留言和點燃蠟燭，幾乎每棟公寓大樓窗戶上都懸掛的美國國旗。一個多月以來，沿著西區高速公路，無論白天、黑夜每個小時都有人堅定地守著，在通往遺蹟現場的路上舉著手寫的標語為救援人員加油打氣。最感動人和最美好的是，沿著教堂（聖保羅大教堂）的牆面，在柱子和教堂座位上張貼的是美國各地小朋友寫的信和卡片，上面畫有鮮豔的圖畫，如鷹、消防員、遭受攻擊的大樓、美國國旗。它們表達了希望、信心和感激等訊息。「謝謝，你是我的英雄。人死了，我很難過。謝謝你救人。我愛這個城市。上帝保佑美國。」96

二〇〇三年夏天，我和妹妹瓦萊里帶著父親的骨灰爬上加拿大和美國邊境的品尼克山。父親出生於美國，在加拿大度過了一生的大部分時間，死後希望把骨灰撒在兩國的邊境地區。我和瓦萊里臨時舉行了一個儀式。這個地方看起來像邊界。我們開了一瓶萊姆酒，加了一點可樂，喝酒為父親祝福，希望風把父親的骨灰帶往兩個國家。不過，現在我納悶起來了。父親是我認識的最沒有民族主義思想的人，為什麼希望把骨灰撒在兩國邊境呢？他愛紐約和蒙特婁，為什麼不把骨灰撒在這兩座城市呢？啊，是的，還要在巴黎撒一點。雖然似乎難以想像，但民族主義已經深深根植於我們內心深處，甚至對父親來說也是如此。

天佑美國？

天佑紐約。

1 Rudolph Giuliani, "The Second Inaugural Address ‥ The Agenda for Permanent Change(1998) , " in *Empire City: New York through the Centuries*, ed. Kenneth T. Jackson and David S. Dunbar (New York: Columbia University Press, 2002) , 917, 914, 916.

2 Jane Jacobs, *The Death and Life of Great American Cities* (New York: Modern Library, 1993; orig. pub. 196) .

3 引自布朗克斯動物園的風景生態學家和紐約市博物館曼哈頓展覽館館長艾瑞克・桑德森的作品，請參閱"Podcast: Mannahatta, Past, Present, and Future, " *New York Times* (NYT) , 22 January 2009.

4 Jackson and Dunbar, *Empire City*, 18.

5 同上書，21、103。

6 引自 Edward Rothstein, "Manhattan ‥ An Island Always Diverse, " *NYT*, 4 July 2009.

7 John Lambert, "Travels through Canada and the United States of North America in the Years 1806, 1807, 1808, " in *Empire City*, 111.

8 Calvin Tomkins, "The Desirability of Comprehensive Municipal Planning in Advance of Development (1905) , " in *Empire City*, 465.

9 James Robertson, "A Few Months in America: Containing Remarks on Some of Its Industrial and Commercial Interests (1854) , " in *Empire City*, 228-232.

10 Jackson and Dunbar, Empire City, 530.

11 Michelle Nevius and James Nevius, *Inside the Apple: A Streetwise History of New York City* (New York: Free Press, 2009) , 266.

12 Robert A. Caro, *The Power Broker: Robert Moses and the Fall of New York* (New York: Vintage Books, 1975) , 19.

13 請參閱本書巴黎一章。

14 Nevius and Nevius, *Inside the Apple*, 175. 作為最初的「紐約」的曼哈頓仍然是「紐約故事」的主角。例如在艾瑞克・霍柏格爾的 *New York City: A Cultural History* (Northampton, MA: Interlink Books, 2008) 長達四頁的最後一節的題目是「不僅僅是曼哈頓」。約翰・蒂爾尼認為如果布魯克林仍然是個獨立的城市的話，可能發展會更好。請參閱 John Tierney, "Brooklyn Could Have Been a Contender, " *NYT*, 28 December 1997, reprinted in *Empire City*, 407-421.

15 Caro, *The Power Broker*, 323.

16 Philip Kennicot, "A Builder Who Went to Town, " *Washington Post*, 11 March 2007.

17 Anthony Flint, *Wrestling with Moses: How Jane Jacobs Took on New York's Master Builder and Transformed the American City* (New York: Random House, 2009) , xv-xvi.

18 同上書，44。

19 同上書。

20 Caro, *The Power Broker*, 9.

21 Nathan Glazer, *From a Cause to a Style: Modernist Architecture's Encounter with the American City* (Princeton, NJ: Princeton University Press, 2007) , 214.

22 Flint, *Wrestling with Mose*, 89-190.

23 Caro, *The Power Broker*, 20.

24 Robert Moses, “Remarks on the Groundbreaking at Lincoln Square （1959）,” in *Empire City*, 737.

25 Flint, *Wrestling with Moses*, 54-55.

26 同上書，192、183。

27 老貝爾實際上傳真了一份長達四頁的簡歷，「其中提到了我寫過的書，但忽略了我寫的許多文章，因為有些其實稱不上創作，年輕時我就擔任社會民主週刊《新領導者》的總編輯。年紀輕輕的我（根據一名研究生的統計）五年內寫了超過二五〇篇文章，如果您每週算一篇，這個數量是合理的。」小貝爾意識到自己永遠無法在這方面競爭，因此他計算了要追上老貝爾的著作總數需要多少年。老貝爾回答說，這不僅是數量的問題，並且補充說，他的兩本著作已被《泰晤士報》文學增刊選入第二次世界大戰以來最有影響力的一百本書。

28 引自 Francois Weil, *A History of New York, trans. Jody Gladding*(New York: Columbia University Press, 2004) , 55.

29 摘自 Walt Whitman, *Leaves of Grass* 出自 Eric Homberger, *New York City*, 4.

30 Weil, *A History of New York*, 115.

31 Jackson and Dunbar, *Empire City*, 258-259.

32 Nevius and Nevius, *Inside the Apple*, 154, 160.

33 E. B. White, “Here Is New York （1949）,” in *Empire City*, 698-699. 懷特指的不僅是外國移民，而且指從其他地方前來「帶著一見鍾情的興奮擁抱紐約」的美國人（同上）。

34 Homberger, *New York City*, 65.

35 同上書，67。

36 Nevius and Nevius, *Inside the Apple*, 116; Homberger, *New York City*, 39.

37 引自 Jackson and Dunbar, *Empire City*, 690.

38 Jim Sleeper, “Boodling, Bigotry, and Cosmopolitanism: The Transformation of a Civic Culture,” Dissent(fall 1987) , reprinted in *Empire City*, 852.

39 紐約是世界上最具有語言多樣性的城市，有些瀕臨滅絕的語言，在紐約聽到的機會比其他地方更多。請參閱 Sam Roberts, “Listening to(and Saving) the World's Languages,” *NYT*, 28 April 2010.

40 有關像書一樣浩繁的紐約音樂創造性論證，在很大程度上是通過不同族群混雜居住、相互滲透美學的事實來解釋的，請參閱 Tony Fletcher, *All Hopped Up and Ready to Go: Music from the Streets of New York*, 1927-1977(New York: Norton, 2009) .

41 請參閱 Weil, *A History of New York*, 299-301。女權主義的更早根源或許在歐洲或者其他地方，但是在貝蒂．傅瑞丹的《女性的奧祕》（*The Feminine Mystique*）在一九六三年出版後，紐約成為這個運動的中心。

42 更準確地說，財富不是創造性的藝術形式的必要條件，只要人們的基本物質條件得到滿足。「嘻哈」和「饒舌」說唱音樂出現在二十世紀七〇年代紐約最貧窮的街區，在紐約最困難和痛苦的時期。但是音樂創新者仍然參與了野心勃勃的紐約精神，這幫助解釋了「來自美國最糟糕社區的一代年輕人為什麼擺脫貧困、暴力和貧民窟的孤立，成為擁有世界般寬闊視野的老練的紐約人。」(Marshall Berman, “New York Calling,” Dissent, fall 2007)

43 喬爾．科特金認為，曾經被認為是紐約獨特特徵的多樣性，逐漸成為整個美國的特徵。這個國家的「人口活力」——移民的持續湧入和高出生率，當人口預計在二十一世紀中期超過四億之後，將讓美國不僅更大而且更好。請參閱 Joel Kotkin, *The Next Hundred*

Million: America in 2050 (New York: Penguin, 2010) .

44 這個段落和變體部分是艾維納對紐約的印象的描述，選自他的文章"Philosophy Gone Urban: Reflections on Urban Restoration, "*Journal of Social Philosophy* 34 (spring 2003) : 6-27。

45 詹姆斯．庫格爾對主流的解釋表示懷疑。「這個故事似乎是對先進複雜的巴比倫社會的蓄意攻擊，同時也是對猶太人語言的相似性的病因學解釋。」請參閱 James L. Kugel, *How to Read the Bible: A Guide to Scripture, Then and Now* (New York: Free Press, 2007) , 88。但是，不管怎麼說，上帝似乎表達了他對複雜的都市生活的不愉快。

46 William Chapman Sharpe, *New York Nocturne: The City after Dark in Literature, Painting, and Photography* (Princeton, NJ: Princeton University Press, 2008) , 19.

47 David Nye, "The Geometrical Sublime ‥ The Skyscraper, " in *City and Nature*, ed. Thomas Moller Kristensen et al.(Odense, Denmark: Odense University Press, 1994) , 33.

48 但是，他確實因為口味問題而反對「摩天大樓太小了」的觀點。請參閱 Le Corbusier, "The Fairy Catastrophe，from When the Cathedrals Were White （1936）, " in *Empire City*, 618, 614.

49 Nevius and Nevius, *Inside the Apple*, 215.

50 同上書，239。

51 引自 Homberger, *New York City*, 57。

52 建築批評家保羅．戈德伯格，引自 Nevius and Nevius, *Inside the Apple*, 27.

53 有關宗教墮落為仇恨他人的更多例子，請參閱本書耶路撒冷一章。

54 引自 Jackson and Dunbar, *Empire City*, 6.

55 受託者的計畫引自 Homberger, *New York City*, 28.

56 受託者的計畫引自 Jean Schopfer, "The Plan of a City （1902）, " in *Empire City*, 438.

57 同上書，437。

58 Homberger, *New York City*, 27.

59 Nevius and Nevius, *Inside the Apple*, xv, 46.

60 Glazer, *From a Cause to a Style*, 222.

61 人們可能預料到在一個野心勃勃的城市，多數路人都是忙於某些事情，這解釋了為什麼紐約人比美國其他地方的人走路更快(Jackson and Dunbar, "Introduction，" in *Empire City*, 1) 。如果逛街指的是漫無目的的悠閒的漫步，那麼，紐約人就不是逛街者，即使這個城市是逛街者的天堂。

62 Cynthia Ozick, "The Synthetic Sublime, from Quarrel and Quandary(2000) , " in *Empire City*, 959.

63 Conversation with Daniel.

64 Leonard Cohen, "Don't Pass Me By,"from the record album Live Songs (Columbia, 1973; producer:Bob Johnson) .

65 Nevius and Nevius, *Inside the Apple*, 13.

66 Homberger, *New York City*, xi.

67 Nevius and Nevius, *Inside the Apple*, 61.

68 Homberger, *New York City*, 8-9.

69 Nevius and Nevius, *Inside the Apple*, 113-114.

70 前面兩段來自 Homberger, *New York City*, 223-24.

71 Sam Roberts, "No Longer Majority Black，Harlem Is in Transition, " *NYT*, 6 January 2010.

72 Joseph O'Neill, *Netherland* (New York: Pantheon Books, 2008) , 51, 53.

73 「他們」主要指企業界的紐約人。伍迪．艾倫是藝術世界的著名反例：他通過表現出不確定性和臨時性而成功。

74 F. Scott Fitzgerald,"My Lost City：from The Crack Up（1936），" in *Empire City*, 610.

75 引自 Homberger, *New York City*, 56.

76 Frank Rich, "The Other Plot to Wreck America," *NYT*, 10 January 2010.

77 Andrew Ross Sorkin, *Too Big to Fail: Inside the Battle to Save Wall Street* (London: Allen Lane, 2009), 6, 7, 538- 539.

78 Ozick, "The Synthetic Sublime," 947.

79 Leonard Cohen, "I Wonder How Many People in This City," in The Spice-Box of Earth (Toronto: McClelland and Stewart, 1961).

80 Jennifer Senior, "Alone Together," New York, 23 November 2008.

81 同上書。

82 John Steinbeck, "The Making of a New Yorker（1943），" in *Empire City*, 672.

83 Flint, *Wrestling with Moses*, 63.

84 同上書，84。

85 同上書，87。

86 Jacobs, *The Death and Life of Great American Cities*, 511.

87 Sam Hall Kaplan, "Review of Wrestling with Moses, "in *The Planning Report*, September 2009. 曼哈頓作為整體或許成功了，但二〇〇七年它是美國所有區縣中不平等程度最高的地方（在一九八〇年，它排名第十七）。請參閱 Joel Kotkin, "Urban Plight：Vanishing Upward Mobility, "in *The American*, 31 August 2010.

88 Jackson and Dunbar, *Empire City*, 788-789.

89 同上書，173。

90 引自 Nevius and Nevius, *Inside the Apple*, 86, 105.

91 引自 Jackson and Dunbar, *Empire City*, 9。

92 同上書，511，516。

93 Nevius and Nevius, *Inside the Apple*, 253.

94 Ozick, "The Synthetic Sublime, "959.

95 Homberger, *New York City*, xvi.

96 John P. Avlon, "The Resilient City（2001），" in *Empire City*, 971, 974.

二〇二一繁體中文版特別收錄

台北：有人情味的進步之城

作者：林夏如，趙哲儀

台北過去四百年來的發展相當耐人尋味。從明清的化外之地變成日本帝國第一個殖民地首都，大東亞共榮圈的模範。一九四九年國共內戰失敗後國民黨遷台，台北一躍而成自由中國的代名詞，不僅是當時世人眼裡中國傳統文化的傳承和反共聯盟的基地，也蛻變為吸引各式族群前來發展的國際都會。直到一九七一年北京取代了台北成為中國的正統，台北倏忽又殞落為一個不被世界承認的國家中心。今天，台美中關係在歷經政黨輪替，兩岸關係更迭和中美角力白熱化而愈發詭譎，台北重新回到舞台中央，作為反共反中論點下舉足輕重的存在。在一連串的角色轉換中，台北人淬鍊出開放寬容的性格，在不同族群的掙扎磨合下，體悟到民主的真諦來自對彼此的尊重。人口七百萬的大台北，是座在不同文化中遊走自如的「大城」，同時又是個充滿濃厚人情味和樸實氣質的「小鎮」。這個大城小鎮，是由一群彼此關懷依賴和熱愛這塊土地的人所建立的城市，持續不斷地在本土化和全球化之間尋求定位。

因緣際會的台北人

（夏如）我的祖母是個自力更生，任勞任怨的女強人。我們口中的阿嬤出生於清朝，小時候就被賣做養女。日治時代嚴峻的經濟條件迫使她跟隨走騙江湖的阿公在大稻埕的迪化街養家糊口。阿公在一九四一年被日本徵招到菲律賓做傭兵後就音訊全無，獨留阿嬤跟一對子女。因為婆家是佃農自顧不暇，阿嬤只好寄人籬下住在違章建築，不到三十就守寡的她獨自養家，在台北當時最繁忙的圓環賣小吃。

完全不識字的阿嬤除了閩南話以外，一句日語或國語都不會。國民政府在一九四九年來台後，阿嬤因無法與警察或稅務人員溝通，雇用了一對從南部上來的兄弟做她的學徒。這對小學剛畢業的兄弟變成了小吃攤的「總經理」和「財務長」；幫著阿嬤記帳和打雜，在警察臨檢的時候打點他們。隨著阿嬤的新竹貢丸和圓環滷肉飯聲名遠播，那鍋香氣四溢的陳年老滷，不但讓阿嬤在當時最熱鬧的赤峰街買了一棟房子[1]，還供我姑姑上大學和爸爸留美讀研究所。多年後，兩兄弟仍沿用阿嬤的「圓環滷肉飯」招牌在老台北經營餐館。

所謂的大台北地區現今包括了兩個行政區：台北市和新北市（原台北縣）。這塊兩千三百平方公里的彈丸之地，有近七百萬人聚居，夏如的祖父母來自大稻埕，與淡水同屬台北最早開發的地區之一。這些地方都位於流經台北盆地的淡水河沿岸。相對於中原，台灣在近代史上屬於邊陲地位。中國對此蕞爾小島的關心程度遠不如十七世紀積極發展航海貿易的西班牙和荷蘭人[2]。一六六二年海盜之子鄭成功趕跑了占領台灣三十八年的「紅毛」[3]，將台灣作為南明反清復明的基地，在接下來清朝二一二年的統治下，台灣島的首府是府城台南。直到一八八五年清廷為了加重海防派劉銘傳來台建省，重心逐漸向北轉移[4]。「一府、二鹿、三艋舺」恰恰描述了台灣由南到北開發的歷程。一八九五年甲午戰爭戰敗，清朝將台灣割讓給日本，台北——台灣之北——被日本選為新殖民地的首都。大日本帝國對新殖民地多所期許，積極地規劃現代都市藍圖並開展建設。為了擴城建路，拆除了部分晚清時期的台北城牆，興建了許多具有歐風的建築物，台北成為全島的政經和文化中心。一九四五年日本戰敗撤離，台灣在經歷了一段顛簸起伏的接收過渡期後，迎來了國共戰爭失利後亟欲重新站穩腳步的蔣介石。曾在台北設立總領事館[5]的中華民國政府在一九四九年正式遷都台北，台灣自此成為自由世界冷戰中的反共據點，台北則戴上自由中國的桂冠。然而在一九七一年中華民國被迫喪失聯合國會員地位之後，台灣幾乎被排除在所有的國際組織之外。幾經波折後一九八四年首度以「中華台北」(Chinese Taipei) 的名義參加奧運。這個代表台灣的ＴＰＥ，成為台灣少數能加入的國際組織的官方名稱。在過往SARS肆虐和新冠肺炎疫情橫行的當下，即便台灣甘願退而求其次的使用中華台北的名稱要求加入世衛等國際組織，來自大陸的阻力依然不減。

台北最初居住著平埔部落凱達格蘭族的原住民[6]。漢人在十八世紀初開始遷移到台北，七成是來自福建的閩南人，其他是來自廣東的客家人。這兩個群體各具有獨特的文化，重商的閩南人膽大敢拚，以農為本的客家人傳統好學。漢人為了獲得土地和資源與平埔族的部落爭戰，卻也因同樣的理由跟原住民通婚。同是來自大陸泉、漳的閩南人和廣東的客家人彼此敵對，同族之間的內鬥也不遑多讓[7]。客家人為擁護中原正統，在一七八七乾隆朝著名的林爽文叛亂期間協助清廷平亂，使得淡水城不致失守[8]。夏如的客家母親戴氏宗祠裡懸掛著清廷賜予的「褒忠」匾額總是被夏如的父親揶揄是「愚忠」的客家人順從朝廷壓迫閩南人的鐵證。

（夏如）母親出生於新竹縣橫山鄉沙坑，一個只有幾百人的客家村莊，她是家裡第一位負笈北上的。經由大學活動和父親戀愛，因為家人反對，爸媽決定私自登記結婚。寡居辛苦了半世紀後，阿嬤作夢也沒想到唯一的獨子竟然瞞著她娶了個客家人。外婆更是心痛欲絕。她幫七個女兒各自找了合適的客家歸宿；家中唯一大學畢業的女兒，其實早已正式做媒給同為新竹出身的東京大學博士，結果卻為了父親退聘悔婚。

有錢且兒子又會讀書的阿嬤為了面子，雖然很不情願，事後還是替爸媽在太平國小的大禮堂補辦百桌的流水席，甚至還請了脱衣舞孃助興。結婚沒多久，父親得到美國國務院獎學金去夏威夷大學東西文化中心留學，獨留懷孕的母親和只會説閩南話的阿嬤一起。阿嬤和母親根本不能溝通，鐵血持家的阿嬤讓大著肚子的母親苦不堪言。我的阿婆（外婆）沒受過教育而且只會説客家話。阿婆常從鄉下坐一整天的巴士提著自己養的土雞到台北送給阿嬤。結成親家的兩人，因為沒有共通的語言，即使同桌共食也都無從對話起。

（哲儀）我的外婆來自安徽蕪湖的大户人家。民國初年出生的她有個上海東吳大學畢業的洋派父親，錦衣玉食的從私塾一路念到了初中畢業。當然這一切都在抗日戰爭爆發後變了調。外婆跟著大批的難民徒步逃到了廣西，途中受不了苦的父母病死了，外婆嫁給了同鄉的外公，在桂林生下了母親。抗戰勝利後因為外公在鐵路局的工作，輾轉來到台灣。一開始住在基隆，後來搬到台北。差不多同時間，我十八歲的父親正在黃埔陸軍官校就讀，抗戰勝利後從成都放假回到湖北老家探親。從父母口中他傷心地得知兄姊皆因對日情報工作而喪生，獨留他一人繼承離家從軍時豪爽放棄的家業田產。在告別雙親回到部隊後不久，父親就跟著國民黨部隊暫時撤退來台，沒有人預料到這一走就是永別。父親到了台灣之後跟著軍隊駐防高雄鳳山接著移師金門，八二三砲戰在他身上留下了痕跡[9]，經年累月處在寒冷潮溼的地底坑道導致了日後無法治癒的肺疾。好學的父親在四十歲以中校退役的身分報考大學並轉任公職。一九八七年開放大陸探親後，這個從異鄉回到了原鄉的外省人卻被諷刺地稱為台胞，並得知祖母因為他國民黨軍人的身分吃盡了苦頭，死後連墳都找不到。目睹記憶中美好的家園人事已非後，他再也不想回去。

一九四九年國民政府接管台灣後，原住民部落和「唐山移民」之間的差異，迅速地被新移民帶來的衝擊所掩蓋。近兩百萬大陸人搬到了當時人口僅六百萬的台灣，其中大部分都定居在台北。這些來自中國各省分的族群被統稱為「外省人」，與之前來台的閩、客、原住民所代表的「本省人」展開了新的對立。對日本人深惡痛絕的外省人看不慣被日本統治了五十年還保有「皇民風」的本省人；一夕之間「回歸祖國」的台灣人，一則對素質良莠不齊的外省兵覺得失望，再者對把持社會資源但腐敗傲慢的國民黨感到挫敗。一九四七年二月在台北市南京西路的天馬茶房，專賣局查緝員使用暴力手段取締女販兜售私菸的衝突，演變為一場遍及全台的鎮壓屠殺事件[10]。這場悲劇不僅帶來流血傷亡，更讓外省、本省族群與台灣島上的百姓對政治認同產生長久的分歧和衝擊，餘波至今未散[11]。「二二八事件」，這個一方亟欲掩蓋和遺忘的事件，直到四十年後，才不再是禁忌的話題。人們開始追求轉型正義，面對歷史的真相，試圖和解分裂的社會，讓幾十年來戒嚴時期的受害者平反自尊，讓發生在他們身上的故事被大眾知曉，讓這段歷史不被遺忘。

國民黨來台後持續沿用在大陸的制度，包括在身分證上標明籍貫。為了確立中華民國在台灣的正統性，公務人員任用資格的高普考錄取名額也按照省籍來分配，結果不僅造成本省人錄取全國性公務員的名額少之又少，且能在國營企業居上位的本省人也絕無僅有。這種要求註明「本籍」的規定使本省人被合法的區隔。台語在學校和公開場合被禁，只允許在電視上零星出現。所謂的眷村——國民黨軍隊和其眷屬的宿舍——更是具體的把外省人和本省人的生活圈隔離開來。眷村是四、五十年代為了安置來台的國軍和其眷屬所興建，其中不乏沿用日本人遺留的眷舍。眷村多位於市中心或軍事基地附近，算不上優渥的環境在許多本地人的眼裡已是奢求。住在這裡的外省人，縱使來自四面八方，也被歸類在一起。當時很多人相信這只是暫時的居所，不久的將來就能回大陸。離鄉背井為了生存的他們各憑本事，共生共榮的意識型態讓他們團結在一起，形成一種特有的生態[12]。

所謂的本省人跟外省人都是以漢人為主，光從外表並不容易分辨。好比台灣現任總統蔡英文，一位土生土長的台北人，她的父親有客家人和排灣族的血統，母親則是閩南人[13]。但是長期在日本殖民下的台灣人和外省人（尤其是北方人）在文化、飲食及語言上自然有別。他們之間的嫁娶雖然面臨相當的社會壓力和歧見，但其實並不少見，所謂的「芋頭番薯」指的就是外省人和本省人所生的第二代[14]。隨國民政府來台的除了政府官員和他們的眷屬，更多的是單身或拋別妻小隻身來台的軍人，這些軍人很多後來都娶本省人為妻。這一群在不同時間點來到台北的人，操著不同口音，吃著各式菜餚，哼著不同曲調，卻在同一座城市裡一起生活一起奮鬥。台北以至於台灣社會這近半世紀的演變，可以說是本省人與外省人，新移民與舊移民在衝突、融合、相互理解、共同努力開展新生活的歷程。

（夏如）阿嬤的妹妹美珠姨婆就嫁給了在以陳儀為首的行政長官公署工作的老錢。四川來的老錢為了要跟美麗的姨婆攀談而在衡陽路的菊元百貨向她買了一條皮帶。一九四七年二月二十八日，本省人跟國民黨爆發血腥衝突。事件發生當時，老錢和他的朋友被追打，還好姨婆把他們藏了起來。母親總是跟我們說，老錢對姨婆很好，因為他是外省人，外省人都對老婆很好。從小，我就明白本省人就是閩南人和客家人，外省人和原住民是不同的，住的地方也不同：外省人總是高高在上，擁有優越的政治和社會地位。

（哲儀）我上小學之前的保母謝媽媽是國語說得很彆扭的本省人，她嫁給年紀大他很多的老廣謝伯伯。胖胖的謝媽媽對我們非常好，常常帶著我們上山下海到處去玩，我在她永和家樓下的巷子裡度過一段打彈珠、爬樹的快樂時光。那時候的我，閩南語說得比國語溜。上小學後，台語在校園內是不被允許的，說了要被迫去漱口或是罰站。當時放學後會先去附近的外婆家，一開始，我完全聽不懂他們說的安徽話。嚴肅的外公讓我害怕，我心裡很想念謝媽媽。

華人民主搖籃的先驅

一九五〇年韓戰爆發讓美國重新審視其對台策略。為了確保太平洋第一島鏈屏障的完整以鞏固自身的利益，原本已被華府放棄的蔣介石和中華民國絕處逢生。台灣成了美國在冷戰期間重要的夥伴。曾在二戰時對台北猛烈空襲的美軍[15]，因美軍顧問團（Military Assistance Advisory Group，縮寫MAAG）的成立進駐台北，對台灣提供軍事援助和訓練。一九五四年「中美共同防禦條約」正式簽立後美軍協防司令部在台北成立（United States Taiwan Defense Command，縮寫USTDC），全盛時期台北有超過萬人的美軍及眷屬。越戰期間台北曾是美國大兵短暫度假的最佳去處，直到台美斷交美軍全面撤出前，圓山、天母和陽明山一帶是當時美軍機構和宿舍主要分布地區。

無論是美國政府給予的大量經濟和軍事援助還是民間團體合作，美國的態度對台灣社會的政經文化發展一直有著舉足輕重的影響。經濟合作使台灣以外銷市為導向進入歐美市場。在那個年代，台北人的記憶是孩子們身穿母親用舊麵粉袋做的內衣褲，上面印有「中美合作」、「重二十公斤」等字樣。美國透過提供獎學金，使得戰後嬰兒潮出生的一代有機會赴美深造。當時所謂的「來來來，來台大。去去去，去美國。」說的就是這批人。相當多來自台灣的留學生後來成為美國社會的中堅。這批人有些（好比夏如的父親）回到台北就業，有些在美國定居但都繼續關心台灣，共同蘊釀了在二二八事件後台灣本土力量的萌芽，進而推動七〇和八〇年代民主運動的蓬勃發展，直到九〇年代漸漸進入民主社會及一九九六年的人民直選總統[16]，美國對黨外運動背後的支持不可小覷[17]。

（夏如）我從小就意識到，人民必須靠奮鬥來爭取自身的權益。當父親以第一志願考上政大外交系和台大政治研究所時，台灣的外交處境已經出現危機。父親也發現毫無背景的他是不可能在政府有所作為的。每天晚上放學回家後，父親會問我們今天在學校裡學了些什麼，然後說課本的八股教條跟政治文宣幾乎都在誤導我們。一九七九年五月創立的《美麗島》雜誌是由一群黨外人士發起，在台北當時的中泰賓館舉行了創刊酒會，一個反對國民黨一黨專制，要求解除報禁、黨禁和總統直選的運動自此在全島展開。每當有新一期的雜誌發行，我們全家就會聚在飯桌旁，一頁一頁仔細閱讀。事件的高潮是一九七九年十二月十日在高雄爆發的美麗島事件，黨外人士紛紛被捕。學校的老師們譴責這場運動，還要求我們檢舉任何購買這份禁刊的人。即使我們在學校非常害怕，但是到了晚上，忿忿不平的父親仍在家裡製作支持民主和反政府領導人的海報。充滿正義感的母親則會領著我們四個正在念小學的孩子，把海報張貼在光復南路住家附近的所有電線桿上。這在當時的台北是非常危險的舉動。其他同學的父母好像都沒有如此鼓勵他們，但是充滿理想的爸媽卻認為我們必需以行動支持民主運動，表達自身的意見。這在我的童年留下了不可抹滅的痕跡。

台北自日本統治以來一直是台灣政治及經濟的中心。在日治的二〇年代開始，台灣學生和菁英就已經開始要求殖民地自治權利，努力爭取在日本議會的代表權和地方選舉的自由[18]，台灣的本土認同在當時已經存在。儘管許多人為此付出代價，這樣的抗爭在國民黨的戒嚴統治下依然持續不斷。國民黨超過半個世紀的一黨執政，不只是本省籍的知識份子和精英在政治壓迫下遭受了巨大的痛苦，大陸人也在所謂的「白色恐怖」下一起被指控為共產主義的同路人。台北變成是政府對政治、教育和商業的控制中心，被認定的異議者不論是教授、學生或工人都可能遭到逮捕或無故消失。曾在國民政府任職原籍浙江的雷震，正是因為在和胡適及本省知識份子共同發起的《自由中國》雜誌裡，鼓吹民主自由和開放反對黨的必要而被軍事法庭以「包庇匪諜、煽動叛亂」判處十年徒刑[19]。雖然美國亞洲基金會（Asia Foundation）曾經資助《自由中國》雜誌，但美國政府對於蔣介石幾十年來以「反攻大陸」的名義所採取的強權壓迫並沒有積極干涉。

沉寂一時的民主運動在一九七七年「中壢事件」後激起了新的火花。威權體制為了合理化自身的存在必須舉辦選舉，但反對人士得票超乎預期迫使執政黨造假舞弊。群眾因而聚集抗議。民主運動在黨外人士的帶領下方興未艾。一九七九年十二月十日世界人權日在高雄發生美麗島事件，黨外人士遭大舉逮捕，發行人黃信介等八人遭軍事法庭以「武力顛覆政府」罪名起訴，另外三十三人由普通法院審判[20]。為了取得顛覆政府的自白，被逮捕的人遭到刑求。其中林義雄的母親與雙胞胎女兒，在大白天於台北自宅遭到屠殺。臺灣社會籠罩在恐怖氣氛中[21]。大逮捕之後在景美上演的公開審判成為台灣現代政治史上的轉捩點。民主人士在法庭上陳述對台灣民主的嚮往，大大的震撼了民心。儘管被逮補者皆被判以重刑，卻也激發了新一波的民主浪潮，讓後來者前仆後繼，繼續爭取開放反對黨和言論自由。

反對專制統治的異議份子，所謂的「黨外」人士，經常在台北舉行重要會議。一九八六年，一批黨外人士集聚在台北圓山飯店針對即將到來的選舉進行候選人討論，民主進步黨於焉成立。蔣經國在一九八七年結束了長達三十八年的戒嚴後的隔年過世。繼任的李登輝在一九九一年廢止〈動員戡亂時期臨時條款〉，「萬年國會」終於下台[22]。各類的報刊雜誌和活動開始在台北風起雲湧，台北成為了這個被稱為「華人民主先驅」的中心[23]。台灣民主化的關鍵並不是蔣經國的突然覺醒，而是許許多多為了爭取自由勇於發聲的男女，他們在身家性命受到威脅的情況下仍然勇敢的挺身而出。

（哲儀）二〇〇六年夏末的這天下著小雨，我和朋友在遊行隊伍裡，她撕開黃色塑膠雨衣的兩側透風，以免懷裡出生不久的嬰兒被悶壞了。我們跟著數萬名來到台北的群眾一起要求陳水扁為他們一家貪腐的作為下台[24]。正對著總統府前這條寬四十米的道路，我讀高中的時候叫做介壽路，之後在陳水扁總統任內改名為凱達格蘭大道，以紀念過往居住在台北的凱達格蘭原住民族。這條路對台北人來說並不陌生，這裡是對各種議題遊行路線的終點站。人們在這裡靜坐，吶喊，表達他們的心聲。遊行的隊伍很安靜，但是大家的心情很激動，我們知道人民可以用選票送他進總統府，就可以用同樣的力量讓他下台。雖然沿途都有警察站崗，但是他們並不構成威脅，我們無所懼，因為知道沒有坦克車或催淚彈會朝著我們而來。

台北在台灣政黨輪替史上，一直站在舞台的中央[25]。台北人不害怕面對其血腥的過去，以創造一個更美好的未來。因為台北市的特殊地位，市長一職曾自一九五一年起因地方自治開放直選，後來一度中斷。但台北人並沒有失去追求自由的意願，持續向有能力的人展開雙臂，不分省籍、無分黨派。過去二十年來每當選舉就被提起的省籍爭議，近年尤其在台北已被淡化，不再成為競選議題的主軸。一九九四重新開放的市長直選中，藍（親國民黨）綠（親民進黨）競爭激烈的台北市，選出了一位台南三級貧戶出生的民進黨籍律師陳水扁，象徵主張台灣主權的民進黨應該分享首都的政治權力。然而，隨著台灣島上對國族認同爭論的持續延燒，在一九九八年，台北人又迎回了代表國民黨的外省人馬英九，他自豪地宣布自己是一個「新台灣人」。尋求市長連任失敗的陳水扁在兩千年的總統大選代表民進黨勝出，實現中華民國首次政黨輪替及政權的和平轉移。八年後接任總統的馬英九，是台灣第二次政黨輪替。歷年台北市長幾乎是台灣總統當選人的前哨站：李登輝、陳水扁和馬英九都曾擔任台北市長。二〇一四年，相當受年輕人歡迎的無黨籍台大醫生柯文哲史無前例地獲得大勝。台北人再次表明，只要能使台北成為更好的地方，他們可以接受來自任何背景或黨派的市長。他在二〇一九年創立了自外於藍綠的民眾黨，也對總統大位躍躍欲試。

隨著台灣走向全面開放，台北人追求一個更民主正義的社會並未停歇。從一九九〇年要求加速改革開放的野百合運動，二〇一二年反媒體壟斷和二〇一四年反兩岸服務貿易協議審查不透明的太陽花運動，這座城市持續滋養培育民主的種子。走上台北街頭的從偏激的少數變成了主流的大多數。人民認為為捍衛自己的權益發聲是理所當然的事。台北的學運具有指標性的意義，甚至啟發了鄰近的香港[26]。

（夏如）在二〇一四年市長選舉的前一晚，兩位候選人在競選總部的造勢活動充分展現了台北市的活力，尤其是年輕人。我來到獨立候選人柯文哲的競選總部，學生志工把周遭環境維持得井然有序，有人分發歌單讓參與者一起唱歌，有自組的學生團體在朗讀詩歌，甚至有古典音樂家在一旁演奏，總部外的馬路上圍繞著大批歡樂的民眾，熱騰騰的場面像是在開嘉年華會。今天，台北的年輕人不再區分「本省人」或「外省人」，他們只是想讓這座城市變得更好。

台北是過去三十年台灣認同演變的縮影。國族認同和「我們是誰」的問題一直到一九八八年解嚴之後才開始被公開討論。台北人對於自己的城市，尤其是年輕人，更是感到強烈的土地認同和原鄉情懷[27]。年輕的台北人對於老一輩所執著的政治議題及省籍情結都不是很認同，他們除了關心台灣的前途與來自對岸的威脅之外，也同時在思考世界各大城市年輕人都在思考的問題：如何讓台北更綠化、科技化和藝術化；成為一個能凝聚不同族群的聲音，老老少少都住得起且有大量公民參與的城市。三十年前，有過半數的台灣人認為自己只是「中國人」，少數人認為自己是台灣人。一九九〇年代初，那些認為自己只是「中國人」的人逐年下降，但仍然只有少數人認為自己只是台灣人。到了二〇二〇年，大多數居住在台灣的人認為自己只是台灣人，各種民調顯示，幾乎沒有年輕人認為自己只是「中國人」[28]。

（哲儀）台北作為台灣的首都，資源和建設的集中自然不在話下。雖然全台人民都享有義務教育和世人稱羨的全民健康保險，台北和台灣其他城市在公共建設上依然存在著極大的差異。網路上流行以取自日本漫畫的「天龍國」戲稱台北；「天龍人」就是指那些自視甚高、不知地方疾苦的台北人。儘管近年政府致力於拉近城鄉距離，但實際成效仍有待加強。台語說得不好的人到了中南部好像到了國外。我在台大的同班同學至少有一半來自台北以外的縣市，他們雖然認為自己的家鄉比台北還可親可愛，但多數為了有更好的發展機會北上求學就業，之後也在台北成家立業，成為台北人。

不只是來自島外的移民，台灣島內的移民也加速了台北的城市化。從一九六〇年代的〈媽媽請你也保重〉、一九九〇年代的〈向前行〉到近年的〈台北台北〉，這些受歡迎的台語歌曲，真切的反映出年輕人懷抱著希望，離鄉背井到台北尋找未來那種既興奮又恐懼的心情。[29]從一九七〇年代的西方外派人員到今天愈來愈多的中國大陸和東南亞新娘，雨後春筍般興起的越南小吃和印尼雜貨攤代表這些新移民逐漸在台北扎根。一如既往，台北不吝於擁抱來自各地的人群。隨著台灣本地生育力降低和人口加速老化，這群被稱為新住民的人們和他們的下一代對社會的影響力將越來越大。婦女新知基金會等團體正努力為這些新移民爭取權利。有些學校除了客語、閩南話和原住民語言之外，也開始教授東南亞語言，讓新住民的孩童也可以保有自己的文化。

台北人 香港人

人們常說，台灣是華人社會民主政治的典範，而對台灣民主之路最為關注、與台灣在政治和社會運動層面互動最多的華人社群，就是香港了。這一趨勢在最近十年裡愈發顯著，台北作為台灣的政治中心正好成為了台港互動的窗口。

當人們回憶起台北與香港兩座城市的社運聯結，一定繞不過二〇一四這一年。那年三月，國民黨無視民意試圖強行通過《服貿協定》，台北隨之爆發了太陽花學運，學生占領國會議場。在立法院內外，一個個年輕而堅定的面孔向全世界宣告，台灣年輕人不是「政治冷感」的一代，台灣的命運要由台灣人來掌握。台北街頭的抗爭景象都被香港人看在眼裡，台灣年輕人對民主制度、政治自主性的追求讓許多香港人為之動容。六個月之後，香港歷史上最大規模的公民示威運動也拉開帷幕，無數的香港人走上街頭，要求北京兌現其對香港民主制度建設的承諾。這一次，換做台灣人為香港發出聲援，亦不乏有在港求學的台生和香港同學們一起走上抗爭一線。

或許正是從那時開始，台灣與香港彼此對對方都有了一種再發現。對上一代而言，台灣在不少香港人眼中一直是暫時逃離窄小擠逼的生存空間、擁抱「小清新」生活品質的桃源。實際上兩地在社會運動和政治追求上也有著無數共鳴的可能。從此，越來越多的香港青年、政黨議員和學者頻頻赴台灣交流、考察，尤其在二〇一六年台灣大選時，「香港觀選團」成為了台北街頭各個競選場合的獨特風景。在眾多香港年輕人看來，曾經在太陽花學運中於台北立法院內外奔走呼喊的同齡人藉由選舉步入議事廳，將自己的政治理念付諸政策實踐，這無疑正是香港人所追求的理想。

可惜，現實並不如理想一般美好。與台灣相比，香港在接下來的歲月裡所經歷的一切不可謂不坎坷：「和理非」的雨傘運動終不敵北京和港府聯手壓迫而黯然落幕，香港陷入四年多的社運低潮，直到二〇一九年港府一意孤行強推《逃犯條例》修訂，再度引爆民憤，促成聲勢浩大的「反送中」運動。這一次，「不割席」的香港人終於衝入了幾乎早已不屬於他們的立法會，在議事廳裡高聲宣讀「五大訴求」，此情此景與五年前發生在台北的抗爭何其相似？原本和平的示威遊行轉變成激烈的警民衝突，香港街頭煙霧彌漫、商家地鐵被放火砸毀、鎮暴警察攻擊示威者的畫面震驚了全世界。沒人敢相信以資本主義掛帥的香港會出現這樣的景況，被認為眼裡只看得到錢的香港人竟然甘願冒著生命危險來抗爭，持續月餘的抗議活動嚴重影響了香港市民的日常，肅殺的氣氛令人沮喪。儘管港府最終迫於壓力將修例草案撤回，但在二〇二〇年北京隨之祭出的「港區國安法」對香港自由、民主與法治的箝制更加令人髮指。香港這座城市的怒火尚未熄滅，旋即又被恐怖的陰影所籠罩。

在這樣的時刻，台灣和香港的命脈更加緊密地聯繫在了一起。從二〇一九年秋天至今，陸續有香港的抗爭者出於安全考慮避走台灣，不少人選擇在台北落腳。曾被中國政府跨境綁架的香港銅鑼灣書店創始人林榮基也選擇獨自離鄉赴台，更讓銅鑼灣書店在西門町重新開業，年輕的香港人也在公館開了「保護傘」的餐廳。[30] 在二〇二〇大選前夕，「光復香港 時代革命」的旗幟在民進黨造勢大會場地迎風飄揚，台北的捷運站外可以見到身著黑衣、戴著頭盔和防毒面具的香港人舉著牌子，上面寫著「我們只能示範一次」。此情此景，讓人在熱血之餘又不免感到悲涼。台灣人顯然清晰地聽到了來自香港的聲音。隨著香港局勢的急劇變化，「今日香港，明日台灣」的警示再也不是杞人憂天。二〇二〇年大選的結果正是台灣人的表態：香港的經歷讓台灣看到，無論是「發大財」的口號還是「一國兩制台灣方案」的允諾都不能誘使台灣人放鬆對自身政治自主性的堅持。隨著「港區國安法」的制定和公布，香港人宣告「一國兩制」已死，台灣人對於中國的觀感更跌入冰點。回想當年，北京在香港推出一國兩制恰是為了給日後統一台灣作出樣板，如今卻落得如此下場，實在是一大諷刺。

然而，香港正在發生的這一切對於台灣的意義就僅止於此嗎？起碼對於台北這座城市、對於這裡的年輕人來說並不是。從二〇一九年反送中運動以來，台灣年輕人對香港局勢的持續關注見諸 Facebook、PTT 等網路平台，聲援香港的標語和海報遍布台北各大院校，台北街頭有數千人參與遊行「撐香港」，各類民間組織紛紛為前來避難的香港青年提供協助，更有不少年輕人從台北飛赴香港見證港人的新一輪抗爭。對他們來說，香港人的遭遇不僅僅是對自己家國命運的預警，而且還讓自己感同身受，因為在這些年輕人眼中香港和台灣本來就是跨越空間的共同體，他們都面對名為「中國」的壓迫，卻不會放棄堅守本土的信念。這種帶有同理心的本土認同，正是台灣人特別引以自豪的。

（夏如）二〇二〇年秋天，我從香港到台北的國立政治大學任教，更加真切地感受到香港對於今天台灣的年輕人是多麼特殊。在二〇一九反修例「中大保衛戰」一週年之際，我所屬的香港中文大學校園內，由學生舉辦的紀念展覽活動難逃「國安法」的陰影，含有「光復香港 時代革命」標語的照片都需要被塗黑方能展示。[31]與中大的肅殺氛圍截然不同的是，在政大校園裡，相關的紀念海報、文宣招貼鋪天蓋地，「反送中」運動中的口號、符號都在這裡被完整還原。走過政大校園，讓人不禁覺得政大與港中大的時空因反修例而重疊，「STAND WITH HONG KONG」和「THANK YOU TAIWAN」的標語遙相呼應，更生動地展現出台灣與香港同呼吸、共命運的情義。

「本土」這個詞對台港兩地並不陌生：過去十年裡，香港社會不乏對於誰才是「真香港人」的爭論，而台灣早先也經歷過本省人與外省人的對立。不過，在台灣實踐民主化之後，台灣人所謂的本土認同已經不再局限於某個特定的地域、某種特殊的語言，而是堅守以自由、民主、社會公義為核心價值的生活方式。這樣的認同取向給台灣的本土主義帶來了一種解放：不再是「我們你們」，而是「你們也可以成為我們」。正因如此，台灣獨立自主的政治地位在外交層面雖然不被世界上大多數國家所承認，但她卻能夠與世界上無數秉承著相似理念和價值觀的人民、社群維繫著緊密的聯結，香港就是其一。

台灣與香港在民主進程與社會運動領域的聯繫無疑會隨著中國的布局進一步加深，台北在可預見的未來也會迎接更多來自香港的漂泊者。他們會在台北遇到什麼？他們會為台北帶來什麼？無論如何，歷史需要由我們共同見證。正如中央研究院台史所副研究員吳叡人，在去年夏天台北聲援香港反送中集會上對台灣人的喊話：「今天，明天，後天，只要帝國壓迫存在的一天，我們都是香港人。香港是世界的香港，不是中國的香港。台灣是世界的台灣，不是中國的台灣。世界的香港，世界的台灣，自由自在，海闊天空。」[32]

融合的美食之都

（哲儀）二十年前第一次到上海出差，當地的同事帶我去城隍廟豫園吃知名的南翔小籠包，咬一口以後我跟他說這沒有鼎泰豐好吃。「什麼是鼎泰豐？」他問，「台北永康街的鼎泰豐啊！」我天真的回答：「全世界最好吃的小籠包！」頓時全桌的人都停了筷子，用不可思議的眼神瞪著我看。

台北豐富的飲食文化來自於不同族群對自身飲食的傳承和對異文化的嘗試與開放。台北人對吃的熱情絕不亞於政治。電視和報章雜誌裡隨處可見的美食報導和網路上數不清的美食部落專欄可以為證。台北人為了吃甘願舟車勞頓和排隊等待，有著物產豐厚的台灣做後盾，台北被稱為亞洲美食之都絕非浪得虛名。

相較於上海菜的濃油赤醬和川菜的麻辣鮮香，台灣的料理是無法用三言兩語解釋清楚的。雖然一般人口中的「台菜」主要是指清鮮的閩南菜，但麻婆豆腐和酸辣湯等卻常常出現在所謂的台菜菜單上。來自台灣島上其他地方，或是大陸各省離鄉背井的人，為了謀生或是思鄉，試圖在廚房裡重現家鄉味，五湖四海的美味因而匯聚在台北。有正宗的傳承和御廚的滿漢全席，也有因為手藝不精或是食材取得不易拼湊而出的料理，其中當然也少不了匠心獨具的創意佳餚，百家爭鳴的結果使這些美味通通搖身一變成了代表台菜的新飲食文化。蒙古也吃不到的蒙古烤肉、外國人眼裡中菜代表的左宗棠雞，[33]都是發源自台北。小籠包和麻辣鍋這些非本土的食物也在台北發展出另一種台式特色。台北人已經分不清楚那些是外來的、那些是本土的，但是這些分辨一點也不重要，對台北人來說，肉圓和燒餅油條都是家鄉味。

曾經在這個城市駐足的各個族群為台北開啟了多元的飲食文化。姑且不論南米北麵各省各式的中華料理，台北有日本之外亞洲最好的日式料理，也有從前集中在中山北路現在多在東區的西式餐點。隨著韓風興起，台北街頭也冒出不少韓式炸雞烤肉店，悄悄進駐的還有二十年前台北少見的東西融合 fusion 和世界名廚坐鎮的高級料理；但是台北人最常光顧的，還是街邊巷口的小吃攤。

（夏如）小學四年級開始，只要考滿分，父親就會特地帶我到菜市場附近吃鴨頭和蚵仔湯作獎勵。在家裡，廚藝精湛的媽媽愛燒正宗的客家梅干扣肉和薑絲大腸。阿嬤當然是做她最拿手的滷肉飯和貢丸。偶爾在週末，爸爸會想換換口味，帶我們去眷村吃豆瓣魚、螞蟻上樹和水煮牛肉，順道還會買些山東饅頭回家當早餐。台北有了捷運之後，媽媽也在光復南路舊家經營起「樹磨坊」，是當時轟動一時的台式法國餐廳。

（哲儀）光是台北就有十來個觀光夜市，這還不包括隱身在巷弄和市場裡零星擺攤的店家。每個台北人都有各自擁護的鹽酥雞攤和滷肉飯店家，內行人會去不同的夜市吃不同的東西：士林夜市的藥燉排骨，寧夏夜市的蚵仔煎和麻油腰子，師大的水煎包，公館的陳三鼎黑糖青蛙撞奶……剛到香港的那些年，驚訝於香港本土飲食的集中跟單一，日常大致不出燒臘點心粥粉麵，我這才發現在台北習以為常的多樣化飲食，原來是這麼的不尋常。那時候吃不到一碗好麵和找不到書店同樣令我苦惱。每次回台北我都是從機場直奔通化街，香脆的臭豆腐和冰涼的愛玉仙草，讓我真正有回家的感覺。去夜市不只是單純的逛街買東西和滿足口腹之慾，逛夜市也是台北人社交的一部分。夜市是溫暖的、熱鬧的，雖然擁擠卻是輕鬆自在的。你不需要刻意打扮和正襟危坐，和不認識的人共擠一張小桌，聽阿伯用他的三寸不爛之舌叫賣，看小朋友打彈珠和撈魚，和上班族比賽夾娃娃和射飛鏢，這種人與人之間的親密感總是令我感到十分療癒。台北當然不乏大型的百貨商場和高級餐廳，但是逛夜市帶給台北人心靈層面的滿足，遠遠大過於一碗肉羹湯的效益。

隨著一系列的政權在台北留下了他們的印記，曾經身為海盜，商人和被遺棄的台北人對於如何與來自不同背景的人相處已經相當熟練。作為基隆河和淡水河貨物的貿易樞紐，不難理解台北人開放外向的性格是其來有自。曾經處在文明邊緣的小島，台北從她特有的觀點成就屬於自己的藝術和文化。

多元的創意城市

初次來到台北的人，常會對她不甚起眼的硬體設備而感到驚訝，但是有學者稱台北為創意城市就因為台北「擁有傲人的生活態度、風格訴求、以及先進的觀念。」[34]。台北不是一個譁眾取寵的城市，看看台北街景就知道：低矮的房舍，參差不齊七橫八豎的招牌，忽寬忽窄的人行道。台北不摩登、不高調，跟鄰近的大都會相比，十足鄉下地方。雖然有幾棟玻璃帷幕大樓和柏油大道，更多的是不協調的樓宇和曲折的巷弄。走在台北街頭，你可以很悠閒，這樣新舊交錯的台北是一個沒有侵略性的城市，一個讓人卸下心防的城市，一個在不經意的轉角會觸動驚喜，一個因為它的平凡真實而愈發有魅力的存在。

台北的建築和街名充分顯示出她結合日本，中國和西方影響的豐富歷史。日本人根據功能或行政區號替台北的街道命名（例如，「桶街」出售檜木桶），國民黨來台後決定改變大多數街道的名稱，除了依據傳統文化（忠孝、仁愛），中國各省地名（蘭州、長春）還有政治人物[35]（中山、羅斯福）。台北的建築物隨著時間的推移反映了不同的政治和社會價值。[36]從日據時期的總督府到為了歌功頌德的國父紀念館和中正紀念堂，甚至曾經是世界第一高樓台北一〇一，層層歷史的覆蓋不但使台北別具風情卻也較其他城市多了一分滄桑。

（哲儀）在還沒有兒少法的年代，因為爸媽都要上班，上初中前我常自己坐公車從永和到台北上下學。有好幾次，我只顧著和同學打鬧，結果自己上了車卻把弟弟忘在站牌。當時的台北沒有捷運，記憶中塞車是常態，公車永遠都擠得讓人透不過氣，司機開車的狠勁讓人捏把冷汗，時不時還上演真人版夾娃娃。馬路上充斥著機車、廢氣和喇叭聲。現在台北市的公車和捷運既乾淨又寬敞，為了節能減碳開發了共享單車 Ubike 還規劃了專用道。我在師大附中念國中的時候還沒有樂團「五月天」，學校對面剛闢建的大安森林公園只有光禿禿的草皮和稀疏的幾棵樹苗。每天放學後我跟好友就站在公園對面的檳榔攤前聊天，總是待到被老闆罵了才肯回家。曾經野貓亂竄的殘磚敗瓦今天是台北市數一數二的豪宅，大安森林公園也已是綠樹成蔭。

台北這座 3D 城市，有山有河又有海。台北人可以早上爬陽明山，下午到北投洗溫泉，晚上在淡水河畔賞月。台北雖然不大，不同的街區卻競相發展出獨樹一幟的人文風格和特色空間。永康街、溫州街的文青風，民生社區的恬淡悠閒，信義區的洗鍊奢華，東區的熱鬧時尚，萬華的在地風塵、迪化街的復古懷舊。型塑社區風土的除了地理建物之外，更重要的是當地居民對地方賦予的精神。不可諱言的是台北在都會化和社區改造的過程中，利益團體對這些再造計畫的著力，不僅弊案和政治角力時有所聞，往往也造成社區房價的高漲和街邊傳統小店的消逝。[37]

台灣在二十世紀的下半葉經歷了一場產業變革。政府推動的「客廳即工廠」反應在家家戶戶地板上堆滿的塑膠花和聖誕燈，許多主婦靠這些半成品加工來減輕家計負擔。以出口為導向的經濟從早前的輕工業逐漸轉型為高科技產品，也開闢了全球首屈一指的半導體產業鏈。這個被世界公認的經濟奇蹟證明了在經濟快速增長的同時，貧富差距也可以縮小。台灣培育了一群受過良好教育、勤奮努力的中產階級。[38]但自從大陸經濟改革開放後，台灣製造業的成本優勢逐漸削弱，MIT也被Made in China所取代。隨著大批台商在八〇和九〇年代將低端製造業向中國沿海城市遷移，台北冀望朝以數位科技、服務和創意為主的智慧城市發展。串連起新竹和台北的內湖、南港科學園區，國際花卉博覽會與松菸、華山文創園區等都是這種思維下的產物。[39]

（哲儀）第一次接觸到《小日子》這本雜誌是幾年前在香港朋友開的茶館裡。乾淨簡約的排版很是吸引人。那時所謂的文青風才剛剛開始，《小日子》介紹的東西都特色十足卻不高高在上。朋友很羨慕的說這是一本教人如何生活的指南，每次到台北都要專程去買。白色封面的雜誌放在她上環的茶館裡顯得特別不俗。現在的《小日子》已經不只是一本刊物，不但有實體店面、Cafe和許多商品。年青人喜歡《小日子》所代表的態度：是一種從容自在和優雅；我可能不是很有錢，但是我仍然在乎生活品質，想要在能力所及的範圍內活得精采。這也就是作家村上春樹所寫的「小而真確的幸福」或「小確幸」。[40]

曾被CNN稱為「全球最酷書店」、《時代》雜誌評選爲「亞洲最佳書店」的誠品，二十四小時不打烊的創舉今年已邁入第二十年。從敦南店到信義店，這難能可貴的奢侈是台北人的驕傲。[41]近年吹起的文青風，激發各式創意活動的興起。除了藝術、音樂和文學創作，私人經營的民宿多過國際連鎖酒店，街坊隨處可見的咖啡館和特色店家也是這種風潮下的產物。這些現代陶淵明，在乎的是過自己可以主宰的生活。市政府文化局的「老房子文化運動」，是經由媒合民間團隊，將老宅邸修復後作為文化創意工作者創作、展演、和商業營運的空間。你可以在紫藤廬品茗聊天，到台北光點（美國大使館舊址）看一場藝術電影，或坐在樂埔町的日式老屋裡聽一場關於建築的講座。原本頹危的古蹟現今成了城市亮點，風華再現。[42]

其實台北也曾是中國當代藝術的殿堂，名家薈萃之地。六〇、七〇年代的中國，在現代藝術史上是一個中空的黑暗時代，不僅藝術品的買賣被禁止，連藝術本身也不被鼓勵。同時間一海之隔的台北藝壇則是轟轟烈烈、熱鬧非凡。從五月畫會到東方畫會，[43]從陳庭詩到李元佳，造就了大批富有創新精神的本土現代藝術家，發展出東西互補、多元並存的獨特體系。這些作品即使到今天仍是拍賣場上的寵兒，藏家的心頭好。雖然後期不少藝術家陸續移居海外發展，但這段藝文佳話不僅帶動了台灣畫壇的革新，也為台灣今天的藝術生態奠定了深厚的基礎。

如今，台北的故宮博物院，仍然是世界公認第一的中國藝術館藏。曾經接待過一一〇國元首的台北經典地標圓山飯店旁，台北故宮典藏了中國歷代的宮廷珍稀。這些跟著國民政府飄洋過海的瑰寶，不僅僅是玻璃櫃裡的展示品，透過與市民的互動和台灣本土文化結合，故宮在推廣藝文活動和提升台北人對藝術鑑賞的品味功不可沒。人氣館藏翠玉白菜與肉形石的海外借展也促進了台北對外的文化交流。以古文物為靈感所開發的創意產品，深受大眾喜愛。新在嘉義開館的故宮南院，也秉持著同樣的理念來耕耘南台灣。

（哲儀）我從高中起就常常在中正紀念堂國家音樂廳和戲劇院間的廣場上，觀賞各式各樣的表演。主辦單位和兩廳院大費周章的架設舞台和視聽設備，讓買不起或買不到票的市民也有機會一睹傑出藝術家的風采。雖然兩廳院內有一流的聲光設備，但坐在户外的夜空下和幾萬人一起看表演也別有一番風情。高一那年，世界三大男高音之一的卡列拉斯（José Carreras）來台演唱，表演結束後他走到表演廳外向户外的觀眾致意。他很顯然的被眼前的人海震懾，直說他完全沒想到會有這麼多人，特別是年輕人來聽他演唱。感動之餘他決定折返音樂廳的舞台，替户外的觀眾再唱一首安可曲。從轉播螢幕上我們看到已經離席的購票觀眾又匆匆忙忙地跑進去，伴奏的樂團成員也緊急就位，場外的我們高聲呼叫，熱鬧的好像是來參加搖滾音樂會一般。

當上海和香港互爭亞洲金融中心的頭銜時，台北正在用文化的力量表達自己獨特的一面。壓抑的社會和對思想的箝制在某種程度上激發了有志者的創作力。這些人想要討論被視為禁忌的話題和講述那不為人知的故事。除了票房和商業考量，他們更在乎藝術性和文化性。一九八六年十一月六號在台北市濟南路楊德昌導演家中，一群涵蓋當今台灣藝文界的要角，共同發表了「台灣電影宣言」：對當時流於政令宣導的電影政策、失焦的大眾傳媒和偏頗的評論體系提出強烈的質疑和憂慮。宣言裡呼籲大眾支持那些有創作企圖、有藝術傾向和有文化自覺的電影。這場新電影運動，突破當時台灣電影固有的意識形態，開創題材多元自由的先河。直到今天，這些大受國際影展青睞，獲獎無數的「另一種電影」，不僅啟發了無數懷抱電影夢的後進，也讓世人對台灣電影藝術刮目相看。如同侯孝賢《悲情城市》，楊德昌《牯嶺街少年殺人事件》和《一一》，李安《飲食男女》、蔡明亮《郊遊》，這些國際知名大導演及影片，都是以台北和台北人為背景。他們不全是來自台北，但都在台北實現他們的夢想。

有華人奧斯卡美名的金馬獎一直以來都是華人電影界的盛事，深受台港中影業的矚目。兩年前台灣紀錄片導演傅榆在金馬獎頒獎禮上有關台獨的發言讓中國隔年就抵制參與金馬。人說讓政治的歸政治、藝術的歸藝術。但事實是，藝術從來就是政治的一部分，政治向來也無所不用其極的滲透其中。台灣走過電檢制度的過去，不論是從前受到政令打壓而淪為宣傳工具，到今天電影的創作是反映人們對所生存社會的投影和期望，創作者一個舉足輕重的議題便能代表整個時代，為歷史和時局做出註解。[44]金馬獎被中國抵制的同時提醒了我們它在華語世界扮演的角色是「……讓那些被官方意識形態審核禁言的電影可以被看到……讓年輕導演碰觸官方禁忌的題材，讓創作者去表達、批判或者反思，這樣社會才會健康。」[45]李安主持的二〇二〇年金馬獎在疫情中舉辦，凸顯了這個精神。

（哲儀）即使在新冠疫情肆虐全球的二〇二〇年，台北依舊能夠獨領風騷。十一月，大提琴家馬友友在台北舉行了兩場演奏會，夏如和我與上千人在台北國家音樂廳和臺北流行音樂中心共襄盛舉。在現場致詞時馬友友激動哽咽，因為這是在疫情爆發，大型實體活動被取消後他首度登台演出。得益於台灣出色的防疫表現，人們有幸在疫情肆虐下繼續享受藝術盛宴。相較於世界大部分地方，台灣似乎是處在另一個時空，日常生活並沒有太大改變。台北人憑藉著彼此的互信、關懷和團結，向全世界展示出一個成熟友愛的民主社會是如何能夠抵禦疫情，在公共健康與個人自由之間找到最好的平衡。

同一時間與電影相呼應的還有文壇和音樂。台灣文學在歷經日治時期新文學、反共文學與西化現代主義文學的淬鍊後，反映現實的鄉土文學以描述驟變中的政治與社會環境和老百姓的生活為主，成為一股強大的力量。不論老少、同異性戀、女性意識與本省外省情節皆有著墨。林懷民的短篇小說集《蟬》鮮活地描寫了西門町的一群年輕人對生活的不滿，和白先勇的《臺北人》描述二十世紀五〇年代從大陸來台灣的形形色色的人們，以及他們的生活形成了很大的對比。

小小的台北，擁有各式各樣的表演藝術團體，從相聲瓦舍到明華園的歌仔戲，從雲門舞集到表演工作坊，從鄧麗君到張惠妹、周杰倫和五月天，華人流行音樂一直是由台灣歌手獨領風騷，傳唱大街小巷。不論古典和現代，音樂或戲劇，台北做為這些舉措的中心，「在乎的不是物質建設的成就，而是人文意義的厚度」[46]，是台北人的支持與熱情讓文化的種子得以扎根茁壯。

開放的公民社會與社區回饋

二〇〇八年開放陸客來台之後，台北成為中國大陸特別是年輕人旅行的首選。透過分析博客留言會發現大陸觀光客比台灣本地遊客對台北有更為正面的評價。[47]近年因為兩岸關係緊繃，大陸旅客顯著減少，取而代之的日、韓與東南亞的遊客也認為台北這個同時兼具傳統文化和多元性格的城市相當令人耳目一新。台北所展現的普世價值和前瞻進取的態度是大多數鄰近亞洲城市所少有的。他們認為台北人在文明有禮的同時，也非常友善溫暖。雖然與其他國際城市相比，效率並不是台北的強項，[48]但多數的遊客都認同台北是一個充滿人情味的都市。[49]

（夏如）就如同其他的台北人一樣，家人各有自己的信仰。我從小學開始每個禮拜天都和姊姊一起去離家不遠的長老教會查經和唱詩。雖然家裡阿嬤拜佛，但教會裡的食物和溫馨的氣氛總是吸引許多小孩子在週末到教堂來。十二月二十五日在台灣是「行憲紀念日」而不是「聖誕節」[50]，但每到聖誕夜我都會到街坊鄰居家門前報佳音，即使大多數的家庭都不是信基督教的，他們也樂得聽我們高歌。近年我因為陪同媽媽參與接觸，有機會了解到一九二二年創辦於福州的台北市召會，目前是全球華人傳播福音的主要據點。

阿嬤跟兩個妹妹都是虔誠的佛教徒。美珠姨婆婚後在機場賣紀念品給觀光客，結果生意好到她和妹妹一起開了自己的店。賺了大錢後，身為佛教徒的她們決定退休後走訪全台的廟宇行善修行。他們聽說有一位住在偏鄉的年輕尼姑發宏願行善，好奇心驅使下坐了五小時的公車去見她。年輕的證嚴法師告訴她們，她的願景是建立亞洲最大，最先進的醫院好為台灣偏遠地區的窮人服務。姨婆說：「我們只是一群女人，為什麼不開間孤兒院或照顧無家可歸的流浪漢就好了？」證嚴回說：「我們讓別人做輕鬆的工作，困難的工作就自己來。」受到證嚴感召的姨婆成為慈濟在台北的第一位義工，被稱為「老大」的她加上阿嬤和小妹三人行，成了證嚴法師的左右手。姨婆和姐妹們每天在台北的大街小巷挨家挨户的為蓋醫院募款，單單姨婆一個人就說服了幾千人加入慈濟。51 五十年前加入這個小小的佛教慈善機構時，她們從未想過慈濟會成為當今世界上最大的佛教團體，善行遍布海內外，也是全世界最大的慈善機構之一。

除了文化和藝術之外，台北多元和寬容的價值觀也體現在宗教信仰的自由上。沿著大安森林公園邊短短不到一公里的路上，有一間極小的四面佛寺，正對的大街上有一座道觀，新生南路公園的入口處隱身著一尊巨大的白色觀音像，繼續往前是天主教聖家堂，與天主堂一鄰之隔的是台北清真寺，轉個彎到巷底就是長老教會。華人傳統對祖宗的追思和鬼神的敬畏反映在台北高密度的廟宇分布，香火鼎盛的龍山寺、民間信仰的行天宮與道教的指南宮可見一斑。但不論是燒香拜佛或是吟唱聖歌，台北人基本上尊重他人的宗教信仰，也在各式的宗教中處之泰然。

（夏如）我的母親擔任過老家光復南路的鄰長，對街坊鄰里和公共事務都很熱心。從日治時期開始，台北就依照保甲制度規劃成村里鄰以便自治管理。村里長都是選舉產生的，但鄰長是由鄉鎮市區公所聘任的義務職，沒有辦公室也沒有經費補助。每個鄰的規模從十户至二百户都有。52 媽媽的鄰雖然只有三棟樓，但沒有收一分錢的母親對這幾十户人家可謂盡心盡力。

母親一生克勤克儉，尤其到了台北求學定居後，遇到鄉下上台北，有需要幫助的人總是大方施予，不求回報。從捐款賑災到替人掛號拿藥，母親出錢出力、救命救急的大小事蹟不可勝數。不光是自己的親友鄰居，即便是只有幾面之緣的人，善良的媽媽總是把別人的需求記在心上。過世前，深怕身後不能繼續眷顧弱勢，還要求後人繼續用他的遺產來援助有需要的人。幾年前媽媽到湖南株洲興學，秉持她的愛心和在台北的作風，四處解決學生與老師們的困境，受過母親恩惠的人，不計其數。

在台北處處可見的義工反映出市民想要回饋社會的精神。醫院、郵局、區公所、捷運站等，服務性社團的興起也與高度新聞自由和多元公民社會相得益彰。台北市民對生態環境永續性、婦女平權和新移民困境等議題的認知不斷提高。[53]保有傳統中國文化和價值觀的台北，同時也是前衛社會議題和新價值觀的先驅。身為亞洲第一位在沒有後台背景下當選的女總統，蔡英文政府讓台灣成為在亞洲首例，也是目前唯一的同性婚姻合法化的國家。每年十月底台北的同志遊行是亞洲最具規模的同志盛會，相當受到國際矚目。雖然所有的議題都有高度的爭議性，台北人珍惜的就是能夠表達自己的聲音，同時尊重與接受民主的選擇。

當然，一個沒有經濟成長做後盾的城市將無力前進。台北人走過輝煌的八〇年代，面對目前經濟衰退、人口老化、只適合退休不適合打拚的這個城市開始有些茫然。[54]年輕人追求的小確幸，有多少是有意識的選擇，又有多少是迫於無奈？白色恐怖的時代過去之後，台灣面臨藍綠衝突對立，政府施政能力和對岸威脅與國際地位等問題，首善之都的台北更是首當其衝。台北還可以維持這樣溫良恭儉讓的社會多久？台北的房價已經漲到年輕人完全負擔不起的程度，有調查顯示台北市的平均房價是本地家庭年均收入的十五倍，即一家人不吃不喝十五年才能買得起。經濟蕭條是全世界尤其東亞高收入國家共同面對的問題，但是在所得不均惡化，資產膨脹，年輕人失業高漲的情況下，台北人所面臨的挑戰是如何繼續張開雙手擁抱異己又保有自身特殊的地方魅力。

台北這個大城小鎮，在儒釋道的潛移默化，多族群的摩擦融合下，一步步開創了一個民主自由，經濟穩定，價值進步的社會。在這個高度信任但又傳統的環境裡，彼此接納，無論你來自何方。我們的父母，如同千千萬萬個曾經生活在這片土地的人們，在經歷了掠奪、戰亂、貧苦和排擠，卻依然秉持著真誠和善良，未曾放棄希望。台北人願意為有需要的陌生人駐足和伸出援手，也有勇氣大方的回應別人的幫助；即使有時候這種熱情讓人吃不消，但她是台北人真誠的表現。台北是一個讓人不得不愛的城市。台北人求新求變的渴望與勇氣，讓她自外於單靠經濟榮耀或衰落來定義自己的城市。台北從來沒有沒落過，也尚未大放異彩，它是一個與世界緊連一體的大城市，也是一個充滿活力的純樸小鎮，發自內心的用自己的方式跟這個世界對話。

1 在圓環附近的赤峯街是老台北當時最熱鬧的地方，可參考台大哲學系教授的自傳：李日章，《赤峯街5號的那些事》，台北：玉山社，二〇一五年。

2 總部設在巴達維亞（今印尼雅加達）的荷蘭東印度公司於一六二四到六二統治台灣三十九年。以台灣南部為據點發展航運貿易，意在抗衡以馬尼拉為中心的西班牙貿易勢力。當時荷人在台的行政、軍事、宗教人員約在百人至千餘人之間，以羅馬拼音紀錄稱為「新港文書」的文字使原住民語言能留下紀錄。一六二六年西班牙駐菲律賓總督 Fernando De Silva 派艦隊占領北台灣。在今天基隆的和平島築聖地牙哥城和淡水築聖多明尼哥城。同時開通了北海岸經淡水的內陸路徑。西班牙人占據北台灣十七年，一直到勢力衰微之後才退出台灣。

3 紅毛城是一座位於新北市淡水區的古蹟。最早是一六二八由西班牙人所興建的 Santo Domingo「聖多明哥城」，但後來該城遭到摧毀，一六四四年荷蘭人於原址附近重建，又命名為「安東尼堡」。由於當時漢人稱呼荷蘭人為紅毛，因此這個城就又被稱作紅毛城。一七二四年，臺灣府淡水捕盜同知王汧開始整修紅毛城，增闢了四座外圍城門。一八七六年以後，紅毛城開始由英國政府租用，作為領事館，一直到一九七八年，該城的產權才轉到中華民國政府手中。新北市淡水古蹟博物館委託計畫主持人：黃士娟《紅毛城與淡水發展歷史資料盤點回顧委託專業服務案》，國立臺北藝術大學，建築與文化資產研究所，二〇一五年十二月。

4 Emma Teng, *Taiwan's Imagined Geography: Chinese Colonial Travel Writing and Pictures*, 1683-1895 [Cambridge, Harvard University Asia Center, 2004], p. 215, p. 235.

5 一九二九年，經與日本政府數度協商後，甫成立的南京國民政府決定在台北設立一個總領事館，隸屬中國駐東京公使館管轄。一九三一年四月，中華民國駐台北總領事館正式開館運作，由蔣介石親信林紹楠擔任首任駐台總領事，此後數年，總領事館運作順暢，直到一九三八年二月間，即盧溝橋事件爆發後七個月，駐台北總領事館人員才被迫閉館離台。參考林孝庭《意外的國度：蔣介石、美國、與近代台灣的形塑》，台北：遠足文化，2017年，36頁。

6 有關台灣原住民的歷史可參閱 John R Shepard, *Statecraft and Political Economy on the Taiwan Frontier, 1600-1800*（Stanford: Stanford University Press, 1993].

7 John Shepard, "The Island Frontier of the Ch'ing, 1684-1780," *Taiwan: A New History*, ed. Murray A. Rubenstein [Armonk, New York: ME Sharpe, 2001], pp. 107-132. 王湘琦《俎豆同榮：紀頂下郊拚的先人們》，台北：聯合文學，2010年。

8 李筱峰，林爽文事件，《台灣史100件大事［上］戰前篇》，台北：玉山社，1999年，64-66頁。

9 八二三砲戰（中國大陸稱金門砲戰），又稱第二次台灣海峽危機，是指一九五八年八月二十三日至十月五日之間，發生於金門，馬祖及中國東岸的一場戰役。國共雙方以隔海砲擊為主要戰術。44天裡，一五〇平方公里的金門島，受到四十七萬發共軍炮彈轟擊。參見鄭仲嵐，"八二三炮戰六十年：從血淚戰地到兩岸橋樑的金門，"BBC中文網，二〇一八年八月二十四日，https://www.bbc.com/zhongwen/trad/chinese-news-45296259

10 二二八事件又稱作二二八大屠殺，是臺灣於一九四七年二月二十七日至五月十六日發生的事件。事件中，臺灣各地民眾大規模反抗政府，國民政府派遣軍隊鎮壓臺灣民眾、逮捕及槍決士紳與知識份子，造成大量臺灣民眾傷亡。國立編譯館主編的台灣高中教科書直到一九九〇年才首度出現關於二二八事件的描述。參考李筱峰《二二八消失的台灣菁英》，台北：自立報系，1990 年。

11 林孝庭《意外的國度：蔣介石、美國、與近代台灣的形塑》，台北：遠足文化，二〇一七年。

12 白先勇，《台北人》，台北：爾雅，一九八三年。近年因為都更和人口結構改變而陸續拆建的眷村，部分被保留下成為歷史的見證。位在信義區的四四南村即為一例。見李丹舟《反思「竹籬笆」：台灣眷村的 空間構成及文化保存》，《二十一世紀》，二〇一五年四月號。

13 近來有研究發現超過八成的在台閩南和客家人因為族群高度通婚而具有台灣原住民血統。台北時報十一月二十一日，二〇〇七年。

14 有一說是台灣島狀似番薯，所以台灣人會以台灣話自稱「蕃薯」，相對的以「芋仔」來稱呼從大陸來的外省人。年紀較大的外省軍人被稱為「老芋仔」，外省和本省人的子女被稱為「蕃薯芋仔」。

15 美軍在二戰時曾對日本在東亞的屬地進行戰略轟炸其中包括台灣。自一九四四年首次轟炸台北後，最嚴重的一次是在一九四五年五月三十一日的「台北大空襲」。該月份美軍在台北投彈逾三千頓，摧毀萬棟建築物並造四千多人死傷。其他如基隆、新竹、嘉義、臺南、高雄等地也因空襲而受到嚴重破壞。杜正宇，《論二戰時期的臺灣大空襲 （1938-1945）》，《國史館館刊》，二〇一七年三月。

16 時任台南市長許添財在二〇一〇年美國在台協會「美國人在南台灣的足跡特展」開幕酒會致詞內容。

17 黃清龍，《蔣經國日記揭密》，台北：時報出版，2020 年。

18 郭婷玉，王品涵，許雅玲，莊建華，《圖解台灣史》，台北：晨星出版社，二〇一六年，180-188 頁。

19 吳乃德，《百年追求：臺灣民主運動的故事 卷二 自由的挫敗》，台北：衛城出版，二〇一三年。

20 美麗島事件（或稱高雄事件）為台灣自二二八事件後規模最大的一場警民衝突事件。許多重要黨外人士遭到逮捕與審判坐牢。事件相關人士如黃信介、呂秀蓮、施明德、姚嘉文、陳菊、等日後多成為民主進步黨要角。

21 吳乃德，《臺灣最好的時刻：1977-1987 民族記憶美麗島》，台北：春山出版，二〇二〇年。

22 萬年國會是指中華民國在一九四七年施行憲法後，所選出的第一屆國民大會代表、立法委員、監察委員等中央民意代表。他們不需經過選舉，就長期在台灣擔任中央民意代表直到一九九二年底才全面改選。

23 「華人民主創始」 是外國兩位學者為分析台灣民主化寫的書名：Linda Chao and Ramon H. Myers, *The First Chinese Democracy* [Baltimore, Maryland: The Johns Hopkins University Press, 1998].

24 百萬人民反貪倒扁運動為二〇〇六年八月十二日起，由前民主進步黨主席施明德於台灣發起的政治訴求運動：要求時任總統的陳水扁為諸多弊案負責，並主動下台。二〇〇八年底陳水扁卸任後被收押並服刑至二〇一五年保外就醫。

25 對於台灣民主歷程，參考：Shelley Rigger. *Politics in Taiwan: voting for democracy* [London: Routledge，1999].

26 Syaru Shirley Lin（林夏如），“Sunflowers and Umbrellas: Government Responses to Student-led Protests in Taiwan and Hong Kong,” *The Asan Forum*, December 10, 2015.

27 有關於臺灣人這三十年來在認同上的演變尤其是認同與政策的關係，可以參考林夏如，《台灣的中國兩難：台灣認同下的兩岸經貿困》台北：商周出版，2019 年。

28 BBC，《台灣民意調查顯示：台灣人認同創新高 但維持現狀仍是主流民意》，二〇二〇年七月十四日。https://www.bbc.com/zhongwen/trad/chinese-news-53391406

29 陳韋聿，“台北台北，哩咁有聽到？——流行音樂史裡的台北流浪故事，”故事，二〇一六年七月二十九日：https://storystudio.tw/article/gushi/pop-songs-taipei/

30 陳亭均，“滯台「流亡」港青 偏安生活下的故鄉使命，”今周刊，二〇二〇年四月二十九日，https://www.businesstoday.com.tw/article/category/80392/post/202004290031/滯台「流亡」港青%20偏安生活下的故鄉使命」

31 二〇一九年十一月十一日至十五日，在香港「反修例」運動中，香港中文大學學生及示威者於中大校園二號橋向東鐵線和吐露港公路投擲雜物以促成全民罷工，引發警方與中大示威者在二號橋的對峙與衝突。參見：“中大「戰事」”，端傳媒，2019 年 11 月 13 日，https://theinitium.com/article/20191113-hongkong-cuhk-protest-police/

32 陳冠穎，“反送中／吳叡人激情演講挺港人，”三立新聞網，2019 年 6 月 16 日，https://www.setn.com/News.aspx?NewsID=556393&fbclid=IwAR0xLAzW4TevxIJuqbS3rNc7dpkPwpNeJirDiumcHFdhTn2IMbzSdLPO-wY

33 據說，一九五二年國共敵對緊張，當時海軍總司令梁序昭請湘菜名廚彭長貴，研究宴請美國協防太平洋第七艦隊司令雷德福的菜單，設宴三天都要是不同的菜色。最後一天他靈機一動，做出一道裹漿的炸雞塊，當被問起菜名，因彭自己是湖南人，想到湖南名人左宗棠，於是隨口回答叫「左宗棠雞」。這道名菜。不僅前總統蔣經國喜愛，就連美國前國務卿季辛吉也很喜歡，因此一炮而紅。

34 劉維公，“台北：值得期待的創意城市發展案例”（馬可孛羅：《台北學：幸福城市的風格地境，2011》

35 Wenchuan Huang, “Street-naming and the Subjectivity of Taiwan: A Case Study of Taipei City,” Asian and African Studies XV, 2 (2011), pp. 47-58.

36 Joseph Allen, Taipei: City of Displacement (University of Washington: 2012).

37 邱淑宜；林文一，建構創意城市臺北市在政策論述上的迷思與限制，《地理學報》，第 72 期（2014/03），57-84 頁；周志龍；陳台智，新自由主義都市開發策略的多尺度治理挑戰－大臺北新都會的案例分析，《地理學報》，第 72 期（2014/03），31-55 頁。陳瀅世；林育諄；涂函君；吳秉聲；蘇淑娟；陳坤宏，文化經濟在都市空間發展的體現與歷程：台灣四個都市個案比較的理論意涵，《中國地理學會會刊》，第 56 期（2016/06），15-43 頁。

38 Robert Wade, Governing the Market: Economic Theory and the Role of Government in East Asian Industrialization (Princeton: Princeton University Press, 1990).

39 Jie Li, Xingjian Liu, Jianzheng Liu, and Weifeng Li, "City profile: Taipei." Cities 55 (2016): 1-8.

40 小確幸：據信出自日本作家村上春樹。意思是由自己定義的，小而真確的幸福。

41 誠品敦南店創立於一九八九年，自一九九九年起正式開始二十四小時營運，為台灣打造了一家長達十八萬小時沒有打烊過的書店。二〇二〇年五月三十一日因原址要進行都更而結束營業，二十四小時營運的誠品書店轉至信義店。程倚華，《台北人夜未眠地標「誠品敦南」將熄燈！吳旻潔：某種程度就像吳清友的離開一樣》，台北：數位時代，2020 年 5 月 31 日。

42 顏亮一，文化遺產與認同建構：臺北與香港的殖民地景保存，《輔仁大學藝術學報》，第 5 期 (2016/07)，5-43 頁。

43 吳垠慧，《藝術結社 涵養台灣美術珍珠》，台灣光華雜誌，2020 年 10 月。楊小萍，《五月與東方畫會聯展》，台灣光華雜誌，1981 年 7 月。

44 Amber Chen，雀雀看電影《【2020 金馬獎】被抵制的第二年：從金馬 57 入圍名單「5 大痛點分析」看華語電影的未來！》GQ，二〇二〇年十月七日。傅榆的得獎感言：「我真的很希望有一天，我們的國家可以被當成一個真正獨立的個體來看待，這是我身為一個台灣人最大的願望。」

45 BBC News "中文版，金馬獎與傅榆獲獎感言風波：政治因素影響下的兩岸電影業，"2018 年 11 月 21 日，https://www.bbc.com/zhongwen/trad/chinese-news-46287774

46 劉維公，"台北：值得期待的創意城市發展案例"，《幸福城市的風格地境》，台北：馬可孛羅，2011 年。

47 Steve Pan, Ping-Ho Ting and Dong-Yih Bau, "Perceptions of Taipei as Revealed in Travel Blogs: A Tale from Two Sides," Asia Pacific Journal of Tourism Research, 19(6), pp. 700-720, 2014.

48 台北和其他大陸的都市發展是不同的。請參考 葉維俐，兩岸文化創意產業園區發展困境之研究：以上海以及台北為例，《國際文化研究》，第 12 卷第 1 期 (2016/06)， 54-87 頁；冷則剛，"文化保存與地方治理：南京與台北案例"《中國☒代城市研究中心》。

49 最具代表性的年輕觀光客作品可作參考：韓寒，《太平洋的風》(2012) 轉載於：開放網，http://www.open.com.hk/content.php?id=827#.WGDZZLF7ESQ

50 十二月二十五日的行憲紀念日是紀念一九四六年通過、一九四七年十二月二十五日開始實施的《中華民國憲法》。在行政院將行憲紀念日定為國定假日後，台灣自一九六三至二〇〇〇年間，每年十二月二十五日均放假一天，自從二〇〇一年公務人員實施週休二日之後，行憲紀念日成為只紀念不放假的國定紀念日。

51 財團法人中華民國佛教慈濟慈善事業基金會，簡稱慈濟基金會，是臺灣證嚴法師於一九六六年創辦的一個全球性宗教團體，總部位於花蓮。慈濟成立初期即開始從事社會救助事業。花蓮慈濟醫院於一九八六年正式啟業，現已擴展至全台灣多處擁有分院，在中國蘇州也設有門診。

52 關於台灣的地方自治，參見 Benjamin L. Read, "Neighborhood Politics in Taipei," in Ryan Dunch and Ashley Esarey (eds.) Taiwan in Dynamic Transition: Nation Building and Democratization (Seattle: University of Washington Press, 2020), Chapter 3.

53 Daydd Fell, "Civil Society," Government and Politics in Taiwan (London: Routledge, 2011), Chapter 11.

54 "林夏如：面對台灣的「高收入陷阱」，馬英九和蔡英文的解方是否有效?" 端傳媒，2019 年 3 月 15 日，https://theinitium.com/article/20190315-book-taiwan-high-income-trap/?fbclid=IwAR0Np6O2CRQ5_rmU577Im8gQGoR2clikoOMtQ1aqrWXo5OCvoryiunM6SWQ

譯後記

譯者：吳萬偉

AFTERWORD BY THE TRANSLATOR

二〇一一年一月二十三日，在流覽外國網站時得知美國著名社會學家丹尼爾・貝爾（Daniel Bell）逝世的消息，我選擇了其中一篇，準備翻譯後發在網上。出乎意料的是，第二天就收到貝淡寧教授發來他寫的紀念文章。像往常一樣，在經作者審閱和修改後，我將譯稿寄出，後來它被發表在網站上。翻譯完這篇文章後我意猶未盡，忍不住在文末附了一則譯注：「丹尼爾・貝爾是我敬仰的著名學者和社會學家，很早就聽說過他的《意識形態的終結》、《資本主義的文化矛盾》等著作。感謝貝淡寧教授第一時間把紀念丹尼爾・貝爾的文章發給我。」記得二〇〇六年第一次翻譯貝淡寧教授的文章〈老外在北京講政治理論〉時就曾把作者翻譯成了丹尼爾・貝爾，文章在網路上發表後，曾有讀者納悶難道這個大名鼎鼎的學者到中國當老師了。後來再翻譯他的著作時，我就用其中文名字貝淡寧了，不過一不小心，我仍然會搞錯。前些天，我曾經給貝淡寧教授去信詢問二〇一〇年秋《異議者》雜誌上的一篇書評〈重新思考人文學科：新世紀的建議〉，但他告訴我書評不是他寫的，而是大衛・A. 貝爾寫的。我只專注於作者名字後半部分的 A. Bell，卻忽略了

David 和 Daniel 的區別。他還告訴：「我這個貝爾是著名學者丹尼爾．貝爾的兒子。世界真的很奇妙，相信讀者也會對這個故事感興趣的。」這篇文章就是本書最後一章的幾個段落。因為文中提到他和別人合著的新書《城市的精神》即將由普林斯頓大學出版社出版，我就在信中表達了對這本書的興趣。令人高興的是，貝淡寧教授很快就把還在出版社編輯手中的英文書稿發給我瞭解一下，以便我決定是否接受本書的翻譯任務。誰知讀了之後就放不下了，所以很快答應接受這項工作。可以說在本書英文版出版之前，翻譯就已經開始了。

《城市的精神》是清華大學政治哲學教授貝淡寧和耶路撒冷希伯來大學社會科學系主任艾維納．德夏里特教授合著的一本書，考察了耶路撒冷（宗教之城）、蒙特婁（語言之城）、新加坡（建國之城）、香港（物質之城）、北京（政治之城）、牛津（學術之城）、柏林（寬容之城）、巴黎（浪漫之城）和紐約（抱負之城）總共九個城市和它們的獨特習性以及價值觀。

貝淡寧教授生於蒙特婁，在牛津大學獲得博士學位後先後在新加坡國立大學、香港大學和清華大學（北京）教書。艾維納．德夏里特教授生於耶路撒冷，也是在牛津大學獲得的博士學位。除了因為探親、訪學、講座、參加學術會議等到柏林、巴黎和紐約等城市的親身經歷外，他們為了寫本書還專門到這些城市進行考察和研究。不過他們的研究方法很特別，不是社會科學研究常見的統計或實驗的定量研究方法，而是採用逛街、隨機採訪、講故事的方式發現問題，尋找證據，做出推理，同時結合政治哲學界最前沿的理論得出發人深省的結論。本書不是那些常見的內容抽象、語言生澀、故作高深、拒人千里之外的學術著作，而是讀起來親切感人，令人愛不釋手的好書。原文中近一半的內容都是作者以真誠的態度，流暢自然的文筆、幽默風趣的語言講述的親身經歷，這些故事是用不同字體印刷的，用以區別正文，但又與正文密切相關，往往是正文所述觀點的支撐或解釋。難怪有評價者說本書就像作者的自傳一樣。作者淵博的學識使其在敘述中信手拈來與所討論的城市相關的小說、詩歌、傳記、旅遊指南、建築標誌等五花八門豐富多彩的內容，相信它會給讀者留下深刻的印象。

如上所述，貝淡寧教授在中國生活和工作，研究中國經典，還娶了中國姑娘為妻，在很多方面比中國人還中國。本書有兩章是講述中國的城市——北京和香港，新加坡一章有很多內容也與中國有關，而在其他章節中也常常涉及中國的內容。這些或許也是令中國讀者感到親切的原因。如果讀者在讀了本書後，能反思這些世界著名大都市的精神在政治、文化和經濟生活中的體現，認識城市精神與全球化以及民族主義的關係，我作為譯者就深感欣慰了。

鑒於譯者知識水準和中英文功底有限，書中差錯在所難免，譯者真誠希望讀者不吝指教。

譯本出版之際，我要感謝作者貝淡寧教授的厚愛和信任，感謝他在翻譯過程中的幫助和指導。同時要感謝北京華章同人文化傳播有限公司的信任和支持，感謝為本書付出辛勤勞動的編輯。

吳萬偉

二〇一一年十二月

參考書目｜SELECT BIBLIOGRAPHY

Amichai, Yehuda. Poems of Jerusalem: A Bilingual Edition. Tel Aviv: Schocken Publishing, 1987.

Aner, Ze'ev. Stories of Buildings. Jerusalem: Ministry of Defense Publications, 1988 (in Hebrew) .

Appiah, Kwame Anthony. The Ethics of Identity. Princeton: Princeton University Press, 2005.

Ash, Timothy Garton."The Stasi on Our Minds." New York Review of Books 31 (May 2007).

——. The Uses of Adversity: Essays on the Fate of Central Europe. New York: Random House, 1989.

Atzba, Yehuda, ed. Two Hundred Jerusalem Stories. Mevasseret Tzion: Tzivonim publishers, 2007 (in Hebrew).

Avineri, Shlomo. Hegel's Theory of the Modern State. Cambridge: Cambridge University Press, 1972.

Avlon, John P. "The Resilient City (2001)." In Empire City: New York through the Centuries. Edited by Kenneth T. Jackson and David S. Dunbar. New York: Columbia University Press, 2002.

Avraham, Eli. "Media Strategies for Improving an Unfavorable City Image." Cities 21 (December 2004): 471–79.

Barme, Geremie R. The Forbidden City. London: Profile Books, 2008.

Barr, Michael D., and Zlatko Skrbis. Constructing Singapore: Elitism, Ethnicity and the Nation-Building Project. Copenhagen: NIAS Press, 2008.

Bar Yosef, Eitan. The Holy Land in English Culture 1799–1917: Palestine and the Question of Orientalism. Oxford, Oxford University Press, 2005.

Baudelaire, Charles. Le spleen de Paris: petits poemes en prose. 1869. Paris: Gallimard, 2006.

Beauchemin, Yves. Charles le temeraire: Un saut dans le vide. Montreal: Fides, 2005.

Becker, Jasper. City of Heavenly Tranquility: Beijing in the History of China. London: Penguin Books, 2008.

Bell, Daniel [A.]. Communitarianism and Its Critics. Oxford: Oxford University Press, 1993.

Benjamin, Walter. The Arcades Project. Translated by Howard Eiland and Kevin McLaughlin. Cambridge, MA: Harvard University Press, 2002.

——. Ecrits francais. Paris: Gallimard, 1991.

Berman, Marshall. "New York Calling." Dissent 54, no. 4 (September 2007).

Bickers, Robert A., and Jeffrey N. Wasserstrom. "Shanghai's 'Dogs and Chinese Not Admitted'Sign: Legend, History and Contemporary Symbol." China Quarterly, no. 142(1995: 444–466).

Bo, Zhiyue. "Economic Development and Corruption: Beijing beyond 'Beijing.'" Journal of Contemporary China 9, no. 25 (2000): 467–87.

Booth, Martin. Gweilo: A Memoir of a Hong Kong Childhood. Ealing: Bantam, 2005.

Botton, Alain de. The Architecture of Happiness. New York: Vintage, 2006.

Brooks, Peter. Henry James Goes to Paris. Princeton, NJ: Princeton University Press, 2008.

Brownstein, Bill. Montreal 24: Twenty-Four Hours in the Life of a City. Montreal: Vehicule Press, 2008.

Buruma, Ian. "Occupied Paris: The Sweet and the Cruel." New York Review of Books 7 (December 2009).

Calvino, Italo. Invisible Cities. Translated by William Weaver. Orlando: Harvest, 1974.

Caro, Robert A. The Power Broker: Robert Moses and the Fall of New York. New York: Vintage Books, 1975.

Carroll, John M. A Concise History of Hong Kong. Lanham, MD: Rowman & Littlefield Publishers, 2007.

Carter, Ian. Railways and Culture in Britain. Manchester: Manchester University Press, 2001.

Cartwright, Justin. The Secret Garden: Oxford Revisited. London: Bloomsbury, 2008.

Certeau, Michel de. The Practice of Everyday Life. Berkeley: University of California Press, 1984.

Chan, Joseph. "Giving Priority to the Worst Off: A Confucian Perspective on Social Welfare." In Confucianism for the Modern World. Edited by Daniel A. Bell and Hahm Chaibong. New York: Cambridge University Press, 2003.

Chan, Ming K., ed. China's Hong Kong Transformed: Retrospect and Prospects beyond the First Decade. Hong Kong: City University of Hong Kong Press, 2008.

Chan, Ronnie C. "What You Are Not Supposed to Know about Hong Kong." In China's Hong Kong Transformed: Retrospect and Prospects beyond the First Decade. Edited by Ming K. Chan. Hong Kong: City University of Hong Kong Press, 2008.

Charlton, D. G. "The French Romantic Movement." In The French Romantics. Edited by D. G. Charlton. Cambridge: Cambridge University Press, 1994.

Chee, Soon Juan. Dare to Change: An Alternative Vision for Singapore. Singapore: Singapore Democratic Party, 1994.

——. A Nation Cheated. Singapore: 2008.

Chen, Cuier, Chen Liqiao, Wu Qicong, and Chen Jiangguo. The [Pressure] City. Hong Kong: Renzheng shiwuju chuban, 2005.

Chew, Melanie. Leaders of Singapore. Singapore: Resource Press, 1996.

Chow, Nelson. "Social Welfare: The Way Ahead." In From Colony to SAR: Hong Kong's Challenges Ahead. Edited by Joseph Y. S. Cheng and Sonny S. H. Lo. Hong Kong: Chinese University of Hong Kong, 1995.

Chua, Beng Huat. "Communitarianism without Competitive Politics in Singapore." In Communitarian Politics in Asia. Edited by Chua Beng Huat. London: Routledge Curzon, 2004.

Cohen, G. A. Karl Marx's Theory of History: A Defence, expanded edition. Princeton, NJ: Princeton University Press, 2000.

Cradock, Percy. Experiences of China. London: John Murray, 1994.

Craveri, Benedetta. The Age of Conversation. Translated by Teresa Waugh. New York: New York Review of Books, 2005.

Creswell, K.A.C. The Origin of the Plan of the Dome of the Rock. British School of Archaeology in Jerusalem, 1924.

Darrobers, Roger. Pekin: Capitale imperiale, megapole de demain. Paris: Gallimard, 2008.

de-Shalit, Avner. "Philosophy Gone Urban: Reflections on Urban Restoration."Journal of Social Philosophy 34, no. 1 (Spring 2003): 6–27.

Dong, Madeleine Yue. "Defining Beijing: Urban Reconstruction and National Identity, 1928–1936." In Remaking the Chinese City: Modernity and National Identity, 1900–1950. Edited by Joseph W. Esherick. Honolulu: University of Hawaii Press, 2000.

Dong, Stella. Shanghai: The Rise and Fall of a Decadent City. New York: Harper Collins, 2001.

Doshi, Tilak, and Peter Coclanis. "The Economic Architect: Goh Keng Swee." In Lee's Lieutenants: Singapore's Old Guard. Edited by Lam Peng Er and Kevin Y. L. Tan. St. Leonards, Australia: Allen & Unwin, 1999.

Dowdle, Michael. "Constitutionalism in the Shadow of the Common Law." In Interpreting Hong Kong's Basic Law: The Struggle for Coherence. Edited by Hualing Fu, Lison Harris, and Simon N. M. Young. New York: Palgrave Macmillan, 2007.

Dutton, Michael, Hsiu-ju Stacy Lo, and Dong Dong Wu. Beijing Time. Cambridge, MA: Harvard University Press, 2008.

Eagleton, Terry. The Meaning of Life. Oxford: Oxford University Press, 2007.

Elkins, T. Henry, and Bjorn Hofmeister. Berlin: The Spatial Structure of a Divided City. London: Methuen, 1988.

Erlin, Matt. Berlin's Forgotten Future: City, History and Enlightenment in Eighteenth- Century Germany. Chapel Hill: University of North Carolina Press, 2004.

Esman, Milton J. "Ethnic Politics and Economic Power." Journal of Comparative Politics 19, no. 4 (July 1987): 395–418.

Fan, Ruiping, ed., Rujia Shehui yu Daotong Fuxing: Yu Jiang Qing Duihua [Confucian Society and the Revival of the Ruling Way: Dialogues with Jiang Qing]. Shanghai: Huadong shifan daxue chubanshe, 2008.

Favier, Jean. Paris: Deux mille ans d'histoire. Paris: Fayard, 1997.

Fitzgerald, F. Scott. "My Lost City, from The Crack Up (1936)." In Empire City: New York through the Centuries. Edited by Kenneth T. Jackson and David S. Dunbar. New York: Columbia University Press, 2002.

Flavius Josephus. "Antiquities of the Jews." In The Works of Flavius Josephus. Translated by William Whiston, A. M. Auburn and Buffalo: John E. Beardsley, 1895.

Fletcher, Tony. All Hopped Up and Ready to Go: Music from the Streets of New York, 1927–77. New York: Norton, 2009.

Flint, Anthony. Wrestling with Moses: How Jane Jacobs Took on New York's Master Builder and Transformed the American City. New York: Random House, 2009.

Forst, Rainer. "Toleration." In Stanford Encyclopedia of Philosophy. Published February 23, 2007. http://plato.stanford.edu/entries/toleration.

Frug, Gerald E. City Making: Building Communities without Building Walls. Princeton, NJ: Princeton University Press 1999.

Gagnon, Alain-G. "La diversite quebecoise." In Le francais au Quebec: 400 ans d'histoire et de vie. Quebec: Fides, 2008.

Gardels, Nathan. "Interview with Lee Kuan Yew." New Perspectives Quarterly 27, no. 1 (Winter 2010).

George, Albert Joseph. The Development of French Romanticism. Syracuse: Syracuse University Press, 1955.

George, Cherian. Singapore: The Air-Conditioned Nation. Singapore: Landmark Books, 2000.

Georgeault, Pierre, ed. Le Francais au Quebec: 400 ans d'histoire et de vie. Quebec: Fides, 2008.

Giuliani, Rudolph. "The Second Inaugural Address: The Agenda for Permanent Change (1998)." In Empire City: New York through the Centuries. Edited by Kenneth T. Jackson and David S. Dunbar. New York: Columbia University Press, 2002.
Glaeser, Edward. The Triumph of the City: How Our Greatest Invention Makes Us Richer, Smarter, Greener, Healthier, and Happier. London: Pan Macmillan, 2011.
Glazer, Nathan. From a Cause to a Style: Modernist Architecture's Encounter with the American City. Princeton, NJ: Princeton University Press, 2007.
Goh, Keng Swee. The Economics of Modernization. Singapore: Asia Pacific Press, 1972.
Gopnik, Adam, ed. Americans in Paris: A Literary Anthology. New York: Library of America, 2004.
Gu, Qingfeng. Changsha de chuanshuo [The Story of Changsha]. Beijing: Zhongguo gongren chubanshe, 2009.
Hall, Peter. Cities in Civilization. New York: Fromm International, 1998.
——. Cities of Tomorrow, 3rd ed. Oxford: Blackwell, 2002.
Hamber, Brandon, and Hugo van der Merwe. "What Is This Thing Called Reconciliation?"Reconciliation in Review 1, no. 1 (1998).
Han, Fook Kwang, Warren Fernandez, and Sumiko Tan. Lee Kuan Yew: The Man and His Ideas. Singapore: Times Editions, 1998.
Hartel, Christian. Berlin: A Short History. Berlin: Bebra Verlag, 2006.
Harvey, David. Social Justice and the City. Athens, Georgia: University of Georgia Press, 2009.
Haussermann, Harmut. "Berlin: From Divided Into Fragmented City."Hagar: Studies in Culture, Polity and Identities 7 (2006): 1–15.
Hazan, Eric. "Faces of Paris." Translation by David Fernbach. New Left Review 62 (March/April 2010).
Heng, Derek, Kwa Chong Guan, and Tan Tai Yong. Singapore: A 700-Year History—From Emporium to World City. Singapore: National Archives of Singapore, 2009.
Hiault, Denis. Hong Kong: Rendez-vous chinois. Evreux: Gallimard, 1997.
Homberger, Eric. New York City: A Cultural History. Northampton, MA: Interlink Books, 2008.
Horan, David. Oxford: A Cultural and Literary History. Oxford: Signal Books, 2007.
Huang, Tsung-Yi Michelle. Walking between Slums and Skyscrapers: Illusions of OpenSpace in Hong Kong, Tokyo, and Shanghai. Hong Kong: Hong Kong University Press, 2004.
Huang, Zongxi. Waiting for the Dawn: A Plan for the Prince. Translated by Wm. Theodore de Bary. New York: Columbia University Press, 1993.
Hugo, Victor. Notre-Dame de Paris, 1482. 1832. Paris: Pocket, 1998.
Huntington, Samuel. "American Democracy in Relation to Asia." In Democracy and Capitalism: Asian and American Perspectives. Edited by Robert Bartley et al. Singapore: Institute of Southeast Asian Studies, 1993.
Huxley, Sophie. Oxford Science Walks. Oxford: Huxley Science Press, 1993.
Hynes, Jim. Montreal Book of Everything. Lunenberg: MacIntyre Purcell Publishing, 2007.
Imhof, Michael, and Leon Krempel. Berlin: New Architecture.

Berlin: Michael Imhof verlag, 2008.
Ishak, Lily Zubaidah Rahim. "The Paradox of Ethnic-Based Self-Help Groups." In Debating Singapore. Edited by Derek da Cunha. Singapore: Institute for Southeast Asian Studies, 1994.
Ivanhoe, Philip J. "Asian Tradition and New Humanity." In 2009 Global Civilization and Peace. Seoul: Jimoondang, 2010.
Jacobs, Jane. The Death and Life of Great American Cities. 1961. New York: The Modern Library, 1993.
Jackson, Kenneth T., and David S. Dunbar, eds. Empire City: New York through the Centuries. New York: Columbia University Press, 2002.
Jenner, W.J.F. "Linzi and Other Cities of Warring States China." In The Great Cities in History. Edited by John Julius Norwich. London: Thames & Hudson, 2009.
Jiang, Shigong. Zhongguo Xianggang: Wenhua yu zhengzhi de shiye [China Hong Kong: Perspectives on Culture and Politics]. Hong Kong: Oxford University Press, 2008.
Jones, Chris. "Paris: Pinnacle of Gothic Architecture." In The Great Cities in History. Edited by John Julius Norwich. London: Thames & Hudson, 2009.
Keay, John. "Singapore: The Lion City." In The Great Cities in History. Edited by John Julius Norwich. London: Thames & Hudson, 2009.
Kennedy, J. Gerald. Imagining Paris: Exile, Writing, and American Identity. New Haven, CT: Yale University Press, 1993.
Khanna, Parag. How to Run the World: Charting a Course to the Next Renaissance. New York: Random House, 2011.
Koss, Juliet. "Coming to Terms with the Present." Grey Room 16 (Summer 2004): 116–31.
Kotkin, Joel. The Next Hundred Million: America in 2050. New York: Penguin, 2010.——. "Urban Plight: Vanishing Upward Mobility." The American 31 (August 2010).
Kroyanker, David. Jerusalem: Neighborhoods and Houses—Periods and Styles. Jerusalem: Keter Publication, 1996 (in Hebrew).
Kruger, Thomas Michael. Akademie der Kunstes. Berlin: Stadwandel Verlag, 2005.
Kuan, Tambyah Siok, Tan Soo Juan, and Kau Ah Keng. The Wellbeing of Singaporeans: Values, Lifestyles, Satisfaction and Quality of Life. Singapore: World Scientific, 2010.
Kugel, James L. How to Read the Bible: A Guide to Scripture, Then and Now. New York: Free Press, 2007.
Kymlicka, Will. Multicultural Citizenship. Oxford: Oxford University Press, 1995.
Kymlicka, Will, and Alan Patten. "Introduction." In Language Rights and Political Theory. Edited by Will Kymlicka and Alan Patten. New York: Oxford University Press, 2003.
Kymlicka, Will, and Bashir Bashir, eds. The Politics of Reconciliation in Multicultural Societies. Oxford: Oxford University Press, 2008.
Labrenz-Weiss, Hanna. "Stasi at Humboldt University." In Berlin in Focus: Cultural Transformations in Germany. Edited by Barbara Becker-Cantarino. Westport, CT: Praeger, 1996.
Lai, Wai-man, Percy Luen-tim Lui, Wilson Wong, and Ian Holliday, eds. Contemporary Hong Kong Politics. Hong Kong: Hong Kong University Press, 2007.
Lam, Wai-man, and Hsin-chi Kuan. "Democratic Transition

Frustrated: The Case of Hong Kong." In How East Asians View Democracy. Edited by Yan-Han Chu et al. New York: Columbia University Press, 2008.

Lambert, John. "Travels through Canada and the United States of North America in the Years 1806, 1807, 1808." In Empire City: New York through the Centuries. Edited by Kenneth T. Jackson and David S. Dunbar. New York: Columbia University Press, 2002.

Landry, Charles. The Creative City. London: Earthscan, 2008.

Lanza, Fabio. "The Beijing University Students in the May Fourth Era: A Collective Biography." In The Human Tradition in Modern China. Edited by Kenneth J. Hammond and Kristin Stapleton, 208. Lanham, MD: Rowman & Littlefield.

Law, Wing-sang. "Hong Kong Undercover: An Approach to 'Collaborative Colonialism'"Inter-Asia Cultural Studies 9, no. 4 (2008): 522–42.

Le Corbusier. "The Fairy Catastrophe." In Empire City: New York through the Centuries. Edited by Kenneth T. Jackson and David S. Dunbar. New York: Columbia University Press, 2002.

Lee, Edwin. Singapore: The Unexpected Nation. Singapore: ISEAS, 2008.

Lee, Kuan Yew. The Singapore Story. Singapore: Prentice Hall, 1994.

Lee, Leo Ou-fan. City between Worlds: My Hong Kong. Cambridge, MA: Harvard University Press, 2008.

Levine, Marc V. The Reconquest of Montreal: Language Policy and Social Change in a Bilingual City. Philadelphia, PA: Temple University Press, 1990.

Li, Lillian M., Alison J. Dray-Novey, and Haili Kong. Beijing: From Imperial Capital to Olympic City. New York: Palgrave Macmillan, 2007.

Li, Ling-hin. Development Appraisal of Land in Hong Kong. Hong Kong: The Chinese University Press, 2006.

Lin, Xiaoqing Diana. Peking University: Chinese Scholarship and Intellectuals, 1898–1937. Albany: State University of New York Press, 2005.

Linteau, Paul-Andre. Histoire de Montreal depuis la Confederation. Montreal: Boreal, 2000.

Lu, Dayue. Si dai Xianggangren [Four Generations of Hong Kongers]. Hong Kong: Chuangen guanggao yinshua gongsi, 2007.

Luo, Zhewen, and Li Jiangshu. Lao Beijing [Old Beijing]. Shijiazhuang: Hebei jiayu chubanshe, 2006.

Ma, Ngok. "SARS and the Limits of the Hong Kong Administrative State." Asian Perspective 28, no. 1 (2004): 99–120.

Mahdi, Abdul Hadi. Jerusalem: Religious Aspects. Jerusalem: Palestinian Academic Society for the Study of International Affairs, 1995.

Mansel, Philip. "Paris in the Time of Napoleon III and Baron Haussmann." in The Great Cities in History. Edited by John Julius Norwich. London. Thames & Hudson, 2009.

Marchand, Bernard. Paris, histoire d'une ville XIXe-XXe siecle. Paris: Seuil, 1993.

Margalit, Avishai. "The Myth of Jerusalem." New York Review of Books 38, no. 21 (December 1991).

Maupassant, Guy de. Bel-Ami. 1885. Paris: G. F. Flammarion, 2008.

Mauzy, Diane K., and R. S. Milne. Singapore's Politics under the People's Action Party. London: Routledge, 2002.

McCarthy, Thomas. "Vergangenheitsbewaltigung in the USA: On

the Politics of the Memory of Slavery." Political Theory 30, no. 5 (2002): 623–48.

McDonogh, Gary, and Cindy Wong. Global Hong Kong. New York: Routledge, 2005.

McGregor, James H. S. Paris from the Ground Up. Cambridge, MA: Harvard University Press, 2009.

Mehta, Suketu. Maximum City: Bombay Lost and Found. New York: Vintage, 2004.

Meyer, Michael. The Last Days of Old Beijing: Life in the Vanishing Backstreets of a City Transformed. New York: Walker & Company, 2008.

Moore, Stephen. Alternative Routes to the Sustainable City: Austin, Coritiba, and Frankfurt. Lanham, MD: Lexington Books, 2007.

Moses, Robert. "Remarks on the Groundbreaking at Lincoln Square (1959)." In Empire City: New York through the Centuries. Edited by Kenneth T. Jackson and David S. Dunbar. New York: Columbia University Press, 2002.

Nadeau, Jean-Benoit, and Julie Barlow. Sixty Million Frenchmen Can't Be Wrong. Naperville, IL: Sourcebooks, 2003.

Nevius, Michelle, and James Nevius. Inside the Apple: A Streetwise History of New York City. New York: Free Press, 2009.

Noin, Daniel, and Paul White. Paris. Chichester: John Wiley & Sons, 1997.

Norwich, John Julius, ed. The Great Cities in History. London: Thames & Hudson, 2009.

Nye, David. "The Geometrical Sublime: The Skyscraper." In City and Nature. Edited by Thomas Moller Kristensen et al. Odense, Denmark: Odense University Press, 1994.

O'Dowd, Michael J. The History of Medications for Women. New York: Parthenon Publishing, 2001.

O'Neill, Joseph. Netherland. New York: Pantheon Books, 2008.

Owen, David. Green Metropolis: Why Living Smaller, Living Closer, and Driving Less Are the Keys to Sustainability. New York: Riverhead, 2009.

Ozick, Cynthia. "The Synthetic Sublime." In Empire City: New York through the Centu-ries. Edited by Kenneth T. Jackson and David S. Dunbar. New York: Columbia University Press, 2002.

Patten, Alan. Hegel's Idea of Freedom. Oxford: Oxford University Press, 1999.——. "Political Theory and Language Policy." Political Theory 29, no. 5 (October 2001): 691–715.

Percival, Walter Pilling. The Lure of Montreal. Toronto: The Ryerson Press, 1964.

Peyre, Henri. Qu'est-ce que le Romanticisme? Paris: Presses Universitaires de France, 1971.

Plourde, Michel, and Pierre Georgeault, eds. Le francais au Quebec: 400 ans d'histoire et de vie. Quebec: Fides, 2008.

Remillard, Francois, and Brian Merrett. Montreal Architecture: A Guide to Styles and Buildings. Sainte-Adele, Quebec: Les Editions Cafe Creme, 2007.

Rice, Shelley. Parisian Views. Cambridge, MA: MIT Press, 1999.

Richler, Mordecai. Home Sweet Home: My Canadian Album. Toronto: McClelland & Stewart, 1984.

Robertson, James. "A Few Months in America: Containing Remarks on Some of Its Industrial and Commercial Interests (1854)." In Empire City: New York through the Centuries. Edited by Kenneth T. Jackson and David S. Dunbar. New York: Columbia University Press, 2002.

Rodan, Garry. "Human Rights, Singaporean Style." Far Eastern Economic Review (December 2009).

——. The Political Economy of Singapore's Industrialization: National State and International Capital. Houndsmills, UK: Macmillan, 1989.

Rory, Carnegie, and Nikkii van de Gaag. How the World Came to Oxford: Refugee Stories Past and Present. Oxford: New Internationalist, 2007.

Rubin, Rehav. Image and Reality: Jerusalem in Maps and Views. Jerusalem: Magnes Press, 1999.

Sabella, Bernard. "Jerusalem: A Christian Perspective." In Jerusalem: Religious Aspects. Edited by Mahdi Abdul Hadi. Jerusalem: Palestinian Academic Society for the Study of International Affairs, 1995.

Sachs, Adam. "Montreal in Play." National Geographic Traveler, March 2009.

Scanlon, Thomas S. Eros and Greek Athletics. Oxford: Oxford University Press, 2002.

Sante, Luc. "In Search of Lost Paris." New York Review of Books 23 (December 2010).

Schivelbusch, Wolfgang. In a Cold Crater: Cultural and Intellectual Life in Berlin, 1945–1948. Translated by Kelly Barry. Berkeley: University of California Press, 1998.

Schneider, Rolf. The Jewish Museum Berlin. Berlin: Stadtwandel Verlag, 2001.

Schopfer, Jean. "The Plan of a City (1902)." In Empire City: New York through the Centuries. Edited by Kenneth T. Jackson and David S. Dunbar. New York: Columbia University Press, 2002.

Sears, Jeanette. The Oxford of J.R.R. Tolkien and C. S. Lewis. Oxford: Heritage Tours Publications, 2006.

Senior, Jennifer. "Alone Together." New York 23 (November 2008).

Sharpe, William Chapman. New York Nocturne: The City After Dark in Literature, Painting, and Photography. Princeton: Princeton University Press, 2008.

Shi, Lianlao, and Shangguan Wenxuan. Qutan lao Beijing wenhua [Interesting Discussions about the Culture of Old Beijing]. Beijing: Zhishi chanquan chubanshe, 2005.

Shilony, Zvi. "The Activity of the French Comte de Piellat in the Holy Land 1874–1925."In Cathedra 72 (June 1994): 63–90 (in Hebrew).

Simon, Sherry. Translating Montreal: Episodes in the Life of a Divided City. Montreal and Kingston: McGill-Queen's University Press, 2006.

Sing, Ming. "The Quality of Life in Hong Kong." Soc Indic Res 92, no. 2 (2009): 295–335.

Sleeper, Jim. "Boodling, Bigotry, and Cosmopolitanism: The Transformation of a Civic Culture." In Empire City: New York through the Centuries. Edited by Kenneth T. Jackson and David S. Dunbar. New York: Columbia University Press, 2002.

Smith, Peter Cookson. The Urban Design of Impermanence: Streets, Places and Places in Hong Kong. Hong Kong: MCCM Creations, 2006.

Sorkin, Andrew Ross. Too Big to Fail: Inside the Battle to Save Wall Street. London: Allen Lane, 2009.

Spence, Jonathan D. The Search for Modern China. London: Hutchinson, 1990.

Stapleton, Kristin. Civilizing Chengdu: Chinese Urban Reform

1895–1937. Cambridge MA: Harvard University Asia Center, 2000.
Steinbeck, John. "The Making of a New Yorker (1943)." In Empire City: New York through the Centuries. Edited by Kenneth T. Jackson and David S. Dunbar. Columbia University Press, 2002.
Storrs, Ronald, Sir. The Memoirs of Sir Ronald Storrs. New York: G. P. Putnam, 1937.
Strauss, Leo. "Jerusalem and Athens: Some Preliminary Reflections." In Jerusalem and Athens: Reason and Revelation in the Works of Leo Strauss. Edited by Susan Orr. Lanham, MD: Rowman & Littlefield, 1995.
Tan, Siok Sun. Goh Keng Swee: A Portrait. Singapore: EDN, 2007.
Taylor, Charles. Hegel. Cambridge: Cambridge University Press, 1975.
Taylor, Ronald. Berlin and Its Culture. New Haven, CT: Yale University Press, 1997.
Theriault, Joseph Yvon. "La langue, symbole de l'identite quebecoise." In Le francais au Quebec: 400 ans d'histoire et de vie. Quebec: Fides, 2008.
Tierney, John. "Brooklyn Could Have Been a Contender." In Empire City: New York through the Centuries. Edited by Kenneth T. Jackson and David S. Dunbar. New York: Columbia University Press, 2002.
Tojner, Poul Erik, Ole Thyssen, Kasper Guldager, and Wilfried Wang. Green Architecture for the Future. Copenhagen: Louisiana Museum of Modern Art, 2009.
Tomkins, Calvin. "The Desirability of Comprehensive Municipal Planning in Advance of Development (1905)." In Empire City: New York through the Centuries. Edited by Kenneth T. Jackson and David S. Dunbar. New York: Columbia University Press, 2002.
Tremewan, Christopher. The Political Economy of Social Control in Singapore. Houndsmills, UK: Macmillan/St. Antony's College, 1994.
Trocki, Carl A. Singapore: Wealth, Power, and the Culture of Control. London, New York: Routledge, 2006.
Trudel, Eric. Montreal, ville d'avant-garde? Montreal: Lanctot editeur, 2006.
Trudel, Marcel. Mythes et realites dans l'histoire du Quebec: La suite. Montreal: Bibliotheque Quebecoise, 2008.
Twain, Mark. Innocents Abroad. London, Penguin Books, 1980.
Vilnai, Zeev. Jerusalem: The Old City and its Surroundings. Jerusalem: Achiever, 1970 (in Hebrew).
Walzer, Michael. On Toleration. New Haven, CT: Yale University Press, 1997.
Wang, Bo. Beijing: Yi zuo shiqu jianzhu zhexue de chengshi [Beijing: A City That Has Lost Its Philosophy of Architecture]. Shengyang: Liaoning kexue jishu chubanshe, 2009.
Wang, Zhuoqi, and Zhang Zhouqiao. "Fulizhuyi yu fuli yilai de guanxi: Xianggang de shiwei yanjiu [The Relation between Welfarism and Welfare Dependence: Some Research from Hong Kong]." In Xin shiji Tai Gang shihui fengmao [Characteristics of Hong Kong and Taiwan Society in the New Century]. Edited by Huang Shaolun, Yi Baoce, and Liang Shirong. Hong Kong: Chinese University of Hong Kong and Hong
Kong Asia Research Center, 2008.
Watson, James. "McDonald's in Hong Kong: Consumerism, Dietary Change, and the Rise of a Children's Culture." In Golden Arches East: McDonald's in East Asia. Edited by James Watson.

Palo Alto, CA: Stanford University Press, 1997.

Wei, R., and Pan Z. "Mass Media and Consumerist Values in the People's Republic of China." International Journal of Public Opinion Research 11, no. 1 (1999): 75–96.

Weil, Francois. A History of New York. Translated by Jody Gladding. New York: Columbia University Press, 2004.

Wexler, Gadi. "What Has King George to Do with King David?" In Pathways in Jerusalem. Edited by Eyal Meron. Jerusalem: Yad Ben Zvi, 1996 (in Hebrew).

White, E. B. "Here Is New York (1949)." In Empire City: New York through the Centuries. Edited by Kenneth T. Jackson and David S. Dunbar. New York: Columbia University Press, 2002.

White, Edmund. The Flaneur: A Stroll through the Paradoxes of Paris. New York: Bloomsbury, 2001.

Wolin, Richard. The Wind from the East: French Intellectuals, the Cultural Revolution, and the Legacy of the 1960s. Princeton, NJ: Princeton University Press, 2010.

Wong, Benjamin, and Xunming Huang. "Political Legitimacy in Singapore." Politics and Policy 38, no. 3 (2010): 523–43.

Wong, Wilson, and Sabrina Luk. "Economic Policy." In Contemporary Hong Kong Politics: Governance in the Post-1997 Era. Edited by Lam Wai-man, Percy Luen-tim Lui,Wilson Wong, and Ian Holliday. Hong Kong: Hong Kong University Press, 2007.

Wu, Hung. Remaking Beijing: Tiananmen Square and the Creation of a Political Space. Chicago: University of Chicago Press, 2007.

Wu, Qicong, and Zhu Zhuoxiong, Jian wen zhu ji: Xianggang di yi dai Huaren jianzhushi de gushi [The Traces of Architecture: The Stories of the First Generation of Chinese Architects in Hong Kong]. Hong Kong: ET Press, 2007.

Xue, Charlie Q. L. "Hong Kong Architecture: Identities and Prospects—A Discourse onTradition and Creation." In Building Design and Development in Hong Kong. Hong Kong: City University of Hong Kong Press, 2003.

Yan, Xuetong. Ancient Chinese Thought, Modern Chinese Power. Edited by Daniel A. Bell and Sun Zhe. Translated by Edmund Ryden. Princeton, NJ: Princeton University Press, 2011.

Yao, Souchou. Singapore: The State and the Culture of Excess. London: Routledge, 2007.

Yip, Yan-yan, and Christine Loh. "New Generation, Greening Politics and Growing Civil Society." In China's Hong Kong Transformed: Retrospect and Prospects beyond the First Decade. Edited by Ming K. Chan. Hong Kong: City University of Hong Kong Press, 2008.

Yu, Dan. "Lun Yu" Xin De [Reflections on the Analects of Confucius]. Beijing: China Publishing House, 2006.

Yung, Betty. Hong Kong's Housing Policy: A Case Study in Social Justice. Hong Kong: Hong Kong University Press, 2008.

Yurdan, Marilyn. Oxford: Town and Gown. Berks, UK: Pisces Publications, 2002.

Zakaria, Fareed. "A Conversation with Lee Kuan Yew." Foreign Affairs (March/April 1994).

雙囍文化 01

《城市的精神：何以城市認同在全球化時代如此重要》

THE SPIRIT OF CITIES:
Why the Identity of a City Matters in a Global Age

作者　貝淡寧（Daniel A. Bell）、
　　　艾維納．德夏里特（Avner de-Shalit）
　　　林夏如、趙哲儀（第十章「台北」）
譯者　吳萬偉
責編　廖祿存
企劃　許凱棣
封面設計　莊謹銘
排版設計　朱疋

總編輯　簡欣彥
社長　郭重興
發行人兼
出版總監　曾大福
出版　遠足文化事業股份有限公司 雙囍出版
地址　231 新北市新店區民權路 108-2 號 9 樓
電話　02-22181417
傳真　02-22188057
Email　service@bookrep.com.tw
郵撥帳號　19504465
客服專線　0800-221-029
網址　http://www.bookrep.com.tw
法律顧問　華洋法律事務所　蘇文生律師
印製　韋懋實業有限公司
初版 1 刷　2021 年 12 月
定價　新臺幣 620 元
ISBN　978-986-98388-2-5

國家圖書館出版品預行編目（CIP）資料

城市的精神 / 貝淡寧（Daniel A. Bell），艾維納．德夏里特（Avnerde-Shalit）合著；吳萬偉譯. -- 初版. -- 新北市：雙囍出版，2021.12　面；　公分. --（雙囍文化；1）
譯　自：The spirit of cities : why the identity of a city matters in a global age
ISBN 978-986-98388-2-5（平裝）
1. 都市社會學 2. 都市發展 3. 個案研究
545.1015